교회와 역사
― 초대부터 중세 절정기까지

교회와 역사 — 초대부터 중세 절정기까지

2019년 4월 22일 초판 1쇄 인쇄
2019년 4월 29일 초판 1쇄 발행

지은이 | 최영근
펴낸이 | 김영호
펴낸곳 | 도서출판 동연
등  록 | 제1-1383호(1992. 6. 12)
주  소 | 서울시 마포구 월드컵로 163-3
전  화 | (02)335-2630
전  송 | (02)335-2640
이메일 | yh4321@gmail.com
블로그 | https://blog.naver.com/dong-yeon-press

Copyright ⓒ 최영근, 2019

이 책은 저작권법에 따라 보호받는 저작물이므로
무단 전재와 복제를 금합니다.
잘못된 책은 바꾸어드립니다.
책값은 뒤표지에 있습니다.

ISBN 978-89-6447-493-8 93230

초대부터 중세 절정기까지

# 교회와 역사

최영근 지음

동연

이 책을
사랑하는 나의 어머니
故 박영애 권사님께 바칩니다

## 프롤로그

　　교회사는 어려운 학문이다. 대학에서 학생들을 가르치다보면 공부하기 어렵다는 볼멘소리를 자주 듣게 된다. 그도 그럴 것이 낯선 지명과 발음하기도 어려운 인명과 복잡한 사건과 관계들이 얽혀있고, 먼 나라 다른 사람들의 옛이야기가 오늘 우리에게 가깝게 다가오지 않기 때문이다. 세상에 쉬운 공부가 없겠지만 교회사를 공부하는 학도로서 나 역시 교회사는 쉬운 학문이 아니었다. 물론 지금도 역사의 깊이와 넓이에 압도당하며, 방대하고 심오한 학문의 거대한 세계 앞에 설 때마다 작아지는 나 자신을 발견한다. 사료들이 보관된 오래된 아카이브archives나 그간의 연구들이 빼곡히 쌓여있는 잘 갖춰진 도서관에 들어설 때마다 나 자신에 대하여 광활한 바다에 흩날리는 작은 물방울 같은 왜소함을 느낀다. 평생 공부해도 끝이 없고, 무언가를 연구해서 책이나 논문을 쓴다 할지라도 이 거대한 세계에 한 치라도 보탬이 될 수 있을까라는 자문을 하게 된다. 박사과정 중에 밑도 끝도 없는 학문의 과정 앞에 무력감을 느끼며 지도교수(Dr. Randi J. Walker)에게 넋두리를 했더니 공부에는 결코 끝이나 완성이 없고, 박사학위를 마칠지라도 그것이 끝이 아니라 새로운 시작에 불과하다고 말씀하셨다. 덧붙여서 우리는 죽을 때까지 성실하게 공부하기 위해 부르심을 받았고, 아마 천국에서도 공부해야 할지 모른다고 말씀하며 미소 지었다. 특히 역사 공부, 교회사가 그러하다고 생각한다. 과연 작은 인간이 역사의 전모를 완전히 밝혀낼 수 있을까? 새로운 사실을 조명하여 우리에게 커다란 깨우침을 준 위대한 연구들이라 할지라도 과연 역사의 총체적 실체를 낱낱이 조명하였다고 말할 수 있을까? 100년의 완전한 역사를 위해서는 100년의 시간과 그 시간 속에 살았던 모든 이들의 삶의 모든 흔적을 추적해야 정당하다고 할진대 과연 그런 작업이 가능할 수 있을까? AI(인공지능)의 시대에 그런 역사작업이 가능하다 할지라도, 그 방대한 결과물을 사람들이 다 확인하고 완전히 파악할 수 있을까? 솔직히 말해 역사는 신의 영역이다. 인간의 모든 이해와 판단은, 당대의 법적 판단은 물론 역사적 판단도 포함하여, 제한적이고 부분적이다. 그래서 누구나 수긍할 수 있도록 명명백백明明白白하게 드러내고 올바르게 판단할 최후심판이 반드시 존재해야 하지 않을까? 그러니 그 앞에서 함부로 쉽다고 말하거나 학문의 일가를 이루어냈다고 자만할 수 있는 사람은 없을 것이다. 한 두 권의 책이나 몇 편의 논문으로 역사의 지혜와 진리를 밝혀냈다고 자랑할 수 있는 사람은 없을 것이라 생각한다. 만약 누군가 그렇게 주장한다면 그 사람은 무지한 사람이거나 제대로 공부하지 못한 사람일 것이다. 그래서 나는 학생들에게 역사와 교회사는 누구에게나 어려운 학문이니 어려운 것이 당연하고, 어려운 것을 부끄러워 말라고 이야기한다. 오히려 겸손하게 끊임없이 배우려는 자세를 가져야 한다고 말한다.

  그렇다면 어려운 공부를 굳이 하는 이유는 무엇일까? 나의 경우는 스스로 선택했다기보다 교회사에 이끌렸다고 말하는 편이 적합할 것이다. 신학대학원 재학시절 빈 강의실에 홀로 앉아 나의 소명에 대하여 진지하게 고민하던 중에 교회사를 공부해야겠다는 소명을 느꼈다. 청년의 때에 신학을 공부하면서 한국교회에 대한 책임과 사명의식을 가지게 되었고, 교회가 무엇이고 지금 여기에 어떻게 이르렀으며 앞으로 어떻게 나아가야 하는가를 이해하기 위해 교회사는 지혜와 통찰을 줄 것이라는 확신이 들었다. 어디로 가야 하는지 무엇을 해야 하는지 묻고 있었던 나에게 하나님은 교회사라는 길을 안내하셨고, 지금까지 부족한 능력에도 불구하고 그 길을 붙들고 좇아가고 있다.

역사는 과거의 문제가 아니다. 오늘의 상황과 현실 속에서 어제를 반추하고 성찰하며 내일을 향한 비전과 지혜를 추구하는 학문이다. 따라서 역사는 과거의 성찰과 오늘의 이해와 내일을 향한 도전이 어우러지는 장이다. 역사는 단지 머리로 과거에 대한 지식을 습득하는 데서 그치는 공부가 아니라 나 자신과 공동체를 깊이 이해하고, 역사를 통해 얻은 새로운 시각과 자세로 사람과 세상을 대하면서 우리가 직면한 문제를 풀어나가도록 이끌어주는 학문이다. 그러므로 자아와 공동체에 대한 균형 잡힌 인식과 타자에 대한 공감적 이해를 기르고, 편협하고 배타적인 자세를 극복하고 건강한 공동체를 만들어나갈 사명감과 책임의식을 갖는 것이 역사 공부의 이유이다. 우물 안 개구리를 탈피하여 멀리 내다보는 높이 나는 새의 안목과 통찰력을 갖게 하는 공부라면 어렵고 힘들어도 감당해야 할 충분한 값어치와 의미가 있을 것이다. 나 역시 부지불식간에 굳어진 편견에 도전하고, 자신의 입장을 정당화하면서 다른 관점을 배척하는 자기중심적인 세계관을 비판하고, 현실 속에 지배적 권세와 실리를 앞세워 사람들을 사로잡고 있는 문제들에 대하여 끊임없이 질문하고 해답을 찾기 위해서 역사 공부를 바로 해야 한다고 믿는 사람이다. "의심은 질문을 낳고 질문은 진리에 이르게 한다"는 중세 신학자 아벨라르의 말처럼 역사 공부는 당연시되는 현실에 대하여 "방법론적 회의"를 통해 질문을 던지고, 우리가 놓치고 있는 더 높은 진리에 다다르게 할 견인차가 될 것이라 생각한다. 교회 안에 있든지 교회 밖에 있든지 우상의 자리에 올라 진리인 양 행세하며 "하나님에 대항하여 높아진 것"과 싸워 "그것들을 무너뜨리고 모든 생각을 사로잡아 그리스도에게 복종하게 하는" 것이 교회의 사명이라면 역사 공부 역시 이러한 예언자의 사명을 감당해야 한다고 믿는다. 따라서 예언과 역사는 떼려야 뗄 수 없는 관계이다.

특히 교회사는 교회공동체의 지나온 발자취를 더듬어 살피는 역사이다. 하나님 나라를 지향하는 그리스도의 몸인 성령의 공동체는 역사 속에서 당연히 삼위일체 하나님을 반영하고 보이지 않는 하나님 나라의 가시적 모델이 되어야 한다. 시대를 불문하고 세상의 빛과 소금으로 기억되는 영웅적이고 모범적인 교회공동체의 예가 없었던 것은 아니지만, 애석하고 부끄럽게도 역사 속의 많은 교회들이 세속적 권세를 추구하며 세상의 영광을 누리려는 유혹을 피하지 못하였다. 하나님 나라의 복음으로 세상을 변화시키기보다는 복음을 세속적 가치로 환원시키고, 세상의 권세와 질서와 욕망을 합리화시키며 마침내 교회가 세상과 문화의 포로가 되어, 하나님 나라의 영향력을 상실하고 복음의 빛과 맛과 향을 잃어버리는 과오가 적지 않았다. 교회사를 따라가다 대면하기 부끄러운 어두운 그림자를 만날 때마다 그 안에 투영되는 우리 자신의 굴절되고 무너진 모습으로 연민과 아픔을 느끼게 된다. 고백컨대, 교회는 세상 속에 존재하는 사람들의 공동체이기 때문에, 거룩하고 영광스러운 하나님 나라를 꿈꿀지라도, 인간과 사회가 가지고 있는 문제와 한계로부터 자유롭지 못하다. 그러나 역사 속에 존재하는 문제 많고 허점투성이인 교회공동체가 종말론적인 완전한 하나님 나라의 공동체와 동일시될 수는 없을지라도 결국 모든 교회가 이에 뿌리를 두고 "하나의 거룩한 보편적인 사도적 교회"로 존재하고 있으며, 역사 속에서 보이지 않는 완전한 교회를 향해 분투하면서 순례의 여정을 하고 있다는 사실을 기억하며 교회의 교회됨을 되새기게 된다. 따라서 세상 속에 존재하는 불완전한 교회들은 하나님 나라의 완전한 교회와 분리될 수 없으며, 이를 떠나서는 온전한 교회로 존재할 수 없다. 그래서 타락한 교회를 향해 날 선 비판과 정죄의 돌을 던지며 매정하게 뒤돌아서고 싶을 때도 있지만, 교회의 교회됨은 교회공동체 자신의 완전함에 있는 것이 아니라 교회를 교회되게 하는 삼위일체 하나님의 거룩함과 능력에 있고, 그리스도를 따르는 사람들이 우리가 이루고 있는 교회공동체를 하나님 나라의 거룩한 공동체로 거듭나도록 믿음의 인내와 사랑의 수고를 해야 한다는 사명을 깨달으며 굳어진 마음을 돌이키게 된다. 세상이 교회를 정죄하며 돌팔매질을 할지라도, 우리는 하나님과 역사 앞에서 참회의 눈물과 결연한 각오로 교회를 향한 비판의 돌들을 땅에 심고 새겨서 교회가 딛고 일어나야 할 회복과 개혁의 초석이 되게 할 책임이 있다. 이러한 마음과 의지가 교회사를 공부하는 사람의 자세가 되어야 한다고 믿는다.

교회공동체는 하나님 나라를 지향하는, 세상 속에 속한 공동체로서, 끊임없이 자신을 돌아보고 회개하고 개혁하기를 멈춰서는 안 된다. 교회가 자신에 대한 성찰을 멈추고, 회개와 개혁을 잃어버릴 때, 하나님 나라를 향한 순례 여정의 좌표를 상실하고 세속화되는 것은 피할 수 없는 귀결일 것이다. 교회를 교회되게 하시는 것은 삼위일체 하나님이시지만, 하나님의 선한 도구로서 교회를 역사 속에서 거룩한 공동체로 세워나가는 것은 그리스도의 사람들이다. 그것은 목사나 성직자만의 책임이 아니다. 우리 각자가 그리스도의 지체로서, 하나님의 부르심을 받은 선한 일군이요 하나님 말씀의 신실한 종으로서, 십자가와 부활의 증인으로서, 세상 속에 그리스도의 말씀을 증거하며 사람들 가운데 하나님 나라를 이루어가는 그리스도의 몸으로서 교회 회복의 주체임을 깨달아야 한다. 그리스도의 말씀에 붙들린 작은 한 사람이 밀알이 되어 죽음으로써 많은 열매를 맺는 역사가 교회사의 주된 이야기이다. 그러므로 교회사는 교회가 그리스도인을 만드는 것이 아니라, 그리스도의 사람들이 말씀과 성령 안에서 교회를 거룩하게 세워나간다는 사실을 우리에게 교훈한다. 이것이 우리가 교회사를 공부해야 하는 절실한 이유이기도 하다. 교회의 과오와 타락을 지적하고 비판하기 위해서가 아니라 거울이 되는 역사를 통해 오늘 우리들의 자화상을 돌아보고, 우리 자신과 교회공동체의 문제를 반성하고 회개하기 위함이다. 고대교회가 고백했던 성만찬의 기도처럼 세상에 널리 흩어져 있는 밀알이 모아져 하나의 떡을 이루듯, 우리 각자가 그리스도의 몸인 하나의 교회로 거듭나 그리스도의 온전한 몸인 거룩한 교회를 이루기 위한 깨달음과 결단이 교회사 공부의 이유와 목적이다.

한국교회는 위기의 시대를 넘어 절망의 시대를 지나고 있다. 교회사에서 유례를 찾아보기 어려울 정도로 빠르게 성장하고 부흥한 교회라는 그간의 자부심과 자랑이 무색하리만큼 너무나 빠르게 성공신화가 무너지고 있다. 한국교회의 이상 징후는 이미 여러 곳에서 감지되고 있다. 교인수의 지속적 감소, 교회 이탈 교인의 증가, 이단의 발호, 교회 안에서 다음세대 교인의 양육과 교육의 실패, 헌금 유용과 교회 재정 비리, 교권 다툼과 교회 재산권 분쟁, 목회자와 교인들의 성적, 도덕적 타락, 교회의 세속화, 교회의 사회적 신뢰도 하락, 그리고 담임목사직 부자간 승계(세습) 논란 등 말도 많고 탈도 많다. 이 모든 문제들을 하나로 정리해본다면 교회가 하나님 나라의 생명$^{vitality}$과 역동성

movement을 상실하고 세속적 기관과 조직으로 세속화, 기득권화하면서 발생하는 부작용이라고 할 수 있다. 그것은 마치 나사렛과 갈릴리로부터 시작한 낮고 천한 사람들의 교회가 그리스도의 십자가 사랑과 부활의 생명으로 인종과 계층과 성별을 뛰어넘어 소외된 사람들을 포용하고 섬기고 하나님 나라를 전파하면서, 불과 4세기 안에 기독교가 로마제국의 지배적인 종교가 되면서 귀족화, 로마화하는 과정에서 나타나는 문제들과 흡사하다고 할 수 있다. 6세기 이후 초기 중세에 기독교를 수용한 왕권과 귀족계층의 보호와 육성 아래 기독교가 왕국의 공적 종교가 되면서 교회와 사회가 혼합되고, 자연스레 교회가 귀족교회Adelskirche가 되는 과정에서 나타나는 세속화의 문제는 한국교회가 겪고 있는 영적인 혼란과 이상 현상들과 크게 다르지 않다. 10세기 이후 중세 봉건사회에서 막대한 토지와 정치적, 도덕적 영향력을 앞세워 귀족과 영주의 권위를 행사하고 있었던 교회의 이권과 성직임명권을 놓고 교권과 세속 권세가 대립하는 상황 속에서 나타난 성직매매와 교회의 세속화의 문제는 한국교회가 겪고 있는 교권 다툼과 교회의 부패와 크게 다르지 않았다. 종교개혁 전야의 후기 중세 유럽에서 벌어지고 있었던 성직매매와 성직자의 타락과 교회의 영적인 무질서는 오늘날 한국교회가 직면하는 위기를 비추어 보는 듯하다. 그러므로 한국교회의 위기는 교회사의 거울을 통해 역사적으로 진단하고, 적합한 처방과 해결책을 모색할 수 있다. 위대한 개혁자들은 신약성서와 예수와 사도시대 교회를 교회개혁의 청사진으로 제시하였다는 점에서 역사 공부는 위기에 직면한 한국교회를 성찰하고 개혁하기 위한 첫걸음이다. 따라서 교회사는 우리와 관계없는 먼 옛날의 다른 사람들 이야기가 아니라 결국 오늘 우리를 위한 이야기가 되는 것이다.

이 책은 방대한 교회사의 이야기를 간략하게 풀어서 대학생과 신학 입문자들 혹은 교회사에 관심을 가지고 탐구하려는 일반인을 위한 입문서를 목표로 하였다. 무엇보다도 교회사 개론(교회와 역사) 과목을 수강하는 학부 및 대학원생들을 염두에 두고 집필하였다. 기존의 교회사 책들이 너무 방대하거나 어려워서 교회사 진입장벽이 너무 높았고, 학생들이 교회사에 흥미를 잃거나 오늘 우리에게 여전히 절실하고 소중한 교회사 속의 역사적 의미들을 파악하지 못하고 힘겨워 하는 모습을 지켜보면서 조금이나마 이들을 도우려는 마음이 컸다. 어려운 교과서의 내용을 이해하지 못하다가 강의로 전달할 때 학생들이 깨닫고 기뻐하는 모습을 지켜보면서 속히 내 손으로 지은 밥을 손수 지어 먹게 함으로써 소박한 밥상일지라도 그나마 피가 되고 살이 되게 하고 싶었다. 밥맛을 알게 된 후 더 좋은 밥을 스스로 찾아 먹고, 더 나아가 좋은 식재료를 구하여 요리하여 자신의 입맛에 맞는 건강한 음식을 손수 지어 먹게 되리란 희망을 가지고, 허접한 식재료와 부족한 솜씨나마 용기를 내어 이 책을 쓰게 되었다. 너무 어렵지 않으면서도 너무 가볍지 않은 책이 되었으면 하는 욕심을 가지고 노력하였지만, 이 책을 펴내는 마당에 어려우면서도 가벼운 책이 되지 않을까 하는 부끄러움이 앞선다. 칼뱅이 불과 27세 나이에 『기독교강요』 초판을 썼을 때 작은 소책자에 불과하였지만 그 위대한 저서는 이후 거듭된 개정을 거쳐 1559년에 라틴어 최종판이 나왔을 때는 이미 개혁교회의 초석과 이정표가 되었다. 감히 졸저를 칼뱅의 『기독교강요』에 비견할 수는 없겠지만, 여기서 끝이 아니라 칼뱅과 같이 부단한 공부와 개정작업을 통해 좀 더 알찬 책으로 발전시키고 싶다는 소망을 품는다. 아무쪼록 독자제현讀者諸賢의 아낌없는 질정叱正과 격려를 부탁드린다.

원래는 초대부터 현대에 이르는 교회사 전체를 목표로 집필을 시작하였다. 그러나 방대한 분량과 제한된 지면과 시간 안에 완성하는 것은 능력의 범위를 넘어선 일이었다. 그래서 먼저 초대부터 중세(13세기)까지 다룬 이 책을 먼저 펴내고, 너무 멀지 않은 시간에 나머지 부분도 정리하여 속편으로 내고자 한다.

책머리를 써내려가는 이 시간에 마음 깊숙한 곳으로부터 감사가 솟구친다. 무엇보다도 1년 동안 연구년을 허락해준 한남대학교에 감사를 드린다. 대학의 구조와 환경이 급변하고 있는 상황 가운데 재정적으로 어려운 여건에도 불구하고 교수의 연구와 강의의 질質을 높이기 위해 연구년 제도를 유지하는 학교 당국의 정책적 의지가 아니었다면 이 작업은 엄두조차 내지 못하였을 것이다. 연구년으로 자리를 비운 사이에 그렇지 않아도 과중한 업무에 내가 남긴 짐까지 짊어지고 강의와 학생지도와 행정업무를 감내하신 기독교학과 교수님들께 진심으로 감사드린다. 부족함을 너그러이 이해하고 따뜻한 격려와 충고를 아끼지 않는 훌륭한 선배이자, 빈자리를 넉넉히 채워주는 든든한 동료가 되어주는 그분들로부터 격려와 지지를 받고 있음에 행복과 감사를 느낀다. 1년간 방문교수로 받아주고 가족을 위한 아파트와 단독 연구실을 제공해 주면서 도서관과 학교시설을 충분히 활용할 수 있도록 배려해 주신 컬럼비아신학교에 진심으로 감사드린다. 연구실의 탁한 공기를 염려하며 요청하지 않았음에도 공기청정기까지 구입해 설치해주신 그들의 배려와 사랑에 커다란 감동을 받았다. 섬김과 환대의 수준과 질을 크게 본받는 계기가 되었다. 외지인이 아닌 한 가족으로 학교에서 편안하게 활동할 수 있도록 시작부터 끝까지 모든 문제를 적극적으로 도와 준 국제프로그램 담당자 킴 레벌트Kim LeVert 목사님에게 특별히 감사드리며, 도서관의 여러 자료를 편안하게 열람하고 마음껏 사용할 수 있도록 배려해 준 도서관 책임자 켈리 캠벨Kelly D. Campbell 박사님과 사서 에리카Erica Durham에게 깊은 감사를 드린다. 컬럼비아신학교의 한미목회연구소Korean American Ministry를 맡고 있는 케빈 박Kevin Park 교수님과 비전과 고민을 함께 나누며 쌓은 우정은 연구년 기간의 또 다른 기쁨이었다.

이 책의 주요 독자인 사랑하는 나의 제자들에게 감사를 전하고 싶다. 수업시간에 보여준 그들의 진지한 질문과 공부에 대한 열정이 나에게 이 책을 써야겠다는 동기를 제공하였다. 연구년 중에 멀리 떨어져 있음에도 불구하고 부족한 스승을 그리워하며 보내준 그들의 한결같은 지지와 사랑이 멀리 떠나 있으나 그들을 그리워하며 즐겁게 다시 공부할 날을 기대하며 글을 쓰게 한 힘이 되었다. 대학원 석사과정과 박사과정에서 나와 함께 교회사를 공부하며 한국교회를 향한 비전을 나누는 교회사 전공 대학원생들에게도 감사를 전하고 싶다. 수업시간과 세미나에서 우리가 나눈 대화와 토론이 나에게 많은 학문적 자극과 도전을 주었고 연구의 열정과 사명을 불어 넣었음을 고백한다. 나의 학문적 성취와 진보를 누구보다 격려하고 기대하며 한국교회를 위한 책임을 함께 감당해 나가기를 소망하는 그들로 인하여 나의 학문여정이 외롭지 않고, 그들과 함께 한국교회 회복과 하나님 나라 확장을 위해 미력이나마 기여할 수 있기를 소망한다. 본문의 교정과 인덱스(찾아보기) 작업을 도와 수고한 교회사 박사과정 변상선 목사님과 이세영 목사님에게 특별한 감사를 전한다. 나의 학문여정에 작은 이정표를 세워주시고, 졸고를 번듯한 책으로 만들어주신 도서출판 동연의 김영호 대표님과 모든 스태프에게 감사를 표하고 싶다. 훌륭한 출판사가 아니라면 머릿속의 생각과 개인적 글쓰기에 지나지 않은 원고 뭉치가 넓은 세계의 다양한 독자들과 만나 공적인 담론의 장으로 확장해나갈 수 있겠나 싶다. 무명의 작가와 미지의 독자 사이에 다리를 놔주는 그들의 노력에 커다란 감사와 박수를 보내지 않을 수 없다.

마지막으로 나를 낳으시고 길러주신 사랑하는 어머니 박영애 권사님과 내 몫까지 어머니를 보살피고 섬긴 누나에게 감사를 전하고 싶다. 연구년 중에 췌장암 수술을 받으시고 암이 재발하여 고통 중에 투병하시면서도 아무 걱정하지 말고 공부하라는 어머니의 사랑에 눈물과 감사가 마르지 않는다. 박사과정 중에도 어머니를 홀로 남겨 놓고 오랫동안 멀리 떠나 있었는데 또 다시 멀리 떠나 공부하며 어머니를 보살피지 못했다는 자책이 나를 힘들게 한다. 어머니의 격려와 사랑이 없었다면 오늘의 내가 있었을까 싶다. 그분들의 눈물과 헌신으로 만들어진 이 책을 사랑하는 나의 어머니에게 바치고 싶다. 병상에서 삶의 마지막 여정을 힘겹게 보내고 계신 어머니가 너무 늦지 않게 이 글을 읽었으면 한다. 번민하는 나를 붙잡아 주고, 기도와 눈물로 위로하고 격려해준 사랑하는 나의 아내 명리에게 이 자리를 빌려 사랑과 감사를 전하고 싶다. 연구년의 지루하고 적막한 시간과 싸우며 나의 옆에서 돕는 배필로 나의 부족함을 채워준 아내의 사랑은 부족한 내가 용기를 가지고 살아가는 힘이 되었다. 바르고 건강하게 자라나 아빠에게 큰 기쁨과 위로가 되는 듬직한 딸 유진이에게도 사랑과 감사를 전한다.

이 작은 책 하나에도 너무나 많은 분들에게 말할 수 없는 감사가 넘쳐난다. 나는 이 모든 분들과 내가 미처 언급하지 못한 수많은 분들의 사랑과 격려와 기도에 힘입어 살아가고 있음을 고백한다. 이 작은 책이 그분들의 기대와 기도에 부합하기에는 여전히 부족한 점이 많지만, 하나님의 영광과 한국교회를 향한 주님의 뜻을 위해 작게 마나 사용되기를 소망한다.

2019년 1월
조지아 주 디케이터 컬럼비아신학교 연구실에서
최영근

**차 례**

프롤로그 / 6

## 제1장_ 교회의 시작과 발전           23

1. 기독교의 토양: 유대교와 기독교 관계           23
2. 기독교의 환경: 그리스-로마세계와 기독교 관계           34
   1) 로마제국의 사회와 문화 / 34
   2) 로마제국과 기독교 관계 / 36
3. 기독교의 체계: 사도교부의 신학과 예배와 성례제도의 발전           41
   1) 기독교의 확장 / 41
   2) 사도교부의 신학 / 44
   3) 예배와 성례제도의 발전 / 50

## 제2장_ 그리스-로마세계의 도전과 기독교의 대응           57

1. 로마제국과 그리스-로마세계의 도전           57
   1) 기독교에 대한 오해와 편견 / 57
   2) 로마제국의 박해 / 58
   3) 순교 / 63
   4) 로마 사회에 대한 기독교의 영향력 / 68
2. 기독교의 대응: 변증신학           70
   1) 순교자 유스티누스 / 71
   2) 기독교와 헬라철학의 상관관계: 알렉산드리아의 클레멘트 / 78
   3) 기독교와 철학의 분리: 터툴리아누스 / 82

## 제3장_ 고대교회 이단과 신앙의 표준 확립　　91

1. 고대 기독교 이단의 도전　　91
2. 반영지주의 교부들　　98
    1) 이레니우스 / 98
    2) 터툴리아누스 / 106
3. 기독교의 제도화　　109
    1) 교직제도의 발전 / 109
    2) 신조의 발전 / 120
    3) 신약의 정경화 / 122
    4) 고대 기독교 신학의 중심: 안디옥, 알렉산드리아, 카르타고 / 125

## 제4장_ 로마제국의 기독교 공인과 기독교 로마제국의 성립　　135

1. 3세기 이후 로마제국의 기독교 박해　　135
    1) 3세기 이전 로마제국의 기독교에 대한 기본적 입장 / 135
    2) 셉티무스 세베루스의 제도적 박해 / 137
    3) 데키우스의 조직적 박해 / 139
    4) 디오클레티아누스와 갈레리우스의 대박해 / 143
2. 콘스탄티누스의 기독교 공인과 기독교 제국의 성립　　150
    1) 콘스탄티누스의 기독교 공인과 기독교 옹호정책 / 150
    2) 콘스탄티누스 이후 기독교 제국의 발전 / 161
3. 기독교 수도원 운동의 발전　　167

## 제5장_ 그리스도론 논쟁과 고대 에큐메니칼 공의회　　181

1. 그리스도론 논쟁과 니케아공의회　　181
    1) 그리스도론에 대한 오해와 신학적 이단들: 군주신론과 종속론 / 181
    2) 아리우스 논쟁과 니케아공의회(325년) / 184
2. 아리우스주의의 도전과 콘스탄티노플공의회　　191
    1) 니케아공의회 이후의 아리우스 논쟁 / 191
    2) 콘스탄티노플공의회(381년)와 니케아신조의 재확립 / 198

3. 그리스도의 두 본성에 대한 논쟁과 칼케돈공의회　　　　　202
      1) 그리스도의 두 본성에 대한 논쟁과 에베소공의회(431년) / 202
      2) 단성론 논쟁과 칼케돈공의회(451) / 208
      3) 칼케돈공의회 이후의 단성론파의 분열 / 211
   4. 아우구스티누스와 라틴 서방기독교 신학의 정립　　　　　212
      1) 아우구스티누스의 생애와 『고백록』 / 213
      2) 아우구스티누스의 신학의 핵심, 사랑$^{Caritas}$ / 222
      3) 도나투스주의 논쟁 / 225
      4) 펠라기우스주의 논쟁 / 230

## 제6장_ 서로마제국의 멸망과 중세 유럽의 형성　　　　　235

   1. 서로마제국의 멸망과 유럽의 개종　　　　　235
      1) 게르만족들의 침입과 서로마제국의 멸망 / 237
      2) 유럽의 개종 / 244
      3) 선교의 주체: 수도원, 교황제, 국가 / 249
   2. 비잔틴제국　　　　　260
      1) 유스티니아누스와 비잔틴제국 / 261
      2) 단의론(單意論, Monotheletism) 논쟁 / 266
      3) 화상논쟁 / 270
   3. 이슬람의 등장과 지중해 세계의 분열　　　　　276
      1) 이슬람 이전 아랍 민족 / 276
      2) 이슬람의 등장과 발전: 지중해 세계의 분열 / 277

## 제7장_ 중세 기독교의 발전　　　　　285

   1. 샤를마뉴와 신성로마제국　　　　　285
      1) 크리스마스 대관식(800)과 신성로마제국의 등장 / 285
      2) 카롤링거 르네상스 / 289
      3) 샤를마뉴 사후의 정치적 혼란(암흑기)과 봉건제도의 형성 / 292
   2. 9세기 신학 논쟁　　　　　295
      1) 성찬 논쟁 / 295

    2) 예정론 논쟁 / 298
    3) 존 스코투스 에리게나 / 302
    4) 필리오케 논쟁과 9세기 동방교회와 서방교회의 분열 / 307
  3. 교회의 세속화와 그레고리개혁                                    310
    1) 교황권의 쇠퇴와 교회의 세속화 / 310
    2) 수도원 개혁: 클루니수도원 / 313
    3) 개혁 교황들의 교회개혁과 평신도 서임권 논쟁 / 317
  4. 십자군전쟁                                                  329
    1) 십자군전쟁의 내적 요인 / 331
    2) 십자군전쟁의 전개 과정 / 334

제8장_ 중세의 절정기                                              347

  1. 교황권의 전성기: 교황지상주의                                    350
  2. 이단분파 운동과 새로운 수도원 운동                                359
    1) 이단분파 운동 / 359
    2) 탁발수도회의 등장: 프란치스코회와 도미니크회 / 366
  3. 스콜라주의와 대학의 발전                                       373
    1) 초기 스콜라주의 / 374
    2) 캔터베리의 안셀름 / 378
    3) 피에르 아벨라르 / 382
    4) 피터 롬바르드 / 386
    5) 아리스토텔레스 철학의 재발견 / 390
    6) 대학의 발전 / 396
    7) 신앙의 우위: 아우구스티누스주의<sup>Augustinianism</sup>와 프란체스코회학파 / 400
    8) 신앙과 이성의 조화: 토마스주의<sup>Thomism</sup> / 405

찾아보기                                                        415

# 제 1 장
# 교회의 시작과 발전

## 1. 기독교의 토양: 유대교와 기독교 관계

　기독교는 유대교의 토양에서 시작되었다. 1세기 기독교인들은 유대인들이었다. 그들에게 히브리성경(구약)은 하나님의 언약의 말씀이었고, 그리스도의 공생애와 가르침을 구약의 성취와 구속사의 완성으로 이해하였다. 그들의 신앙과 종교는 유대교와 밀접하였다. 이스라엘의 역사와 종교전통을 공유하였고, 하나님에 대한 유일신 신앙과 창조와 섭리에 대한 신앙, 그리고 메시야의 도래와 구원에 대한 신념을 가지고 있었다. 기독교가 1세기 말, 예루살렘 성전의 파괴(AD 70)와 얌니아회의(AD 90) 이후 유대교의 테두리를 완전히 벗어나 독립된 공동체로서 신앙과 예배와 교회조직의 체계를 갖추기 전까지 기독교인들은 유대교 성전과 회당에 참여하였고, 유대인들과 유사하게 하루에 세 번 기도하였고 일주일에 두 번 금식하였다. 심지어 유대인들처럼 할례를 받거나 율법의 규례를 따라야 한다고 믿는 이들도 많았다. 그러나 1세기 교회가 유대인의 기독교 박해와 초대교회의 적극적인 전도활동과 유대전쟁(AD 66~70)과 같은 로마제국 내의 정치적, 사회적 변동에 의하여 예루살렘의 지리적 경계를 넘어 로마제국 내의 지중해 연안의 도시와 변방으로 퍼져나가고, 유다와 이스라엘의 인종적, 문화적 경계를 넘어서서 그리스-로마 문화권으로 확장하면서, 새롭게 기독교에 들어온 이방 기독교인들이 점차 교회의 다수와 주류가 되었고, 이에 따라 유대교의 종교적, 율법적 전통은 약화되거나 오히려 이단시 되었다.[1] 그럼에도 불구하고, 초대교회는 물론이고 그 이후에도 기독교는 유대교의 영향과 유산을 깊게 간직하고 있으며, 특히 기독교 신앙과 예배의 가장 중요한 요소 가운데 하나인 세례와 성찬은 유대교의 종교전통에서 직접적인 영향을 받은 것이었다. 구약의 희생제사와 많은 종교의례들이 폐기되어 더 이상 기독교 공동체 안에서 받아들여지지 않았지만, 이 두 예식은 새롭게 의미를 부여받아 기독교 신앙의 본질과 핵심을 상징하고 있다.

복음서와 사도행전 안에는 유대교의 역사와 전통 안에서 그리스도의 가르침과 기독교 신앙을 이해하는 관점이 뚜렷이 드러난다. 이러한 측면에서 기독교는 유대교에서 일어난 새로운 종교운동이거나 유대교의 분파로 여겨질 수 있었다. 실제로 유대교는 획일적이거나 중앙집권적이지 않았고, 다양하고 대립적인 종파들(예를 들어, 사두개파, 바리새파, 에세네파 등)이 유대교 안에서 공존하고 있었다.[2] 마태복

---

[1] 초대교회 내 유대 기독교인과 이방 기독교인 간 차이점과 교회 주도세력의 변화에 대하여, Martin E. Marty, *A Short History of Christianity* (New York: Meridian Books, 1959), 15-35 참조.

음은 예수를 새로운 모세로, 예수의 가르침은 유대교의 가장 훌륭한 율법보다 뛰어난 새로운 가르침으로 기술하면서 예수 그리스도는 율법을 폐하러 오신 것이 아니라 완성하러 오셨음을 강조하고자 하였다. 또한 예수의 고난을 예언서에 나타난 하나님의 구원을 이루는 대속적인 고난으로 바라보고, 부활의 사건을 예수의 "주와 그리스도"됨의 증거로 제시하며, 예수 그리스도가 하나님이 약속한 메시아인 것을 유대인들에게 알리고자 하는 의도가 분명했다. 사도행전(7장)에서 스데반은 마태와 유사하게 아브라함의 이야기로부터 시작하여 모세와 출애굽 사건, 그리고 다윗과 솔로몬의 이야기를 통해 예수의 구속사적 의미를 이끌어냈고, 사도 바울 역시 회심 이후 사도행전 13장에서 스데반의 설교와 유사하게 이스라엘의 역사로부터 예수가 구세주이심을 증언하였다. 이러한 접근은 초대교회의 신자들 대부분이 유대인들이었고, 기독교의 초기 전도대상 역시 유대인들이었기 때문에, 예수 그리스도가 하나님이 약속하신 메시아요, 언약의 성취자요, 이스라엘의 구원자라는 설명이 그들의 회심을 이끌어내는 데 적절하였기 때문에 초대교회의 선교적 메시지의 주를 이루었다. 구약의 메시지와 이스라엘의 역사를 예수 그리스도 중심의 구속사적 관점에서 재해석하고, 그리스도의 빛 아래서 하나님의 말씀과 구원의 의미를 새롭게 인식하였던 것이다.

여기에 기독교와 유대교의 근본적인 차이가 있다. 예수 그리스도

---

2 기독교와 유대교의 연속성과 기독교가 유대교 내 분파운동으로 이해된 측면에 대하여, Henry Chadwick, *The Early Church: The Story of Emergent Christianity from the Apostolic Age to the Dividing of the Ways between the Greek East and the Latin West* (Penguin Books, 1993), Chapter 1 참조. 우리말 번역본으로는 핸리 채드윅/박종숙 역, 『초대교회사』 (서울: 크리스천다이제스트, 1999)를 참조할 것.

에 대한 신앙은 기독교 신앙의 본질이요, 기독교를 유대교와 완전히 다른 새로운 종교가 되게 한 결정적 요인이었다. 예수는 주와 그리스도요, 영원하신 하나님의 말씀이요, 하나님의 독생자요, 사람이 된 하나님이요, 십자가의 대속의 죽음과 부활로 사람의 죄를 사하고 세상을 구원한 구세주라는 신앙고백이 기독교 신앙의 근간을 이루고 있다. 많은 기독교 신학자들이 인정하듯이, 그리스도의 성육신은 기독론과 구원론을 비롯하여 기독교 신학과 신앙고백의 가장 핵심적인 부분이다.3 고대교회 교부 이레니우스가 강조하였듯이 하나님이 인간이 되셔서 인간으로 하여금 하나님의 형상과 하나님과의 관계를 회복하게 하셨다는 성육신 신학은 기독교와 유대교를 구별하는 결정적인 차이인 동시에, 기독교를 고대교회의 대표적인 이단 사조思潮였던 영지주의와도 구별하는 핵심적 신앙이었다.4 이레니우스 이전에 안디옥의 감독 이그나티우스는 성만찬의 의미를 성육신과 그리스도의 고난에서 조명하며, 참된 신앙을 미혹하는 거짓된 가르침으로 지목한 유대교와 영지주의와 구별하여 기독교 신앙의 진리를 증언하였다.5 고대교회 역사 속에서 오랜 논쟁 끝에 칼케돈공의회(AD 451)에서 정

---

3 기독교 신학과 실천의 역사를 성육신의 관점에서 재조명함으로써 기독교사상사의 지평을 교리적, 지성적인 차원에서 예전적, 예술적, 영성적, 실천적 차원으로 확장한 탁월한 연구로서 Margaret R. Miles, *The Word Made Flesh: A History of Christian Thought* (Malden, MA and Oxford, U.K.: Blackwell Publishing, 2006) 참조.

4 이레니우스 신학에서 성육신 신학이 갖는 중심성과 중요성에 대한 신학적 논의에 대하여, Gustaf Aulen, *Christus Victor: An Historical Study of the Three Main Types of the Idea of the Atonement* (New York: The Macmillan Company, 1969), 16-35 참조.

5 Justo L. Gonzalez, *A History of Christian Thought*, vol. 1: *From the Beginnings to the Council of Chalcedon* (Nashville, TN: Abingdon Press, 1970), 71-81. 우리말 번역본으로는 후스토 L. 곤잘레스/이형기, 차종순 역, 『기독교사상사 1: 고대편』 (서울: 한국장로교출판사, 2002)를 참조할 것.

립한 "참 하나님, 참 인간"이라는 예수의 두 본성에 관한 고대교회의 신앙고백도 성육신 신학에 근거하고 있다.

그리스도의 대속의 죽음과 부활에 대한 신앙 역시 기독교를 유대교와 결정적으로 구별하였다. 복음서에서 예수는 유대인들의 율법주의와 성전예배를 위선과 거짓된 종교라고 비판하였고, 예수 자신을 통해 하나님과의 올바른 관계를 회복하고 하나님 나라에 동참할 것을 가르쳤다. 유대교 지도자들은 예수가 자신을 하나님과 긴밀하게 연관시키며 동일시하는 주장을 신성모독으로 간주하였고, 그들의 율법과 종교전통과 성전제의를 허무는 급진적 주장과 행위를 배격하며 예수를 죽음으로 내몰았다. 예수 이전에 수많은 예언자들도 하나님의 말씀을 선포하며 유대교의 종교적, 세속적 타락에 맞섰다가 죽임을 당하였다는 점에서 예수의 죽음은 새로운 사건은 아니었다. 그러나 예수가 이러한 예언자적 전통을 계승하면서도, 이를 뛰어넘어 율법과 예언의 완성자로, 구원자와 메시아로 다가왔기 때문에 유대교 지도자들의 공세는 더욱 집요할 수밖에 없었고, 예수를 따르는 기독교 공동체에 대하여 지속적인 박해와 탄압을 하였다. 기독교 공동체가 활발하게 성장하면서 유대인들에게 많은 영향을 끼치고, 기독교의 신앙이 유대교의 틀을 넘어 그들의 종교관을 무너뜨리는 위험한 주장으로 다가옴에 따라 유대인들의 배척의 강도는 거세졌다. 기독교 공동체가 디아스포라 유대인들과 이방 기독교인들에게로 확장됨에 따라 유대교의 박해 역시 가중되었다. 사도행전에 언급된 스데반의 순교나 회심 이전 바울의 기독교 공동체에 대한 박해는 이러한 맥락을 반영한다.

무엇보다도 유대교의 반감을 일으켰던 것은 기독교 신앙의 핵심이었던 예수 그리스도의 부활의 증언이었다. 예수의 십자가 죽음 이후 초대교회 공동체는 예수의 부활사건을 경험하였고, 이는 그리스도인들에게 완전히 새로운 신앙관과 세계관을 불어넣은 전환점이 되었다. 부활을 통해 초대교회는 그리스도의 십자가 죽음을 인류의 죄를 구원하기 위한 대속의 죽음으로 이해하였고, 그리스도의 부활을 하나님의 구원의 확증으로 받아들였다. 부활은 죄와 죽음과 마귀의 권세를 완전히 무너뜨린 그리스도의 우주적, 종말론적 승리로 말미암아 그리스도인들에게 하나님의 형상의 본질과 하나님 나라의 질서를 회복한 결정적 사건으로 이해되었다.6 또한 그리스도인들이 성령 안에서 그리스도와 연합하고, 하나님 나라에 참여하게 하는 신앙의 근본적인 토대가 되게 하였다. 그리하여 기독교 공동체는 예수의 십자가의 죽음과 부활로 성전의 모든 제사와 율법의 요구가 단번에 이루어졌고, 누구든지 예수를 "주와 그리스도"로 받아들이고 따르면, 하나님이 약속한 성령과 구원의 은혜를 누리며, 부활과 영원한 삶을 살 것이라는 믿음을 공개적으로 담대하게 증언하였다(사도행전 2:31-40).

부활의 신앙은 결국 하나님과 그리스도와 성령이 한 분 하나님이시라는 삼위일체 신앙을 기독교 공동체에 구형具形하였다. 그리스도인은 예수를 성자 하나님이시요, 인류를 죄에서 구원한 구세주로 믿으며, 성령의 교통으로 말미암아 그리스도와 연합하고, 그리스도로 말미암아 하나님의 형상을 회복하여 하나님 안에 거할 수 있다는 삼위일체 신앙을 고백하게 되었다. 물론 삼위일체라는 신학적 용어는 초대교회 이후 교부시대에 만들어졌고, 삼위일체에 대한 신학적 정리는 이후 오랜 시간의 복잡하고 치열한 교리적 논쟁 과정을 거쳐 정립되

---

6 Gustaf Aulen, *Christus Victor*, 61-80.

었지만, 하나님과 그리스도와 성령에 대한 삼위일체 신앙은 부활사건 이후 초대교회의 증언과 고백 가운데 이미 뿌리 내리고 있었다. 대표적으로는 그리스도의 지상대위임(마태복음 28:19-20) 가운데 "아버지와 아들과 성령의 이름으로 세례를 베풀고"라는 구절과 사도 바울의 축복문(고린도후서 13:13), "주 예수 그리스도의 은혜와 하나님의 사랑과 성령의 교통하심이 너희 무리와 함께 있을지어다"라는 구절이 있다. 이러한 사실을 반영하듯, 오늘날 사도신경의 모태가 된 고대 로마신경Old Roman Symbol은 2~3세기 로마교회에서 사용되던 세례문답이 신조 형식으로 표현된 형태였는데, 여기에 삼위일체에 대한 신앙고백이 담겨있다:7

Credo in Deum Patrem omnipotentem
et in Christum Iesum filium eius unicum, dominum nostrum...
et in Spiritum Sanctum...

나는 전능하신 하나님 아버지를 믿습니다.

---

7 고대 로마신경과 고대 기독교 신조에 관한 연구에 대하여, William Warner Bishop, "The Eastern Creeds and the Old Roman Symbol", *The American Journal of Theology* 6-3 (July 1902), 518-28; David Larrimore Holland, "The Earliest Text of the Old Roman Symbol: A Debate with Hans Lietzmann and John Norman Davidson Kelly", *Church History* 34-3 (September 1965), 262-81; Wolfram Kinzig and Markus Vinzent, "Recent Research on the Origin of the Creed", *Journal of Theological Studies* 50-2 (October 1999), 535-59 참조. 간략한 설명에 대하여, Justo L. Gonzalez, *The Story of Christianity*, vol. 1: *The Early Church to the Dawn of the Reformation*, revised and updated (New York: HarperOne, 2010), 77-79. 우리말 번역으로는 후스토 곤잘레스/엄성옥 역, 『초대교회사』 (서울: 은성, 2012) 참조할 것. 이 번역본은 곤잘레스의 원서 1권(고대와 중세부분)을 둘로 나누어 고대교회사 부분만을 번역한 것이다.

그리고 그분의 독생자 우리 주 그리스도 예수를 믿습니다….
그리고 성령을 믿습니다….

무엇보다도 기독교 공동체가 예수 그리스도의 부활의 증인과 성령의 공동체로서 자신의 정체성을 확인하고, 그리스도의 복음을 전하며 하나님 나라의 도래를 선포하는 선교적 사명을 자각하게 된 계기는 오순절 성령강림 사건이었다. 예수의 승천 이후 마가의 다락방에 모여 기도하던 그리스도 공동체가 성령의 강림을 통해 그리스도의 증인으로 복음을 선포하는 하나님 나라의 선교 공동체로 새로워지는 계기가 되었다. 사도행전은 성령강림 이후 교회의 발전과 선교적 확장을 조명하고 있다. 특히 사도 바울은 기독교가 유대인과 이스라엘의 경계를 넘어 이방인과 그리스-로마세계로 확장해나가도록 이끈 교회 지도자였다. 사도 바울은 "이방인의 사도"로서 자신의 사명을 자각하며 예루살렘 교회와 유대 기독교인들을 향해 이방 기독교인의 동등한 지위와 중요성을 인식시키고, 그리스도의 복음을 그리스-로마세계가 이해하기 쉽도록 해석하고 확장하는 데 탁월한 기여를 하였다. 이러한 면모는 예루살렘 회의(AD 49년경)에서 부각되었다.

예루살렘 회의(사도행전 15장)의 발단은 이방인 선교의 중심지로 부상하고 있었던 안디옥에 "유대로부터 내려온" 사람들이 "모세의 법대로 할례를 받지 않으면 구원을 받지 못한다"고 가르쳤고, 바울과 바나바가 이를 반박하면서 "다툼과 변론"이 일어난 것에서 비롯되었다. 기독교 공동체 안에서 보수적 유대 기독교인들의 주장처럼 "모세의 법"으로 구원을 받는가, 아니면 이방 기독교인을 대변하는 바울의 주장처럼 "그리스도의 은혜"로 구원을 받는가가 논란이 되었다. 바울이

볼 때에 모세의 율법과 할례를 구원의 전제로 삼는 유대 기독교인들의 요구는 이방 기독교인들에 대한 "차별"을 의미할 뿐만 아니라 감당할 수 없는 "멍에"를 지우는 것이었고, 무엇보다도 복음에 역행하는 율법주의로 이해되었다. 바울은 주 예수의 은혜로 구원을 받는다는 것과 사람이 의롭게 되는 것이 율법의 행위로 말미암지 않고 오직 예수 그리스도를 믿음으로 말미암는다(갈라디아서 2:16)는 복음의 핵심을 명확히 하였고, 이방인에 대한 일체의 차별과 이들에 대한 유대 기독교인의 우월의식과 지배권을 단호히 거부하였다. 결국 이러한 바울의 주장이 초대교회 안에서 넓은 지지를 받았고, "유대인이나 헬라인이나 그리스도 안에서 하나"(갈라디아서 3:28)라는 신념이 기독교 공동체에 확립되어 나갔다. 이러한 신념은 이방 기독교인이 기독교 공동체의 주류세력이 되는 과정에서 더욱 분명하게 자리매김하였고, 인종과 성별과 계급을 뛰어넘는 기독교의 가르침과 포용력은 그리스-로마세계로 기독교가 확장해나가는 중요한 돌파구가 되었다.[8]

유대 기독교인들은 유대교의 박해에도 불구하고 유대교의 틀 안에 머물러 있으려 하였다. 그들은 유대인들과 기독교인 사이에서 중간다리 역할을 하였으나 유대인들의 박해와 이방 기독교인들의 비판을 받으며 입지立地가 흔들렸다. 예루살렘 성전 파괴 이후 유대교 회당에서 기독교인들에 대한 공식적인 저주문이 채택되면서 그들은 유대교에서 배제되어 쫓겨났고, 이와 더불어 초토화된 예루살렘을 떠나 기독교의 중심지가 안디옥과 로마 등으로 확장해나가면서, 기독교 공

---

8 이러한 논의에 대하여, Alister E. McGrath, *Christian History: An Introduction* (Malden, MA and Oxford, U.K.: Wiley-Blackwell, 2013), 14-16 참조. 우리말 번역본으로 알리스터 맥그라스/박규태 역, 『기독교의 역사』 (서울: 포이에마, 2016)을 볼 것.

동체 안에서도 모교회로서의 그들의 특권적 지위와 중요성이 점차 상실되었다. 신약성경 안에서 이들의 목소리는 매우 제한적이었고, 오히려 바울을 중심으로 하는 헬라어권 이방 기독교인들이 이들을 압도하였다. 이방 기독교인들은 유대교의 유산과 전통에 대하여 배타적이었고, 구약의 가르침은 윤리적, 영적인 교훈의 측면에서 받아들이되, 구약의 율법과 제의들은 복음에 반하는 것으로 배척하였다. 150년경 로마에서 작성된 순교자 유스티누스Justin Martyr의 『트리포와의 대화』(*Dialogue with Trypho*)를 보면, 여전히 유대 기독교인들의 세력이 남아 있음을 확인할 수 있다. 그들은 기독교 신앙을 가지면서도 모세의 율법과 유대의 관습을 지킬 수 있다고 보았고, 그것은 신앙의 본질적인 문제가 아니라 개인의 양심의 문제로 여겼다. 그러나 이방 기독교인들은 이러한 태도를 받아들일 수 없었고, 점차 이단시하였다. 2세기 초에는 유대 기독교인들이 에비온파Ebionites로 지칭되었는데, 이 용어는 히브리어 "에비오님ebyonim, 가난한 자들"이라는 말에서 유래되었다. 이는 바울이 유대와 예루살렘에 있는 그리스도인을 언급한 말(로마서 15:26)을 연상시킨다. 또는 자발적 가난을 실천하였던 금욕주의적 유대 기독교 공동체와 연결된다고 보는 견해도 있다. 에비온파는 다양한 그룹들이 있었기 때문에 그들의 주장에 차이가 나타나기도 하였지만, 예수를 유대교의 예언자적 전통 안에서 해석하였고 유대교의 전통 안에서 기독교를 이해하였고, 대체적으로 예수의 신성과 동정녀 탄생과 대속의 죽음과 부활을 인정하지 않았다. 안디옥의 이그나티우스와 이레니우스를 비롯한 고대 교부들은 이들을 이단으로 비판하였다. 에비온파가 "기독교의 유대주의화"로 인해 이단으로 비판을 받았다면, 이들과는 정반대로 마르시온Marcion과 영지주의 세력들은 "기독교의 헬라주의$^{헬레니즘화}$"로 기독교 신앙에 위협을 가했다.9 전자의 위협과 영향은 후자에 비해 크지 않았다.

초대 기독교 공동체의 특징은 예배당(성전), 제단, 희생물이 없다는 점이고, 이것은 유대교는 물론 다른 종교와도 구별되었다. 기독교 회는 유대교와는 달리 성전이나 회당이 아니라 가정에서, 안식일(토요일)이 아닌 그리스도의 부활을 기념하는 주일(일요일)에 예배하였다. 또한 유대교의 예식과는 구별된 기독교 나름의 예배와 예전을 발전시켰다. 안수(성령의 기름부음)와 세례(죄의 용서와 입교)와 성찬예식이 대표적인 것이다. 매주 정규적인 예배에서 중심이 되었던 것은 예수의 죽음과 부활을 기념하며 그리스도와의 연합을 추구하는 성찬$^{Eucharist}$ 이었다. 기도와 말씀의 봉독과 설교와 성도의 교제(거룩한 입맞춤과 애찬/성찬)가 예배의 핵심적인 내용이었다.

초대교회가 유대인의 경계를 넘어 이방인들에게 복음을 전하고, 적극적으로 선교에 나섰다는 점은 기독교와 유대교의 결정적인 차이점이다. 유대교는 부분적으로 이방인들에게 문호를 열어놓기는 했지만 폐쇄적이었고, 전도에 힘을 기울이지 않았다. 그러나 기독교는 박해와 죽음의 위협 속에서도 열정적으로 선교하였고, 이는 당시의 종교적 상황에서 매우 이례적인 일이었다. 적극적인 선교로 말미암아 기독교는 매우 빠른 속도로 로마제국 지역에서 특히 도시를 중심으로 광범위하게 확장되어 나갔다.

---

9 이에 대한 논의에 대하여, Henry Chadwick, *The Early Church*, 21-23; McGrath, *Christian History*, 20-21; Robert Bruce Mullin, *A Short World History of Christianity* (Louisville and London: Westminster John Knox Press, 2008), 26-30 참조.

## 2. 기독교의 환경: 그리스-로마세계와 기독교 관계

### 1) 로마제국의 사회와 문화

로마가 제국의 기틀을 마련한 것은 아우구스투스(Augustus, BC 63~AD14) 황제 때였다. 강력한 군사력을 바탕으로 농산품의 안정적 확보와 안전한 무역로를 구축함으로써 부를 축적하였고, 이로써 유럽과 아프리카와 아시아를 아우르는 지중해세계의 패권을 장악하면서 로마의 평화Pax Romana를 이루며 거대한 제국으로 번성하였다. 그러나 로마는 광범위한 제국의 영토를 아우르는 일사불란一絲不亂한 중앙집권적 통치를 실행하지는 못했다. 지역 거점에 군대를 주둔시키고 속주Provincia에 총독을 두었지만, 오히려 지방 엘리트의 협력을 받아 지역의 문화적 특수성과 자율권을 인정하며 통치하였다. 제국 안에는 다양한 인종과 언어와 문화와 종교가 공존하였고, 로마제국은 단일하고 획일적인 문화가 아닌 복합적인 다문화 사회였다. 그럼에도 불구하고, 라틴어와 헬라어가 공용어로 사용되고 있었고, 군대와 법과 조세제도와 같은 통치시스템 아래 통일성이 유지되었다. 이와 더불어 로마제국의 다양한 인종과 문화의 구성원들을 이념적으로 통합하는 상징체계는 황제숭배로 상징되는 국가제의였다. 특히 기독교가 발전하였던 제국의 동방 지역은 로마제국의 핵심이었으므로 황제숭배가 강하였다. 종교religion는 그 단어의 라틴어 어원religio에서 함의하듯이, 다양한 사람들을 "재결합"시키고 "함께 엮는" 사회적 매개였고, 로마제국에서 황제숭배와 국가제의는 매우 중요한 역할을 하였다. 신격화된 황제와 국가는 제국의 신민臣民들과 피지배계층에게 절대적 충성과 헌신을 요구하였다. 아우구스투스 황제 때 황제숭배는 제국을 신성화하는 기능을 시작했다. 비록 그가 자신을 신이라 칭하지는 않았지만, 그의 때에 황제숭배 제의가 틀을 잡았고, 이후 황제숭배는 로마제국의 중요한 국가종교로 발전하였다. 모든 로마 황제가 자신을 신격화하거나 황제숭배를 강요하지는 않았다.[10] 그러나 외우내환外憂內患의 국가적, 정치적 위기 상황에서 제국을 결집시키기 위하여 황제숭배가 강요되었고, 유대인과 기독교인처럼 종교적인 이유로 이를 거부하는 사람들은 불순세력과 반역자로 지목되어, 박해와 처벌을 받았다. 기독교가 제국으로부터 받은 박해는 이러한 정치적, 사회적 맥락에서 이루어졌다. 그러나 제국으로부터 받은 박해는 일상적이라기보다는 간헐적이었고, 특정한 시기에 집중되었다.

로마는 다신교문화와 다종교사회였다. 황제숭배라는 국가제의가 있었지만, 이는 공적 영역에서 황제와 제국에 충성을 표시하는 정치적 성격의 의례였다. 사적인 영역에서는 다양한 동방의 신비 종교와 밀의cults가 번성하고 있었으며, 제국에 대하여 반역적이거나 사회 안정과 질서에 반하지 않는 한 이들에 대한 종교행위가 아무런 제약을 받지 않았다. 오히려 로마 사회에서 모든 재난과 재해가 신들로부터 말미암는다고 여기며 종교는 질병을 치유하는 치유제와 같은 것으로 인식되었고, 갖가지 문제들에 대한 다양한 제의들이 발전하며 여러 종교가 다신교의 형태로 공존하였다. 로마 사회에서 대중적으로 번성하였던 대표적 동방종교로는 이집트의 모신母神인 이시스Isis와 페르시아의 미트라스Mithras 숭배가 있었다.[11] 이와 더불어 각 지역마다 숭배

---

10 Adrian Hastings, ed., *A World History of Christianity* (Grand Rapids, Michigan and Cambridge, U.K.: William B. Eerdmands Publishing Co., 1999), Chapter 1 참조.

하는 신들에 대한 제의들이 지역공동체와 긴밀히 유착되어 있었다. 따라서 이러한 제의를 거부한다는 것은 지역사회로부터 커다란 고초를 겪는다는 것을 의미하였다. 유대교와 기독교가 유일신론과 우상숭배 반대를 앞세워 지역의 제의를 거부하였을 때 지역사회에 반하는 이질적이고 위험한 불순분자로 인식되어, 전쟁, 재난, 기근과 같은 사회적 불안기에 핍박을 받는 원인이 되었다.[12]

### 2) 로마제국과 기독교 관계

로마제국은 공인종교religiones licitae와 비공인종교religiones illicitae를 구별하여 대체로 종교에 대한 관용정책을 지향했다. 공인종교는 그들의 종교적 관습이 이질적이고 독특하더라도 특정한 지역과 문화와 인종에 대하여 가지는 특수성과 예외를 인정받아 자유로운 종교행위를 보장받았고, 다른 신들의 제의에 참여하지 않는 것에 대해 용인을 받기도 했다. 그러나 비공인종교는 종교에 대한 법적인 지위와 관용의 특

---

11 Henry Chadwick, *The Early Church*, 23-25.
12 그러나 기독교 및 유대교 공동체가 지역사회 공동체와 항상 긴장과 갈등 관계에 있었다는 것은 지나치게 과장된 해석임을 이해해야 한다. 여러 지역에 흩어져 있었던 기독교와 유대교 공동체는 고대 그리스-로마세계의 지역사회에서 종교문제에 따른 특별한 경우를 제외하고는 지역사회의 구성원으로서 사회, 문화적으로 조화롭게 살았다. 이와 관련하여 로마제국과 그리스-로마 문화권의 지역사회에서 유대교와 기독교 공동체의 삶의 모습을 다룬 연구로, Philip Harland, *Associations, Synagogues, and Congregations: Claiming a Place in Ancient Mediterranean Society* (Minneapolis, MN: Augsburg Fortress, 2003) 참조. 이 연구에 따르면, 지역사회의 핍박은 일상적이거나 전반적이지 않았고, 종교적 신념과 이와 관련한 문화적 행위에 국한되는 부분적인 문제이거나 특별한 사회적 불안기에 나타나는 간헐적 현상이었다. 따라서 기독교와 유대교 공동체가 지역사회에서 외딴 섬과 같이 유리된 존재로 살았다고 일반화시키는 것은 적합하지 않다.

혜를 보장받지 못하였고, 언제든지 박해와 제재를 받을 수 있는 취약한 여건 아래 있었다. 예를 들어, 유대교는 공인종교로서 로마제국 내에서 법적인 지위와 특수성을 인정 받았지만 기독교는 비공인종교로서 이러한 법적인 지위를 인정받지 못했다. 따라서 로마 사회에서 오해와 편견에 따른 비난과 배척에 쉽게 노출되었고, 공권력과 지역사회에 의한 박해에 상대적으로 취약했다. 기독교가 유대교의 분파로 이해되었을 때에는 큰 문제가 없었지만, 유대교와 구별되는 새로운 종교로 인식되면서, 로마 당국의 인정을 받지 못하는 불법적인 종교집단으로 비춰졌고, 또한 유대의 지리적 경계와 인종적 특수성을 벗어나 로마의 다양한 지역과 인종과 문화로 확산되면서, 기독교에 대한 제재와 압박은 가중되었다.13

유대인들은 자신들의 문화적 특수성과 자치권을 존중하는 로마제국의 통치에 대하여 커다란 불만을 표출하지는 않았고, 로마제국 역시 유대인들을 과격하거나 위험한 집단으로 인식하지는 않았다. 따라서 로마는 유대 지역에 적은 규모의 군대를 유지하였고, 헤롯 왕조와 유대의 종교지도자들을 통해 간접적 통치를 하였다. 사실 유대인들은 유대전쟁(66~70) 이전까지 인구조사에 따른 불만(AD 6년경)과 칼리귤라 황제가 예루살렘 성전에 황제숭배를 위한 동상을 세우는 것에 대한 폭동(AD 40년)의 예외를 제외하고는 큰 문제없이 로마의 통치에 순응하였다. 그러나 유대와 갈릴리 지역에 대한 지배권을 누려왔던 헤롯 가문이 몰락하면서(AD 44년경) 반란 등의 이유로 로마가 유대를 직

---

13 Roland H. Bainton, *Christendom: A Short History of Christianity and Its Impact on Western Civilization*, vol. 1: *From the Birth of Christ to the Reformation* (New York: Harper & Row Publishers, 1966), 51-55.

할 통치하였고, 로마가 지배권을 강화하는 과정에서 유대인들의 종교적 특수성이 무시되면서 이에 저항하는 유대전쟁이 일어났다. 이 전쟁의 결과로 많은 사상자가 나왔고, 로마군대에 의하여 예루살렘 성전이 초토화되었고, 예루살렘에 로마의 군대가 상주하게 되었다. 폐허가 된 예루살렘에 아일리아 카피톨리나^Aelia Capitolina라는 새로운 도시를 건설하고, 로마의 주피터 신전을 짓고, 나아가 유대인에게 할례를 금지함으로써 유대인들의 반감을 더욱 자극하였고, 132년에 바르 코크바^Bar Kokhba가 반란을 주도하면서 제2차 유대전쟁(132~135)이 발발하였다. 이 전쟁의 패배로 인하여 유대교는 로마제국 안에서 돌이킬 수 없는 상처를 입었다. 135년에 하드리아누스 황제는 유대인들의 반역이 민족의식과 종교에서 비롯된다고 보았고, 유대교 율법과 신앙을 전면 금지하고, 이들에게 이스라엘의 역사에 대한 기억을 완전히 지우고자 하였다. 그는 유대를 시리아 팔레스타인^Syria Palestine으로 고치고, 유대인들을 유대와 예루살렘에서 배제할 것을 명함으로써 유대인들은 그 땅을 되찾을 때까지 오랜 시간 동안 여러 지역에 흩어져 디아스포라의 삶을 살아야 했다.[14]

　기독교인들은 유대인들과는 달리 로마제국과 마찰을 일으키거나 반란을 도모하지 않았다. 오히려 로마제국의 안정적이고 효율적인 통치 시스템과 여러 도시들을 묶는 도로와 항로를 포함한 상업적 연결망, 그리고 여러 지역과 문화를 아우르는 로마의 법적, 정치적, 문화적

---

14 유대전쟁과 이 시기 역사에 관하여, 플라비우스 요세푸스/박찬수, 박찬웅 역, 『유대전쟁사』, 총 2권 (서울: 나남, 2008); Steven T. Katz, ed., *The Cambridge History of Judaism*, vol. 4: *The Late Roman-Rabbinic Period* (New York and Cambridge, U.K.: Cambridge University Press, 2006) 참조.

보편성은 기독교가 유대교의 편협한 문화적, 인종적 경계를 넘어 그리스-로마세계로 확산되며 보편적, 세계적 종교로 발전할 수 있었던 유리한 환경이 되었다. 이와 더불어 공통의 언어(헬라어와 라틴어), 교통의 편이성, 활발한 인적 교류와 이동성, 다양한 이주와 이민 등이 로마제국이 기독교 신앙 확산에 유리한 환경을 제공한 구조적 요인으로 지목될 수 있다.15 기독교의 영적, 문화적 에큐메니즘ecumenism은 지중해 세계의 패권을 장악하고 있었던 로마의 정치적 제국주의를 그 통로로 삼으면서도 하나님 나라를 지향하며 로마제국을 초월함으로써 세계 보편종교로서 기독교가 가진 문화 수용과 변혁의 능력을 잘 드러낸 특징적 모습이었다. 이러한 기독교의 모습은 2세기에 기록된 것으로 보이는 기독교 변증서, 『디오그네투스에게 보낸 편지』에서 잘 드러난다.

> 그리스도인들은 다른 이들과 국적이나 말이나 관습으로 구별되지 않습니다. 왜냐하면 그들은 자신들만의 도시에 살지 않고, 다른 언어를 사용하지 않고, 유별난 삶을 살지 않기 때문입니다…. 그들은 각자에게 정해진 몫에 따라 그리스인들과 야만인들의 도시에 살면서 그 나라의 관습에 따라 옷을 입고 음식을 먹고 일상의 삶을 살아가지만, 그들이 드러내는 시민권의 성격은 매우 놀랍고 상식을 초월합니다. 그들은 자기 나라에 살지만, 나그네로 삽니다. 그들은 시민으로서 자신의 의무를 수행하지만, 이방인으로서 어려움을 당합니다. 모든 외국이 그들에게는 조국이고 모든 조국이 외국입니다. … 그들은 이 땅

---

15 McGrath, *Christian History*, 17-18 참조. 이러한 요인은 비단 기독교뿐만 아니라 다른 종교에도 적용되는 환경이었다. 그러나 선교에 소극적이었던 유대교와 다른 종교들과 달리 기독교는 가장 적극적으로 선교를 추진하였다. 기독교가 적극적으로 선교에 나선 배경에는 예수의 재림을 고대하던 기독교 공동체의 종말론적 열망과 관계가 있었다.

에 살지만 그들의 시민권은 하늘에 있습니다. 그들은 정해진 법에 순종하지만 법을 초월하는 삶을 삽니다.16

그러나 이후 역사에서 나타나듯이, 초기 기독교의 영적, 문화변혁적 에큐메니즘은 콘스탄티누스 황제 이후 기독교가 로마제국의 공적 종교가 되면서 로마제국의 정치적, 문화적 제국주의에 사로잡히는 한계를 드러내었다.17 로마제국에 의해 박해받는 종교에서 로마제국을 대변하는 종교로, 낮고 천한 자의 종교에서 지배자의 종교로, 토착적이고 보편적인 종교에서 획일적이고 군림하는 종교로 변화되는 과정에서 기독교가 표출한 상반된 모습은 커다란 반전이었다. 그것은 기독교가 역사 속에서 성취한 위대한 승리였지만 동시에 심각한 굴절이었다. 하나님 나라를 지향하고 대변하면서, 역설적으로 교회가 속한 시대와 사회의 세속적 가치와 열망을 반영하는 기독교의 양면적 성격이 기독교와 로마제국의 관계 속에서 여실히 드러난다. 이 문제는 교회의 본질과 역사적 모습을 반성적으로 고찰해야 할 교회사의 중요한 주제이며, 무엇이 바르고 건강한 교회인가를 묻는 교회론의 핵심적인

---

16 *The Epistle to Diognetus* 5:1-10 in J. B. Lightfoot and J. R. Harmer, trans., T*he Apostolic Fathers*, 2nd ed. (Grand Rapids, Michigan: Baker Book House, 1989), 291-306.
17 기독교의 영적, 문화적 보편주의(에큐메니즘)와 로마제국의 정치적 제국주의의 상관관계에 관하여, Adrian Hastings, "Christianity and Nationhood: Congruity or Antipathy?", *The Journal of Religious History*, vol. 25, no. 3 (October 2001), 249-260 참조. 해스팅스는 기독교의 제국주의화와 기독교의 민족주의화를 동시에 비판하며, 구체적인 지역의 문화에 뿌리를 내리면서도 배타적이고 편협한 지역주의(민족주의)에 함몰되지 않고, 인종과 문화를 초월하는 보편적 성격을 지향하는 에큐메니칼 기독교를 강조하였다. 그는 기독교의 보편성은 문화적, 영적 보편주의(에큐메니즘)이어야 하며, 군사적, 경제적, 정치적 세계화의 패권주의(제국주의)와는 철저히 구별되어야 한다고 보았다.

질문이다.

    기독교는 로마제국에 대하여 다양한 입장을 취하였다. 신약성경에서 예수는 "가이사의 것은 가이사에게 하나님의 것은 하나님께 바치라"(마태복음 22:21)라고 말씀하셨고, 사도 바울은 "모든 권세는 다 하나님께서 정하신 바"라고 강조하며 권세들에 복종하라(로마서 13:1)고 권면하면서 로마제국의 권위를 부정하지 않았다. 그러나 기독교가 박해를 받는 상황에서 로마제국은 계시록에서 "성도들의 피와 예수의 증인들의 피에 취한" 음녀와 바벨론으로 비유(요한계시록 17:5-6)되기도 하였다. 기독교는 박해에 당당히 맞서며 신앙을 지켰지만, 로마제국에 물리적으로 대항하는 방식이 아니라, 묵묵히 박해를 당하면서도 이방인들 가운데 적극적으로 전도하는 방식으로 로마제국의 핍박을 극복하며 확산되어나갔다.

## 3. 기독교의 체계: 사도교부의 신학과 예배와 성례제도의 발전

### 1) 기독교의 확장

    그리스-로마세계의 오해와 로마제국의 박해에도 불구하고 기독교가 여러 지역으로 퍼져나가며 성장할 수 있었던 것은 적극적인 선교에 따른 것이었다. 고대교회의 선교의 특징은 별도의 선교조직이나 지도부에 의한 "위로부터 from above" 선교가 아니라, 신자 개개인의 자발적 헌신과 열정에 따른 "아래로부터 from below"의 선교였다. 특히 가족과 이웃과 상업관계의 인적 네트워크와 개인관계를 통해, 여행과 이주와 박해로 인한 흩어짐 가운데 감동적인 삶의 실천과 모범을 통해 퍼져나갔다. 이러한 방식으로 로마제국의 큰 도시에서 이름 없는 작은 마을에 이르기까지 기독교 신앙이 확산되었고, 2세기에 이집트와 북아프리카, 시리아와 소아시아, 로마는 물론 고울(프랑스)과 스페인에 이르기까지 교회 공동체가 광범위하게 존재하였다. 그러나 기독교는 그 성격에 있어서 농촌 종교라기보다는 도시 종교였다. 상업과 무역이 활발하게 이루어지는 도시와 항구는 새로운 종교와 철학의 사상이 유입되기에 적합한 지역이었고, 다양한 출신배경을 지닌 사람들이 어울려 살면서 시골에 비해 익명성이 보장되었다. 기독교 역시 도시를 중심으로 확장해나가면서 고대 로마의 주요 도시들(로마, 콘스탄티노플, 알렉산드리아, 안디옥)이 기독교의 신학적 중심지로 발전하였다. 기독교와 도시의 관계는, "이교도"를 뜻하는 라틴어 paganus가 원래 "시골 사람"을 뜻하는 단어로, 고대 로마종교의 신념과 문화적 관습을 유지하려는 사람들을 의미했다는 점에서도 드러난다. 도시를 중심으로 기독교가 발전하면서, 도시의 사회와 문화를 변화시키고, 이어 주변지역으로 확장되었다. 이는 고대교회의 기독교 발전과 확장의 일반적인 패턴이었다.[18]

기독교의 신앙계층은 하층민과 노예도 있었지만, 상인과 장인계층, 그리고 귀족계층에까지 그 범위가 다양하였다. 특히 유대인이 아닌 새로운 이방 기독교인들은 헬라어(Koine Greek, 코이네 헬라어)를 사

---

[18] 기독교의 발전과 도시의 상관관계에 관하여, McGrath, *Christian History*, 31-33; Rodney Stark, *Cities of God: The Real Story of How Christianity Became an Urban Movement and Conquered Rome* (New York: HarperOne, 2006) 참조.

용하는 이들이었고, 좋은 교육을 받고, 다양한 인맥을 가지고 지역사회에 영향력을 끼치는 사람들도 적지 않았다. 기독교가 여러 지역으로 확산하며 발전하게 된 이유 가운데 하나는 기독교 신앙을 증언하는 문헌들과 그것을 읽고 소통할 수 있는 계층들이 존재했다는 사실에 힘입은 바가 크다. 예수와 초대교회 사도들이 헬라어를 사용하지 않았음에도 불구하고 신약성서가 헬라어로 기록된 것은 매우 특별한 점이었다. 로마제국의 공식 언어는 라틴어였지만, 그리스-로마 문화권에서 헬라어는 두루 통용되는 일상의 언어였다. 그리스-로마 세계의 보편적인 대중언어였던 헬라어로 성경과 초대 기독교 문헌들이 기록되면서, 기독교 신앙은 여러 지역의 다양한 인종과 문화와 계층의 경계를 넘어 전해질 수 있었다. 이러한 점에서 헬라어는 고대교회의 주요한 공용어였다. 로마교회도 초기에는 헬라어를 예배와 신학에 사용하였다.

예배와 신학의 언어로 라틴어를 사용하기 시작한 것은 헬라어를 모르는 사람들에 의해서 로마보다 먼저 북아프리카였으며, 이어 로마를 중심으로 한 서방세계에서 라틴어가 기독교의 공용어 Lingua franca가 되었다. 2세기경에 라틴어로 성경(라틴어 성경 구역, Vetus Latina)이 번역되어 사용되다가 4세기에 불가타어 Vulgate이 제롬 Jerome에 의해 번역되었고, 이 역본은 중세를 거치면서 로마 가톨릭교회의 공인 성경으로 자리를 잡았다. 라틴어 외에도 곱트어, 시리아어가 이집트와 시리아와 페르시아 지역의 기독교 공동체에서 사용되었고, 그 외에도 아르메니아어와 다양한 지역어가 다양한 기독교 공동체에서 사용되었다. 비록 중세 로마 가톨릭교회가 라틴어를 예배와 신앙의 유일한 언어로 사용하도록 하였지만, 기독교는 본래 "단 하나의 거룩한 언어"라는 개념이 없었고, 각 지역에서 가장 대중적인 언어를 사용하며 발전하였다. 기독교는 공통의 언어를 토대로 지역의 언어를 받아들이며 다양하게 확장되었고, 이러한 점은 기독교가 복음의 보편적 성격과 문화의 지역적 특수성을 포괄하는 종교로서의 특징을 보여준다.19

### 2) 사도교부의 신학

여러 지역에 두루 퍼진 신앙공동체가 하나의 보편적인 교회로 통일성을 유지할 수 있었던 것은 그리스도와 사도들의 가르침을 계승하고 재해석하면서 각 지역의 교회에서 제기되는 여러 가지 문제들에 적용하여 교회를 사도적 전통의 기반 위에서 이끌어나간 지도자들이 있었기 때문이다. 지역교회를 대표하는 감독bishop 혹은 장로presbyter와 이들이 계승하는 사도적 전통이 "하나의 거룩한 보편적인 사도적 교회"(one holy catholic apostolic church)를 이루는 통일성의 근거였다. 사도시대 이후 여러 지역에 흩어진 기독교 공동체를 이끌어나간 지도자들을 사도교부Apostolic Fathers라 하고, 이후 교부의 시대로 이어지며 고대교회는 기독교 신앙과 신학적 정통과 예배와 교회조직과 제도의 체계를 확립해나갔다.

사도교부로서 1세기 말과 2세기 초에 활동한 로마의 클레멘트, 안디옥의 이그나티우스, 서머나의 폴리캅, 로마의 헤르마스, 알렉산드리아의 바나바 등을 들 수 있고, 고대교회 예배와 예식의 발전을 잘 보여주는 『디다케』(*Didache*)를 사도교부 문헌에 포함시킬 수 있다. 이

---

19 Hastings, ed., *A World History of Christianity*, Chapter 2 참조. 고대 라틴어 성경 (*Vetus Latina*)에 대하여 http://www.vetus-latina.de/en/index.html 참조..

들 문헌은 자신들의 공동체는 물론 여러 지역 교회들에 널리 회람되어 목회적 지침과 신앙적 가르침을 위한 권위 있는 근거로 인정받았고, 신약성경과 함께 고대교회 신앙과 신학의 토대를 형성하는 데 중요한 자료가 되었다.[20]

로마의 클레멘트는 1세기 말(93~97년경) 로마교회 감독으로서『고린도교회에 보내는 편지』를 작성하였는데,『클레멘트 제1서신』과『클레멘트 제2서신』으로 알려져 있다.『클레멘트 제1서신』은 사도 바울의 시대와 마찬가지로 고린도교회에서 일어난 다툼과 갈등에 대한 목회적 가르침을 위한 목적으로 작성되었는데, 귀족과 천민 사이에, 학식 있는 자와 없는 자 사이에, 젊은 세대와 장로들 사이에 일어난 대립과 갈등을 지적하면서 교회의 일치와 질서를 강조하였다. 특히 감독의 사도계승권을 강조하면서 감독이 사도와 그리스도의 권위를 대변하고 있으므로, 회중들이 감독을 물리칠 수 없고, 감독의 권위를 인정하며 그 안에서 교회의 질서를 유지할 것을 권면하였다.『클레멘트 제2서신』은 제1서신과는 다른 저자의 2세기 중반의 문헌으로 받아들여지고 있다.『클레멘트 제2서신』은 신자들의 회개와 절제를 권면하며 도덕적 성결을 강조하는 설교로서, 육체가 하나님의 성전이 된다는 점을 언급하며 육체의 영적 가치와 중요성을 지적하고, 그리스도와 교회의 관계의 비유로서 영과 육의 하나 됨을 강조하였다.

안디옥의 이그나티우스는 사도 요한의 제자로서 2세기 초 안디옥 교회의 감독이었으며, "보편적" 교회를 의미하는 "가톨릭catholic"이라

---

[20] 사도교부들의 문헌과 해제에 대하여, J. B. Lightfoot and J. R. Harmer, trans., *The Apostolic Fathers,* ed. and rev. Michael W. Holmes, 2nd ed. (Grand Rapids, Michigan: Baker Book House, 1989)를 참조할 것.

는 말을 처음 사용한 사람으로 알려져 있다. 그는 트라야누스 황제 때 순교(107년)를 당하였고, 순교를 당하기 위해 로마로 가는 여정 중에 그를 방문한 교회의 지도자들과 대화하며 이들을 통해 보낸 7개의 편지(폴리캅에게, 서머나교회에, 필라델피아교회에, 로마교회에, 트랄레스교회에, 마그네시아교회에, 에베소교회에 보내는 편지)로 권면하고자 하였다. 특히 진리를 왜곡하는 잘못된 가르침으로부터 바른 신앙을 지켜야 할 것을 강조하고, 순교를 통해 그리스도와 연합하고 영광의 면류관을 받고자 하는 열망과 하나님을 위해 죽음으로써 하나님의 말씀을 사람들 앞에서 증언할 소망을 서신에서 표하였다. 로마의 클레멘트와 마찬가지로 이그나티우스는 감독의 권위를 강조하면서, 교회를 하나 되게 하고 이단으로부터 교회를 보존할 책임이 감독에게 있다고 역설하였다. 그는 감독을 통해 교회와 연합하고, 교회를 통해 그리스도와 연합한다고 말하였다. 또한 기독교 신앙에 있어서 그리스도의 성육신과 그것의 표현인 성찬의 중요성을 강조하면서, 성찬을 통해 그리스도의 몸과 연합하는 성례전적 의미와 함께 성찬은 그리스도의 고난과 죽음에 참여하는 순교적 행위라는 실천적 의미를 지적하였다. 그의 주장은 성찬이 예배적, 신비적 의미에 머물러서는 안 되고, 그리스도를 따르는 삶과 실천으로 확장되어야 함을 가르쳐주고 있다. 이러한 점에서 16세기 종교개혁 당시 성찬의 의미에 대한 가톨릭과 루터와 츠빙글리와 급진종교개혁자들의 논쟁적 주장은 그의 가르침 안에서는 분리되지 않고 융합되어 나타나 있다. 그는 교회의 바른 가르침을 왜곡하는 양 극단세력인 유대주의자들과 영지주의자들을 동시에 비판하면서 전자는 그리스도를 참된 하나님으로 인정하지 않고, 후자는 그리스도의 성육신을 부정한다고 비판하였다. 이로써 5세기 중반 칼케돈공의회에서 정립한 "참된 하나님이며 참된 인간"인 그리스도의 본성에 대한 신학적 정의가 이그나티우스의 주장 안에 이미 나타나 있었다.

사도 요한의 제자로 알려져 있는 서머나의 감독 폴리캅에 대하여는 그의 순교의 장면을 목격한 회중들에 의해 전해진『폴리캅의 순교』가 있다. 폴리캅은 안디옥의 이그나티우스가 순교하러 가는 과정에 그를 찾아가 환송하였고, 이그나티우스가 그에게 편지를 남기기도 하였다. 이후 폴리캅 역시 이그나티우스와 마찬가지로 순교하였다(156년경).『폴리캅의 순교』는 서머나교회가 필로멜리움교회에 보내는 서신으로서, 신약성경 이외에 순교에 관한 가장 오래된 기록이며, 폴리캅의 체포와 재판과 처형과정과 장면을 세밀하게 전하고 있다. 또한『빌립보교회에 보낸 폴리캅의 편지』는 빌립보교회의 편지에 대한 답신의 형태로서 아직 정경으로 확립되지 않은 신약의 여러 책들을 성경의 권위를 가지고 대하며 다양하게 언급하면서, 교회를 목회적으로 권면하고 있다. 이런 점에서 신약성서가 4세기 말에 정경으로 확립되기 전에 이미 기독교 공동체 안에서 성경의 권위로 받아들여지고 있었다는 점을 확인할 수 있다.

『헤르마스의 목자』는 로마교회의 감독 피우스[Pius]의 형제인 헤르마스에 의해 2세기 중반 작성된 묵시적 성격의 서신으로서, 헤르마스는 교회의 신앙과 열정이 식어가는 것을 경계하고, 회개에 대해 강조함으로써 교회를 권면하였다.『헤르마스의 목자』서신은 5개의 환상과 12개의 명령과 10개의 비유로 구성되어 있으며, 내용상으로는 크게 두 부분으로 구분되어 있다. 첫째 부분은 처음 4개의 환상부분으로서, 유대 - 기독교 묵시문학의 성격을 띠고 있으며 회개를 촉구하고 있고,

두 번째 부분은 다섯 번째 환상과 12개 명령과 10개의 비유를 포함하는 권면과 훈계의 설교로서 순종에 따른 축복과 불순종에 따른 저주를 담고 있다. 이 책은 2~3세기 교회에서 중요한 문헌으로 널리 받아들여졌으며, 여러 교부들(이레니우스, 터툴리아누스, 알렉산드리아의 클레멘트, 오리겐, 아타나시우스)에 의해 성경적 권위로까지 인정받기도 하였다. 특히 세례 받은 후 저지르는 죄에 대하여 깊은 우려를 표하면서 세례 후 죄를 지으면 한 번까지는 회개를 통해 용서받을 수 있으나 또다시 죄를 지으면 용서받을 수 없다고 강조하였다. 이러한 점에서 참회제도가 발전하는 과정을 보여주고 있다.『헤르마스의 목자』는 고대 교회가 가졌던 도덕적 엄격성과 순수성에 대한 열망을 잘 대변하고 있다.

『바나바의 서신』의 저자가 누군지는 분명하지 않으며, 132년~135년경 알렉산드리아에서 작성된 문헌이라고 추정된다. 이 서신은 유대교와 기독교 사이에 적대감이 고조되었던 시기에 구약과 신약의 통일성을 강조하였고, 특히 알렉산드리아에서 발전한 알레고리 allegory 해석으로 구약 안에서 신약과 그리스도를 지시하는 숨겨진 영적 의미를 발견함으로써 기독교인들만이 성경의 참된 의미를 이해할 수 있다는 점을 강조하였다.『바나바의 서신』은 기독교가 성경을 알레고리로 해석하는 방법과 구약을 그리스도를 중심으로 해석하는 방법의 예를 제시하며 큰 영향을 끼쳤고, 한동안 정경의 권위를 인정받기도 했다.

『디다케』(*Didache*)는 "가르침"(교훈)을 뜻하는 헬라어로서 원래 제목은『12사도가 전한 이방인들에 대한 주님의 가르침』혹은『12사도의 가르침』이다. 이 책은 여러 교부들(알렉산드리아의 클레멘트, 오리겐 등)에 의해 성경으로 권위를 인정받기도 하였으나, 정작 저자와 연대와 저작 장소에 대한 내용은 확실치 않다. 그러나 『디다케』는 미상의 저자가 그 이전에 존재했던 자료들을 한데 묶어 편집한 것으로 추정되며, 대체로 1세기 말(70년경)에서 2세기 중반(150년경)에 시리아 혹은 팔레스타인 지역에서 만들어진 것으로 추정된다. 『디다케』는 총 16장으로서 크게 세 부분으로 구성되어 있으며, 첫째 부분은 소위 "두 길 문서"(Document of the Two Ways)로서 수세 준비자와 기독교에 입문하려고 하는 사람에 대한 기독교적 삶의 방식에 대한 "윤리적 지침"이고(1-5장), 두 번째는 세례, 금식, 기도, 성찬에 대한 "예배적 지침"이며(6-10장), 세 번째는 사도, 예언자, 감독, 집사들에 대한 "교회의 직제와 신앙생활에 대한 지침"이다(11-16장). 『디다케』는 사도와 순회설교자(예언자) 중심의 초대교회가 감독을 중심으로 한 교회로 전이되는 과정과 교회직제와 예배의 표준이 만들어지는 발전과정을 담고 있는 기독교 역사와 예배의 보고寶庫이다. 특히 신약성경 밖에서 주기도의 가장 오랜 형태가 나타나 있으며, 다양한 세례의 방식(흐르는 물에서 침례 또는 성삼위 이름으로 머리에 세 번 물을 뿌림)을 담고 있으며, 또한 성찬 때 드려진 기도를 보전하고 있다는 점에서 매우 흥미롭다. 성찬을 위한 기도의 일부를 소개하면 이렇다.

> 이 나누어진 빵이, 산들에 흩어졌다가 한데 모여 하나가 되었듯이, 아버지의 교회도 땅 끝에서부터 모여 하나가 되어 아버지의 나라에 들어가게 하옵소서. 예수 그리스도로 말미암는 영광과 권능이 아버지께 영원히 있사옵니다, 아멘.[21]

---

[21] *Didache*. 9.4 in *The Apostolic Fathers*, trans. Lightfoot and Harmer, 154.

### 3) 예배와 성례제도의 발전

비시니아의 총독 플리니우스는 트라야누스 황제에게 보낸 서신 (112년경)에서 그리스도인들의 예배를 이렇게 파악하였다. "정해진 날 새벽에 모여서 그리스도 신에게 서로 돌아가며 찬송하고, 스스로 서원하기를 어떤 범죄도 저지르지 않고, 사기, 도둑질, 간음을 범하지 않고, 믿음을 저버리지 않고, 믿음을 버리라고 요구받을 때 그렇게 하지 않기로 서원합니다. 서원이 마치고 나면, 흩어지고 또 다시 만나 음식, 곧 평범하지만 순전한 음식을 같이 먹습니다."[22] 그에 따르면, 그리스도인들은 주일 새벽에 모여 서로 찬송하고, 말씀을 나누고, 기도하고, 성찬을 나누며 예배를 드렸다.

고대교회 예배를 잘 증언하는 또 다른 예는 2세기의 순교자 유스티누스Justin Martyr가 『제1변증서』에서 언급한 주일예배에 관한 기록이다.

일요일이라 부르는 날에 도시와 시골에 사는 모든 사람들이 한 자리에 모여, 시간이 허락하는 한 사도들의 회고록과 예언자들의 글을 많이 읽고, 봉독자가 읽기를 마치면, 인도자가 강론하며 이러한 선한 일들을 따라 살 것을 권면한다. 그 후 모두 일어나 기도하고, 기도가 마치면 앞서 말한 대로, 빵과 포도주와 물을 가져와, 인도자가 자신의 권한에 따라 같은 방식으로 기도와 감사를 드리면, 모든 사람들이 아멘으로 응답한다. 그리고 각자에게 분배하고, 감사가 드려진 것을 받아먹고, 참석하지 못한 사람들에게는 집사가 가져간다. 할 수 있고 또

---

22 Pliny the Younger, Letters 10.96-97; http://earlychristianwritings.com/text/pliny.html 참조.

하고자 하는 사람들은 각자가 적당하다고 생각한 만큼 봉헌하고, 모아진 것은 인도자가 모아, 고아와 과부와 병이나 다른 원인으로 인해 궁핍한 사람들과 사로잡힌 자와 우리 가운데 있는 나그네를 구제하고, 한마디로, 도움이 필요한 모든 사람들을 돌본다.23

유스티누스는 주일에 모여 함께 예배드리는 이유에 대하여, "이 날은 하나님께서 어둠과 질료를 변화시켜서 세계를 창조하신 첫 날이며 우리 주 예수 그리스도가 이 날에 죽은 자 가운데서 일어나셨기 때문"이라고 말하면서, 주일이 하나님의 창조와 그리스도의 부활을 기념하는 날인 것을 지적하였다. 주일예배는 유대교의 안식일 준수와는 구별되어 그리스도의 부활을 기념하는 기독교 공동체의 중요한 예배로 이미 초대교회 이래로 자리를 잡았다. 유스티누스의 기록에서 성경봉독과 설교와 공동기도와 성찬과 봉헌이 예배의 순서로 포함되어 있었으며, 인도자와 봉독자와 집사들의 역할이 잘 나타나 있고, 가난한 자와 어려운 사람들을 돌보는 구제가 예배와 더불어 기독교 공동체의 중요한 특징이었다는 사실이 잘 드러나고 있다. 특히 고대교회 예배에서 성찬은 그리스도의 부활에 초점을 맞추었기 때문에 그리스도의 희생과 죽음을 기념하는 제사로서의 미사Mass의 성격보다는, 그리스도의 부활을 찬미하고 그리스도와 함께 하나님 나라에 참여함을 고대하는 성찬(Eucharist, 감사)의 의미가 강했다.

여러 문헌들을 종합적으로 분석하면, 초기 기독교 예배는 크게 두 부분으로 구성되어 있었는데, 첫째 부분은 성경을 봉독하고, 설교하

---

23 Justin Martyr, *First Apology*, LXVII; http://earlychristianwritings.com/justin.html 참조.

고, 찬송하고, 기도하고, 봉헌을 드리는 시간과, 두 번째 부분은 아직 세례를 받지 못한 자들은 돌아가고 다시 모여 성찬을 나누고 축도로 마무리하는 시간이었다.[24] 『디다케』에 따르면 세례를 받지 않은 사람이 성찬에 참여하는 것이 금지되었다. 주일이 부활과 기쁨의 날로서 공동의 예배로 지켜졌다면, 유대인들과 다른 두 날, 주로 수요일과 금요일은 금식하는 날로 지켰고, 올바른 기도의 예로서 매일 세 번씩 주기도를 암송하였다. 이로 보건대, 기독교는 유대교의 영향으로부터 벗어나 나름의 독특한 예배의 형식과 특징을 갖추어나갔음을 알 수 있다.

성찬과 세례는 기독교에 있어서 매우 중요한 성례전이었다. 성찬은 주일예배에서 공동체 식사, 애찬$^{Agape}$과 종종 혼합되어 있었지만, 이후 애찬과는 다른 성례전으로 자리를 잡아 나갔다. 특히 『디다케』에서는 함께 충분히 먹는 공동체 식사로서의 성찬과 주일예배 시 죄를 고백하고 희생의 의미로 받아먹는 성찬을 함께 언급함으로써, 성찬이 공동체 식사에서 희생의 성례전으로 발전해나가는 과정을 보여주고 있다. 유스티누스의 『제1변증서』에는 공동의 식사로서 성찬은 사라지고, 설교 후 회개한 영혼에게 영의 양식을 공급하는 성례전으로서의 성찬만이 언급되었다.[25]

세례는 초신자가 기독교 공동체에 정식으로 입문하는 예식으로, 1년에 부활절 주일에 한 차례 집례되었다. 세례를 받으려는 학습자$^{catechumen}$가 세례를 받기 전까지 말씀과 교리를 배우고 이전의 삶을 회개하고 그리스도인으로서 살아가기 위한 훈련과 준비과정이 엄격하게

---

24 Gonzalez, *The Story of Christianity*, vol. 1, 109.
25 Justin Martyr, *First Apology*, LXVI-LXVII.

요청되었고, 길게는 3년의 기간이 소요되었다. 학습과정을 거쳐 세례를 받으려는 사람들은 과거에 지은 죄를 씻기 위해 금식하며 기도하고, 또한 세례를 베푸는 사람도 그들과 함께 기도하며 금식하였다. 이들은 그리스도가 부활하신 주일 새벽에 물가에서 세례를 받았는데 남녀를 구분하여 옷을 벗은 채로 세례를 받았고, 세례를 받은 후 거듭남의 표시로 흰 옷을 입고, 회중들이 모여 있는 장소로 안내를 받았다. 이곳에 모인 회중들은 새로 세례를 받은 사람들을 맞이하여 뜨거운 기도를 드리고 입맞춤으로 서로 인사를 나눈 후, 인도자가 빵과 물을 섞은 포도주를 향해 기도와 감사를 올린 후, 모든 회중들이 아멘으로 응답하고, 성찬을 받아먹음으로써 교회 공동체에 받아들여졌다.26

기독교 공동체는 별도의 예배당 건물이 아닌 개인 가정에 모여 예배를 드렸고, 가정교회가 기독교 본래의 형태였다. 고고학적 발굴을 통해 가장 오래된 예배당으로 알려져 있는 시리아의 듀라-유로포스 Dura-Europos의 유적은 256년 이전에 지어졌으며, 원래 개인 주택으로 사용되던 것이 교회로 바뀐 것이다.27 가정교회 외에도 기독교 공동체는 "카타콤catacomb"으로 알려진 지하묘지에서도 예배를 드렸는데, 이는 로마제국의 박해를 피해 기독교 공동체가 은밀하게 예배를 드린 모임장소로 알려져 있다. 그러나 기독교 공동체만이 지하묘지를 활용한 것은 아니었고, 로마 당국도 지하묘지의 존재에 대하여 잘 알고 있

---

26 위의 책, chapter 61, 65; Gonzalez, T*he Story of Christianity*, vol. 1, 112-3.
27 Floyd V. Filson, "The Significance of the Early House Churches", *Journal of Biblical Literature* 58-2 (June 1939), 105-12. 이에 대한 최근 저작은 Michael Peppard, *The World's Oldest Church: Bible, Art, and Ritual at Dura-Europos, Syria* (New Haven, CT: Yale University Press, 2016)을 참조할 것. 현재 이 유적은 예일대학교 아트 갤러리(Yale University Art Gallery)에 옮겨져 보존 및 전시되고 있다.

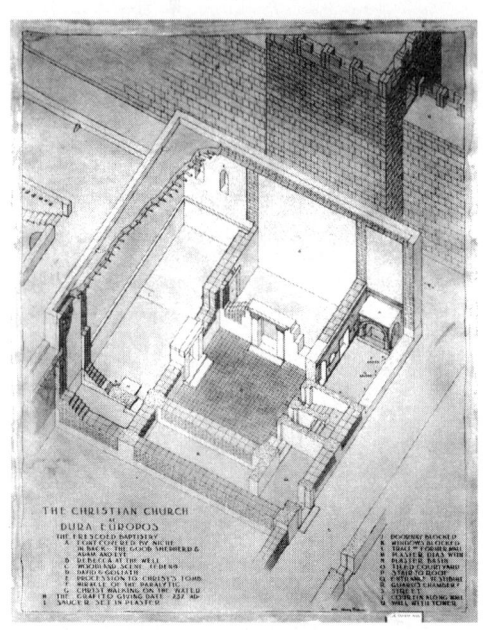

듀라-유로포스 기독교 예배당(the Dura-Europos Collection at the Yale University Art Gallery)
http://media.artgallery.yale.edu/duraeuropos/dura.html.

었다는 점에서, 카타콤을 로마의 박해를 피해 만든 지하교회로 인식하는 것은 과장되었다는 비판이 있다. 기독교 공동체가 카타콤에서 모여 예배를 드린 이유에 대하여 기독교가 법적 지위를 인정받지 못한 불법종교로서 토지를 소유할 수 없었기 때문에 기독교 공동체가 묘지에 대한 소유를 인정받을 수 있는 상조회를 만들어 우회적으로 자신들의 소유지에서 예배를 드렸다는 주장과 순교자들과 신앙의 위인들이 묻혀 있는 묘지에서 그들과 그리스도와 교통한다고 믿으며 예배를 드렸다는 주장도 설득력이 있다.28 기독교가 바실리카Basilica 양식의 화려한 예배당을 짓고, 교회가 웅장하고 화려한 예배당 건물과

---

28 Gonzalez, *The Story of Christianity*, vol. 1, 110-11.

듀라-유로포스 기독교 예배당 세례반(the Dura-Europos Collection at the Yale University Art Gallery)
http://media.artgallery.yale.edu/duraeuropos/dura.html.

동일시되기 시작했던 것은 콘스탄티누스 황제가 기독교를 공인하면서 교회에 득혜와 득권을 주었던 4세기 이후였다.

# 제 2 장
# 그리스-로마세계의 도전과 기독교의 대응

## 1. 로마제국과 그리스-로마세계의 도전

### 1) 기독교에 대한 오해와 편견

로마제국은 기독교의 성장과 확장에 대하여 별다른 주의를 기울이지 않았다. 그러나 처음에는 유대교의 분파로 보았던 기독교가 지리적으로 확장하며 이방인들이 기독교의 다수를 차지하면서 새로운 종교로 이해하기 시작하였고, 기독교인들이 로마의 문화와 사회제도에 이질적이며, 무지하고 어리석은 신념을 고수하는 완고한 집단이라는 인식을 가지고 배척하였다. 당시 로마 사회 안에서 기독교인들이 받았던 비난은 대부분 기독교에 대한 오해와 억측臆測과 흑색선전에 근거한 것이었다. 기독교인들은 황제숭배와 로마의 신들에 대한 신전제의를 거부한다는 이유로 무신론atheism의 혐의를 받았고, 이러한 태도는 사회의 안녕과 질서를 위협하는 반역행위로 인식되었다. 기독교의 성찬예식은 그리스도의 몸과 피를 기념하는 예식이었으나 이를 유아살해infanticide와 인육제의cannibalism로 오해하며 반인륜적 집단으로 비판하였고, 박해를 피해 여성과 남성 신도들이 비밀스럽게 저녁에 모여 드리는 예배와 애찬예식Agape을 당시에 로마 사회에 만연하였던 타락한 밀의종교의 난교와 혼음제의orgy의 혐의를 덧씌우며 비윤리적 집단으로 매도하였다. 또한 고대 교부 오리겐의 비판적 변증서인 『켈수스 반박』(Against Celsus)에 따르면, 2세기 로마 사회의 지성인이었던 켈수스Celsus는 기독교인들이 지식인과 사회지도층 앞에서는 말 한 마디 못하면서, 무식하고 교양 없는 하층민들과 여성들과 아이들을 대상으로만 전도하면서 신자로 끌어들인다고 비판하였다. 켈수스는 기독교가 계층적으로도 무지몽매無知蒙昧한 사람들일 뿐만 아니라 가르침의 내용도 어리석고 미개하다고 힐난하였다. 그는 예수가 마리아와 로마 군인 사이에서 태어난 사생아라고 주장하였고, 만일 그가 하나님의 아들이라면 어떻게 십자가에 달릴 수 있었겠는가라고 반문하였다. 또한 하나님이 사람이 된다는 가르침이 신의 본성에 대한 무지와 궤변詭辯이라고 비판하였고, 기독교의 부활에 대한 가르침의 어리석음을 힐난하였다.[1]

### 2) 로마제국의 박해

기독교는 콘스탄티누스의 기독교 공인(313) 때까지 로마제국의 박

---

[1] Origen, *Against Celsus*, III.55; IV.3 in Gonzalez, *The Story of Christianity*, vol. 1, 60-62 참조.

해에 오랫동안 노출되어 있었고, 고귀한 희생을 치르며 커다란 피해를 입었다. 그러나 기독교가 로마제국의 제도적인 핍박을 끊임없이 받았다는 것은 사실과 거리가 멀다. 비록 1세기와 2세기에 기독교에 대한 커다란 박해가 있었지만, 이것은 기독교 박멸을 목적으로 한 것이 아니라 우발적, 일시적인 성격이 강했다. 기독교에 대한 박해는 로마제국 차원의 조직적인, 전국적 차원의 박해보다도 지역적 차원의 박해가 주를 이루었다. 로마제국이 기독교에 대한 종교정책을 정립하기 시작하였던 것은 트라야누스$^{Trajan}$ 재위기간(98~117)이었고, 기독교에 대한 금지법을 제정하고 법적, 제도적으로 박해했던 첫 사례는 3세기 초 셉티무스 세베루스$^{Septimus\ Severus}$의 박해(202)였다. 이후 기독교에 대한 박해는 소강상태에 있었다가 3세기 중반 데키우스$^{Decius}$에 의해 본격화되었고, 이때에 많은 순교자와 배교자가 속출하였다. 3세기 말 디오클레티아누스$^{Diocletian}$와 4세기 초 갈레리우스$^{Galerius}$에 의해 기독교 박해가 절정에 달하였고, 이후 콘스탄티누스가 동방과 서방으로 분열되어 내전을 겪고 있었던 로마제국을 통일하는 과정에서 기독교를 공인하며 오랜 박해가 막을 내리게 되었다. 이러한 사실로 볼 때, 로마제국의 기독교 박해는 3세기에 제도적인 박해가 본격화되었고, 대체적으로 특별한 상황 속에서 촉발된 일시적, 간헐적, 지역적 박해의 성격이 강하였다. 3세기 이후 로마제국의 집중적, 제도적 박해는 이민족의 침입과 같은 외적인 위기가 고조될 때 고대 로마종교와 전통을 강화하고 황제와 국가에 대한 충성을 불러일으킴으로써 내부를 공고히 결집시키려는 상황에서 로마의 공권력이 의무적으로 부과한 황제숭배와 국가제의에 순응하지 않는 비공인종교인 기독교에 대하여 취해진 공적 제재$^{制裁}$였다.[2]

다음 몇 가지 사례들은 기독교 박해가 집중되었던 3세기 중반 이전 로마제국의 기독교 박해의 성격을 이해하는 데 도움이 된다. 먼저 네로Nero의 박해(64)는 로마제국에서 기독교인을 대상으로 자행한 최초의 대박해였다. 이로 인해 초대교회의 지도자였던 베드로와 사도 바울이 로마에서 순교를 하였다. 이 박해는 로마에서 일어난 대화재와 관련하여 자신에게 몰리는 고의방화 혐의와 정치적 비난을 피하고자 네로가 로마에 있는 기독교인을 희생양으로 삼아 처형한 사건이었다. 로마의 기름저장소에서 일어난 화재가 7일간 지속되면서 커다란 피해가 일어났고, 네로가 시적 감흥을 위해 일으킨 방화라는 설과 도시를 재건축하기 위한 고의방화라는 설이 있었지만, 사고로 인한 대화재였을 가능성이 크다. 유독 유대인과 기독교인 거주지에 화재로 인한 피해가 없었고, 네로는 대중들의 방화에 대한 의심을 증폭시켜서 기독교인에게 혐의를 뒤집어씌워 그에게 집중되는 성난 민심을 잠재우고자 박해의 맞불을 놓은 것으로 보인다. 이와 관련하여 로마의 역사가 타키투스Tacitus는 방화가 기독교인의 소행이라는 네로의 주장을 받아들이지 않았다. 그는 네로가 기독교인을 본보기로 처형하면서 잔혹한 방법을 사용하였는데, 짐승의 털을 입혀 개가 물어 죽게 하고, 십자가에 못 박아 죽이고, 어둠이 깔리기 시작할 때 몸에 불을 질러 횃불처럼 비추게 하여 죽였다는 참혹한 모습을 기록하였다. 네로는 마치 극장에서 쇼를 하듯 그리스도인을 처형하였고, 이러한 끔찍한 처형장면은 오히려 대중들로 하여금 한 광인狂人의 흥미를 위해 죽임을 당하는 그리스도인들에 대한 연민을 느끼게 하였다. 그럼에도 불

---

2 로마제국의 기독교 박해에 관하여, McGrath, *Christian History*, 39-40; Gonzalez, *The Story of Christianity*, vol. 1, 41-58, 97-104, 119-26 참조.

구하고 타키투스는 경멸스러운 반사회적 그룹으로 여겨진 그리스도인들에 대한 처형의 정당성을 부인하지는 않았다.3 네로의 박해는 로마에만 한정된 것이었고, 대박해에도 불구하고 기독교 금지령이 내려지지 않았으며, 그 이후 박해가 지속되지도 않았다. 그러나 네로의 박해는 기독교 신앙을 근거로, 그리스도인이라는 이유만으로 로마의 공권력에 의해 그리스도인들이 처형된 전례가 되었다.

도미티아누스(Domitian, 81~96)는 기독교 박해를 재점화하였다. 그는 로마의 옛 전통을 회복하기 원했고, 자신을 "주님이요 신$^{dominus\ et\ deus}$"으로 신격화하면서 황제숭배를 강요하였다. 이를 거부하는 사람들을 반역으로 처벌하였다. 그리스도인들은 로마의 신들과 로마의 전통을 받아들이지 않고 황제숭배를 거부한다는 이유로 핍박을 받았고, 유대인 역시 박해를 당했다. 도미티아누스 박해는 제국 전역이 아니라 주로 로마와 소아시아에 국한되었다. 이 시기에 많은 그리스도인들이 박해를 받았고, 유배지 밧모 섬에서 기록된 요한계시록은 로마제국을 성도들의 피에 취한 음녀로 묘사하였다.

기독교에 대한 로마제국의 전형적인 입장과 태도는 112년경에 소아시아 지역 비시니아$^{Bithynia}$의 총독이었던 플리니우스$^{Pliny\ the\ Younger}$가 황제 트라야누스에게 보낸 서신과 이에 대한 답신에서 잘 드러났다. 플리니우스는 그의 지역과 인근지방에서 기독교가 빠르게 성장하고 있으며 이에 따라 신전에는 사람이 없고 제물이 판매되지 않고 지역경제에 어려움이 초래되고 있다고 보고하였다. 지역 주민들은 그리스도인들을 고발하였고 그는 붙잡혀온 그리스도인들에게 로마의 신들

---

3 Tacitus, *Annals*, 15.44; http://www.earlychristianwritings.com/text/annals.html 참조.

에게 기도를 바치고, 황제숭배와 그리스도를 저주할 것을 요구하였다. 이러한 요구에 순응하는 사람들은 풀어주었고, 끝까지 거부하는 자들은 그들의 완고함으로 인하여 처형을 하였다. 그러면서도 그는 그리스도인들이 다른 범죄와 연루되지 않았음에도 불구하고 그리스도인이라는 이유만으로 그들을 처벌해야 하는가에 대하여 황제에게 문의하였다. 또한 어린이와 노약자에 대하여 죄를 경감할지의 여부와 그리스도인이 신앙을 철회하면 죄를 용서해줄 것인가에 대하여 황제에게 질의하였다. 그는 그리스도인을 처벌하는 것에 양심의 가책을 느끼지는 않았지만 처벌의 법적 정당성과 근거를 확보하고자 하였다. 공권력의 요구에 순종하지 않는 그리스도인들의 완고함은 처벌받아 마땅하나, 제보와 익명의 투서로 인한 고발이 늘어나자 피로감을 느꼈고, 가이드라인 제정의 필요를 느꼈던 것이다. 이에 대해 황제는 이 문제를 심각하게 다루지 말라는 취지로 간략하게 답신을 보냈다. 그는 플리니우스의 처리가 적절했다고 보았고, 익명의 고발에 주의를 기울이지 말고 그리스도인들에 대한 대대적인 색출을 하는 데 행정력을 낭비하지 말라고 권고했다. 다만 절차에 따라 정당한 고발이 이루어지면 그리스도인의 혐의를 받는 사람을 재판하고 처벌하되, 만약 로마의 신들에게 기도를 바침으로써 그가 신앙을 철회하면 사면해주라고 답하였다.[4]

    트라야누스 황제의 답변은 묵인과 처벌의 모호한 이중성을 가지고 있었다. 문제가 드러나면 엄히 처벌하되 일부러 색출할 필요는 없다고 한 것이다. 기본적으로 기독교 신앙이 제국의 안녕에 위협이 될

---

[4] Pliny the Younger, *Letters* 10.96-97; http://earlychristianwritings.com/text/pliny.html 참조.

만한 위험한 종교는 아니라고 보았다. 그러나 일단 문제가 되어 기소되면 기독교 신앙을 철회하든지 아니면 엄히 처벌해야 한다고 보았다. 왜냐하면, 로마법과 명령에 순종하지 않는 것은 로마의 권위와 질서에 대한 도전인 동시에, 로마의 신들과 황제 숭배를 받아들이지 않는 것은 로마와 황제에 대한 반역이었기 때문에 용납될 수 없었던 것이다.5 이러한 모순적인 입장은 2세기까지 기독교에 대한 로마제국의 기본적인 태도였다.

### 3) 순교

로마제국의 박해에 대하여 그리스도인들이 취한 태도는 순교와 배교였다. 핍박의 강도와 범위가 커질수록 배교도 늘었지만, 이에 굴하지 않고 끝까지 신앙을 지키고 죽음 앞에서 복음의 진리를 증언한 순교자들의 고귀한 희생은 교회가 자라나는 씨앗이 되었다. 로마제국은 참혹한 처형과 핍박을 본보기 삼아 제국에 대한 충성과 기독교 신앙의 위축을 의도하였지만, 순교에 대한 증언과 기억과 기록들은 오히려 그리스도인에게 위로와 용기를 주고, 더 나아가 순교자의 삶을 기리고 그들의 신앙을 따르는 순교적 영성을 발전시켰다. 순교자에 대한 신앙은 3세기 중반 이후 공동체적 예전으로 발전하며 기독교 신앙과 예전에서 중요한 부분을 차지하였고, 순교자들이 보여준 위대한 신앙과 도덕적 감화력은 기독교 신앙이 전파되는 계기가 되기도 하였다.

순교자에 대한 전승의 예로서, 안디옥의 감독 이그나티우스Ignatius

---

5 Gonzalez, *The Story of Christianity*, vol. 1, 49-51; Chadwick, *The Early Church*, 27-28.

안디옥의 이그나티우스의 순교
The Martyrium of St Ignatius of Antioch fresco in church Basilica di San Vitale by Tarquinio Ligustri (1603).

of Antioch와 서머나의 감독 폴리캅Polycarp of Smyrna의 순교를 들 수 있다. 이그나티우스는 107년경에 처형을 당하기 위해 로마로 소환되는 과정에서 자신을 찾아온 여러 교회 대표들과 만나 대화하며 서머나와 드로아에서 각각 3통과 4통, 총 7통의 서신을 작성하여 기독교 공동체에 신앙의 권면과 당부의 말을 남겼다. 특히 로마교회에 보낸 편지에서 이그나티우스는 그를 구명하기 위한 로마교회의 노력을 들으며 이를 간곡히 만류하였다. 그들의 친절과 배려가 순교를 통해 그리스도의 고난에 연합하고 하나님께 이르고자 하는 그의 간절한 소망과 목적에 방해가 될 수 있다고 경계하면서, 그는 로마교회에 그의 구명을 위해서가 아니라 재판과 순교의 모든 상황을 감당할 힘을 달라고 기도해줄 것을 요청하였다.

나는 여러분이 사람을 기쁘게 하는 자가 아니라 진실로 하나님을 기쁘게 함으로써 그분을 기쁘게 하는 사람이 되기를 바랍니다. … 여러

분이 침묵하여 나를 내버려둔다면, 나는 하나님의 말씀이 될 수 있지만 여러분이 나의 육신을 붙잡으려는 인정에 사로잡힌다면, 나는 한낱 인간의 목소리에 지나지 않게 될 것입니다. … 내가 모든 교회에 편지를 써서 모든 이들에게 알리려는 것은 여러분이 나를 막지 않는다면 하나님을 위해 죽는 것이 나의 자유로운 뜻이라는 점입니다. 내가 여러분에게 간청하는 것은 나에게 적절치 못한 친절을 베풀지 말아달라는 것입니다. 내가 짐승들에게 던져서 그들을 통해 하나님께로 나아갈 수 있게 해주십시오. 내가 하나님의 밀알이 되어서 짐승들의 이빨에 갈아져서 그리스도의 참된 빵이 될 수 있게 해주십시오. … 나는 썩을 음식이나 이생의 삶에 아무런 기쁨이 없습니다. 나는 하나님의 빵을 갈망하며 그것은 다윗의 씨앗이신 그리스도의 몸이요, 음료로는 썩지 않을 사랑이신 그분의 피를 갈망합니다.6

이그나티우스는 그의 순교가 하나님 말씀의 생생한 증언이 되고, 말로만이 아니라 실제로 참된 그리스도인이 되는 과정이라고 믿었다. 또한 그리스도의 성육신과 성찬을 순교와 연결하여 순교는 그리스도와 연합하여 진정한 그리스도인이 되는 길이며, 이 땅에 오셔서 우리를 위한 생명의 양식이 되신 그리스도를 따라, 그리스도를 통해 세상을 살리는 하나님의 거룩한 양식이 되는 길이라고 믿었다. 그에게 순교는 죽음이 아니라 생명이었고, 실패와 좌절이 아니라 승리와 희망이었다. 그는 순교를 두려워하지 않았고, 오히려 열망하였다. 순교를 그리스도와 연합하는 참된 신앙의 길로 인식하고 열망하는 것은 그리스도의 십자가 죽음과 부활의 사건을 자신들의 박해의 상황과 고난의

---

6 Ignatius, *To the Romans*, 2.1-7.3 in Lightfoot and Harmer, *The Apostolic Fathers*, 101-6.

경험과 동일시하면서 그리스도를 따르고자 했던 고대 기독교 공동체의 중요한 특징이었다. 십자가의 고난과 부활의 영광이 순교를 통해 그들에게 전이되었고, 순교는 그리스도를 닮아가고 따라가는 참된 신앙의 길이 되었다.

이그나티우스가 순교의 여정을 지날 때에 서머나의 감독 폴리캅은 그를 따뜻하게 맞았다. 머지않아 156년경에 그도 이그나티우스와 마찬가지로 순교를 하였다. 그의 뒤를 쫓았던 회중들이 순교의 모습을 목격하고 널리 전했다. 서머나에서 그리스도인들이 재판에 넘겨져 끝까지 신앙을 지킴으로써 처형을 당하고 있을 때 교회 지도자였던 폴리캅은 회중들의 권유에 의해 얼마간 숨어 있었으나 체포를 당하는 것이 하나님의 뜻임을 깨닫고 그를 추적하던 이들을 기다려 체포되었다. 재판정에 끌려간 폴리캅은 오래 전 트라야누스 황제가 플리니우스 총독에게 내린 지침을 연상케 하는 재판을 받았다. 기소된 그리스도인에게 신앙의 철회를 촉구하고, 배교의 표시를 보이면 방면하되, 끝까지 거부하면 처형하는 것이 그 핵심이었다. 총독은 폴리캅에게 "무신론자들로부터 떠나라!"고 말하며 기독교 신앙을 철회할 것을 요구하였다. 그러나 폴리캅은 자신을 둘러싼 군중들을 손으로 가리키며 "무신론자들로부터 떠나시오"라고 응수하였다. 그러자 총독은 "그리스도를 저주하라"고 말하였다. 그러나 폴리캅은 "내가 86년 동안 그분을 섬겼고 한 번도 그분은 나에게 잘못한 일이 없으신데, 나를 구원하신 나의 왕을 내 어찌 저주할 수 있겠소"라고 대답하였다. 총독은 다시 "황제의 권능으로 맹세하라"고 요구하자 폴리캅은 "나는 그리스도인이오"라고 답하였다. 총독이 그를 짐승들에게 던지겠다고 위협하자, 그는 "짐승들을 데려오시오"라고 말하였다. 총독이 화형시키겠다고 최후 경고를 하자 그는 한 시간 동안 타는 불은 영원한 형벌의 불과는 비교할 수 없다고 그에게 충고하였다. 마침내 장작더미 위에 묶여 화형을 당할 때에 그는 이렇게 기도하였다고 전해진다.

> 오 전능하신 주 하나님… 당신께서 나에게 이 날 이때를 주셔서 내가 그리스도의 잔에 담긴 수많은 순교자들 가운데 한 자리를 받아 영생의 부활을 얻게 해주시니 내가 당신을 찬양합니다. … 당신이 이전에 준비하시고 계시하시고 이루신 대로 오늘 당신의 임재 안에서 내가 풍성하고 받으실만한 제물로 이들과 함께 드려지게 되었나이다. … 이로 인해 내가 당신을 높이고 찬양하고 경배합니다. … 아멘.7

순교는 위대한 지도자들만의 몫이 아니었나. 2세기 말 "아시아와 프리기아의 교회들에 보내는 빈과 리옹 교회의 편지"는 177년경에 고울 지역에서 일어난 박해와 순교를 전하고 있다. 이에 따르면, 이 지역의 폭도들이 그리스도인들을 핍박하는 소동이 일어나 고발당한 그리스도인들이 총독의 재판에 넘겨졌고, 모진 고문과 박해로 일부는 배교하였지만, 끝까지 신앙을 지킨 순교자들(감독 포티누스, 집사 상투스, 마투르스, 아탈루스, 블란디나)이 있었다. 특히 육신의 연약함으로 인하여 아침부터 저녁까지 계속된 고문을 이기지 못하고 쉽게 배교하거나 일찍 죽고 말 것이라고 생각했던 여성 블란디나는 "나는 그리스도인이고 우리는 어떤 잘못도 저지른 바가 없습니다"라고 고백하며 고문을 이겨냈다. 상투스 역시 "가공할 초인적인 고문"에도 불구하고, 그

---

7 *Martyrdom of Polycarp*, 14.1-14.3, in Lightfoot and Harmer, T*he Apostolic Fathers*, 139.

의 이름과 출신배경과 거주지와 인종(민족)을 묻는 질문에 한결같이 "나는 그리스도인입니다"라고 대답하며 끝까지 믿음을 지켰다. 그는 잔혹한 고문으로 모습을 알아볼 수 없을 만큼 처참히 망가졌음에도 불구하고 믿음을 저버리지 않았다. 순교자들은 원형경기장에 모인 군중들의 환호성 속에 짐승들에게 던져져, 희롱을 당하다가 희생되었고, 상투스, 마투르스는 이에 더해 철로 된 의자 위에서 불에 달궈져 죽었고, 블란디나는 이에 더해 그물에 묶인 채 황소 앞에 던져져서 희생당하였다. 15세의 어린 소년 폰티쿠스도 이들과 함께 순교를 당하였다.8

### 4) 로마 사회에 대한 기독교의 영향력

유세비우스에 따르면 이교도들은 그리스도인들의 순교를 비웃으면서, "도대체 저들의 하나님은 어디에 있는가, 저들은 자신의 생명보다 귀히 여긴 그들의 종교를 통해 무엇을 얻었는가"라고 반문하며 일말의 동정을 느끼기도 하였다.9 그러나 그리스도인들의 신앙과 진실한 삶의 모습은 놀라움과 감동을 주면서 많은 이들을 기독교 신앙으로 이끌었다. 플리니우스는 "나이와 출신과 성별을 불문하고 많은 사람들이 기독교에 이끌려" 이 위험한 종교가 "도시는 물론 시골과 여러 지역에 퍼져나가고 있다"고 말했다. 그가 파악한 기독교 공동체의 특

---

8 이 서신(*The Letters of the Churches of Vienne and Lyons to the Churches of Asia and Phrygia*)은 유세비우스가 그의 교회사 안에 담아 전하고 있다. 이에 대하여, Paul L. Maier, trans., *Eusebius: The Church History* (Grand Rapids, MI: Kregel Publications, 2007), 150-60 참조.

9 위의 책, 158 참조.

징은 종교적 충성심이 매우 강하여 위협에 굴하거나 타협하지 않고, 매우 엄격한 윤리적 기준을 가지고 살아가고 있으며, 이와 더불어 "정치적 모임"을 하고 있다는 점이었다. 그가 언급한 정치적 모임이란 기독교 공동체가 그들이 속한 사회에서 새로운 메시지를 선포하며 병자를 보살피고, 나그네를 환대하며, 가난한 자를 돕고, 고아와 과부를 돌보는 공동체적 실천을 의미하는 것이었다.[10] 로마제국은 신분에 입각하여 철저하게 계층적이고 수직적인 사회였기 때문에, 주인과 종, 시민과 노예, 가진 자와 못가진 자 사이의 차별과 갈등이 매우 심각하였으며, 대부분의 사람들에게 삶이란 커다란 불안과 고통이었고, 많은 이들이 불만을 느끼고 있었다. 또한 로마의 도시에는 각처에서 모여든 수많은 이민자들이 있었고, 이들은 서로 조화되지 못하고 분리되어 있었으며, 이들 가운데 사회안전망에서 벗어나 차별과 소외를 경험하는 소수자들이 많았고, 이에 따른 갈등과 도시범죄도 만연해 있었다.[11] 이러한 사회문화 속에서 인종과 계층을 불문하고 포용하고 환대하면서, 희생을 감수하고 사랑으로 사회적 약자를 돌보는 그리스도인들은 놀라움과 존경의 대상이 될 수밖에 없었다. 이러한 점에서 기독교는 혼란한 세상 속에서 사람들의 삶을 변화시키고 더 나아가 도시의 삶과 문화를 변화시켰기 때문에 성장했다고 볼 수 있다. 기독교 신앙은 단지 사후세계의 영원한 축복을 약속하는 종교가 아니었

---

10 Gerald L. Sittser, *Water From a Deep Well: Christian Spirituality From Early Martyrs to Modern Missionaries* (Downers Grove, IL: IVP Press, 2007), 50-52 참조. 우리말 번역본으로는 제럴드 싯처/신현기 역,『영성의 깊은 샘: 초대교회에서 현대까지 영성으로 읽는 기독교 역사』(서울: IVP, 2016) 참조.

11 Rodney Stark, *Cities of God: The Real Story of How Christianity Became an Urban Movement and Conquered Rome* (New York: HarperOne, 2006), 29-30 참조.

고, 현실의 삶의 고통과 사회적 불의를 치유하는 치료제로 인식되었기 때문에 사람들 사이에 파고들었고, 빠르게 확장되었다. 기독교는 교리적 지식이나 복잡한 신념이 아니라 사람의 생각과 개인의 삶과 사회의 구조를 근본적으로 변화시키는 혁명적인 삶의 방식이었고, 로마제국에서 사람들이 겪는 일상적 고통에 실질적인 해답을 주었기 때문에 흡수력과 파급력이 컸다.12

## 2. 기독교의 대응: 변증신학

순교는 그리스도인들을 공격하고 핍박하는 로마당국과 세상의 비난과 경멸에 대해 기독교 신앙의 고귀함과 진실됨을 증언하는 최후의 수단이었다. 그러나 죽음으로써만 기독교 신앙을 증거했던 것은 아니었다. 기독교 신앙의 진리와 철학적 논리로 그리스-로마 세계를 향해 기독교 신앙을 변증하려는 노력이 있었다. 특히 2세기 교부들 가운데 기독교에 대한 오해와 비판을 논리적으로 반박하면서 신앙을 변호하고, 기독교가 참된 진리와 고상한 도덕의 체계를 갖춘 유일한 종교라는 것을 증거한 이들을 변증신학자Apologist라고 부른다. 이들은 헬라철학의 개념과 인식의 틀로 기독교를 변증한 최초의 신학자들이었다고 평가할 수 있다. 변증신학Apology은 일차적으로는 기독교 신앙을 위협하는 그리스-로마 세계와 로마제국에 대한 신학적 방어였지만, 내부적으로 이들의 신학은 기독교 공동체가 기독교 신앙을 명확히 이해하

---

12 Diana Butler Bass, *A People's History of Christianity: The Other Side of the Story* (New York: HarperOne, 2009), 23-7.

고 확신하는 데 커다란 영향을 끼쳤다. 이러한 측면에서 순교와 변증은 전혀 다른 접근으로 보이지만 동일한 목적과 방향을 가지고 있었다. 사실 순교자Martyr의 헬라어 단어martys가 가진 본래의 뜻 역시 "증언자"였다. 변증신학은 기독교의 진리, 그리스도인들의 도덕적 순결과 탁월성, 이교도들의 어리석음과 도덕적 타락, 유대인들에 대한 반감 등을 다루었고, 변증신학자들은 그리스도인들이 무신론자이고, 비윤리적이고 무식한 집단이라는 비판을 반박하며, 이교도 철학과 종교와 도덕을 기독교와 비교하면서, 기독교 신앙의 진리와 참된 종교의 성격 및 그리스도인들의 도덕적 탁월함을 철학적으로 변증하였다.13 이들의 방법론은 대체로, 변증법dialectic의 접근과 유사하였다. 즉 긍정thesis과 부정anti-thesis과 종합synthesis으로서, 당시 지배적 세계관이었던 그리스-로마문화와 사상을 받아들임으로써(正) 이를 매개로 기독교의 진리를 설명하고, 그리스-로마세계의 철학과 종교와 도덕을 기독교와 비교하여 그들의 문제점과 한계를 비판하고(反), 결론적으로 이교도들의 철학적, 도덕적 한계를 극복하고 이들을 구원으로 인도하는 유일한 진리로 기독교 신앙을 제시하는 것(合)이었다.

### 1) 순교자 유스티누스

대표적인 변증신학자로 순교자 유스티누스(Justin Martyr, 103~165)를 꼽을 수 있다. 유스티누스는 사마리아 지역의 플라비아 네아폴리스Flavia Neapolis라는 도시에서 이교도 부모 아래 태어났다. 그는 청년시

---

13 Margaret R. Miles, *The Word Made Flesh: A History of Christian Thought* (Malden, MA and Oxford: Blackwell Publishing, 2005), 22.

절에 헬라철학의 학도였다가 기독교로 개종하였는데, 신앙을 위해 기꺼이 죽음을 맞이하는 그리스도인의 용기에 큰 감명을 받은 것과 그리스도의 오심으로 성취된 구약예언에 커다란 매력을 느낀 것이 그의 개종에 영향을 준 것으로 보인다.14 유스티누스는 기독교로 개종한 최초의 지식인들 가운데 하나였고, 헬라철학의 개념과 용어로 기독교 신앙을 변증하는 작업을 함으로써 기독교의 진리를 그리스-로마세계에 이해시키고, 더 나아가 기독교 진리 아래 그리스-로마세계를 굴복시키고자 하였다. 그는 에베소에서 가르치기 시작했고, 이후 로마로 건너가 학교를 열어 가르치며, 제자를 양성하고, 강의와 저술에 힘썼다. 그는 기독교를 박해하는 로마제국의 황제와 원로원을 향한 공개서신의 형태로 그리스도인들이 믿는 진리와 그들의 삶을 증거하는 『제1변증론』과 『제2변증론』을 작성하였다. 이후 로마 당국에 고발당하여 그의 제자들과 함께 로마 총독(Junius Rusticus)의 재판을 받아 마르쿠스 아우렐리우스 황제 때인 165년경에 로마에서 참수형으로 순교했다. 그의 순교와 재판에 관한 기록(*Martyrium St. Iustini et Sociorum*)에 따르면, 로마 총독이 신들에게 제물을 바칠 것을 요구하면서 거절한다면 무자비한 고초를 당할 것이라고 위협하였으나 유스티누스는 "우리는 그리스도인이요"라고 말하며 우상숭배를 할 수 없다고 끝내 거절하였다. 이에 따라 총독은 "신들에게 희생제물을 드리지 않고 황제의 명에 순종하지 않는 이들을 채찍질하고 끌고 가서 법에 따라 참수하라"라고 판결함으로써 이들은 순교했다.15 교회사에 수많은 순교자들

---

14 McGrath, *Christian History*, 22.
15 Joannes Quasten, *Patrology*, vol. 1: *The Beginnings of Patristic Literature* (Westminster, Maryland: Christian Classics, Inc., 1986), 178, 196-7 참조.

이 있음에도 불구하고 특별히 그의 이름 앞에 "순교자"의 칭호가 따라 붙게 된 것은 가장 뛰어난 변증신학자로서 로마제국의 박해 앞에서 굴하지 않고 참된 진리를 위해 그의 목숨을 바침으로써, "순교를 통해 기독교 신앙을 변증한 위대한 신학자"로 교회사에 기억되고 있기 때문이다.

그의 저작 중 『유대인 트리포와의 대화』는 기독교와 유대교의 관계에 대하여 유대인 학자 트리포와 에베소에서 나누었던 질의응답 형식의 대화를 기록한 것으로서 기독교가 유대교보다 월등한 참된 진리인 것과 그리스도가 유일한 구원자임을 깨닫게 하는 변증서였다. 유스티누스에 따르면 유대교와 구약의 율법은 기독교와 신약의 그림자와 예표豫表에 불과하였고, 그리스도에 의해서만 참된 뜻이 드러나고 성취될 부분적인 진리였다. 그는 구약의 예언이 그리스도 안에서 성취되었고, 구약의 언약은 기독교 진리 아래 있는 임시적인 것에 불과하다고 주장하면서 진정한 의로움과 구원은 오직 그리스도를 통해서만 얻을 수 있다는 점을 강조하였다.

무엇보다도 유스티누스의 변증신학은 그의 두 개의 변증론에서 잘 드러나고 있다. 유스티누스는 변증론에서 무신론자이며 비윤리적 집단이라고 기독교를 매도하는 로마제국의 오해와 편견에 맞서서, 기독교가 참된 종교일 뿐만 아니라 높은 수준의 도덕을 갖춘 공동체임을 역설하였고, 더 나아가 기독교는 완전한 진리로서 그리스-로마세계가 가지고 있는 부분적 진리의 근원이라는 것을 강조함으로써 기독교의 우월성과 완전성을 변증하고자 하였다. 변증론은 로마 당국의 기독교에 대한 이해와 태도를 변화시키기 위한 목적이 있었지만, 이에 못지않게 기독교 공동체의 신앙을 강화하고 기독교의 진리에 대한 이해를 심화하는 역할을 하였다.

『제1변증론』은 로마 황제 안토니누스 피우스$^{Antoninus\ Pius}$와 그의 아들들(루시우스 베루스와 양자 마르쿠스 아우렐리우스)과 원로원에게 보내는 공개서한이었다. 유스티누스는 편지 서문에 "건전한 이성은 바르지 못한 일을 가르치거나 행하는 것을 따르지 않도록 사람을 지도할 뿐만 아니라 진리를 사랑하는 사람은 죽음이 그의 목숨을 빼앗아간다 할지라도 의로운 것들을 말하고 행한다"고 지적하고, 그들이 세간世間의 말대로 "훌륭한 철학자요 정의의 수호자요 문명을 사랑하는 자"라면 이에 따라 행동할 것을 촉구하였다. 그리하여 그리스도인들에 대한 루머와 잘못된 편견에 근거하지 말고, "미신적인 사람들의 욕망을 충족시키려 하지 말고", 오직 진리와 사실에 따라 기독교 공동체에 대하여 바르게 판단하고 공정하게 재판하여 줄 것을 로마 당국에 요청하였다.16 그는 행위에 근거하여 잘잘못을 가리지도 않고 기독교인이라는 이름만으로 처벌하는 것은 정의롭지 못하다고 비판하고, 오히려 기독교인이라고 고발당한 사람들은 오히려 "가장 뛰어난 사람들"이라고 주장하였다.

유스티누스는 그리스도인이 "무신론자"라는 비판을 반박하면서, 사람들이 숭배하는 신들은 "여성을 더럽히고 소년들을 타락시키고 사람들에게 공포를 조성"하는 악마들에 지나지 않으며, "사람들이 공포와 두려움에 사로잡혀 이성적으로 판단하지 못해서 악마라는 사실을

---

16 Justin Martyr, *First Apology*, II. 유스티누스의『제1변증론』의 간추린 본문에 대하여 Bart D. Ehrman, ed., *After the New Testament: A Reader in Early Christianity* (New York and Oxford: Oxford University Press, 1999), 57-65 참조. 본문 전체를 장별로 제목을 달아 정리한 것은, http://earlychristianwritings.com/text/justinmartyr-firstapology.html 참조.

알지 못하고" 신으로 숭배하고 있을 뿐이라고 지적하였다. 그러나 소크라테스와 같은 이들은 "참된 이성과 분명한 증거를 가지고" 이들의 정체를 밝혀내서 "사람들을 악마로부터 구원하였다"고 말하고, "그리스인뿐만 아니라 야만인들도 이성 곧 로고스의 가르침을 통해 이를 깨달았다"고 지적하였다. 그는 사람을 악마로부터 구원하는 참된 종교와 철학이 "로고스"로부터 말미암는다는 사실을 밝히고, 그리스도는 로고스의 성육신이며, 그리스도인은 참된 로고스를 따르는 자들로 무신론자가 아니라 참된 하나님을 섬기는 사람들이라고 주장하였다.

> 그[로고스]가 형체를 취하여 사람이 되었고, 예수 그리스도라고 부르게 되었습니다. 우리[그리스도인]는 그분에게 순종하여 이러한[악한] 일들을 행하는 그들[악마들]이 신이라는 것을 부인할 뿐 아니라 그들의 행위는 도덕을 열망하는 사람들과도 비교할 수 없을 정도로 사악하고 불경스러운 악마들이라고 주장합니다. 이러한 이유로 우리가 무신론자로 일컬어지게 된 것입니다. 우리는 이러한 신들에 대해서는 무신론자이지만 가장 참되신 하나님, 정의와 절제와 다른 덕목들의 아버지이며 악과 섞이지 않으신 분에 대해서는 무신론자가 아니라고 고백합니다. 오히려 우리는 그분과 그분으로부터 오셔서 이러한 것들을 우리에게 가르쳐주신 그분의 아들을 예배하고 숭배합니다.17

또한 유스티누스는 그리스도인들이 비윤리적 집단이라는 비판에 대하여 그리스도인들은 "모든 사람이 자신의 행동의 평가에 따라 영

---

17 Justin Martyr, *First Apology*, V-VI.

원한 심판이나 구원을 받는다"는 사실을 믿기 때문에 "모든 방법을 다하여 자신의 삶을 절제하고 선한 덕목으로 자신을 가꿔서 하나님의 선한 선물을 받고 심판을 피하고자 한다"고 주장하였다. 또한 로마인들은 법과 처벌에 근거하여 자신들이 이를 어겼을 때 조사를 피하고, 법집행관들도 법망을 피한 사람들을 처벌할 수도 없고, 처벌하지도 않지만, 그리스도인들은 "하나님의 눈"을 피할 수 없다고 믿기 때문에 최선을 다해 바르게 살고자 노력한다는 점을 지적함으로써 그리스도인들의 윤리적 기준의 우월성을 강조하였다. 그리하여 유스티누스는, 그리스도인들은 법과 도덕과 사회질서를 어지럽혀 로마 사회를 위협하는 존재들이 아니라 "평화 증진의 조력자와 협력자"라는 사실을 밝히고자 했다.[18]

유스티누스는 로고스에 대한 논증을 통해 그리스도가 모든 진리의 참된 기초라고 주장하였다. "그리스도는 하나님의 처음 나신 자이며 모든 인류를 위한 로고스"로서 심지어 무신론자나 헬라인이나 유대인이나 야만인이라고 할지라도 "로고스에 따라 살아가는 모든 사람들은 그리스도인"이라고 주장하였다.[19] 유스티누스에게 진리의 기초는 유일한 로고스이며, 그리스도는 로고스의 완전한 성육신이므로, 철학과 종교의 진리를 주장하는 모든 이들은 로고스이신 그리스도로부터 말미암은 것이라고 주장한 것이다. 이러한 측면에서 유스티누스는 헬라철학의 관점에서 기독교를 변증하는 차원을 넘어서, 기독교를 "헬라철학화"하였다는 비판에서 자유롭지 못하다.

헬라철학과 기독교 사이의 공통점과 차이점에 관한 유스티누스의

---

18 Justin Martyr, *First Apology*, XII.
19 Justin Martyr, *First Apology*, XLVI.

주장은 사람 안에 두루 흩어져 있는 "배아상태의 로고스" 혹은 "로고스의 씨앗Logos spermatikos"과 성육신한 완전한 로고스의 개념에 근거하고 있었다. 유스티누스는 하나님 안에 선재先在하는 로고스가 우주와 사람들 사이에 흩어져 존재하였고, 이러한 로고스의 씨앗이 철학자들에게서 희미하게 드러났고, 로고스의 성육신이신 예수 그리스도에게서 완전히 계시된 것으로 이해하였다. 따라서 기독교인이나 헬라철학자들이 유일하고 동일한 진리를 이해하고 있지만, 헬라철학의 진리는 부분적이고 열등하며, 기독교의 진리는 완전한 것이라고 보았다. 유스티누스의 로고스의 씨앗 개념은 이성의 능력으로 우주와 자연만물에 두루 퍼져있는 하나님의 흔적을 더듬어 파악하여 하나님의 존재를 제한적으로나마 이해할 수 있다고 주장하는 자연신학의 원조였다. 유스티누스가 로마제국의 원로원에게 보낸 『제2변증론』은 흩어진 "로고스의 씨앗" 개념에 기초하여 기독교의 가르침을 모든 진리와 철학의 근원과 토대로 이해하였던 그의 변증론을 명확하게 밝히고 있다. 그에게 기독교 신앙은 참과 거짓을 판단하는 완전한 진리요 철학이었다.

> 우리의 교리들은 모든 인간의 가르침보다 더 위대합니다. 왜냐하면 우리를 위해 나타나신 그리스도는 몸과 이성과 영혼에 있어서 **완전한 로고스**의 존재가 되셨기 때문입니다. 법률제정자들이나 철학자들의 탁월한 말들은 로고스의 일부를 발견하고 성찰함으로써 이룬 노력에 지나지 않습니다. 그들은 그리스도이신 **로고스의 전체**를 알지 못하였기 때문에 그들 안에 모순이 나타납니다. … 각자는 **로고스의 씨앗** 가운데 일부를 공유하면서 그것만큼 말하고 그와 관련하여 봅니다. 그러나 더 중요한 문제들에 대하여 모순을 범하는 이들은 하늘의 지혜,

곧 그것에 대하여 달리 말할 수 없는 지혜를 갖고 있지 못합니다. 사람들이 올바르게 주장한 모든 것은 우리 그리스도인들의 소유입니다. 우리는 낳지 않으시고 형언할 수 없는 하나님이신 로고스를 하나님 다음으로 예배하고 사모합니다. 그분은 우리를 위해 사람이 되셔서 우리의 고통을 짊어지시고, 우리를 치유하십니다.[20]

## 2) 기독교와 헬라철학의 상관관계: 알렉산드리아의 클레멘트

순교자 유스티누스와 유사하게 로고스 개념을 가지고 헬라철학과 기독교의 진리의 연속성을 강조하고, 더 나아가 기독교 진리의 완전함을 주장한 신학자로서 알렉산드리아의 클레멘트(d.215)를 들 수 있다. 그는 150년경 그리스 아테네에서 이교도 부모 밑에서 출생한 것으로 보이며, 젊은 시절에 기독교로 개종하여 더 깊은 진리를 추구하면서 그리스와 시리아와 이집트와 팔레스타인의 여러 지역을 여행하며 가르침을 받았다. 마침내 알렉산드리아에서 그의 스승 판테누스 Pantaenus를 만나 정착하게 되었고, 그의 뒤를 이어 알렉산드리아의 교리학교 교장이 되어 202년 셉티무스 세베루스 황제의 박해로 인해 떠날 때까지 그곳에서 가르쳤다. 알렉산드리아는 당시 헬레니즘 문명의 중심지로 거대한 도서관이 있었고, 다양한 사상들이 만나 융합되거나 혼합되면서 학문적, 문화적 통섭이 활발하게 이루어지고 있었다. 이곳에서 유대교 학자 필로Philo가 헬레니즘 사상의 영향을 받아 알레고리의 방법론으로 유대교를 재해석하기도 하였으며, 이러한 해석방법

---

20 Justin Martyr, *Second Apology*, X, XIII.

이 기독교의 성경해석에 커다란 영향을 끼치기도 하였다. 또한 바실리데스가 기독교를 영지주의와 혼합하면서 기독교 공동체에 물의를 일으키기도 하였다. 알렉산드리아는 기독교 신앙의 재해석과 왜곡 사이에 가능성과 위험성이 공존하였지만, 헬라철학의 개념으로 그리스-로마세계에 기독교 진리를 변증하고 이해시키는 역할에 있어서 가장 적합한 도시였고, 클레멘트와 그의 다음세대인 오리겐을 거치며 고대 기독교 신학의 중심지로 자리 잡았다. 물론 "기독교의 철학화"는 "기독교의 헬레니즘화"를 가져오고, 기독교 신앙을 사변적思辨的 철학으로 왜곡하여 소모적인 신학논쟁을 초래하였다는 비판을 받았다.

클레멘트는 감독이나 성직자가 아니었고, 기독교 철학자이며 신학자였기 때문에, 그의 관심은 교회에 대한 목회적 돌봄보다는 기독교 신앙의 철학적, 영적, 윤리적 이해에 있었고, 이교도 지성인들에게 기독교가 무지하고 어리석은 미신적 종교가 아니라는 것을 변증하는 것에 있었다. 그에 따르면 기독교는 깊고 심오한 영적인 진리gnosis를 담고 있어서 쉽게 접근하거나 이해하기 어렵고, 지식이 부족하고 도덕적 삶의 준비가 되어 있지 않은 사람들에 의해 잘못 이해될 가능성이 컸다.[21] 따라서 그는 "이성/철학logos과 경건pistis"을 강조함으로써 "영적 진리영지/gnosis"로서의 기독교 신앙을 바르게 가르치고 훈련시키고자 하였다.

클레멘트는 유스티누스의 주장과 유사하게 로고스가 "유일하고 선하고 의로운 하나님의 로고스"인 그리스도로부터 유대인들에게는 율법으로, 그리스인들에게는 철학으로 나타났다고 보았다. 그에게 진

---

[21] Margaret R. Miles, *The Word Made Flesh*, 34-8. 마일즈가 클레멘트를 알렉산드리아의 감독이라고 말한 것은 오류이다.

리는 유일한 근원을 갖는 것이기 때문에, 의롭고 선한 모든 것은 창조주 하나님과 그의 로고스인 그리스도로 말미암는다고 생각했다. 이들의 공통점은 완전한 로고스의 표출인 그리스도를 헬라철학과 유대교를 비롯한 모든 진리의 유일한 근거와 출처로 보았다는 점이다. 그러나 이들의 차이점은 유스티누스가 이교도들에게 진리의 유일한 기초로서 기독교 신앙의 우월성을 강조한 것과 달리 클레멘트는 철학이 그리스도인들의 신학적 훈련을 위해 유용하다는 것을 강조하였다는 점이다.[22] 클레멘트는 헬라철학이 기독교 진리로 인도하는 "예비적 지식"이며, 기독교 신앙을 깊이 있게 이해하기 위한 도구라고 강조하였다. 그리하여 기독교 신앙에 있어서 지식의 중요성과 철학적 훈련의 필요성을 인정하였다. 따라서 철학은 그리스도에 의한 완전한 진리와 지식을 예비하도록 돕는 "신학의 시녀"라고 보았다.

주님의 강림 이전에 철학은 공의를 위해 그리스인들에게 필수적이었다. 그리고 지금 그것은 경건으로 인도하고 있다. 또한 신앙을 얻은 사람들에게 그것은 일종의 예비적 훈련이 되고 있다. … 하나님은 첫째로 구약과 신약에 있어서, 둘째로 철학에 있어서 모든 좋은 것들의 원인이다. … 철학은 율법이 히브리인들에게 했던 역할처럼 "헬라적 정신"을 그리스도에게로 이끌기 위한 교사였다. 그러므로 철학은 그리스도 안에서 완전하게 된 자를 예비하는 준비단계였다.[23]

---

22 Gonzalez, *The Story of Christianity*, vol. 1, 87-8.
23 Clement of Alexandria, *Stromata*, Book I, V; 클레멘트의 "모음집"(*Stromata*)의 본문에 대하여, http://earlychristianwritings.com/text/clement-stromata-book1.html 참조.

클레멘트는 로고스logos에 의한 참된 신앙을 철학과 지식의 차원에 국한시키지 않았고, 온전한 신앙은 경건pistis의 훈련과 금욕적 실천을 통해 구현되는 하나님과 이웃을 향한 사랑으로 나타나야 한다고 보았다. 그리하여 마침내 그리스도를 통해 하나님과 연합하여 "신화神化/deification"에 이르는 신앙의 완전, 곧 "영지gnosis"를 지향하였다. 참된 신앙이 "로고스"로 말미암아 "피스티스"(금욕적 훈련으로서의 경건)를 통해 "그노시스"(하나님과 연합하는 완전한 신앙)로 나아가는 과정은 "위로부터의 로고스"와 "아래로부터의 피스티스"의 종합인 그노시스가 지향하는 신앙의 본질과 구원의 과정을 압축하였다. 완전한 신앙으로서의 "영지그노시스"는 하나님으로부터 발출된 로고스가 그리스도를 통해 성육신되어, 신자가 믿음으로 그리스도와 연합하여 경건의 훈련과 실천으로 그리스도를 따라 하나님께로 이르는 과정이었다.

클레멘트의 영지의 개념은 영과 육을 이분법적으로 구별하고, 그리스도의 은혜 없이 영적 각성을 통해, 육을 벗어나 영의 구원에 이른다는 극단적인 이원론을 주장하는 영지주의와 거리가 멀었다. 오히려 그는 하나님이 지으신 "창조세계를 경외함으로 시작하여 그것을 하나님으로부터 오는 지식(영지)을 깨달을 수 있는 증거로 받아들이는 것"을 강조하였다. 하나님의 말씀을 발견하고 배우는 곳은 창조세계이므로, 그것을 부인하며 영의 구원만을 추구하는 영지주의는 그의 "영지" 개념과 전혀 달랐다. 또한 "주님의 신실한 제자가 됨"으로써 하나님의 말씀을 배우고, 또한 그의 몸을 훈련하여 그리스도를 본받아 하나님을 사랑하고 이웃을 사랑하는 경건의 삶을 실천함으로써 하나님에 대한 온전한 지식과 완전한 신앙에 이른다는 그의 주장은 영지주의와 확연히 구별되었다.[24] 클레멘트에게 영지는 그리스도와 연합하여 영적인 완전, 곧 신화神化에 이르는, 한 차원 높은 진정한 신앙을 의미하는 것이었다.

> 일반적으로 말하자면 인간을 인간으로서 완전케 하는 지식(영지)은 거룩한 말씀(로고스)에 따라 그에 순종하여 태도와 삶과 말씀에 있어서 거룩한 것들을 알게 됨으로써 이루어진다. 그것에 의해 믿음이 완성되며 그것에 의해서만 신자가 완전해진다. ⋯ 하나님의 은혜로 말미암아 이 믿음으로부터 시작하고, 그 믿음에 의해 발전됨으로써, 그분을 경외하는 지식(영지)이 얻어진다. ⋯ 사람은 믿음으로, 지식으로, 사랑으로 주님에게 붙들리고, 주님과 함께 하나님이 계신 곳에 올라간다. ⋯ 마음이 정결해지고, 주님께 가까이 갈 때, 그들은 거기서 영원한 관상(everlasting contemplation)을 회복하고, 그들은 신들의 이름으로 호명되며, 다른 신들과 함께 왕위에 오르게 된다. ⋯ 구원의 변화에 있어서 첫째로 이교도신앙에서 믿음으로 변화되고⋯ 둘째로 믿음으로부터 지식(영지)으로 변화된다. ⋯ 그 사람은 "천사와 같은 존재"의 상태에 다다른 것이다.25

### 3) 기독교와 철학의 분리: 터툴리아누스

순교자 유스티누스와 알렉산드리아의 클레멘트가 헬라철학의 개념으로 기독교 신앙을 변증하고 해석하고자 하였던 것과는 달리 카르타고의 터툴리아누스(Tertullian of Carthage, 160~225)는 이와는 정반대

---

24 Clement of Alexandria, *Stromata*, Book VII, XI.
25 Clement of Alexandria, *Stromata*, Book VII, X.

의 방향에서 철학을 거부하고 기독교 신앙 자체에 대한 논증에 기초하여, 로마제국이 자행하는 그리스도인에 대한 핍박의 불공정함과 부당함을 지적하면서 기독교를 변증하였다. 터툴리아누스는 카르타고에서 태어나 197년 이전에 로마에서 기독교로 개종하였고, 이후 활발한 저작 활동을 통해 그리스도인들에 대한 잘못된 혐의를 논박하며 기독교를 변증하고, 영지주의를 비롯한 이단의 공격에 대하여 기독교 신학의 정통을 확립하고, 도덕적 엄격성에 기초하여 기독교 공동체를 권면함으로써 기독교 발전에 기여하였다. 대부분의 저작이 라틴어로 되어 있을 만큼 그는 라틴어로 신학을 하였고, 이러한 점에서 "라틴(서방기독교) 신학의 아버지"라는 평가를 받고 있다. 그는 로마 사회에서 훌륭한 교육을 받은 엘리트로서 수사학에 정통하였고 법률가로 활동하였기 때문에, 그의 논증과 변론은 법률가다운 면모를 갖추고 있었다. 그러나 그는 철학적 논리와 사변보다는 기독교 본연의 신앙에 입각하여 법적인 논증으로 기독교 신앙의 정당성과 기독교 공동체의 합법성과 도덕성을 밝히고자 하였다. 그는 철학이 모든 이단의 뿌리로서 불필요한 논쟁을 야기하며 기독교 신앙을 왜곡한다고 경계하였다.

> 철학은 세상의 지혜의 재료로서, 하나님의 본성과 경륜을 경솔하게 해석한다. **실로 이단들은 철학이 일으킨 것들이다.** … 가련한 아리스토텔레스여! 그가 이러한 사람들을 위해 변증법, 이를테면 건설하고 무너뜨리는 기술, 명제는 회피하고 추측은 근거가 없고 주장은 거칠고 논쟁은 지나치게 불러일으켜서 스스로를 당황스럽게 하고 모든 것들을 철회하면서 실제로는 아무것도 다루지 못하는 기술을 고안하였다. … **아테네가 예루살렘과 무슨 상관이 있는가? 아카데미와 교회가 어떻게 서로**

조화될 수 있는가? 이단들과 기독교인들이 어떻게 서로 조화될 수 있는가? … 스토아학파와 플라톤학파와 변증법으로 더럽혀진 기독교를 만들려는 모든 시도로부터 멀리 떠나라! 우리는 예수 그리스도를 가진 이후에 어떤 호기심어린 논쟁도 원하지 않는다. 복음을 누린 후에 어떤 질문도 원하지 않는다. 믿음을 가진 우리는 더 이상의 신념도 바라지 않는다! 왜냐하면 이것이 우리의 가장 뛰어난 믿음이기 때문에 그 외에는 믿어야 할 그 어떤 것도 없다.26

터툴리아누스는 기독교와 헬라철학을 엄격히 구별하고, 기독교를 철학과 연결시키려는 시도를 비판하였다. 기독교 신앙과 복음은 최상의 믿음이기에 더 이상의 논쟁이나 질문이나 설명이 필요치 않다고 강조하였다.

터툴리아누스의 기독교 변증은 법률적, 절차적 정당성에 근거하였다. 특히 197년경에 작성된『변증론』에서 그는 기독교인들이 로마 당국으로부터 받고 있는 유아살해, 인육제의, 성적 타락과 혼음, 로마제국에 대한 반역의 혐의들은 과장되고 근거가 없는 "루머"에 지나지 않으며, 이에 대한 당국의 제대로 된 조사도 없이, 공정한 재판의 기회마저 박탈당한 채, 기독교인들이 불의하고 부당한 처벌을 받고 있다는 점을 비판하였다. 그는 기독교인들은 로마제국에 해가 되거나 위협이 되는 존재들이 아니라 선량하고 유능한 시민이라는 점을 부각함으로써 기독교에 대한 박해가 로마의 명성과 이익에 해가 될 것이라

---

26 Tertullian, *The Prescription Against Heretics*, VII in *The Sacred Writings of Tertullian 1*, trans. Peter Holmes (North Charleston, SC: Createspace, 2017), 288-9. 강조는 필자의 것이다.

고 경고하였다. 그의 변론과 태도는 마치 법정에서 피고의 무죄를 주장하는 변호인의 역할을 연상시켰다. 터툴리아누스는 그리스도인에 대한 로마의 재판과 처벌의 법적, 절차적 문제를 지적하였다.

> 변론과 진술을 듣지도 않고 사람을 정죄하는 것은 불법이기 때문에 고발된 혐의에 대하여 대답하고 교차질문을 할 수 있는 완전한 자유가 허용되어야 합니다. 그리스도인들만 유독 자신의 이름을 밝히고, 사실관계를 바로 잡고, 재판관이 바르게 판결할 수 있도록 도울 수 있는 어떤 말을 하는 것이 허용되지 않습니다. … 그리스도인을 기다리고 있는 것은 오로지… 그리스도인이라는 이름에 대한 고백이지 혐의에 대한 조사가 아닙니다.27

터툴리아누스는 그리스도인들이 오랫동안 받아온 유아살해, 인육제의, 간음에 대한 혐의에도 불구하고 혐의를 규명하려는 로마 당국의 노력이 전혀 없었다는 사실을 신랄하게 비판하면서, "당신들이 그 혐의를 신뢰한다면 그것을 규명하든지, 지금까지 그것들을 규명하지 않았다면 그 혐의를 신뢰하는 것을 멈추라"고 주장하였다. 또한 기독교인들을 로마제국에 대한 반역자라고 고발하는 주장들에 대하여, 그것은 사악한 루머rumor에 지나지 않는다고 말하면서 로마의 시인 버질Virgil의 말을 인용하여 "모든 악행 중에서 루머만큼 빠르게 퍼지는 악이 없다"라고 꼬집었다.28 그러면서 그는 그리스도인들은 로마의 도처에 여러 계층에 퍼져 있으면서, 로마제국을 죄악에서 건지고, 적들

---

27 Tertullian, *Apology*, II, 위의 책, 14.
28 Tertullian, *Apology*, VII, 위의 책, 21.

로부터 지켜내며, 로마제국을 도덕적으로 지탱하는 데 자기 역할을 다하는 충실한 시민이라는 점을 강조하였다. 따라서 그리스도인들을 적으로 돌리고 저버리면, 이로 인해 로마제국의 권세와 도덕은 심각하게 무너지게 될 것이라고 경고하였다.

> 우리는 당신들의 모든 곳, 도시, 섬, 요새, 마을, 시장, 야영지, 부족집단, 마을회의, 궁전, 원로원, 광장(포럼)을 가득 채우고 있습니다. 당신들의 신전을 제외하고는 우리가 당신들에게 고스란히 남겨둔 것이라고는 아무 곳도 없습니다. … 우리처럼 많은 무리가 당신들로부터 떨어져나가 아주 먼 땅 끝으로 간다면, 그들이 어떤 사람들이든지 간에, 그 많은 시민들을 잃어버림으로써 당신들의 권세가 수치를 당할 것이며, 바로 이러한 유기로 인해 당신들은 사실상 심판을 받게 될 것입니다. … 당신들에게는 시민들보다 적들이 더 많이 남게 될 것입니다. 이제까지는 그리스도인들의 수 때문에 당신들은 적이 많지 않았습니다. 그만큼 모든 도시에 당신들이 가진 거의 대부분의 시민들은 그리스도인입니다. 그러나 당신들은 그리스도인들을 인간의 죄악의 적이라고 부르기보다는 인류의 적이라고 부르기를 선호했습니다.[29]

터툴리아누스는 그리스도인들이 무신론자와 신성모독자라는 혐의를 반박하며 로마의 신들이 존재하지 않는다는 사실을 알고 그들을 숭배하지 않기 때문에 무신론과 신성모독의 죄가 성립될 수 없다고 주장하였다. 이러한 신들이 존재하지 않는다는 증거는 그들에 관한

---

29 Tertullian, *Apology*, XXXVII, 위의 책, 50-51.

고대의 문헌들과 그 신들이 태어났다는 도시와 그들이 남긴 행위의 흔적이 있다거나 그들이 묻혀 있다고 주장하는 지역에 의해서 잘 드러난다고 주장하였다.30 그러면서 그리스도인은 참된 하나님만을 예배하기 때문에 더욱 더 무신론자이거나 신성모독자일 수가 없다고 반론하였다.31

> 신들의 존재가 불확실하다면 마찬가지로 당신들의 종교도 불확실한 것입니다. 당신들이 확실한 신들이 없기 때문이 종교가 없다면, 우리가 종교를 범했다는 혐의는 분명 무죄입니다. 반대로 당신들의 고발이 당신들에게 부메랑이 됩니다. 당신들이 거짓된 것을 숭배하는 행위를 방관했거나, 내가 더 분명히 지적하는 바는, 참된 하나님에 대한 진정한 종교를 범했기 때문에, 당신들은 적극적으로 불성의 죄를 범한 것입니다.32

이러한 논증 속에서 터툴리아누스는 놀랍게도 종교의 자유를 지적하였다. 신앙은 국가가 관여하거나 강제해서는 안 되며, 개인이 양심의 자유에 따라 자발적으로 행사해야 한다고 주장하였다. 종교의 자유는 서구사회에서 18세기가 되어서야 민주주의의 핵심적인 원리로서 법과 제도로 보장을 받기 때문에, 터툴리아누스의 주장은 시대를 앞서는 혁명적인 것이었다. 터툴리아누스는 다른 지역은 그 지역의 신들을 섬기는 것을 보장 받는데 유독 그리스도인들만이 이러한

---

30 Tertullian, *Apology*, X, 위의 책, 25.
31 Tertullian, *Apology*, XVII-XVIII, 위의 책, 32-4.
32 Tertullian, *Apology*, XXIV, 위의 책, 41.

자유를 누리지 못하고 있다는 점을 비판하였다.

> 당신들은 종교에 대한 개인의 자유를 빼앗아가고 개인이 자유롭게 신을 선택하는 것을 금지하고 있습니다. 그 결과 내가 나의 의지대로 예배하는 것이 불법이 되고, 나의 의지에 반하여 예배하는 것을 강요받고 있습니다. 그 어떤 신도, 심지어 사람이라 할지라도, 어쩔 수 없이 바치는 사람의 예배를 받으려 하지 않을 것입니다. … 모든 속주와 도시에는 그곳의 신이 있습니다. … 우리들만 유독 우리들의 종교를 갖는 것이 금지되는 사람들입니다.33

결론적으로 터툴리아누스는 로마의 재판과 박해가 그들의 불법성과 그리스도인들의 결백을 증거하고 있다고 주장하면서, 그리스도인들이 흘리는 순교의 피가 교회의 씨앗이 되어, 박해를 당할수록 교회가 더욱 성장하고 사람들 사이에서 퍼져나가게 될 것이라고 말하였다. 또한 순교의 피가 하나님께 모든 죄를 씻음 받는 은혜의 기회가 된다는 점을 강조함으로써, 순교가 피의 세례라고 믿으며 이를 열망하였던 고대교회 그리스도인들의 믿음을 표현하였다.

> 당신들이 사람들을 위해 그리스도인들을 희생시킨다면 사람들이 보기에는 더욱 좋을 것입니다. 우리를 십자가에 못 박으시오, 우리를 고문하시오, 우리를 정죄하시오, 우리를 무너뜨리시오. **당신들의 불의가 우리의 결백의 증거입니다.** 이러한 이유로 하나님은 우리가 이러한 고난을

---

33 위의 책, 42.

당하도록 허락하셨습니다. … 그러나 당신들의 고문은 아무것도 이루지 못할 것입니다. … 오히려 사람들을 우리의 종교로 이끌게 될 것입니다. 우리가 당신들에게 베임을 당할수록 우리는 더욱 자라날 것입니다. 그리스도인들의 피는 씨앗입니다. … 이렇게 하여 모든 죄가 사해질 것입니다. 이것이 우리가 당신들의 정죄의 심판을 고마워하는 까닭입니다. … 우리가 당신들에게 정죄를 당할 때 하나님의 용서를 받게 됩니다.34

---

34 Tertullian, *Apology*, L, 위의 책, 65.

# 제 3 장
# 고대교회 이단과 신앙의 표준 확립

## 1. 고대 기독교 이단의 도전

빠르게 성장하던 기독교 공동체를 위협했던 것은 로마제국의 박해만은 아니었다. 기독교 신앙을 왜곡하고 교회를 공격하는 다양한 이단들은 기독교 공동체에 심각한 도전을 제기하였다. 사실 이단의 수가 압도적으로 많았기 때문에 교회가 위협을 느낀 것은 아니었다. 이단은 정통 기독교 공동체에 비하여 언제나 소수였다. 그럼에도 불구하고, 이단의 전염성과 파급력으로 인하여, 정통 기독교는 이단을 우려하였고, 특히 기독교 공동체의 지도자였던 감독과 교부들은 이에 강력히 대응하여 이단의 잘못된 영향을 차단하고, 기독교 공동체를 지키고자 하였다. 기독교 신앙의 정통orthodoxy과 신앙의 표준을 확립하려는 노력은 기독교의 전통 안에서 신앙의 내용과 교회의 가르침을 바르게 해석하고 신자들에게 가르쳐서 이단의 잘못된 교리와 가르침으로부터 기독교 공동체를 보호하고자 하였던 신학적 대응이었다. 이런 점에서 이단은 기독교 신앙을 왜곡하며 교회에 커다란 위협을 제기하였지만, 동시에 기독교 공동체가 정통신앙을 확립하고 신학을 발전시키는 자극제가 되었다. 역사적으로 볼 때, 신학과 정통이 이단에 앞서 존재했던 것이 아니라, 이단의 도전에 대응하면서 정통신학이 정립되어 나가고, 이에 따라 이단을 신학적으로 반박하면서 기독교 공동체와 구별하고 분리하였다. 정통신학은 기독교 공동체를 이단사설異端邪說로부터 보호하고 이단과 교회를 구별함으로써 바른 신앙을 체계화하고 보전하는 역할을 하였지만, 동시에 다양하고 역동적인 기독교 신앙을 철학적 개념과 논리로 재단裁斷하거나 교리와 신조의 틀로 규정하면서, 신학적 차이에서 비롯된 논쟁과 분열을 일으키는 역기능도 있었다.

    고대교회에 나타난 여러 이단들 가운데 기독교 공동체에 가장 커다란 문제를 야기하였던 이단사조異端思潮는 영지주의Gnosticism였다. 그러나 영지주의는 체계적인 교리와 사상을 갖춘 단일한 집단이나 조직이 아니었다. 영지주의는 플라톤 사상과 같은 헬라철학과 조로아스터교를 위시한 동방의 신비주의 종교와 금욕주의와 이원론적 세계관에 영향을 받은 혼합주의적 종교철학이었고 당시의 지배적인 종교관과 세계관으로서, 그리스-로마세계에, 특히 지중해 동부 레반트Levant 지역을 중심으로 두루 퍼져 있었고, 이에 영향을 받은 다양한 종교적, 철학적, 신비주의적, 금욕주의적 분파와 그룹들이 있었다. 영지주의는 기독교와는 독립적으로 그 이전부터 존재하였고, 시기적으로는 1세기 말부터 2세기 중반(80~150년 사이)을 정점으로 기독교 안에 영지주의 이단 그룹들이 나타나 커다란 논란을 일으켰다.

영지주의는 "영적인 지식과 깨달음"을 의미하는 헬라어(gnosis, 영지)에서 유래되었고, 영지주의자들은 이 특별한 신비적인 지식이 참된 깨달음과 구원에 이르는 열쇠라고 강조하였다. 영지주의는 우주와 악의 기원과 인간의 본성에 대한 신화적인 가르침과 이원론적 세계관에 기초하고 있었으며, 물질은 악하며 영은 선하고 참된 실재라고 보았다. 물질은 악하고 열등한 신에 의해 만들어졌기 때문에, 인간은 빛과 선善의 세계에서 이탈된 물질세계로부터 고통을 경험할 수밖에 없고, 참되고 영원한 영적인 세계에 들어가기 위해서 인간의 영혼 안에 간직되어 있는 참된 영혼의 불꽃이 "영지"에 의해 각성되어 물질세계의 미몽迷夢의 상태에서 벗어나야 한다고 보았다. 그리하여 세계와 역사를 어둠과 빛, 육과 영, 악과 선의 싸움의 장으로 보았다. 영지주의의 구원관은 인간은 본래 영적인 존재이지만 육신에 갇혀 있어서 참된 본성에 이르지 못하고 있다고 보았고, 궁극적으로 육신과 물질세계를 초월하여 그들의 본향인 영적인 세계와 참된 신에게로 돌아가야 한다는 점을 강조하였다. 영지주의자들은 구원을 위해 영적인 지식과 함께 금욕을 강조하였다. 육신이 영을 가두는 감옥이라고 인식하였기 때문에, 육신의 욕망을 통제하여 영을 지배하는 힘을 약화시켜 이로부터 벗어나기 위해 철저한 금욕의 실천이 필요하다고 보았던 것이다. 그러나 정반대로 방탕한 삶을 살아가는 자유주의자들도 있었는데 그들은 영은 파괴될 수 없는 것이고 육신은 구원에 있어서 아무런 의미가 없는 것이기 때문에 그 욕망대로 내버려두어도 된다고 보았다.[1]

---

1 Gonzalez, *The Story of Christianity*, vol. 1, 72-3; Henry Chadwick, *The Early Church*, 33-6. 참조. 영지주의 이해에 대하여, Karen L. King, *What Is Gnosticism?* (Cambridge, MA: The Belknap Press of Harvard University Press, 2003); Kurt

영지주의가 기독교에 초래한 여러 가지 문제들의 핵심은 창조론과 기독론과 구원론에 심각한 왜곡을 초래한 것이었다. 대표적인 기독교 영지주의자로는 2세기 초반의 알렉산드리아의 바실리데스[Basilides]와 이집트 출신으로 로마에서 활동했던 발렌티누스[Valentinus]가 있었다. 이들의 저작들은 교부들의 비판 속에 부분적으로 인용됨으로써 부분적으로 나타나 있고, 교부들에 따라 평가가 엇갈리기 때문에, 이들의 주장을 정확히 재구성하는 것은 어렵다. 그러나 대체적으로 이들은 하나님이 천지만물을 선하고 아름답게 창조하셨다는 기독교의 창조론을 인정하지 않고, 영지주의의 신화적 우주론에 입각하여, 물질세계가 열등한 신에 의해 혹은 복잡한 층위를 가진 영적 세계들(에온)의 발출 과정에서 창조되었다고 보면서, 물질세계를 부정적으로 보았다. 그들은 물질세계를 창조한 구약의 창조주 하나님과 신약의 지고지상至高至上의 하나님을 동일한 하나님으로 보지 않았다. 바실리데스에 따르면, 365개의 천상계가 있고, 구약의 창조주는 가장 낮은 천상계의 지배자라고 주장하였다. 발렌티누스에 따르면, 영의 세계 혹은 충만의 세계 (pleroma)는 존재의 근원인 지존자로부터 발출한 30개의 에온들[aeons]로 구성되어 있으며, 보이는 물질세계는 가장 낮은 에온인 소피아[Sophia]의 타락으로 태어난 구약의 창조주, 데미우르고스[Demiurge]에 의해 만들어졌다고 주장하였다. 이것은 플라톤철학과 영지주의가 혼합된 사변적이고 신화적인 우주론에 입각한 주장이었다.

기독론에 있어서, 그들은 그리스도를 참된 영적 세계로 인도하는 영지를 계시하는 메신저와 위대한 스승으로 이해하였다. 또한 그리스

---

Rudolf, *Gnosis: The Nature and History of Gnosticism*, trans. Robert McLachlan Wilson (Edinburgh: T&T Clark Ltd, 1983) 참조.

도가 사람으로 나셨다는 성육신 사상을 거부하면서, 그리스도는 육신의 모습으로 나타난 것처럼 보였지만 실제로는 영적인 존재였다는 가현설Docetism을 주장하였다. 바실리데스는 그리스도가 열등한 신이 아니라 지존자 하나님의 메신저로서 예수 안에서 나타났고, 십자가에 달리기 전에 예수가 구레네 시몬과 역할을 바꾸었다고 주장함으로써 영적인 존재인 그리스도가 육신으로 오셨다는 사실과 십자가에 달려 돌아가셨다는 걸림돌을 제하고자 하였다. 발렌티누스는 그리스도가 물질세계의 에온과는 다른 "에온"으로서, 그가 출생할 때 혹은 세례받을 때 인간 예수와 결합되었다고 주장함으로써, 인간 예수와 그리스도를 구별하고자 하였다.

이들은 구원론에 있어서도 예수가 아니라 예수의 영적 계시와 가르침에 초점을 맞추었고, 그리스도의 십자가의 죽음과 부활을 통한 구원을 인정하지 않았다. 예수는 구원자라기보다는 구원의 메시지를 가져다주는 안내자와 스승에 불과했다. 바실리데스는 예수가 하나님께로 선택된 자를 이끄는 깨어난 존재라고 주장하였고, 발렌티누스는 예수가 인간에게 구원의 지식을 주어 그들의 참된 기원과 운명을 알림으로써 구원으로 인도하였다고 주장하였다. 특히 발렌티누스는 오직 소수의 사람들만이 구원에 이를 수 있다고 보면서, 구원의 가능성이 전혀 없는 육적인carnal 존재, 영지를 깨달아 구원을 받을 수 있는 영적인spiritual 존재, 그리고 구원의 가능성을 가지고 영지주의 가르침으로 훈련받아야 할 정신적인psychical 존재로 인간을 구분하였다. 그러나 정신적 존재는 믿음과 선행을 통해서 "충만의 세계" 아래 단계의 낮은 영역만을 차지할 뿐이라고 가르쳤다.

이들의 가르침은 기독교 신앙에 커다란 왜곡과 혼란을 가져왔고,

기독교 공동체는 교부들을 중심으로 이들의 주장을 반박하며 바른 가르침orthodoxy으로서 신학적 정통을 수립해나가는 노력을 기울였다. 특히 리옹의 이레니우스Irenaeus와 카르타고의 터툴리아누스Tertullianus는 영지주의를 반박하고, 신앙의 표준regula fidei과 정통신학을 확립하는 데 커다란 역할을 함으로써 반영지주의 교부anti-Gnostic Fathers로 알려져 있다. 이들의 신학은 뒤에서 따로 살펴보고자 한다.

영지주의 영향을 반영하고 있지만, 복잡한 신화적 우주론이나 영적 세계에 대한 사변을 강조하지 않는다는 점에서 영지주의와는 구별되는 이단으로 2세기 초반의 마르시온에서 유래한 마르시온주의Marcionism가 있다.2 한때 교회사에서 마르시온은 기독교 영지주의자로 소개되었지만, 그는 영지주의자라기보다는 유대교와 기독교의 차별성을 강조하면서, 유대주의자들의 율법에서 완전히 벗어나 바울의 복음이해에 의해 기독교를 새롭게 개혁하려고 했던 인물로 보는 것이 적합하다. 마르시온Marcion은 소아시아 시노페Sinope 출신으로 140년경 로마에 들어와 사람들을 가르쳤다. 그는 구약의 하나님은 무지하고 잔인하며 변덕스러운 존재라고 보았고, 신약에서 예수가 가르친 참된 하나님과 근본적으로 다르다고 강조하였다. 구약의 야훼는 순종을 요구하고 그렇지 못한 자를 심판하는 악한 신이지만 신약의 하나님은 사랑을 강조하고, 은혜를 베풀고 용서하는 참된 하나님이라고 보았다. 그는 기독교 신앙을 유대교 율법과 예언의 성취로 해석한 것은 유대주의자들에 의한 왜곡이라고 비판하였고, 예수와 기독교 복음은 구약의 유대교의 가르침과는 아무런 관계가 없다고 강조하였다. 구약과

---

2 Marty, *A Short History of Christianity*, 81-2.

신약의 연속성을 거부하는 마르시온파의 가르침은 정통교회로부터 비판받았고, 그들은 기독교 공동체에서 떨어져 나와 자신들만의 독립적인 교회를 조직하고 더욱 철저히 기독교를 유대교의 유산으로부터 분리시키는 노력을 기울였다. 이로써 마르시온파는 구약 전체를 제거하고, 신약 중에서도 유대교의 영향과 잔재를 포함하는 부분을 제거한, 자신들만의 성경 목록을 만들었고, 이들의 작업은 역설적으로 기독교 공동체가 신약의 정경화canonization를 추진하는 자극제가 되었다. 마르시온은 유대주의자들과 대립하여 복음을 강조한 바울의 가르침이 진정한 기독교 신앙의 기초라고 보았고, 후대에 가공된 형태가 아니라 원래의 바울의 서신이라고 여겨지는 (유대적 영향이 제거된) 부분들과 바울의 영향을 받은 누가복음의 일부를 그들의 성경 목록에 올렸다. 마르시온파는 예수가 마리아에게서 태어나지 않았고, 육신에서 나지 않은 어른의 모습으로 오셨다는 가현설을 주장하고, 성육신을 거부하고, 엄격한 금욕적 삶을 강조했다는 점에서 영지주의와 유사했다. 마르시온파는 기독교 공동체와 마찬가지로 로마제국의 박해를 견디면서 존재하였고, 그의 사후에도 여러 세기 동안 지속되다가 점차 사멸되었다.

몬타누스주의Montanism는 2세기 중반에 등장한 몬타누스Montanus의 가르침을 따르는 이단으로서 임박한 종말과 새 예루살렘의 도래를 주장하였다. 몬타누스는 자신을 보혜사 성령의 도구라고 주장하면서, 그리스도와 함께 새로운 시대가 시작되었듯이, 자신과 함께 성령의 시대가 시작되었고, 엄격한 도덕적 실천을 새로운 시대의 특징으로 강조하였다. 몬타누스와 그의 제자인 두 명의 여 선지자 프리스가Prisca와 막시밀라Maximilla는 임박한 종말을 대비하여 철저한 금욕주의, 곧 금식과 독신과 절제와 엄격한 도덕적 생활을 할 것을 강조하였고, 이들의 카리스마적 지도력과 도덕적 금욕주의는 추종자들에게 커다란 영향을 끼쳤다. 몬타누스파는 그리스도와 사도들의 가르침과 이들을 계승한 감독의 제도적 권위에 도전하여, 성령의 계시와 예언을 앞세운 카리스마적charismatic 권위를 강조하였고, 새 예루살렘의 종말론적 도래와 금욕적, 윤리적 실천을 앞세워 기성교회의 정통성과 제도적 권위를 압도하였다. 특히 여성과 평신도들이 성령의 계시와 종말론적 예언을 앞세워 대중을 이끌면서 사도전승에 입각한 감독 중심의 교회의 지도력과 질서를 뒤흔들었다. 또한 올바른 신앙의 근거로 엄격한 도덕적 실천을 앞세워 대중들에 대한 자신들의 지도력의 정당성으로 삼았다. 고대 교부인 터툴리아누스도 몬타누스파의 금욕적, 도덕적 삶에 이끌려 이 운동에 가담하였다는 점에서 이 종파의 영향력을 가늠해볼 수 있다. 몬타누스주의는 이단운동이었지만, 제도화되는 교회의 권위에 대한 종말론적, 카리스마적 리더십의 도전, 성경과 교리적 전통에 대한 예언과 은사주의의 도전, 바른 가르침orthodoxy에 대한 바른 삶ortho-praxis의 도전을 상기시켜주었고, 이와 유사한 도전은 교회사속에서 교회가 제도화되고 영적 영향력이 위축될 때마다 재현되었다.

## 2. 반영지주의 교부들

### 1) 이레니우스

영지주의의 공격으로부터 기독교 신앙과 교회의 정통성을 지킨 반영지주의 교부로서 가장 대표적인 인물이 리옹의 감독 이레니우스(Irenaeus of Lyons, 130~202)이다. 이레니우스는 130년경 소아시아 서머나 지역에서 태어난 것으로 추정되며, 서머나의 감독 폴리캅의 제자로 알려져 있다. 그는 로마에서 공부하였고, 이후 리옹교회의 장로Presbyter가 되었다. 그가 로마교회에 리옹의 감독 포티누스Pothinus의 서신을 전달하러 간 177년경에 리옹에 박해가 일어났고, 포티누스의 순교 후에 리옹의 감독이 되었다. 이레니우스가 교회 지도자로 활동하던 시기에는 교회공동체에 대한 영지주의의 도전이 절정에 달하던 때였다. 이레니우스의 대표적인 저술인『이단반박』(*Adversus Haereses*)은 총 5권으로 구성된 영지주의에 대한 반박과 비판이다. 원제는 헬라어로 "잘못된 영지에 대한 반박과 타도"(Ελεγχος και Ανατρπη της Ψευδωνυμον Γνωσευς; *the Refutation and Overthrow of Gnosis Falsely So-called*)이지만, 짧게『이단반박』으로 불린다. 원전은 헬라어로 기록되었지만 헬라어 본문은 일부만 전해지고 있으며, 본문 전체가 라틴어로 보존되고 있다.[3]

이레니우스는 철학적 사변적 방식으로 논증하지 않고, 기독교 신앙의 전통에 입각하여 영지주의의 거짓된 가르침을 반박하였다. 특히 성경에 기초한 올바른 신앙, 사도적 계승에 따른 감독의 권위, 이를 통한 기독교의 가르침과 전통의 정통적 해석을 강조함으로써 기독교 신앙의 정통성을 지키고자 하였다. 이레니우스에게 "성경, 감독, 전통"은 기독교 신앙의 정통성의 기반이 되었고, 교회가 이단과 구별되는 근거였다. 다시 말해서 바른 신앙은 성경을 기초(source)로 하여,

---

[3] Henry Chadwick, *The Early Church*, 80; "St. Irenaeus," in *The Oxford Dictionary of the Christian Church*, ed. F. L. Cross and E. A. Livingstone (Oxford and New York: Oxford University Press, 1997), 846-7 참조.

사도적 계승을 따르는 감독의 지도 아래 있는 올바른 교회(medium)에 의해, 기독교 공동체가 계승해온 "신앙의 규범"(the rule of faith)과 전통(tradition) 안에서 전수傳受되는 것이었다. 이러한 점에서 이레니우스가 정통신앙의 근거로 제시한 요소들은 신학의 구성요소, 곧 "자료, 매개, 전통/규범"을 포함하고 있었다. 또한 이레니우스는 영지주의자들이 하나님과 세계와 교회를 나누고 쪼개는 이원론적 태도를 비판하며, "기독교의 일치와 통일성"을 강조하였다. 따라서 유일신사상에 기반하여 창조주 하나님과 구세주 하나님의 일치를 강조하고, 하나님이 창조하신 세계와 창조세계를 선하게 돌보시는 하나님의 관계를 강조하고, 구약과 신약의 통일성을 강조하고, 계시와 구원에 있어서 성부와 성자의 일치를 강조하고, 성육신을 기독교 신앙의 결정적인 차별성으로 부각시키며 참 하나님이며 동시에 참 인간인 그리스도의 두 본성의 일치를 강조하고, 그리스도와 사도들과 사도적 교회의 일치를 강조하고, 성육신과 신화deification를 통해 그리스도와 신자의 연합을 강조하였다.4

이레니우스는 영지주의자들이 "주님의 말씀을 왜곡"하고, "말씀의 진정한 뜻을 사악하게 해석"하여 "자신들이 꾸며낸 지식 아래로 많은 이들을 끌어들여 파멸시키고 있다"고 비판하였다. 이들은 기독교 공동체와 "같은 언어를 사용하지만 전혀 다른 뜻을 의미"하고 있다고 보았고, 이들의 잘못된 주장을 명확히 드러내서 "하나님을 대적하는 신성모독과 어리석은 교훈들을 반박"하고, 기독교 공동체로 하여금 이단에 대하여 경계하도록 가르치고자 하였다.5 이레니우스가 지적한

---

4 Bart D. Ehrman, *After the New Testament: A Reader in Early Christianity* (New York and Oxford: Oxford University Press, 1999), 196-7.

영지주의 근본적 문제는 그들의 주장은 성경과 그리스도의 가르침에서 나온 진리가 아니라 그들이 꾸며낸 거짓말에 근거하고 있다는 점이었다. 성경본문을 제멋대로 가져다가 각색하면서 자신들의 주장에 끼워 맞춤으로써 진리를 파괴하고 있다고 비판하였다.

> 이러한 것이 그들의 주장으로서 예언자들이 선포한 것도 아니요 주님께서 가르친 바도 아니요 사도들이 전승한 것도 아니다. 그들은 비성경적 자료들에서 그들의 주장을 인용하면서 다른 사람들보다 그것에 대하여 더 많이 안다고 시끄럽게 자랑한다. … 그들은 **성경의 체제와 연관성을 무시하고**, 거짓으로 자신들의 주장을 펴면서 진리를 훼손하고 파괴한다. [성경]구절을 가져다가 재구성하고, 이리 저리 조작하면서, 자신들이 각색한 주님의 말씀으로 잘못된 환상을 꾸며 사람들을 속인다.[6]

이레니우스의 관점에서 영지주의자들이 성경을 바로 해석하지 못하고 왜곡하는 까닭은 그들이 참된 교회의 올바른 바탕 위에 서있지 못하기 때문이었다. 교회는 하나님의 말씀을 온전히 보존하고 동시에 그것을 올바르게 해석함으로써 참된 신앙을 지켜야 할 책임이 있다. 즉, 그리스도와 사도들로부터 교회에 이어진 하나님의 말씀과 그것에 대한 바른 해석이 교회가 계승해야 할 올바른 신앙의 전통이며, 이 사도적 전통 안에 있는 다양한 교회들은 비록 여러 곳에 흩어져 있을지라도 유일한 진리를 공유하는 특권과 이를 바르게 계승해야 책임이 있다고 보았다. 교회가 사도들로부터 전해 받은 참된 믿음은 삼위일

---

5 Irenaeus, *Against the Heresies*, Book I, preface, 위의 책, 197.
6 Irenaeus, *Against the Heresies*, Book I, VIII, 위의 책, 201.

체 신앙을 포함하는 신앙고백과 신조信條로 요약되었다.

> 실로 교회는 세계 도처에, 심지어는 땅 끝에 이르기까지 흩어져 있지만, **사도들과 그들의 제자들로부터 믿음을 전해 받았다.** 그것은 전능하신 하나님 아버지, 하늘과 땅과 바다와 그 안에 있는 모든 것을 만드신 창조주; 하나님의 아들이며 한 분이신, 우리의 구원을 위해 육신이 되신 **예수 그리스도**, 사랑받으시는 아들 우리 주 그리스도 예수의 경륜과 강림과 동정녀로부터 나심과 고난과 죽은 자 가운데서 부활하심과 몸의 승천과 만물을 회복시키고 인류의 모든 육체를 일으키시기 위해 아버지의 영광 가운데 하늘로부터 오심…을 선지자들을 통해 예언하신 성령에 대한 믿음이다…. 앞서 말한 바와 같이 **교회는 세계 도처에 흩어져 있지만 교회가 전해 받은 이 가르침과 이 믿음을 신중히 지켜야 한다.** … **교회는 마치 하나의 영혼을 가지고 하나의 같은 마음을 가진 것처럼 이것들을 믿어야 하며, 마치 하나의 입을 가진 것처럼 이것들을 설교하고, 가르치고, 계승하여야 한다.**7

이레니우스는 교회를 떠나서는 바른 신앙이 전수될 수 없다고 보았고, 누구보다도 감독은 바른 신앙을 전수하는 교회의 사명에 있어서 중심적인 역할을 하는 존재였다. 따라서 감독의 사도계승권을 강조하며 이단을 참된 교회와 구별하였고, 이단들의 사설과 교회의 참된 진리를 구별하고자 하였다. 영지주의자들의 주장이 참된 진리였다면, 사도들이 이를 감독들에게 가르치지 않았을 리가 없다고 말하면

---

7 Irenaeus, *Against the Heresies*, Book I, X, 위의 책, 201-2.

서, 영지주의자들은 사도들을 계승하고 있는 감독들의 가르침과 전통에 반함으로써 결과적으로 성경과 사도에 반하는 이단이라고 비판하였다. 교회와 감독을 떠나서는 바른 신앙이 존재할 수 없으며, 영지주의의 결정적인 문제가 바로 이러한 정통성의 결여와 진리의 부재임을 지적하였다.

> **사도들로부터 유래하여 교회의 장로들**presbyters**의 계승을 통해 보존된 전통과** 그들을 관련시켜 볼 때, 그들은 자신들이 순전한 진리를 깨달았기 때문에 장로들뿐만 아니라 심지어 사도들보다 더 지혜롭다고 주장함으로써 전통에 반대한다. … 따라서 이 사람들은 성경은 물론 전통에도 동의하지 않는 것이다. … 우리는 **사도들에 의해 교회에 임직된 감독들의 이름을 열거하고 오늘 우리 시대에까지 이르고 있는 이분들의 계승을 입증할** 위치에 있다. … 만약 사도들이 비밀스런 신비를 알았다면… 교회를 이끌어나갈 사람들에게 특별히 전달했을 것이다. 왜냐하면 사도들은 자신들의 계승자로 세우고 자신들의 다스리는 자리를 넘겨준 이 사람들이 모든 것에 있어서 매우 완벽하고 흠이 없기를 간절히 원했기 때문이다.[8]

이레니우스가 영지주의를 비판하며, 이단과 구별하는 "신앙의 표준Rule of Faith"으로 내세우는 신앙의 핵심은 하나님이 선재하는 다른 것으로부터가 아니라 무無로부터 창조하셨다는 것(creatio ex nihilo)과 창조주 하나님이 예수 그리스도의 아버지와 동일하다는 것이었다. "전

---

8 Irenaeus, *Against the Heresies*, Book III, II-III, 위의 책 209.

능하신 하나님은 한 분이시며 말씀으로 만물을 창조하셨고, 성경이 말하는 대로 무로부터 모든 것을 준비하시고 만드셨다." 유일하신 하나님은 그리스도의 아버지로서 그를 통해 "보이는 것과 보이지 않는 것, 감각적이거나 지적인 것, 일시적인 것이거나 영원한 것"을 포함한 모든 것을 창조하셨다고 선포하였다. 또한 하나님의 창조를 경멸하고 구원에 대하여 거짓된 가르침을 펴는 이들은 "육체 가운데 부활함으로써 죽은 자 가운데서 그들을 일으키시는 하나님의 능력을 인정하게 될 것이지만 불신앙으로 인해 의인에 포함되지는 못할 것"이라고 비판하였다. 이로써 이레니우스는 영과 육을 따로 구별하지 않고 창조와 구원을 한 분 하나님의 솜씨와 능력 안에서 이루어지는 하나의 연속적인 과정으로 이해하면서 영지주의자들의의 이원론을 거부하였다.9 이러한 맥락 가운데 이레니우스는 인간의 창조와 구원을 연속적으로 설명하면서 구원을 창조의 회복과 이를 향한 성장으로 이해하였다. 인간은 하나님의 형상과 모양대로 창조되었지만, 아담의 죄로 인하여 하나님의 형상을 상실하고 하나님을 닮아가도록 자라나야 할 성장이 멈춰진 채 마귀에게 사로잡히게 되었다. 그러나 새로운 아담인 그리스도가 하나님의 형상을 회복하여, 죄에 붙들려 성장이 멈춰진 인간을 치유하였다고 보았다. 따라서 이레니우스에게 있어서 구원은 아담이 실패한 하나님의 형상으로 자라가야 할 인간 본연의 모습을 그리스도 안에서 새롭게 회복하는 창조의 재반복recapitulation이었다.

> 그가 성육신하여 인간이 되셨을 때… 우리가 아담 안에서 잃어버린 것, 곧 하나

---

9 Irenaeus, *Against the Heresies*, Book I, XXII, 위의 책, 203-4.

님의 형상과 모양에 따라 사는 것을 그리스도 예수 안에서 회복할 수 있게 되었다. … 그가 사람(인간의 본성)이 하나님께 붙들리고 **하나님과 하나가 되게 하셨다**. … 인간이 하나님과 연합하지 못한다면 결코 썩지 않음에 참여할 수 없을 것이다. 인간을 하나님께 드리고 또한 하나님을 인간에게 계시하면서 하나님과 인간을 사귐과 하나 됨으로 이끄는 것은 하나님과 인간의 중재자에게 달려 있었다. … 원래 흙으로부터 빚어진 한 사람의 불순종에 의해 많은 이들이 죄인이 되고 생명을 박탈당했듯이 동정녀에게서 나신 한 사람의 순종에 의해 많은 이들이 의롭게 되고 **구원을 얻는 것이 필수적이었다**. 그래서 하나님의 말씀이 사람이 되셨다. … 만약 성육신하지 않으시고 육신인 것처럼 나타났다면, 그분의 사역은 진정한 것이 아니었을 것이다. 그러나 그분은 나타나신 것과 동일한 존재였다. **하나님은 그분 안에서 인간의 예전의 형태를 재현하셨다**. 그분은 쇠를 죽이시고, 죽음의 권세를 박탈하시고 인간을 살리셨다.[10]

여기서 그리스도의 성육신은 이레니우스 신학의 중심이었다. 인간에게 하나님의 형상을 회복시키고 하나님께 이끌기 위해 하나님이신 그리스도가 인간의 모습으로 오셨다. 하나님이신 그리스도가 완전한 사람의 모습으로 오신 것이 성육신이고, 그리스도의 성육신으로 인간이 하나님께로 인도되어 신화神化에 이른다는 것이 이레니우스의 구원론이 강조하는 바였다. 성육신과 신화를 통해 영지주의가 주장하는 영과 육의 분리는 거부되었고, 그리스도 안에서 하나로 연결되었다.

---

10 Irenaeus, *Against the Heresies*, Book III, VIII.
http://earlychristianwritings.com/text/irenaeus-book3.html 참조.

## 2) 터툴리아누스

터툴리아누스 역시 영지주의를 비롯한 여러 이단을 반박하며 기독교의 진리와 정통신앙을 수호한 교부였다. 그의 영지주의 반박은 200년경에 작성된 대표적인 이단반박문인『이단자들의 처방에 관하여』(De Praescriptione Haereticorum)라는 저술에서 잘 나타나 있다. 이와 더불어 영지주의자 발렌티누스를 반박한『발렌티누스 반박』(Adversus Valentinianos)과 마르시온의 주장을 반박한 총 5권으로 된『마르시온 반박』(Adversus Marcionem), 그리고 삼위일체를 부정하는 프락세아스를 비판하며 삼위일체를 신학적으로 정의한『프락세아스 반박』(Adversus Praxeam)을 비롯한 여러 권의 이단반박문이 있다.『이단자들의 처방에 관하여』에 나타난 터툴리아누스의 이단반박의 특징은 법률가다운 면모와 법정적 변론의 형태를 드러낸다. 그는 교회의 가르침을 공격하고 왜곡하는 이단은 성경에 대하여 논할 자격이 없다고 지적하면서 그들의 주장은 원천무효이기 때문에 시시비비是是非非를 가리기 위해 그들의 주장을 들을 필요도 없다고 주장하였다. 터툴리아누스에 따르면, 성경만이 신학적 주장의 근거이기 때문에, 성경을 보존하고 바르게 해석하는 유일한 근거인 사도들의 가르침과 사도적 교회를 이탈한 이단들은 그리스도인이 아니기 때문에 성경에 대하여 말하거나 성경을 사용할 권리조차 없는 사람들이었다. 성경은 오직 그리스도가 계시하신 것만을 가르친 사도들에 의해 세워진 사도적 교회를 통해 전해 내려오는 믿음을 받아들이는 사람들에게만 속한 것이기 때문에 성경과 사도적 계승과 사도적 교회와 관련이 없는 이단들은 기독교의 진리와 참된 신앙에 대하여 논할 자격이 없다고 주장하였다.

그리스도가 가르치신 신앙의 표준은 이단들이 들여와 그들을 이단자들로 만든 것들을 제외하고는 우리들에게 질문을 허용하지 않는다. 신앙의 표준에 반하는 것에 관해 아무 것도 알지 않는 것이 모든 것을 아는 것이다. … 이러한 근거로 우리의 처방을 규정한다. 주님이신 그리스도 예수가 사도들을 보내 선포하게 하셨다면 그 누구도 그리스도의 임명에 따르지 않고는 선포자로 인정되어서는 안 된다. … 내가 이제 처방할 것은 그들이 선포한 내용(곧 그리스도가 그들에게 계시하신 것)은 사도들이 생생한 목소리와 이후 서신에 의해 선포함으로써 그들이 세운 동일한 교회[사도적 교회]를 통해서만 입증되어야 한다는 것이다. … 신앙의 모태wombs이며 근원sources인 사도적 교회와 호응하는 모든 교리들은 교회가 사도들로부터, 사도들은 그리스도로부터, 그리스도는 하나님으로부터 전해 받은 것을 틀림없이 보존한 것이라는 근거에서만 참되다고 할 수 있다. … 내가 위에서 정리한 신앙의 표준은 사도들의 전승에서 유래한 것이고, 결론적으로 무엇이든지 이와 다른 교리들은 거짓말에서 나온 것이다. 우리는 사도적 교회와 교통하고 있다. … 교회가 계승한 규례[신앙의 표준]이 정한 원리는 이단자들은 성경과 아무런 관계가 없고 성경을 사용하지 못하기 때문에 성경에 호소할 자격이 없다는 점이다. 그들이 이단자들이라면 그리스도인일 수 없다. … 그리스도인이 아니라면 그들은 기독교의 문헌을 취득할 권리가 없다.[11]

터툴리아누스가 이단을 반박하며 강조하는 참된 신앙의 근거는 올바른 성경, 성경에 대한 바른 해석, 그리스도와 사도로부터 내려오

---

11 Tertullian, *The Prescription Against Heretics*, XIII, XXI, XXXVII, in *The Sacred Writings of Tertullian 1*, trans. Peter Holmes (North Charleston, SC: Createspace, 2017), 295-306.

는 신앙에 대한 올바른 가르침, 곧 신앙의 표준, 그리고 이러한 모든 것을 임의적으로 수정하거나 새로운 것을 첨가하지 않고 전해 받은 그대로 보전하는 사도적 계승에 따라 이어지는 사도적 교회였다. 따라서 그가 "기독교의 참된 가르침과 신앙이 분명한 곳에서만 참된 성경과 바른 해석과 기독교의 올바른 모든 전통들이 발견된다"고 말하였을 때, 참된 신앙과 가르침이 분명하게 나타나는 곳은 그리스도와 사도와 그들의 뒤를 잇는 감독과 연결되는 사도적 교회였다.12 사도로부터 감독으로 이어지는 사도적 계승에 대하여 터툴리아누스는 "예를 들어 서마나교회는 폴리캅이 요한에 의해 임명되었고, 로마교회는 클레멘트가 베드로에 의해 임직되었다고 기록한다"고 언급하였다. 이러한 방식으로 "다른 교회들도 사도들에 의해 감독의 직에 임명된 사람들을 배출하여 사도의 씨앗을 그들에게 전달하였다"는 점을 지적하며 사도계승권을 설명하였다.13 이러한 사도적 교회들은 "비록 그 수가 많지만 그들 모두가 유래한 하나의 원시적인 사도적 교회와 동일한 것"이며 "모두가 나누어지지 않는 일치와 평화로운 교통으로 하나가 됨으로써 입증"된다고 보았다. 그는 사도적 교회의 일치는 "다른 어떤 원리가 아닌 하나의 공통적인 신조의 유일한 계승이 주관하는 특권"이라고 주장하였다.14 이러한 점에서 반영지주의 교부인 터툴리아누스와 이레니우스는 공통적으로 사도적 계승을 따르는 감독을 중심으로 한 "사도적 교회"만이 성경을 온전히 보전하고 성경을 바르게 해석하고 가르칠 권리가 있으며, 다양한 기독교 공동체들은 이단과

---

12 Tertullian, *The Prescription Against Heretics*, XIX, 위의 책, 295.
13 Tertullian, *The Prescription Against Heretics*, XXXII, 위의 책, 303.
14 Tertullian, *The Prescription Against Heretics*, XX, 위의 책, 296.

구별되어 사도적 교회가 보전하는 참된 믿음 안에서 일치를 이룬다는 점을 강조하였다.

## 3. 기독교의 제도화

### 1) 교직제도의 발전

초기의 기독교 공동체는 전체를 아우르거나 통제하는 중앙기구나 지도부가 없었고, 훈련된 성직자나 교회조직도 없었으며, 다양한 지역에서 회중들이 자발적으로 이끌어나가는 소규모 신앙공동체가 대부분이었다. 신약성경에서 교회의 지도자로는 사도, 장로, 감독, 집사, 선지자, 교사, 목사, 복음전하는 자 등이 언급되고 있다. 그러나 이러한 직분들은 체계적인 성직제도나 교직제도에 따른 "직위"position가 아니라 "성도를 온전하게 하여 봉사의 일을 하게 하며 그리스도의 몸을 세우려고"(에베소서 4:12) 은사와 사명에 따라 맡겨진 "직분"vocation의 개념이었고, 직분들 사이에 수직적인 지배체계나 상하관계가 존재했던 것은 아니었다. 심지어 1세기 교회에서는 평신도와 성직자의 구별이 엄격하게 이루어지지 않았다. 고대교회는 사도들과 순회전도자들과 같이 여러 지역을 두루 다니면서 기독교 공동체를 가르치고 돌보는 카리스마적 리더십charismatic leadership에서 점차 감독과 장로와 같이 각 지역의 정착 지도자들이 이끌어나가는 제도적 리더십으로 변화되었다. 사도교부 문헌인 『디다케』는 이러한 교직제도의 전이과정을 잘 보여주고 있다. 여러 지역을 두루 다니며 가르치고 복음을 전하는 "사도", "예언자", "교사"가 있었다는 것을 언급하고 있으며, 이들을 환대하고 존경하되 하루 이상 머물지 못하게 하며, 삼일 이상 머물거나 돈을 요구하면 거짓 예언자라고 말하고 있다. 이와 더불어 "겸손하고 탐욕이 없고 진실한" 사람을 "감독과 집사"로 임명하여 예언자와 교사가 하는 목회를 하게 하라고 권면하였다.15

신앙공동체로서의 교회는 획일성이 아닌 문화적, 지역적 다양성에 기반하여 자립적으로 존재하였고, 사도들의 리더십을 감독과 장로들이 계승하여 각 지역에 흩어진 교회 공동체를 이끌어나가면서 발전하였다. 감독bishop과 장로presbyter/elder는 서로 명확하게 구분되는 개념이 아니었고, 한동안 혼용되기도 하였다. 기독교 공동체는 3세기 초반까지만 하더라도 독립된 예배당 건물에서 모여 예배를 드리지 않았고, 대체로 커다란 집을 소유한 성도들의 집에서 모이는 가정교회의 형태였으므로, 큰 도시에는 하나 이상의 교회들이 존재하였고, 따라서 이 시기의 기독교 공동체는 지역 전체를 이끄는 하나의 중앙집권적 성직자가 아니라 여러 명의 감독들과 장로들이 각자의 교회를 이끌어나가면서 이 교회들이 서로 연합되어 있는 자발적, 집단적 지도체제의 형태로 유지되었다.16

교회가 로마 가톨릭교회에서 보는 것과 같이 위계질서hierarchy를 갖춘 성직제도와 정체polity를 형성하게 된 것은 4세기에 이르러 로마제국의 공인 이후 기독교가 로마제국의 공적 종교가 되는 과정에서

---

15 *Didache*, 11.1-15.2, in T*he Apostolic Fathers*, trans. J. B. Lightfoot and J. R. Harmer (Grand Rapids, Michigan: Baker Book House, 1989), 155-7.
16 Gonzalez, *The Story of Christianity*, vol. 1, 80, 113-4; McGrath, *Christian History*, 25-6.

비롯되었다고 볼 수 있다. 그럼에도 불구하고 위계질서를 갖춘 제도적 교회로 발전하는 과정은 2세기 중반 이후 이미 시작되고 있었다. 기독교 공동체로 하여금 감독을 중심으로 하는 계층적인 교직제도와 여러 지역을 아우르는 보편적인 위계질서를 갖추도록 자극한 것은 기독교 공동체의 성장과 확장, 그리고 앞에서 살펴보았던 이단들의 도전과 위협이 중요한 요인으로 작용하였다. 기독교 공동체가 더 이상 문화적으로 단일한 사람들의 구성체가 아니라 서로 다른 문화와 배경을 지닌 사람들이 들어와 다양화됨에 따라 공동체 안에서 예배와 신학과 도덕에 관한 여러 가지 문제들에 대하여 의견들이 충돌할 때, 또한 영적인 평등과 우월성을 강조하면서 이단자들이나 이단적 사상을 가진 이들이 기독교 전통과 이질적인 주장으로 교회를 혼란과 무질서에 빠뜨릴 때, 교회가 인정하는 정통성과 권위에 기초하여 교회의 실서와 체계를 바로잡고, 신앙의 표준을 제시하여 옳고 그름을 판별함으로써 교회 공동체를 조화롭고 바르게 이끌어나가는 교직제도는 필수적이었다.[17]

그리스도와 사도로부터 감독에게로 이어지는 사도적 계승apostolic succession에 근거하여 신앙의 진리와 교회의 통일성과 질서를 유지하는 것이 교직제도의 중요한 목적이었다. 사도적 계승은 감독의 권위를 강화하였고, 여러 곳에 흩어진 다양한 교회들이 감독을 중심으로 문화적, 지역적 다양성과 차이를 뛰어넘어 "하나의 거룩한 보편적인 사도적인 교회one holy catholic apostolic church"로 일치와 통일성을 이루게 하였다. "가톨릭catholic"이란 용어는 "보편적인"이라는 뜻의 "가톨리쿠스

---

[17] Ehrman, *After the New Testament*, 318.

catholicus"에서 비롯되었다. 이 말은 지역과 문화를 불문하고 다양한 개별적 교회들은 한 몸인 보편적 교회의 일부라는 뜻을 담고 있는데, 개별적 교회들을 한 몸으로 엮는 "가톨릭"의 핵심은 사도적 계승을 따르는 감독에 있었다. 감독에 의해 사도적 교회와 연결되고, 이로써 하나의 보편적(가톨릭) 교회가 되는 것이다. 이러한 과정에서 한 지역은 물론 기독교 세계를 아우르는 하나의 지배적인 감독의 개념이 점차 발전하게 되었고, 특히 로마교회의 감독은 여러 지역의 교회들과 감독들에 대한 지도력과 대표성을 띠게 되었다. 이러한 개념이 중세에 들어와 서방교회 전체에 대하여 영적 지배권을 행사하는 교황제도로 발전하게 되었다.

감독의 권위가 강화되면서, 종종 감독과 혼용되던 장로는 이와 구별되어 교회 공동체를 가르치고 이끌어나가는 감독을 보좌하는 교직으로 자리 잡았고, 집사$^{deacon}$는 예배를 돕고 헌금을 모으고 구제의 일을 돕는 교직이 되었다. 원래 감독$^{episcopos}$과 장로$^{presbyteros}$와 집사$^{dia-konos}$를 뜻하는 헬라어 용어는 당시 그리스-로마 사회에서 규모가 큰 집안에서 일을 맡아 처리하는 직임을 지칭하는 말이었다. 감독은 집안 살림의 책임자, 장로는 집안의 연장자, 집사는 시종이었다. 기독교 공동체는 이러한 용어를 가져다가 새롭게 기독교적 의미를 부여하였다. 초기 기독교 공동체가 커다란 집에서 모이는 가정교회의 형태였다는 것을 고려할 때, 확대된 형태의 하나님의 가족인 "신앙의 가정"을 섬기는 직임으로 그 의미가 전환되었던 것이다.[18] 기독교 공동체의 교직제도의 발전은 그리스-로마 사회의 가정의 모델뿐만 아니라

---

18 McGrath, *Christian History*, 25.

유대교의 회당과 로마제국 여러 곳에 흩어져 있던 무역 및 상업 조직을 비롯한 자발적인 사회단체들의 모델을 채용하여 기독교적으로 새롭게 발전시켰다고 볼 수 있다.

신약성경 여러 곳에 나타나듯이, 초기에는 여성 리더십이 기독교 공동체의 주요한 특징 가운데 하나였지만, 교회가 카리스마적 공동체에서 남성 위주의 교직제도에 기초한 공적인 조직으로 발전되는 과정에서 여성들의 리더십이 위축되고 제한되었다. 반면 몬타누스주의와 같은 카리스마적 리더십을 앞세운 이단들에서 여성들은 핵심적인 역할을 하였다. 비록 공적 제도와 교직제도에서 배제되었다고 하더라도 기독교 공동체 안에서 여성들의 역할과 리더십은 과소평가되어서는 안 된다. "과부widow"라는 이름으로 가난한 자와 병든 자를 돌보며 구제와 교회 공동체를 섬기는 사역을 맡았던 여성들이 있었는데, 이들은 남편을 잃은 여성들뿐만 아니라 결혼하지 않고 전적으로 교회를 섬기는 여성들을 포함하고 있었다.19 이와 더불어 고대교회의 순교자들 가운데는 위대한 여성들이 많았다. 3세기 초(203년경) 카르타고에서 페르페투아라는 젊은 귀족 부인과 그녀의 노예로서 임신한 채로 투옥된 펠리시타스라는 여성이 다른 이들과 함께 영웅적인 순교를 맞이하는 기록(Passion of Saint Perpetua and Saint Felicity)이 보전되고 있다. 이보다 앞선 2세기에 동일한 이름의 펠리시타스라는 여성이 로마에서 교회를 섬기는 "과부"로 사역하다가 이교도 제사장들의 미움을 사서 고발을 당하였고, 그녀의 일곱 명의 아들을 동원한 로마 당국의 회유와 협박에도 불구하고 그녀의 아들들을 믿음으로 권면하여 함께 순교를

---

19 Gonzalez, *The Story of Christianity*, vol. 1, 114

당한 것으로 유명하다.20 또한 여성들은 기독교 수도원 운동에 있어서도 독보적인 역할을 하였고, 여성들의 수도원 운동은 남성들보다 앞선다. 특히 위대한 카파도키아의 세 교부 가운데 한 사람으로서 기독교 수도원 운동에 커다란 영향을 끼친 바질Basil the Great의 할머니인 마크리나Macrina the Elder와 그의 누나였던 마크리나Macrina the Younger는 각각 금욕적 삶과 수도원적 삶으로 유명하며 카파도키아의 교부들에게 신학적으로나 영적으로 커다란 영향을 끼쳤다. 이로 보건대, 여성들은 교회가 제도화되는 과정에서 공적인 교직제도에서 배제되었지만 여러 방면에서 지도력을 발휘하며 교회를 섬겼다는 점을 기억해야 한다.

교직제도의 발전에서 눈여겨보아야 할 점은 사도계승권의 개념에 근거한 감독의 권위의 발전이다. 교회의 혼란과 무질서와 이단의 위협이 사도계승권과 감독의 권위를 발전시키는 결정적인 요인이 되었으며 반영지주의 교부들의 이단 반박의 핵심에 사도계승권과 감독의 권위에 대한 강조가 있었다는 것은 이미 여러 차례 지적했다. 사도계승권에 대한 언급이 가장 먼저 나타는 문헌은 『클레멘트 제1서신』이다. 고린도교회에서 일어난 갈등과 분열에 대하여 목회적 권면을 하면서 클레멘트는 감독의 권위를 강조하고, 그것이 그리스도와 사도로부터 계승된 교회와 목회의 질서라는 점을 명확히 하였다. 따라서 교회가 감독의 권위에 도전하고 합법적으로 세워져 바르게 일하는 감독을 내쫓는 것은 커다란 잘못이라고 지적하였다. 감독은 교회의 질서와 조화를 위해 그리스도와 사도에 의해 세워진 직분이라는 것을 클레멘트는 강조하였다.

---

20 위의 책, 56, 98-9.

사도들은 주 예수 그리스도로부터 우리를 위해 복음을 받았고… 성령이 주신 굳은 확신을 가지고 나가 하나님 나라가 곧 임한다는 복된 소식을 선포하였고… 그들의 첫 열매들을 지명하고 성령으로 검증해서 미래의 신자들을 위해 감독들과 집사들로 세웠습니다. … 사도들은 **감독의 직에 대한 분쟁**이 있을 것이라는 것을 알았고, 이러한 이유로… 그 직임에 영원한 성격을 부여하였고, 이는 **직분자들(감독들)이 죽으면 다른 사람들이 승인을 받아 그들의 목회를 계승해야 한다**는 것을 의미합니다. … 사도들에 의해 임명되고 그 이후 전체 교회의 동의에 따라 임명되어 그리스도의 양떼들을 위해 흠 없이, 겸손하게, 평화롭게, 자기희생적으로 오랫동안 수고한 사람들을… 우리가 감독의 직에서 내쫓는다면 이는 결코 작은 죄가 아닐 것입니다.[21]

안디옥의 이그나티우스는 순교를 향한 여정 가운데 교회들에게 보낸 편지에서 이단의 위협으로부터 바른 신앙과 교회의 건강성을 지키라고 당부하면서 감독과 교직제도의 중요성을 언급하였다. 특히 "군주적 감독제monarchial episcopate"를 강조하면서, 교회의 모든 일이 감독의 재가없이 이루어져서는 안 되며, 그리스도인들이 감독의 권위를 인정하고 감독과 그를 보좌하는 장로들과 봉사하는 집사들의 지도에 따라야 함을 주장하였다. 이그나티우스는 무엇보다도 교회의 질서와 조화를 강조하였고, 그것은 교직제도에 대한 존중과 순종에 근거한다고 보았다. 그리하여 "감독은 하나님을 대신하여 다스리고, 장로들은 사도들의 회의를 대신하고, 집사들은 그리스도 예수를 섬기는 일을

---

21 Clement, *First Clement*, 42.1-44.4, in *The Apostolic Fathers*, trans. Lightfoot and Harmer, 51-3.

말음"으로써 교회 공동체가 "거룩한 조화 안에서 모든 것을 행하기를 사모하라"고 권면하였다.22 그에게 감독은 교회를 분열과 이단으로부터 지키며 그리스도 안에서 온전하고 하나님 앞에서 합당한 공동체가 되도록 하는 안전장치요 보루였다. 이러한 감독 중심의 교회론은 이후 로마 가톨릭교회의 핵심 교리로 발전하였다.

악한 행실들의 시작인 분열로부터 멀리하십시오. 여러분 모두는 예수 그리스도가 아버지를 따르셨듯이 감독을 따르고, 사도를 따르듯이 장로회를 따르십시오. 집사들을 존경하는 것을 하나님의 명령으로서 하십시오. 아무도 감독의 재가가 없다면 교회와 관련된 어떤 일을 해서는 안 됩니다. … 감독이 있는 곳에 회중이 있는 것은 예수 그리스도가 계신 곳에 가톨릭교회가 있는 것과 같습니다. 감독 없이 세례를 베풀거나 애찬을 하는 것은 옳지 않습니다. 그가 승인하는 것은 무엇이든지 하나님을 기쁘시게 하고, 여러분들이 행하는 모든 것을 가치 있고 유효한 것이 되도록 합니다.23

누구보다도 감독의 권위에 기초하여 교회의 일치와 질서를 강조하여 교회론의 발전에 기여한 교부는 키프리아누스(Cyprian, d.258)였다. 그는 부유한 이교도 가정에서 태어나 수사학의 훈련을 받았고, 246년경에 기독교로 개종한 후 엄격한 금욕생활을 하였다. 그는 터툴리아누스를 스승으로 여겼을 만큼 그의 영향을 많이 받았고, 개종 후 2년 만인 248년에 카르타고의 감독으로 임명되었을 만큼 성경과 터툴리

---

22 Ignatius, *To the Magnesians*, 6.1, 위의 책, 94-5.
23 Ignatius, *To the Smyrnaeans*, 8.1-2, 위의 책, 112-3.

아누스에 대한 지식에 해박하였다. 그는 데키우스 황제 박해(249년) 때 교회를 돌보기 위해서 피신하였고 도망 중에 서신을 통해 교회에 대한 목회를 지속하였으나, 이러한 행동에 대하여 비난을 받기도 했다. 커다란 박해로 인해 배교가 속출하였고, 이후 배교한 자들을 교회에 다시 받아들이는 문제로 교회가 분열되었다. 믿음을 지킨 고백자들은 순교자들의 권위로 배교자들을 다시 받아들일 수 있다고 주장하였지만, 키프리아누스는 이들이 교회의 질서와 교직제도를 무시하고 자신들의 권위를 앞세워 배교자를 쉽게 받아들이는 것에 반대하며 감독들의 교회회의를 통해 이를 바로 잡고 배교한 자들을 교회에 받아들이는 절차를 마련하고자 하였다. 키프리아누스는 터툴리아누스의 도덕적 엄격성의 영향을 받아 배교자의 회복에 대하여 엄격한 입장이었지만, 은총과 죄의 용서를 앞세워 배교자를 받아들이고자 하였던 로마교회의 감독들(코르넬리우스와 칼릭스투스)에게 도전하며 배교자들을 절대로 받아들여서는 안 된다고 주장하는 로마교회의 장로 노바티안Novatian이나 히폴리투스Hippolytus와 같은 급진주의자는 아니었다. 노바티안은 교회가 살인, 간음, 배교와 같은 대죄를 사할 권한이 없다고 주장하며 그것은 최후심판에서 다루어져야 할 문제라고 주장하였다. 반면 코르넬리우스Cornelius는 감독이 중대한 죄라도 사죄할 권한이 있다고 주장하였다. "성자들의 공동체"로서의 교회론과 "죄인들의 학교"로서의 교회론이 충돌하였다.24 전자는 영적 권위와 도덕적 엄격성purity을 강조하는 소수의 분파주의sectarianism의 논리였고, 후자는 제도적, 사도적 권위와 교회의 일치unity를 강조하는 다수의 정통교회ca-

---

24 Henry Chadwick, *The Early Church*, 118-20.

tholicism의 논리였다. 이러한 논쟁과 교회의 분열 속에서 키프리아누스는 감독제도를 중심으로 하여 교회의 일치와 하나 됨을 강조하면서, 회개와 자숙을 거쳐 은총을 회복한 후 교회 공동체 안에 신중하게 받아들여져야 한다고 주장하였다. 그의 주장은 교회의 일치와 도덕적 순결을 동시에 강조하는 입장이었으나, 분명한 강조점은 감독의 권위에 기초한 교회의 일치에 있었다. 키프리아누스는 이후 258년에 발레리아누스$^{Valerian}$ 황제의 박해 때 카르타고에서 순교했다.

키프리아누스의 감독의 권위를 중심으로 한 교회의 일치에 관한 주장은 251년에 저술한『가톨릭교회의 일치에 관하여』(*De Catholicae Ecclesiae Unitate*)에서 잘 나타나 있다. 그에 따르면 감독과 연합되지 않고는 교회와 연합될 수 없다고 보았다. 왜냐하면 교회는 그리스도가 베드로와 사도들의 기초 위에 세우셨고, 그들의 뒤를 잇는 감독들에 의해 교회의 일치와 거룩함이 보전된다고 믿었기 때문이다. 키프리아누스는 베드로의 우선성과 대표성을 강조하였지만, 그가 모든 사도를 아우르는 지도자라고 언급하지는 않았고, 사도들이 동일한 권위를 가지고 있었다고 보았다. 다만 교회의 일치를 위해 그리스도가 한 사람 베드로에게 교회의 열쇠를 맡겼고, 이러한 권위와 직임을 모든 사도들이 동일하게 가지고 있었다고 보았다. 이러한 측면에서 로마교회의 감독이 전체 교회의 지도자라는 교황제의 씨앗을 내포하지는 않았다. 오히려 여러 지역의 감독들이 하나이며 나누어지지 않는 일체임을 강조하고, 감독의 일치와 연합 안에서 교회의 일치가 유지된다는 점을 강조하였다.

**그〔베드로〕한 사람 위에 그분〔주님〕이 그의 교회를 세우시지만, 부활 이후**

같은 권세를 모든 사도들에게 부여하시며 말씀하신다. … 분명 **다른 모든 사도들도 베드로가 받은 것과 똑같은 직분과 능력을 부여받았다.** 그러나 그 시작은 그리스도의 교회가 하나라고 보여지도록 그 한 사람[베드로]으로부터 나온다. … 이러한 일치를 우리는 굳게 붙잡고 지켜야 하며 특별히 교회를 돌보는 우리 감독들은 **감독직 자체가 하나이고 나뉘어지지 않는다는 것을 입증한다.** … **감독직은 하나이며 개별적인 감독들이 그 부분을 함께 맡고 있는 것이다.** 교회는 비록 비옥하게 자라나 멀리 그리고 넓게 여러 개로 뻗어나가지만 하나인 것은 마치 태양의 빛이 많으나 빛이 하나인 것과 같으며, 나무의 가지들이 많으나 그 힘은 견실한 뿌리에 기초한 하나인 것과 같다. … 그리스도의 신부는 더럽혀질 수 없다… **누구든지 교회로부터 떨어져 나가 간음한 자들과 연합하면 교회가 받은 약속과 분리되고, 교회를 버린 자는 그리스도의 상급에 이를 수 없을 것이다.** … **누구든지 교회를 어머니로 갖지 못한 자는 하나님을 아버지로 갖지 못할 것이다.** … 이러한 일치를 지키지 못한 자는 하나님의 법을 지키지 못하고 아버지와 아들의 믿음을 지키지 못하고 생명과 구원을 지키지 못한다. … **그리스도의 교회를 찢고 나누는 자는 그리스도의 옷을 소유할 수 없다.**[25]

위에서 키프리아누스가 언급한 "그리스도의 옷"은 구원을 의미하는 것이었다. 그는 교회를 노아의 방주의 이미지로 표현하며, 방주 밖에 구원이 없듯이 "교회 밖에는 구원이 없다extra ecclesiam nulla salus"고 주장하였고, "몸도 하나요 성령도 하나요 주님도 하나요 믿음도 하나요

---

25 Cyprian, *The Unity of the Catholic Church*, IV-VII, in Ehrman, *After the New Testament*, 340-42.

세례도 하나요 하나님도 하나"인 교회는 감독 안에 한 몸을 이루고 있는 사도적 교회를 의미하는 것이었다.

### 2) 신조의 발전

감독을 중심으로 하는 교직제도와 함께 "신앙의 표준"으로 기독교 신앙을 체계화하고 정통적인 신앙을 규정하며 이단을 배척하는 기능을 하였던 것은 신조creed 혹은 신앙고백confession이었다. 이는 사도적 교회가 보전해온 정통신앙의 핵심내용을 일목요연하게 축약한 공인된 고백문이었다. 신조를 뜻하는 creed는 라틴어 credo*I believe*에서 유래하였는데, 대표적인 신조로서 오늘날 서방교회에서 보편적으로 사용되는 사도신경Apostles' Creed은 교회에 입교하려고 교육을 받았던 수세준비자들catechumen에게 신앙의 핵심 내용을 교육하고 이들이 세례를 받을 때 물었던 2세기 로마교회의 세례문답에서 비롯된 것이다. "로마신경Old Roman Symbol"이 "사도신경"의 이름을 얻게 된 것은 12사도들이 이 신앙고백문의 작성에 참여하였다는 전승이 널리 받아들여지고 있었던 4세기 후반(390년경)이었다. 그러나 이 신앙고백문이 사도들로부터 유래했다는 근거는 없다. 앞에서 영지주의 이단을 반박하며 "신앙의 표준"을 강조하였던 이레니우스와 터툴리아누스 역시 그들의 이단반박문에서 고대 신조의 일단을 잘 보여주었다.

고대 신조들은 마태복음 28:19에서 예수께서 가르치신 삼중적 세례문, 곧 성부와 성자와 성령의 삼위일체 하나님에 대한 신앙고백의 구조로 되어있다. 사도신경의 세례문답의 형태를 잘 보여주는 문헌은 로마교회의 장로였던 히폴리투스(Hippolytus, 160~235)가 3세기 초에 저술한 것으로 알려져 있는 『사도전승』(*Apostolic Tradition*)에서 잘 드러난다. 이 문헌에서 히폴리투스는 세례를 받을 수 없는 부적격자에 대하여 논하였는데, 그 직업에는 "뚜쟁이(포주), 배우, 전차경주자, 검투사와 교관, 이교제사장, 군인, 군사령관, 시행정관, 매춘부, 마술사, 점성술사, 축첩한 자, 거세한 자" 등을 다양하게 언급하였다. 특별한 경우가 아니라면 수세를 위한 학습기간을 3년으로 규정하며 말씀을 배울 것을 권면하였다. 모든 학습을 마치고 난 후 세례를 받을 때에 이루어지는 문답에 대하여 이렇게 서술하였다:

세례를 받으려는 사람은 물 있는 곳으로 내려가고, 세례를 주는 자는 손을 그 사람에 얹고 이렇게 물을 것이다: "**당신은 전능하신 아버지 하나님을 믿습니까?**" 그러면 세례 받는 사람은 대답하기를, "내가 믿습니다." 그러면 손을 그의 머리에 대고 그에게 한 번 세례를 베풀 것이다. 또 묻기를, "**당신은 하나님의 아들 그리스도 예수를 믿습니까?** 그분은 성령과 동정녀 마리아에게 낳으셨고, 본디오 빌라도(Pontius Pilate)에게 십자가에 못 박히셨고, 죽으시고 장사되셨으며, 사흘 만에 죽은 자 가운데서 다시 살아나셨으며, 하늘에 오르시어 아버지 우편에 앉으셨고, 산 자와 죽은 자를 심판하러 오십니다." 그가 "내가 믿습니다"라고 대답하면 다시 세례를 받게 된다. 또 다시 묻기를, "**당신은 성령과 거룩한 교회와 몸의 부활을 믿습니까?**" 세례를 받고 있는 자가 "내가 믿습니다"라고 대답할 것이요 그러면 그는 세 번째로 세례를 받게 된다.[26]

---

26 Hippolytus, *Apostolic Tradition*, XXI, 위의 책, 355.

사도신경과 함께 고대교회 신조의 대표적인 예는 니케아신조the Nicene Creed이다. 니케아 신조는 4세기 초 아리우스논쟁으로 인해 니케아에서 모인 최초의 에큐메니칼공의회(325)에서 결의되었다. 사도신경과는 달리 니케아신조는 이단의 주장을 반박하면서 이에 대응하는 형식으로 구성되어 있으며, 정통신앙을 확립하고 이단을 정죄하는 특징을 나타낸다. 따라서 니케아 신조의 후반부는 아리우스주의자에 대한 저주문이 포함되어 있다. 대표적인 두 신조의 예에서 볼 수 있듯이, 고대교회는 신조를 통해 정통신앙의 내용을 확립하고 이를 기초로 기독교 공동체를 교육하고 신앙을 보전하며, 이단의 잘못된 가르침으로부터 정통신앙을 보호하고자 하였다. 이러한 발전과정으로 볼 때 신조는 기독교가 체계화되면서 성례전과 교직제도의 확립과 병행하였고, 이단의 주장에 맞서 신학과 교리를 정립하면서 교회의 공식적인 신앙을 표명하고 이단을 배척하는 형식으로 나타났다. 따라서 신조는 신앙고백confession에서 유래하여 신앙의 표준rule과 규범norm으로 자리 잡았고, 이어 교리와 도그마dogma로 발전해나갔다.

### 3) 신약의 정경화

"정경canon"이란 "표준" 혹은 "규범"을 뜻하는 헬라어(Κανων)에서 유래된 것으로, 사도적 권위에 기초하여 성경으로 인정받은 초기 기독교 문헌을 뜻한다. "캐논canon"은 교회사에서 교회의 규범과 교회법의 목록은 물론 교회에 의하여 공인된 성자들의 목록을 의미하는 말로도 사용되었다. 신약성경은 4세기말에 27권의 정경으로 확립되었으나, 이는 교회 대표들에 의한 결정이라기보다는 이미 오래전부터 교회 공동체 안에서 하나님의 거룩한 말씀을 담고 있는 사도들의 저작으로서 그 진정성과 권위를 널리 인정받고 있었던 문헌들이 최종적으로 승인된 것으로 보아야 한다. 사실 2세기 말엽에 이미 신약성경 목록(무라토리 정경목록)이 있었으며, 3세기 초에 오늘과 유사한 신약 목록이 나타나고 있었다. 또한 367년경에 아타나시우스$^{Athanasius}$는 여러 교회에서 두루 사용되고 있는 27권의 성경의 목록에 대하여 언급하였다. 결국 무엇이 정경인지 아닌지를 판별한 것은 교부들이나 감독들이 아니었고, 정경 자체가 갖는 말씀의 권위였다.[27] 기독교 공동체가 그리스도와 사도들의 말씀들을 모아 성경으로 확립해나가기 시작한 것은 2세기 무렵이었다. 1세기 교회는 그리스도와 사도들의 말씀을 교회 공동체의 삶과 신앙을 위한 권위 있는 가르침으로 받아들였지만, 사도들과의 역사적 친밀성과 연속성으로 인해 이러한 말씀문헌들을 분류하여 "정경의 묶음"(신약성경)으로 엮을 필요성은 상대적으로 덜하였다. 그러나 그리스도와 사도들의 가르침과 거리가 먼 위작들이 나타나고, 마르시온주의자들이 정통교회와는 다른 성경목록을 만들어 교회에 혼란을 야기하고, 영지주의와 여러 이단들의 주장에 맞서 "바른 신앙"을 위한 권위 있는 가르침의 근거로 제시할 "바른 성경"의 필요에 따라 신약성경의 정경화가 이루어졌다.[28] 신약의 정경화는 교직제도와 신조의 확립과 함께 "신앙의 표준"의 근거로서 교회의 정통신앙을 확립하려는 노력의 일환이었다. 이와 관련하여 터툴리아누스는 성경이 아닌 "다른 어떤 근거로 신앙에 대하여 논할 수 있

---

27 McGrath, *Christian History*, 54-5.
28 Carter Lindberg, *A Brief History of Christianity* (Malden, MA and Oxford: Blackwell Publishing, 2006), 12-4.

는가"라고 이단을 반박하며, "잘못된 성경과 잘못된 해석에서 가르침의 차이가 나타나는 것"이며 "가르침의 출처가 다르지 않다면 결코 다르게 가르칠 수 없다"고 강조하였다. 바른 신앙의 기초는 바른 가르침에 있으며, 바른 가르침은 바른 성경에 기반한다고 주장하였다.29

마르시온주의자들의 성경목록(편집된 누가복음과 바울의 10개 서신)과 달리 가장 빠른 신약성경의 목록으로 등장하는 것은 "무라토리 성경목록Muratorian Canon"이다. 18세기의 이태리의 학자인 루도비코 안토니오 무라토리Ludovico Antonio Muratori는 밀라노의 도서관에서 최초의 신약성경 목록을 발견하여 1740년에 이를 출판하였다. 이 목록은 2세기 말에 로마에서 기록된 것으로 추정되는 라틴어로 된 문헌의 일부

무라토리 정경, Muratorian Fragment, Bibliotheca Ambrosiana, Cod. J 101 sup. (8세기)
http://www.neverthirsty.org/pp/bible-questions/answer01099-what-is-the-muratorian-fragment.html

---

29 Tertullian, *The Prescription Against Heretics*, XIV, XXXVIII, in *The Sacred Writings of Tertullian 1*, 293, 307.

로서 27권 신약목록 중에 히브리서, 야고보서, 베드로전후서, 요한 3서를 제외한 부분이 포함되어 있다. 그 외에 솔로몬의 지혜서와 베드로의 묵시록이 포함되었고, 헤르마스의 목자서신은 읽을 가치가 있지만 이 문헌의 저자가 사도도, 예언자도 아니라는 이유로 인해 성경목록에서는 제외되었다. 2~3세기에 걸쳐 기독교 공동체 안에서 일부 신약성경(베드로전후서, 요한서신, 유다서, 요한계시록)과 기독교 문헌들의 정경적 권위에 대한 논란이 지속되었고, 4세기에 이르면서 27권으로 신약성경의 정경이 수렴되면서 교회 일각에서 권위 있는 가르침으로 인정받던 일부 문헌(디다케, 바나바서신, 헤르마스의 목자서신, 바울과 테클라 행전, 베드로 묵시록 등)은 정경에 포함되지 못하였다. 아타나시우스는 367년에 부활절 시기를 정하는 문제와 관련하여 이집트 교회에 보내는 목회서신에서 신약 27권의 목록을 언급하였다. 이 복록은 동방교회와 서방교회에서 널리 받아들여졌고, 아우구스티누스의지지 아래 북아프리카 교회들의 히포회의(393)와 카르타고회의(397)에서 확립되었다.30

### 4) 고대 기독교 신학의 중심: 안디옥, 알렉산드리아, 카르타고

고대 교회의 신학의 발전에 있어서 세 지역이 중심지로 자리 잡았다. 첫째는 시리아를 포함하는 소아시아 지역으로 안디옥이 그 중심지였다. 리옹의 감독인 이레니우스는 소아시아의 서머나에서 태어나 서머나의 감독 폴리캅의 영향을 받으며 이 지역의 신학적 특징을 대

---

30 Lindberg, *A Brief History of Christianity*, 15-6; Ehrman, *After the New Testament*, 309-12.

변하였다. 이레니우스 신학의 핵심은 로고스와 같은 헬라철학 개념과 철학적 논증에 기초한 변증신학적 접근이 아니라 그리스도의 성육신에 기초하여 창조와 구원을 이해하는 성서적 접근에 기초하였다. 자연히 유대-기독교 전통을 계승하면서, 구약과 신약의 통일성과 연속성을 강조하고, 그리스도 중심으로 언약의 성취와 구원의 완성을 주장하였다. 성서의 문자적, 역사적 해석을 강조하고, 영지주의를 반박하면서 그리스도의 성육신과 인성humanity을 강조하였고, 이후 안디옥학파가 이러한 신학적 전통을 계승했다고 볼 수 있다.

이와 구별되는 또 다른 기독교 신학의 중심지로 알렉산드리아가 있었다. 알렉산드리아는 헬레니즘 문명의 중심지로 다양한 철학사조와 종교사상이 교류하며 융합 및 혼합되는 지역이었다. 헬라철학과 종교적 세계관으로 기독교를 해석하고, 철학적 논증으로 기독교의 우월성과 완전성을 변증하려는 것이 이 지역의 신학적 특징이었다. 따라서 그리스-로마세계의 헬레니즘 문화권에서 기독교 신학을 체계화하고 발전시키는 데 중요한 역할을 하였지만 동시에 기독교를 헬레니즘화하고 기독교 신앙에 이질적인 철학적 사변을 끌어와 신학적 논쟁과 교리적 혼란을 일으켰다는 비판을 받기도 하였다. 알렉산드리아학파를 대변하는 인물로 앞서 소개한 클레멘트와 그의 뒤를 이어 기독교 신학에 커다란 영향을 끼친 오리겐(Origen, 184~254)이 있다.

오리겐은 알렉산드리아에서 태어나 교육을 받았고, 그의 아버지(레오니다스)가 202년 셉티무스 세베루스 황제의 박해로 순교할 때 함께 순교하고자 하였으나 그의 어머니가 옷을 감추어 집 밖에 나가지 못하게 만류하면서 뜻을 이루지 못하였다. 이때 박해로 클레멘트가 도시를 떠나간 후, 알렉산드리아의 감독 데메트리우스Demetrius는 오리겐이 클레멘트의 뒤를 이어 알렉산드리아의 교리학교의 교장을 맡아 가르치게 하였다. 오리겐은 금식과 철야와 자발적 가난을 실천하며 철저한 금욕적 삶을 살았고, 교회사가 유세비우스Eusebius에 따르면 성욕을 억제하기 위해 스스로 거세하였다고 하지만 이는 논란의 여지가 있다. 왜냐하면 오리겐이 "천국을 위하여 스스로 된 고자도 있다"는 예수의 말씀을 문자적으로 해석하였다고 하나 오리겐은 문자적 해석보다는 알레고리 해석을 더 중요하게 여겼기 때문이다. 또한 그가 이후 성직안수를 받았는데 거세한 자는 안수를 받을 수 없었기 때문에 유세비우스의 기록에 의문을 제기하는 견해도 있다. 알렉산드리아에서 데메트리우스와 오리겐의 관계는 좋지 못했다. 오리겐은 데메트리우스가 부유한 지역인 알렉산드리아에서 고위 성직자로 편안하게 살아가면서 자신의 우월감에 사로잡혀 전횡을 일삼고, 권력을 갈망하는 세속적인 사람이라고 비판하였다. 그의 시기와 견제를 피하여 오리겐은 로마와 아테네와 아라비아를 비롯한 여러 지역을 방문하며 더 큰 배움을 얻고자 하였다. 이후 오리겐의 명성이 점차 널리 알려지게 되면서, 그는 팔레스타인 지역의 교회들로부터 강연과 설교 부탁을 자주 받았고, 그들의 지역에서 문제가 되는 신학적 논란에 대해 그의 견해를 듣고자 했다. 특히 안디옥에서는 기독교에 우호적인 로마 황제 알렉산더 세베루스Alexander Severus의 어머니 마메아Mamaea의 초청을 받아 강연을 하기도 하였다. 평신도학자였던 그는 229년경에 팔레스타인의 가이사랴Caesarea에서 그 지역 감독들의 요청에 따라 장로로 성직 안수를 받았는데, 이것이 의 분노를 일으켰고, 오리겐이 자신의 권위를 무시하고, 알렉산드리아 교회 질서를 어지럽히고, 이단적 주장을 하였다는 이유로 그를 정죄하였다. 이에 오리겐은 알렉산드리아를 떠나 가이사랴에 정착하여 그곳에서 학교를 세워 가르치며 저술활동을 하였다. 이후 데키우스 박해(251) 때 붙잡혀서 옥고를 치르며 모진 고문을 받았고, 이로 인해 254년경에 두로$^{Tyre}$에서 사망하였다.[31]

오리겐은 성서학과 설교학과 조직신학 등 여러 분야에 걸쳐 다양하고 활발하게 신학연구를 하였다. 그러나 그의 저술은 대부분 소실되었고, 부분적으로만 전해지고 있다. 성서연구와 관련한 그의 대표적인 저작으로 『헥사플라』(*Hexapla*)가 있는데, 구약성경의 6개 사본(히브리어 본문, 히브리어를 헬라어로 직역한 것, 칠십인역을 포함한 네 개의 다른 헬라어 번역본)을 한데 엮은 것이다. 부분적으로만 남아 있지만 성경 대부분에 대한 주석을 저술하였고, 이와 함께 많은 설교들을 남겼다. 또한 영성분야에서는 기도와 순교에 관한 묵상도 남겼다. 또한 기독교를 공격하는 그리스-로마세계의 무지와 오해에 대하여 비판하는 변증서인 『켈수스반박』을 저술하기도 하였다. 무엇보다도 가장 대표적인 오리겐의 저작은 최초의 조직신학 저술로 인정받을 만한 『제일원리들에 대하여』(*De Principiis*)이다. 헬라어 원제는 "페리 아르콘$^{Περὶ\ Ἀρχῶν}$"인데, 기독교의 가장 중요한 원리들$^{first\ principles}$을 설명한 것으로, 하나님과 천상적 존재들에 대하여, 인간과 물질세계에 관하여, 자유의지와 그 결과에 대하여, 성경에 대하여 다루는 총 4권으로 구성되어 있다.

오리겐의 신학적 특징은 철학적 사변을 통한 기독교 신앙의 이해였다. 특히 오리겐의 신학 방법은 신플라톤주의$^{Neo-Platonism}$의 영향을 반영하였다. 오리겐은 알렉산드리아에서 신플라톤주의의 창시자인 플로티누스와 함께 같은 스승 암모니우스 사카스$^{Ammonius\ Saccas}$에게 배

---

[31] Henry Chadwick, *The Early Church*, 109-10.

왔다는 점에서 이 둘의 공통점을 확인할 수 있다. 신플라톤주의는 영과 육을 구별하는 플라톤의 이원론적 철학적 세계관을 일원론적인 종교철학으로 재구성한 것이다. 신플라톤주의는 세계를 이데아와 현상계로 구분하는 것은 플라톤주의와 동일하지만, 모든 존재의 궁극적 근원이며 초월적이고 파악할 수 없는 일자一者, the One가 있고, 일자로부터 완전한 지식 혹은 정신인 누스Noûs가 유출되어 나오고, 누스로부터 영혼Psyche이 유출되어 나옴으로써 물질세계를 구성한다고 보았다. 따라서 이데아와 현상계는 질적으로 전혀 다르지만, 유출流出, emanation의 개념으로 이 둘을 연결시켜 일원론적 체계로 이해하는 것이다. 따라서 신플라톤주의는 만물을 궁극적 존재인 일자와 그로부터 유출된 누스로부터 말미암은 위계질서로 이해하고, 금욕적 행위를 통해 자신을 정화하고, 관상contemplation과 신비적 연합을 통해 다시 일자로 환원하는 상승운동을 지향하는 신비적 종교철학이었다. 이와 유사하게 오리겐은 유출의 개념으로 삼위일체를 이해하였다. 곧 궁극적 존재의 근원인 성부 하나님으로부터 성자 그리스도가 나오셨고, 성령도 이로 말미암아 나타나셨다고 보았다. 따라서 하나님이 태양이시라면 그리스도와 성령은 태양으로부터 나온 태양의 빛이라고 보았다. 따라서 성부, 성자, 성령을 하나님의 일치 안에서 이해하면서도, 궁극적 근원과 유출의 개념으로 삼위의 차이와 위계를 주장하는 입장을 나타냈다. 따라서 성자와 성령이 하나님Θεος, God이지만, 성부는 궁극적인 하나님Αυτοθεος, Absolute God이라고 보는 종속론의 입장을 가지고 있었다. 이러한 오리겐의 주장은 이후 기독론과 삼위일체론, 그리고 그리스도의 본성에 관한 신학적 논쟁에 커다란 영향을 끼쳤다. 또한 오리겐은 신플라톤주의가 주장하는 일자로부터 만물에 이르는 "하강"과 만물이 일자로 환원하는 "상승"의 개념과 유사하게, 피조물인 인간이 그리스도의 매개와 안내 없이는 초월적인 하나님께로 돌아갈 수 없으므로 그리스도가 성육신하심으로써 하나님과 연합할 수 있다고 보았다. 따라서 물질세계는 영지주의자들이 이해하는 것처럼 타락과 죄의 결과로 나타난 영혼의 감옥과 어둠의 세상이 아니라, 하나님의 선하심과 정의와 구원의 목적이 나타나 있는 하나님이 창조하신 세계로서 영혼이 교육과 훈련을 받아 다시 하나님께로 이르는 터전이라고 보았다. 그러나 오리겐이 육신과 물질세계를 일시적이고 임시적인 단계로 보았고, 궁극적으로는 "영혼이 회복되어 영원한 세계로 돌아가는 것"을 강조하였다는 점에서 "창조의 회복"을 구원의 궁극적인 목적이라고 보았던 이레니우스와 명확히 구별되었다.32 이들의 차이는 신플라톤주의의 이해와 유대-기독교적 성서 이해에서 비롯된 것이다.

오리겐은 성경이 문자적, 도덕적, 영적인 삼중적 의미가 있다고 보았고, 성서를 삼중적으로 해석하고자 하였다. 그러나 무엇보다도 알렉산드리아의 필로의 성서해석에서 영향을 받아 알레고리의 방법으로 성서를 해석하는 것을 중요하게 여겼다. 문자적, 역사적 의미 아래에는 영원한 영적인 의미가 숨겨져 있고, 이를 깨닫는 것이 중요하다고 보았다. 그는 그리스도인을 두 부류로 나누고 단순한 사람들은 문자적 의미에 머무르며 십자가에 달리신 그리스도에 만족하는 사람들이지만, 완전한 사람들은 알레고리를 통해 영적인 진리를 깨닫고 영원한 로고스를 바라보는 데 이르는 사람들이라고 보았다. 이러한 점에서 오리겐과 알렉산드리아학파는 그리스도의 인성보다는 로고스

---

32 Gonzalez, *The Story of Christianity*, vol. 1, 94-5; Henry Chadwick, *The Early Church*, 104-5.

의 신성divinity을 강조하고, 성서에 대한 문자적 해석보다는 알레고리 해석을 중시하고, 기독교 신앙에 대한 성서적 접근을 넘어 사변적, 영적 이해를 추구하는 측면에서 안디옥학파와 구별되었다.

여기서 한걸음 더 나아가 오리겐은 비정통적인 신학적 사변으로 이단적 사상을 주장하였다는 비판을 받았다. 그러나 정통적인 가르침과는 다른 오리겐의 주장들Origenism을 그가 확실한 진리로 주장하였는지 아니면 학문적 자유 안에서 하나의 가설과 철학적 사변으로서 논하였는지 확실치 않기 때문에, 그리고 그가 기독교 신학에 끼친 공헌과 엄청난 영향을 놓고 볼 때에, 그를 이단으로 쉽게 단정하기는 어렵다.33 그러나 그의 일부 주장은 매우 파격적이며 기독교 신앙의 틀을 완전히 벗어나 있기 때문에 커다란 논란을 야기하였고, 이러한 이유로 인해 오리겐이 정죄당하고 그의 저술들이 보존되지 못했다. 오리겐은 창세기에 나오는 서로 다른 창조이야기(1장과 2장)는 물질세계가 창조되기 이전에 영의 세계가 창조되었고, 타락한 영들이 일부는 마귀로 일부는 인간의 영혼이 되었고, 인간의 영혼을 위해 물질세계가 창조되었다는 "이중적 창조"를 담고 있다고 보았다. 그는 물질세계 이전에 영혼이 존재하고 있었다는 "영혼선재설"을 주장하였고, 육신이 죽어도 영혼은 죽지 않으며 영혼이 다른 육체에 들어가 되살아난다는 "영혼의 재생과 윤회metempsychosis"를 주장하였다. 구원과 종말론에 있어서 오리겐은 그리스도가 사탄의 권세를 무너뜨리고 인간을 구원함으로써 물질세계를 구원하고, 또한 인간의 영혼뿐만 아니라 타락한 영인 마귀까지도 구원을 받음으로써 영적인 세계가 회복되는 "총괄갱

---

33 "Origen," in *The Oxford Dictionary of the Christian Church*, 1194-5 참조.

신apocatastasis, restoration"과 "만유구원"을 궁극적 구원으로 보았다. 이러한 비정통적 사설邪說들은 그 이후로도 알렉산드리아(400)와 콘스탄티노플(543, 553)에서 여러 차례에 걸쳐 이단으로 정죄되었다.34

알렉산드리아학파가 사변적, 영적인 접근을 통해 기독교 신앙을 이해하였던 것과 달리, 북아프리카의 카르타고Carthage의 교부들은 철학과 사변을 거부하고, 윤리적, 실천적 엄격성을 앞세워 기독교 신앙의 정통성과 도덕적 성결과 거룩함을 강조하였다. 이러한 신학적 전통을 대변하는 터툴리아누스와 키프리아누스는 헬라어가 아니라 라틴어로 신학을 하였고, 아우구스티누스가 이들의 뒤를 이으면서, 카르타고를 중심으로 하는 북아프리카 지역은 라틴기독교, 곧 서방교회의 신학적 중심지가 되었다. 특히 터툴리아누스는 수사학의 훈련을 받아, 헬라철학의 변증법과 사변적 논증을 거부하고, 수사학적, 법정적 변론을 통해 신앙의 우위와 정통성을 수호하고자 하였다. 그의 유명한 말, "아테네가 예루살렘과 무슨 상관이 있는가? 아카데미와 교회가 어떻게 서로 조화될 수 있는가?"와 "나는 불합리하기 때문에 믿는다"라는 주장은 터툴리아누스가 철학적 변증법과 사변을 거부하는 태도를 단적으로 보여주는 말이었다. 오히려 그는 신약과 복음을 "새로운 율법"으로 이해하면서, 그리스도를 믿음으로 얻는 구원은 그리스도를 받아들일 뿐만 아니라 그리스도의 계명에 순종하고 그것을 성취하는 삶이라고 강조하였다. 터툴리아누스는 구약과 신약을 모두 "율법"으로 이해하였고, 신약은 구약을 극복하고 능가하는 새로운 율법이었다. 터툴리아누스는 하나님은 인간에게 구원을 위해 하나님의 뜻

---

34 Miles, *Word Made Flesh*, 43.

에 순종할 것을 요구하며 이로써 인간이 하나님께 완전한 만족을 드리기를 원한다고 보았다. 따라서 구원을 위해 공로<sup>merit</sup>와 금욕적 삶은 매우 중요한 것이었다. 그는 구원을 그리스도로 말미암아 죄의 용서함을 받고, 그리스도의 말씀에 순종하고 이를 실천함으로써 의롭게 되는 의화<sup>義化, justification</sup>로 이해하였다. 이러한 측면에서 그는 구원을 법적, 도덕적, 실천적 관점에서 이해하였고, 서방기독교가 구원을 법정적 개념의 의화<sup>justification</sup>로 정의하는 데 커다란 영향을 끼쳤다. 이에 대하여 안드레스 니그렌<sup>Andres Nygren</sup>은 터툴리아누스가 헬레니즘의 철학적 사변과 영지주의적 종교 혼합은 거부하였지만, 구약의 율법주의와 로마의 법학을 기독교와 혼합하여 결과적으로 이후 기독교에 커다란 재앙을 불러온 "공로주의 신학<sup>theology of merit</sup>"을 낳았다고 비판하였다.[35] 터툴리아누스와 라틴 서방기독교가 구원을 법정적, 도덕적 개념의 "의화"라 이해하는 것과 달리 안디옥학파와 알렉산드리아학파의 신학적 전통을 계승하는 비잔틴 동방기독교는 구원을 그리스도와 연합하여 하나님의 형상을 회복하는 관계적, 신비적, 영적 차원의 "신화<sup>deification</sup>"로 이해하였다.

---

[35] Andres Nygren, *Agape and Eros*, trans. Philip S. Watson (Philadelphia: The Westminster Press, 1953), 343-8.

# 제 4 장
# 로마제국의 기독교 공인과
# 기독교 로마제국의 성립

## 1. 3세기 이후 로마제국의 기독교 박해

### 1) 3세기 이전 로마제국의 기독교에 대한 기본적 입장

　3세기 이전까지 로마제국의 기독교 박해는 법적, 제도적인 성격을 띠지 않았다. 로마제국의 기독교에 대한 기본적인 태도는 플리니우스 총독의 질의에 대한 트라야누스 황제의 답신에 잘 나타나 있었다. 터툴리아누스는 『변증론』에서 트라야누스 황제가 플리니우스에게 내린 지침을 이렇게 요약하였다: "그리스도인들을 애써 찾아내려 하지 말라. 그러나 그들이 당신(플리니우스 총독) 앞에 나오게 된다면, 반드시 처벌하라."[1] 터툴리아누스는 이러한 로마제국의 태도가 모순적이며 불의한 것이라고 비판하였다.

오, 가련한 판결이여, 소송의 필연성으로 볼 때 자기 모순적이구나! 그들이 무죄인 것처럼 찾아내려 하지 말라고 하면서, 유죄인 것처럼 처벌하라고 명령한다. 한편으로는 자비로운 듯하나, 또한 잔인하다. 용인하면서 처벌한다. 왜 자신에 대한 심판을 회피하는 장난을 하는가? 정죄한다면 왜 찾지 않는가? 찾지 않는다면 왜 사면하지 않는가?2

로마제국의 입장에서는 기독교인들의 광범위하고 빠른 확산과 그들의 종교에 대한 견고한 충성심은 우려가 되지만, 그들이 실제 범죄 행위와 연관되지는 않기 때문에 제국의 질서와 안전에 큰 위협을 초래하지는 않는다는 이해를 가지고 있었다. 다만 기독교가 공인종교가 아닌 불법적인 모임이고, 자신들의 종교를 앞세워 로마의 공권력과 황제의 권위에 순종하지 않는 행위는 용납할 수 없었다. 로마제국의 기독교 박해의 성격은 지속적이거나 제도적인 핍박보다는 주로 지역사회와 민간영역으로부터 그리스도인들에 대한 고발에 따른 특정 지역에 한정된 핍박이 주를 이루었고, 공권력과 별개로 루머와 선동에 휘말린 군중들이 그리스도 공동체에 대한 사적인 처벌과 폭력을 가해오는 경우가 있었다. 대표적인 예로 177년경 고울과 리옹교회에 일어난 박해를 들 수 있다. 스토아주의자이며 현자賢者라고 알려진 『명상록』(*Meditations*)의 저자 마르쿠스 아우렐리우스 황제의 재위기간(161~180)에도 기독교 박해는 일어났고, 순교자 유스티누스와 그의 제자들

---

1 Tertullian, *Apology*, II, in T*he Sacred Writings of Tertullian 1*, trans. Peter Holmes (North Charleston, SC: Createspace, 2017), 15.
2 위의 책.

과 로마교회의 과부 펠리시타스와 그녀의 일곱 아들이 순교했다. 마르쿠스 아우렐리우스 황제는 기독교가 로마의 전통과 사회질서를 해친다고 보았고, 뜻을 굽히기를 거부하는 완고한 그리스도인들에게 처벌이 정당하다고 믿었다.

### 2) 셉티무스 세베루스의 제도적 박해

3세기 초 셉티무스 세베루스 황제(재위 193~211)에 이르러서 기독교는 로마제국의 제도적 박해에 직면하게 되었다. 그는 황제권을 놓고 벌어진 권력투쟁과 내전을 종식시키며 황제의 자리에 올라 강력한 지도력으로 내적인 질서와 안정을 꾀하고자 하였으며, 이와 더불어 라인 강과 다뉴브 강 너머의 이민족들의 위협으로부터 로마제국의 영토를 수호하고자 하였다. 안팎에 상존常存하는 위협요인에 대처하고 로마제국을 강건하게 만들기 위하여 그는 무엇보다도 광범위한 지역과 인종과 문화를 아우르고 있는 제국을 하나로 통합해야 할 필요성을 느꼈다. 이를 위해 셉티무스 세베루스 황제는 단일한 국가종교를 강요하여 로마의 신민臣民들을 이에 순응시킴으로써 로마 사회를 하나로 통합하는 정책을 폈다. 로마는 기본적으로 여러 종교와 문화가 공존하는 다신교 국가였다. 황제숭배와 국가제의가 있었지만, 이들은 정치적 의례였고, 로마를 정신적으로 하나로 묶고, 자발적 희생과 헌신을 이끌어낼 만큼 강력한 종교는 아니었다. 이러한 필요에 따라 그는 여러 종교가 혼합된 태양신(Sol Invictus, 불멸의 태양) 숭배를 제정하고 강요하였다. 태양신 숭배는 로마제국과 황제에 대한 충성의 지표로 요구되었고, 이를 따르는 종교들은 용인을 받았지만, 이에 순응하지 않는 종교들은 처벌을 받았다. 여기에는 공인종교와 비공인종교의 차별을 두지 않았다. 따라서, 기독교는 물론 유대교 역시 셉티무스 세베루스의 박해(202)를 피할 수 없었다. 그는 로마종교에 대하여 적대적이었던 기독교와 유대교에 대하여 전도금지령을 공표하였고, 기독교와 유대교로 개종하는 사람을 사형에 처하였다. 이로써 그리스도인 개인이나 공동체가 아니라 종교 그 자체가 처벌과 박해의 대상으로 금지되었다. 이는 로마제국이 법으로 기독교 박해와 금지를 명시한 최초의 사례가 되었다. 리옹의 감독 이레니우스와 카르타고의 페르투아와 펠리시타스도 이때에 순교하였고, 로마제국 여러 지역에서 박해가 잇따랐다. 알렉산드리아에서도 오리겐의 아버지 레오니다스가 이때 순교하였다. 이에 대하여 교회사가 유세비우스는 "셉티무스 세베루스가 교회에 박해를 일으켰을 때 신앙의 투사들이 모든 곳에서 영광스러운 순교를 이루어냈다"고 기록하였다.[3]

셉티무스 세베루스 이후에 기독교 박해는 소강국면으로 접어들었다. 심지어 알렉산더 세베루스 황제의 가문은 기독교에 대하여 비교적 우호적이기까지 했다. 특히 황제의 어머니 마메아Mamaea는 오리겐을 초청하여 강연을 듣기도 하였고, 로마교회의 히폴리투스는 그녀에게 부활에 관하여 가르치는 서신을 보내기도 하였다. 또한 알렉산더 세베루스 황제의 가문에 기독교인들이 많았다.[4] 그러나 그의 뒤를 이은 막시미누스 황제(Maximinus Thrax, 재위 235~238)는 로마군대에 의해 황제로 추대되어 알렉산더와 그의 어머니를 살해하고 황제가 되었

---

[3] Paul L. Maier, trans., *Eusebius: The Church History* (Grand Rapids, MI: Kregel Publications, 2007), 188.
[4] Henry Chadwick, *The Early Church*, 100.

다. 그는 왕권을 강화하고, 자신에게 반대하는 정적들을 무자비하게 진압하였는데, 유세비우스에 따르면 알렉산더 세베루스 황제를 지지하던 세력들 가운데 기독교인들이 많았기 때문에 기독교에 대한 박해를 단행하였다. 그러나 대대적인 박해보다는 교회 공동체의 지도자들만을 대상으로 하였다. 그것은 정적 제거政敵 除去와 정권 안정을 위한 정치적 박해였다. 오리겐은 이 시기에『순교에 관하여』라는 저술을 남겨 가이사랴의 장로 암브로스Ambrose에게 끝까지 믿음을 지키고 유혹에 흔들리지 말 것을 권면하였다.5

### 3) 데키우스의 조직적 박해

한동안 평화의 시기를 누리고 있었던 교회에 대대적인 박해의 광풍이 몰아닥친 것은 데키우스 황제(Decius, 재위 249~251)의 즉위 이후였다. 그에게 기독교에 대한 대규모 박해를 촉발시킨 요인은 여러 가지가 있었다. 먼저 248년에 호전적인 고트족의 침입과 이에 따른 반역과 폭동으로 로마의 정세가 극도로 불안정해졌고, 데키우스는 다뉴브 지역 로마군대의 장군으로서 이민족의 침입과 폭동을 제압하는 과정에서 권력을 장악하고 황제의 자리에 올랐다. 암울한 시대적 상황에서 로마의 신들에 대한 제의를 거부하는 기독교인들에 대한 대중들의 호전성이 증대되었고, 249년에는 알렉산드리아 지역에서 기독교인들에 대한 학살이 자행되기도 하였다. 황제로 등극한 데키우스는 로마의 옛 영광을 재현하기 위해 위축된 로마의 전통 종교를 회복하

---

5 위의 책, 111; Paul L. Maier, trans., *Eusebius: The Church History*, 208.

는 것이 중요하다고 인식하였다. 이를 바탕으로 로마제국을 강력하게 하나로 통합하여 로마제국을 위협하는 내적, 외적 도전에 대응하는 정책을 폈다. 데키우스는 로마제국의 모든 주민들로 하여금 로마의 신들에게 분향하여 제사를 드리게 하고, 이후 증명서libellus를 발급받게 하였다. 그리고 이를 거부하는 자들을 반역죄로 다스렸고, 증명서를 발급받지 않은 자들을 철저히 조사하여 재산의 몰수를 비롯한 사회적, 경제적 불이익을 주고, 배교를 종용하며 모진 고문과 협박을 가했다. 데키우스는 로마의 모든 거주민들이 그들이 사는 지역의 행정관들 앞에서 제국의 안녕을 위해 정해진 날에 희생제사를 바칠 것을 요구하였고, 지역에 따라 제사의 날은 각기 달랐지만 황제의 명을 받은 이후 정해진 기간 안에 제사를 완료할 것을 명령하였다. 제사 후 발급되는 증명서는 "제사의 행위"와 "제사를 감독한 관리의 이름"이 명시하였고, "고대 신들에 대한 충성심"과 "희생제물의 음식과 음료를 소비한 사실"을 증명하는 문구로 구성되어 있었다.6

데키우스의 기독교 박해는 이전의 박해와 비교할 때 확연한 차이가 있었다. 이전에는 로마제국의 권위

데키우스의 증명서 (Libellus)
P. Luther 4: Decian Libellus, Theadelphia,
ca. 12 June – 14 July, 250 CE
Luther College Archives, Iowa

---

6 David S. Potter, *The Roman Empire at Bay, AD 180-395* (London and New York: Routledge, 2004), 241-3.

와 황제의 명령에 도전하는 기독교인들을 처벌하는 것이 목적이었다. 그러나 데키우스의 박해는 박해와 처벌에 목적이 있는 것이 아니라 강제적으로 로마의 신들에 분향하게 함으로써 그리스도인들을 로마 종교에 편입시키는 데 목적이 있었다. 또한 어느 지역에 한정된 일시적 박해가 아니라 로마제국 전역을 대상으로 하는 체계적이고 조직적인 박해였다.7 데키우스의 박해는 교회에 커다란 문제를 야기하였다. 한동안 평화시대를 보내며 대대적인 박해에 익숙하지 않았던 교회 공동체는 철저하고 조직적인 박해에 속수무책이었다. 순교자도 있었지만, 배교자가 속출하였다. 특히 토지와 재산을 소유한 그리스도인들과 사회적 지위가 있었던 그리스도인들의 배교가 많았다.8 처벌하고 처형하는 것이 목적이 아니라 배교가 목적이었기 때문에 모진 고문으로 사망에 이르는 사람들이 많았다. 이러한 유형의 대표적인 순교자가 알렉산드리아의 오리겐이었다. 그는 데키우스 박해 때 투옥되어 모진 고문을 받았고 이로 인해 몇 년 후 사망하였다. 배교를 거부하고 고문을 당하였으나 죽음에 이르지 않고 살아남은 자들은 "고백자confessor"의 칭호를 얻었다. "신앙을 저버린 자the lapsed"의 배교 유형도 여러 가지였다. 황제의 명에 순응한 전형적인 배교자도 있었지만, 처음에는 신앙을 지키다가 재판장에 끌려가 가공할 위협과 회유에 무릎을 꿇고 로마의 신들에게 분향함으로 배교한 자도 있었다. 또한 거짓으로 증명서를 구입하여 박해를 모면한 형식적 배교자도 있었다. 이후 교회에 다시 평화가 찾아왔을 때 기독교 공동체는 배교자들을 교회에 다시 받아들이는 문제로 인하여 분열하였다.

---

7 Gonzalez, *The Story of Christianity*, vol. 1, 100-102.
8 Henry Chadwick, *The Early Church*, 117-8.

데키우스 박해 이후 발레리아누스 황제Valerian, 253~260는 기독교에 대한 박해를 재개하였다. 그는 로마제국을 위협하는 고트족과 페르시아의 공격 속에서 잃어버린 로마제국의 영토를 회복하고 로마를 굳건히 지키고자 하였다. 특히 페르시아에 맞서 전쟁하면서 발레리아누스 황제는 257년에 기독교에 대하여 로마의 신들에 대하여 희생제사를 바칠 것을 명령하였다. 그는 기독교 예배를 금지시키고 감독과 성직자들에게 로마의 신들에게 희생을 바칠 것을 명령하였고, 거부하는 자들을 처형하였다. 또한 로마의 기독교인 귀족들과 고위 공직자들과 황실을 향하여 로마의 신들에게 희생을 바치지 않으면 직위와 재산을 잃게 될 것을 경고하였는데, 이러한 사실은 이미 로마의 원로원과 귀족 및 황실과 고위 공직자들 사이에 그리스도인들이 많았음을 짐작하게 한다. 데키우스 황제 박해 때 교회를 지키기 위해 도망하였다가 고백자들의 비난을 받았던 카르타고의 감독 키프리아누스가 이때 순교하였다. 심문을 당할 때 키프리아누스는 "나는 그리스도인이요 감독입니다. 참되신 한 분 하나님 외에 다른 신들을 알지 못합니다. … 나는 이 하나님만을 섬기지만, [로마]황제들의 안녕을 위해 기도합니다"라고 대답하였다. 그는 로마제국이 주장하는 것과 같이 하나님께 대한 충성이 로마제국과 황제에 대한 반역이 아니라는 점을 명확히 하고자 하였다. 키프리아누스는 최후 재판에서도 로마 신들에 대한 희생제사의 요구를 끝까지 거부하였고, "불법적 종교 생활을 하면서 많은 사람들을 불법적인 모임에 끌어들였고, 스스로 로마의 신들과 종교의 공공연한 적이라고 고백하였다. … 너와 함께 한 사악한 사람들에게 본보기가 될 것"이라는 로마 총독의 주문에 따라 사형을 언도받았을 때 "하나님께 감사드립니다"라고 대답하며 순교를 기꺼이 받아들였다. 발레리아누스 황제는 그 이후 디오클레티안 황제와 마찬가지로 기독교와 로마제국이 결코 공존할 수 없다는 사실을 알았고, 이러한 이유로 기독교를 박해하였다. 그러나 발레리아누스의 박해는 오래 지속되지 못했다. 로마가 페르시아와 전쟁을 하고 있었기 때문에 박해에 집중할 수 없었고, 결정적으로 발레리아누스가 페르시아에 포로로 붙잡혔기 때문이다.9

### 4) 디오클레티아누스와 갈레리우스의 대박해

기독교에 대한 로마제국의 "대박해大迫害, the Great Persecution"는 디오클레티아누스 황제(Diocletian, 재위 284~305)와 갈레리우스 황제(Galerius, 재위 305~311)에서 절정을 이루었다. 이들 모두 로마의 전통 종교를 회복하여 제국의 힘과 영광을 회복하고 로마를 통합하려는 의도에서 로마 사회 전역에 흩어져 있으면서 로마제국의 종교적 통합정책에 방해가 되는 기독교를 뿌리 뽑고자 했다. 디오클레티아누스 황제는 284년에 황제의 자리에 오르면서, 안팎의 위협으로 인해 위축되며 불안정이 심화되는 로마제국을 개혁하고자 했다. "디오클레티아누스의 개혁 Diocletian Reform"의 핵심은 로마제국을 동방과 서방으로 양분하고, 각각을 황제Augustus와 부황제Caesar의 통치지역으로 분할하여, 네 명의 황제가 책임정치를 구현하여 국방과 조세租稅와 정치적 안정을 굳건히 하는 것이었다. 광범위한 로마제국의 국경을 수시로 침입하며 제국의 안전을 위협하는 이민족들을 강력히 제압하려면 강한 군대가 필요하

---

9 위의 책, 120; W. H. C. Frend, *The Rise of Christianity* (Philadelphia: Fortress Press, 1985), 324-8.

였고, 군대를 운용하기 위해서는 이를 뒷받침할 조세를 효율적으로 거두어들여야 했다. 또한 빈번하게 군대 안에서 쿠데타가 일어나 황제의 자리를 차지하려는 권력투쟁과 내전이 발생하여 로마를 분열시키고 제국의 힘을 약화시켰기 때문에, 한 사람의 황제가 중앙에서 통제하고 관리하는 것은 비효율적이고, 그 대신 네 명의 황제에 의한 "사분통치Tetrarchy"를 통해 정치적, 군사적, 경제적 안정을 확보할 수 있다고 보았다. 또한 황제가 죽거나 물러났을 때 부황제가 그 자리를 계승하고 공석이 된 부황제의 자리를 채워 넣음으로써 황제권의 안정적 계승을 제도화함으로써 권력투쟁을 미연에 방지하려는 의도도 있었다. 그리하여 제국의 동방은 황제인 디오클레티아누스와 부황제인 갈레리우스가 다스렸고, 서방은 황제인 막시미아누스와 부황제인 콘스탄티우스(콘스탄티누스의 아버지)가 다스리게 되었다.

디오클레티아누스의 개혁에 따른 효율적인 행정시스템의 구축으로 로마는 평화와 안정을 찾아갔다. 이때까지 기독교 공동체는 간헐적인 크고 작은 박해와 끊임없는 시련에도 불구하고 여러 지역에서 성장하고 있었다. 250년경 로마교회는 46명의 장로가 있었고, 7명의 집사와 7명의 부집사가 일곱 지역으로 나누어진 로마를 섬겼으며, 42명의 복사服事, acolyte와 52명의 축사자逐邪者, exorcist와 낭독자와 문지기와 1,500명의 과부가 있었다고 전해진다. 이집트와 소아시아 지역은 기독교 인구가 20%를 넘기도 하였고, 서방 지역은 대체로 10%를 밑돌고 있었다.[10] 로마 사회의 다양한 지역과 계층에 기독교가 퍼져나가면서 이미 교회는 어느 정도 자기 재산을 가질 수도 있었고, 공권력

---

10 Adrian Hastings, ed., *A World History of Christianity*, 33.

과 조정을 할 수 있는 세력으로 성장해 나갔다. 총독들은 교회지도자들과 기독교 모임을 존중하였고, 기독교 공동체는 넓은 예배당에서 예배를 드리기도 하였다.11 이러한 상황에서 4세기 초 로마의 대박해는 동방의 부황제 갈레리우스로부터 시작되었다. 그는 로마군대를 앞세워 다뉴브 지역의 이민족과 페르시아의 침입에 맞서고 있었다. 그런데 기독교 공동체에는 군인이 세례를 받거나 기독교에 입교하는 데 제약이 있었음에도 불구하고, 군대 안에 그리스도인들이 많았고, 갈레리우스는 병역을 거부하거나 이탈하는 그리스도인들을 심각한 문제로 인식하였다. 따라서 황제 디오클레티아누스에게 로마 군대에서 그리스도인들을 축출할 것을 건의하였고, 황제는 칙령을 통해 이를 명하였다. 그러나 갈레리우스의 군대는 그리스도인들을 단순히 쫓아내는데서 그치지 않았고, 강압적으로 배교시키는 행위를 자행하면서 많은 이들이 순교하였다.

로마군대에서 시작된 박해는 디오클레티아누스와 갈레리우스가 다스리고 있었던 동방 지역에서 대박해로 확산되었다. 디오클레티아누스 황제는 303년에 그리스도인들은 로마의 신들과 로마제국과 양립할 수 없고, 도리어 화를 초래하는 존재들이라고 여기면서, 니코메디아에 있는 자신의 궁전 맞은편에 있었던 기독교 예배당을 초토화하였고, 모든 교회를 파괴하고 모든 성경과 신앙 서적들을 당국에 넘기고 성물을 몰수하고 모든 예배와 모임을 금지할 것을 명령하는 강력한 칙령을 공표하였다. 또한 황제의 명을 거부하는 그리스도인들을 고문하고 처형하였다. 특히 디오클레티아누스의 궁전에서 일어난 화

---

11 Paul L. Maier, trans., *Eusebius: The Church History*, 259.

재를 그리스도인들에 의한 방화로 몰아간 갈레리우스에 의하여 핍박의 강도가 더해졌고, 박해의 광기 아래 예배당이 파괴되고 성경이 불태워졌다. 디오클레티아누스 황제는 황실 안에 있는 그리스도인들에게 로마의 신들에게 제사를 바칠 것을 명하였고, 이에 따라 그리스도인이었던 황후 프리스가$^{Prisca}$와 딸 발레리아$^{Valeria}$가 황제의 명에 순응할 수밖에 없었지만, 고관이었던 도로테우스$^{Dorotheus}$를 비롯한 여러 사람들이 이를 거부하여 처형당했다. 디오클레티아누스는 로마제국 깊숙한 곳까지 들어온 기독교를 제거하기 위하여 안간힘을 기울이고 있었던 것이다. 그러나 강력한 박해에도 불구하고 그 세를 꺾기가 어려운 기독교를 조직적으로 파괴하기 위하여 디오클레티아누스는 예전에 발레리아누스 황제의 본을 따라서 기독교 공동체의 모든 지도자들을 잡아들이고 강제적으로 로마의 신들에게 제사를 바치게 하는 칙령을 내렸다. 그리고 304년에는 제국의 모든 거주민들이 희생제사를 바칠 것과 그렇지 않으면 사형에 처한다는 명을 내렸다. 이러한 조직적, 제도적 박해는 데키우스의 본을 따른 것이었다.[12] 많은 이들이 모진 박해를 이겨내고 순교의 영광을 얻기도 하였지만, 수많은 배교자들이 생겨났다. 특히 로마 당국에 성경책을 양도한 배교자들을 "양도자"라는 뜻의 "트라디토르$^{traditor}$"라고 불렀는데, 로마 당국이 이를 꼼꼼하게 살펴보지 않았기 때문에 처벌을 피하기 위해 성경이 아닌 다른 책들을 거짓으로 바친 이들도 있었다. 그러나 실질적으로든, 형식적으로든 이에 순응한 자들을 모두 "트라디토르"라고 보았다. 용감하게 신앙을 지키기 위해 그리스도인들이 당했던 고문은 참으로 잔혹하

---

12 위의 책, 260-61; Gonzalez, *The Story of Christianity*, vol. 1, 121; Henry Chadwick, *The Early Church*, 121.

였다. 로마 당국은 무자비하게 채찍질하고, 죽을 때까지 몸을 잡아 찢고, 살갗을 벗겨내었다. 로마의 박해 앞에 순교자와 배교자만 있었던 것은 아니다. 이 둘 사이에서 몸부림을 치며 박해를 피해 살아남은 자들도 있었다. 어떤 이는 희생제사의 자리에 끼어들어가 제사를 바치지 않고 마치 한 것처럼 위장하기도 하였고, 어떤 이는 제사에 가지 않고 했다고 거짓말하는 자도 있었다. 고문으로 죽은 줄 알고 버려진 사람이 살아나는 경우도 있었다.13

　기독교에 대한 대박해는 로마제국의 정치적 변동으로 인하여 기세가 꺾이고 그 종점에 이르렀다. 304년경에 몸이 쇠약해진 디오클레티아누스는 갈레리우스의 권유를 받아 305년에 황제의 자리에서 물러났고, 갈레리우스가 황제의 자리를 차지하였다. 또한 그는 서방의 황제 막시미아누스를 물러나게 하였고, 콘스탄티우스가 서방의 황제로 올라서게 되었다. 갈레리우스는 자신과 콘스탄티우스가 황제로 올라서면서, 공석이 된 동방과 서방의 부황제의 자리에 자신의 측근인 막시미누스 다이아Maximinus Daia와 세베루스Severus를 앉혀서 로마제국에 대한 지배권을 강화하고자 했다. 그러나 306년에 서방의 황제 콘스탄티우스가 죽자 그의 아들 콘스탄티누스가 군대의 지지를 받아 서방의 황제의 자리에 올랐다. 원래는 부황제인 세베루스가 황제의 자리에 올랐어야 했지만, 군대의 강력한 지지와 콘스탄티누스의 영향력으로 인해 갈레리우스는 이에 맞설 수 없었다. 젊은 시절에 디오클레티아누스와 갈레리우스 궁전에 정치적 볼모로 잡혀 있었던 콘스탄티누스는 탈출에 성공하여 아버지인 콘스탄티우스에게 합류하였고, 아

---

13 Paul L. Maier, trans., *Eusebius: The Church History*, 261.

버지의 죽음 이후에 서방 지역의 권력을 장악하였던 것이다. 세베루스와 갈레리우스는 콘스탄티누스를 저지하지 못하였다. 이와 더불어, 갈레리우스에 의해 물러난 서방의 황제 막시미아누스의 아들 막센티우스Maxentius가 이태리 지역을 장악하고, 이를 저지하려 나선 세베루스가 사로잡혀 죽고 말았다. 갈레리우스가 직접 군대를 모아 막센티우스를 치러 갔지만 강력한 저항에 밀려 뜻을 이루지 못하고 물러설 수밖에 없었다. 결국 서방 지역에 대한 지배권을 콘스탄티누스와 막센티우스에게 빼앗긴 갈레리우스는 리시니우스Licinius를 서방의 황제로 세우고, 콘스탄티누스를 부황제로 인정하며 사태를 수습하고자 하였지만, 그의 의도대로 정국은 안정되지 못하였다. 상황은 오히려 악화되어 그의 측근인 부황제 막시미누스 다이아마저도 황제로 자임하고, 리시니우스도 그의 권위에 맞서면서, 여러 명의 황제들(갈레리우스, 콘스탄티누스, 막센티우스, 리시니우스, 막시미누스 다이아)이 로마의 패권을 놓고 대결하는 내전상태에 빠져들게 되었다. 디오클레티아누스가 로마를 정치적, 군사적, 경제적으로 안정시키기 위해 벌인 사분통치 시스템은 결국 로마를 사분오열四分五裂의 혼란에 빠져들게 하였다.

복잡한 내전 속에서도 박해는 지속되고 있었지만, 콘스탄티누스와 막센티우스가 권력을 장악하고 있어서 갈레리우스의 통치력이 미치지 못하는 서방에서는 기독교에 대한 박해가 시행되지 않았다. 갈레리우스와 막시미누스 다이아가 동방 지역에서 기독교 박해를 이어가고 있었을 뿐이었다. 그러던 가운데 갈레리우스가 심한 병에 걸려 죽음이 임박하자 사망하기 직전인 311년에 갑작스럽게 관용령Edict of Serdica을 발표하여 기독교에 대한 박해정책을 거두어들였다. 갈레리우스의 "세르디카칙령"은 콘스탄티누스가 313년에 리시니우스 황제와 체결한 "밀라노칙령"보다 2년 앞서서 기독교를 로마의 "공인종교religio licita"로 인정하고, 기독교에 대한 박해를 종식하고, 기독교의 예배의 자유를 보장하는 선언이었다. 이는 로마제국이 기독교를 공인한 최초의 법적인 조치였다.

> 국가의 번영과 복지를 위해 우리가 제정한 모든 조치들 가운데서 우리는 모든 것들을 로마인들의 고대의 법과 공적 질서와 조화를 이루기를 바랬고, 그들의 조상들의 종교를 떠난 그리스도인들도 이성으로 돌아오라고 규정하였다. … 그들이 옛 관습에 순응해야 한다는 우리의 법이 공표되어 효력을 발휘하였을 때 많은 이들은 공포스러운 위험에 압도당했고 많은 이들은 죽음을 당했다. 그러나 그들 대부분이 그 결심을 지켰고, 우리는 그들이 신들에게 합당한 존경과 경외를 보내지도 않았고, 그리스도인들의 하나님에게 예배드리지도 못했다는 것을 알았다. 우리의 가장 인자한 관용과 모든 이들에게 사면을 베푸는 한결같은 관습을 고려하여 이들에게도 즉각적인 사면을 베풀어, 그들이 공공질서에 반하는 행동을 하지 않는 한 그들은 다시 그리스도인들이 되어 그들의 집회를 가질 수 있어야 한다고 결정하였다. 우리는 또 다른 편지에서 행정관들이 해야 할 일에 대하여 말할 것이다. 고로 이러한 우리의 사면에 따라 그들은 우리와 국가와 그들 자신의 안전을 위해 그들의 하나님께 기도하여 공화국이 모든 면에서 아무런 해가 없이 지속되고, 또한 그들이 그들의 가정에서 안전하게 살 수 있기를 빌어야 할 것이다.14

## 2. 콘스탄티누스의 기독교 공인과 기독교 제국의

# 성립

### 1) 콘스탄티누스의 기독교 공인과 기독교 옹호정책

콘스탄티누스(Constantine, 재위 306~337)는 디오클레티아누스의 궁전에서 정치적 볼모로 거주하는 동안 동방과 서방을 아우르는 로마제국의 통치시스템을 배웠고, 이후 아버지 콘스탄티우스의 사후에 서방에서 그의 군대에 의해 황제로 추대되었다. 서방 지역의 패권을 놓고 막센티우스와 경쟁하는 가운데, 312년 로마의 밀비아다리 전투에서 승리를 거둠으로써 서방제국의 유일한 지배자로 입지를 굳히며, 로마제국 통일의 발판을 마련하였다. 역사가 락탄티우스에 따르면, 콘스탄티누스가 밀비아다리 전투에 나가기 전에 꿈에서 헬라어 "카이"$^X$와 "로"$^P$의 합성문자의 이미지를 보았고, "이 표식으로 승리하리라"는 음성을 들은 후에 그의 군대의 방패와 깃발에 표식을 새기게 하여 막센티우스를 상대로 대승을 거두었다. 교회사가 유세비우스는 이를 하나님의 도움에 따른 승리로 해석하였다. 콘스탄티누스에 대적하는 막센티우스를 모세에 대적하는 바로$^{Pharaoh}$에 비유하였고, 콘스탄티누스는 하나님의 능력으로 폭군을 대적하는 하나님의 종 모세의 이미지로 그려졌다.[15] 카이와 로는 그리스도$^{Χριστός}$의 헬라어 첫 두 글자였기 때문에 이 둘의 합성문자는 그리스도인들에게는 그리스도를 상징하는 표식으로 받아들여졌지만, 다른 측면에서 본다면 이것은 제우스$^{Zeus}$의 고대제의의 상징물이었던 양날도끼, "라브리스$^{Labrys}$"의 이미지이기도

---

14 위의 책, 279-80.
15 위의 책, 294-6.

했다.16 이 당시 그의 기독교 신앙은 불확실한 것이었지만, 그가 기독교의 하나님의 능력에 힘입어 승리하였다고 믿었고, 그 이후로 기독교 공동체에 호의를 베풀며 기독교를 보호하는 황제로서 행동하였다는 점은 분명하였다.

콘스탄티누스는 로마가 기독교 제국이 되는 데 결정적인 기여를 하였고, 임종 직전에 세례를 받아 그리스도인이 되었고, 심지어 동방에서는 "13번째 사도"라는 칭송을 받았지만, 그의 기독교 신앙과 관련해서는 모호한 점이 많았다. 한편으로는 기독교를 옹호하고 땅의 하사와 예배당 건축과 성직자의 세금감면 등 많은 특혜를 주면서 교회를 지원하였지만, 다른 한편으로는 로마제국의 공적종교인 불멸의 태양Sol Invictus의 대제사장Pontifex Maximus의 칭호를 유지하였다. 그가 로마로 입성할 때 태양신에게 기원했고, 기념주화와 공문서에 대제사장의 타이틀을 유지한 것은 그가 공식적으로는 로마종교의 대제사장이었다는 사실을 보여준다. 콘스탄티누스는 어려서부터 신봉한 로마의 태양신 종교를 기독교와 배타적으로 구분하지 않았고, 기독교 하나님의 능력을 인식하며 태양신과 동일시하는 경향이 있었다. 코르도바의 감독 호시우스Hosius of Cordoba와 같은 기독교 지도자들의 도움을 받아 기독교적 인식이 무르익으면서 태양신 종교에서 기독교로 점진적으로 개종하였다고 보는 해석이 설득력이 있다. 3세기 중반 이후 기독교에 대한 제도적 박해와 그리스도인들의 순교를 야기한 태양신 숭배는 역설적으로 로마 사회에서 기독교와 쉽게 혼합될 수 있었다. 터툴리아누스에 따르면 이교도들은 그리스도인들이 일요일에 모여 예배하며

---

16 Henry Chadwick, *The Early Church*, 126.

기독교 신앙을 받아들인 첫 로마황제 콘스탄티누스 황제와 그의 어머니 헬레나
Saint Constantine and Helen fresco from an old Greek Orthodox church.

동쪽을 향해 기도드리는 것을 태양신을 숭배하는 것으로 오해하기도 하였고, 4세기 기독교 공동체 안에서도 그리스도를 천상계를 지배하는 태양신의 형상으로 이해하는 흔적이 나타나기도 하였다. 이러한 맥락에서 4세기 초에 서방에서 태양신 탄생일인 동짓날(12월 25일)을 그리스도의 탄생일로 기념하기 시작하게 된 배경도 로마제국의 태양신 숭배가 기독교로 수렴된 것으로 이해할 수 있다.17 노련한 정치인이었던 콘스탄티누스는 내심內心으로 그리스도의 능력과 도움을 확신하고 제국의 통일과 화합에 기여할 기독교의 보편적 가치와 포용성을

---

17 위의 책; Adrian Hastings, ed., *A World History of Christianity*, 35-6.

인정하면서도, 공적으로는 로마의 전통과 종교를 지키면서 로마제국의 발전을 추구하는 원로원과 로마의 귀족계층을 포함한 지지기반의 기대에 호응하기 위해 로마종교를 대변하는 이중적인 태도를 취했다. 만약 그가 로마종교와 로마의 신들을 배척했다면 지지계층과 민심의 이반離反은 물론 적대자들의 강력한 반대와 저항에 직면했을 것이라는 평가는 정당하다. 그럼에도 불구하고 그는 단지 기회주의자로서 기독교를 정치에 이용하려 했던 의도만은 아니었고, 교회의 분열과 신학적 갈등 속에서도 교회의 화합을 중재하며 교회의 안정과 발전에 일관되게 노력한 측면에서 기독교에 대하여 진지한 입장을 가지고 있었다고 볼 수 있다.18 오히려 이와 같은 콘스탄티누스의 과도한 관심과 관여가 권력과 세속권위를 가지고 교회의 일에 개입하여 정치적 영향을 행사하면서 기독교의 세속화와 정치권력화를 야기했다는 비판을 받게 한다.

밀비아 전투 승리 후에 콘스탄티누스는 로마제국의 서방 지역에 대한 지배권을 확립했다. 제국의 동방은 리시니우스와 막시미누스 다이아가 세력을 분점하고 있었다. 콘스탄티누스와 리시니우스는 313년에 이태리 밀라노에서 만나 평화조약을 체결하고, 그들의 공동의 적인 막시미누스 다이아에 맞서고자 했다. 리시니우스는 콘스탄티누스의 누이 콘스탄티아와 결혼을 함으로써 이들은 혼인관계로 화친을 강화하였다. 밀라노에서 여러 가지 문제를 놓고 회담을 하면서 이들은 특히 기독교에 대하여 박해를 중지하고 빼앗은 기독교의 재산을 돌려주면서 로마제국 내에서 기독교를 공인종교로 인정하기로 합의

---

18 콘스탄티누스의 기독교에 대한 입장에 대하여, Gonzalez, *The Story of Christianity*, vol. 1, 137-41 참조.

하였고, 이를 담은 "밀라노칙령"(Edict of Milan, 313)을 공포公布하였다. 밀라노칙령은 2년 전에 갈레리우스의 세르디카 칙령에 이어 로마제국 안에서 기독교를 합법화하는 법적 조치였지만, 기독교를 로마제국의 공적 종교로 받아들이지는 않았다. 로마제국이 기독교를 국교로 받아들이면서 이교도주의를 배척하고 수렴하는 과정은 콘스탄티누스 이후 황제들에 의해 점진적으로 이루어진 결과이다. 로마가 기독교 제국으로 발전하는 출발점이 된 밀라노칙령의 핵심은 기독교 신앙과 예배의 완전한 자유와 빼앗긴 기독교 공동체 재산의 환원이었다. 교회사가 유세비우스는 콘스탄티누스를 교회의 평화와 일치를 이루기 위한 하나님의 도구라고 칭송하면서, 그가 기독교를 위해 공헌한 노력을 보여주는 증거사료로서 밀라노칙령을 소개하였다.

> 우리는 예배의 자유가 부인되어서는 안 되며 모든 사람이 자신이 정한 종교를 행사할 자유를 가져야 한다고 오랫동안 바라왔다. 따라서 우리는 그리스도인들과 다른 모든 사람들이 자신들의 종파의 신앙과 예배를 지키도록 허락하는 명령을 내렸다. … 나 황제 콘스탄티누스와 나 황제 리시니우스는 밀라노에서 만나 공공선과 무엇보다도 보편적 복지와 관련된 모든 문제를 우선적인 문제로 논의하며 신에 대한 존경과 숭배를 보장하는 칙령을 포고하기로 결정하였다. 다시 말해 그리스도인들과 다른 모든 사람들에게 그들이 기뻐하는 예배의 형태를 추구할 자유를 허용함으로써 모든 신들과 천국의 권세들이 우리와 우리의 주권 아래 살아가는 모든 이들에게 호의를 베풀도록 하고자 했다. … 그 누구에게도 기독교의 예배와 의식을 따르거나 선택할 자유가 부인되어서는 안 될 것이며 자신이 옳다고 생각하는 예배의 형

태에 마음을 바칠 자유가 모든 사람에게 주어져야 하며 이로써 신이 우리를 보호하고 모든 면에서 우리를 관대하게 대해줄 것이다. … 이제 우리는 누구든지 이러한 장소들(집회 장소)을 국고나 다른 재원으로부터 구입했다면 그 장소들이 대금지불과 보상에 대한 요구 없이 동일한 그리스도인들에게 반환되어야 하며, 소홀함이나 주저함 없이 반환할 것을 결정한다. … 이 모든 소유는 그리스도인들의 모임에 즉각 성의를 다해 지체없이 반환되어야 한다.[19]

막시미누스 다이아는 리시니우스가 밀라노에서 콘스탄티누스를 만나고 있을 때 리시니우스의 유럽 영토를 침략했다. 리시니우스는 즉각 반격하여 막시미누스의 군대를 격퇴하였고, 소아시아 다소$^{Tarsus}$로 도망간 막시미누스는 병에 걸려 죽었다. 이로써 이태리를 중심으로 제국의 서방은 콘스탄티누스가 제국의 동방은 리시니우스가 다스리는 세력구도가 만들어졌고, 이들 간에 얼마간 평화로운 시기가 이어졌다. 그러나 두 사람 모두 제국 전체를 다스리려는 야심이 작지 않았기 때문에 평화는 오래 가지 못했다. 리시니우스가 콘스탄티누스를 암살하려는 음모가 발각되면서 이에 관여한 리시니우스의 친족이 그에게로 도망하였고, 그를 처벌하려는 콘스탄티누스에 맞서며 리시니우스가 선전포고를 하였다. 전쟁의 명분을 찾고 있었던 콘스탄티누스에게 이것은 오히려 좋은 기회가 되었다. 그러나 군사적으로 열세라고 판단한 리시니우스는 휴전을 요청하였고, 노련한 정치가였던 콘스탄티누스는 리시니우스가 차지하고 있었던 유럽의 영토 대부분을 차

---

[19] "Edict of Milan", in Paul L. Maier, trans., *Eusebius: The Church History*, 322-4.

지하면서 화친을 맺었다. 이후 콘스탄티누스는 그의 통치권의 중심을 점차 동방으로 옮겨가며 리시니우스를 압박했다. 휴전이 깨지고 전쟁이 일어난 것은 322년이었다. 전쟁의 명분은 기독교와 관련한 문제였으나 실제 원인은 통치권의 문제였다. 밀라노칙령 이후 리시니우스는 그리스도인들에 대하여 적대적인 태도를 취하지 않았다. 그러나 리시니우스의 영토 안에서 여러 가지 문제로 교회가 분열되었고, 리시니우스가 강제력을 동원하여 교회의 평화를 이루려고 하였던 것이 탄압을 받았던 이들에게는 기독교에 대한 간섭과 핍박으로 여겨졌다. 반대로 콘스탄티누스는 기독교의 옹호자로 인식되면서 그를 위한 기독교 공동체의 기도와 찬사는 리시니우스에게는 반역행위로 간주되었다. 정치적 이유로 기독교 공동체에 제재를 가하는 리시니우스의 행위는 기독교에 대한 박해로 인식되었고, 이것은 콘스탄티누스가 리시니우스를 공격하기 위한 좋은 명분이 되었다.[20] 322년에 전쟁을 일으킨 콘스탄티누스는 오랜 전쟁 끝에 324년에 보스포루스 해협에 위치한 아드리아노플Adrianople과 크리소폴리스Chrysopolis에서 결정적인 승리를 거두었다. 리시니우스는 그의 아내이자 콘스탄티누스의 누이인 콘스탄티아의 간곡한 요청에 따라 죽음은 면하고 데살로니가로 유배되었다. 그러나 이듬해인 325년에 모반謀反을 꾸며 자신의 권력을 회복하려고 시도하였다가 발각되어 반역죄로 처형당했다.

    324년에 로마제국의 유일한 황제로 통치권을 확립한 콘스탄티누스는 기독교를 중심으로 로마제국의 통합과 발전을 추구하였다. 이전의 황제들인 데키우스와 디오클레티아누스가 로마의 옛 전통과 종교

---

20 Gonzalez, *The Story of Christianity*, vol. 1, 133-5.

를 회복하여 제국의 번영을 추구한 것과는 달리 콘스탄티누스는 새로운 종교인 기독교를 근간으로 새로운 로마제국 건설을 추구하였다.[21] 그는 이미 313년 밀라노칙령 이래로 신학적, 지역적 갈등으로 분열된 교회를 통합시키는 데 많은 노력을 기울였다. 배교자 처리로 인한 갈등으로 시작되어 북아프리카 교회에 커다란 분열을 야기한 도나투스주의자들의 문제를 해결하기 위하여 콘스탄티누스는 지역 감독들의 모임과 314년 아를Arles에서 이태리와 고울의 교회회의를 중재하면서 이 문제에 조심스럽게 접근하였다. 동방에서 그리스도의 위격位格에 대한 아리우스의 주장에 따른 논쟁으로 교회에 커다란 분열이 일어났을 때, 325년에 니케아Nicaea에서 모든 지역의 교회를 아우르는 에큐메니칼 공의회를 소집하여 해결을 시도하고자 하였다. 로마제국의 화합의 기틀이 되는 기독교회의 일치는 교회의 발전을 위해서 뿐만 아니라 제국의 안정과 번영을 위해서도 중요한 문제였기 때문이다. 콘스탄티누스의 관심은 그가 이해할 수도 없고, 관심도 없는 복잡한 신학적 논란의 해결보다는 원만하게 교회가 일치점을 찾아 분열과 갈등을 종식시키는 것이었다. 따라서 아리우스 논쟁과 관련하여 콘스탄티누스가 아리우스를 정죄하고 이후 복권하며, 또한 아리우스주의에 강력히 반대하는 아타나시우스를 지지하다가 이후 배척하는 과정에서 보인 변덕스러운 행보는 측근으로서 황제의 결정에 중대한 영향을 끼친, 아리우스 지지자이자 능수능란한 교회정치가인 니코메디아의 감독 유세비우스Eusebius of Nicomedia의 영향도 컸지만, 신학적 문제에는 아무런 관심이 없고, 오직 정치적 상황에 따라 대세를 따르며 소수자를

---

21 위의 책, 135.

압박함으로써 정치적 안정을 꾀하려는 그의 태도가 반영된 것이다. 신학적 문제를 정치권력을 이용하여 해결함으로써 자신들의 교회에 대한 지배권을 확립하려 했던 교회의 교권주의자들과 정치적 의도로 교회문제에 개입하여 복잡한 신학적 논쟁을 법과 강제력으로 다루려 했던 콘스탄티누스와 같은 기독교 황제들로 말미암아 기독교는 점차 로마제국과 병행하며 그 틀에 순응하는 권위주의적, 기득권 종교가 되었다. 이러한 점에서 로마제국의 기독교 공인은 기독교가 로마제국의 틀로 변형되는, "기독교의 로마화" 혹은 "제국주의 기독교"의 출발점이 되었다고 볼 수 있다.

교회사가인 "가이사랴의 유세비우스Eusebius of Caesarea는 기독교의 역사를 새로운 제국주의 시각으로 해석한 대표적인 역사가요 사상가"였다. 그는 기독교가 로마제국의 박해 아래 시달리다가 하나님의 섭리의 도구인 콘스탄티누스에 의해 평화와 자유를 얻고, 콘스탄티누스가 교회를 핍박하던 리시니우스와의 전쟁에서 승리하여 마침내 교회는 물론 제국에 평화와 번영을 가져온 것을 높게 평가하였다. 그는 336년에 예루살렘의 성묘기념교회the Church of the Holy Sepulchre의 헌당식을 겸한 콘스탄티누스 통치 30주년 기념예식에 참석하였고, 교회와 로마제국을 향한 거룩한 하나님의 섭리를 "한 분 하나님, 하나의 말씀, 한 분 구주, 하나의 황제"로 기술하면서, 하나님에 대한 지식과 사랑을 온 인류에 알리는 사명이 황제에게 있다고 보았다.[22] 이러한 시각에 따르면, 로마제국이 세상 속에서 하나님을 증거하는 도구가 되었고, 교회와 제국은 동일시되었다.

---

[22] Adrian Hastings, ed., *A World History of Christianity*, 38. 유세비우스의 제국주의 사관에 대한 평가에 대하여, Gonzalez, *The Story of Christianity*, vol. 1, 149-55 참조.

성평화교회(Hagia Irene), Aya Irini or Hagia Irene Church, Istanbul, Turkey

 콘스탄티누스가 기독교에 끼친 영향은 컸다. 성경을 펴내고 로마에 베드로와 바울의 순교터에 대성당을 짓고, 베들레헴과 예루살렘 성지에 기념예배당 건물을 짓는 데 많은 재원을 지원하였고, 특히 330년에 그의 이름을 따서 새로운 로마제국의 수도로 건립한 도시 콘스탄티노플에 웅장한 "성사도교회the Church of the Holy Apostles, Hagioi Apostoloi"와 "성평화교회the Chuch of the Divine Peace, Hagia Irene"를 건립함으로써, 기독교 제국의 이미지를 형상화하였다. 콘스탄티노플의 가장 웅장한 예배당인 "성소피아성당the Church of the Holy Wisdom, Hagia Sophia"은 콘스탄티누스의 아들인 콘스탄티우스Constantius에 의해 건립되었고, 이후 불에 탔다가 유스티니아누스Justinian 황제에 의해 재건축되었다. 콘스탄티누스는 교회와 성직자에게 커다란 재정적 후원을 하였다. 313년에는 라테란 궁을 로마교회 감독에게 하사하여 이후 교황의 주된 거주지가 되었고, 그곳에서 종종 중세 공의회가 개최되기도 하였다.

또한 지방세의 커다란 부분을 교회의 자선사업에 할당하였으며, 성직자들에게 땅과 세금 면제혜택을 주었다. 콘스탄티누스는 기독교의 가치를 반영하는 법과 제도를 만들어서, "로마제국의 기독교화"에 커다란 영향을 끼쳤다. 어린이와 노예와 농민과 죄인들을 보호하는 법을 제정하였는데, 예를 들어, 노예에 대한 지나친 고문을 금지하고 노예의 가족을 따로 파는 행위를 금지하였다. 316년에는 인간이 하나님의 형상이므로 범죄자의 얼굴에 낙인을 찍는 행위를 금하였다. 321년에는 일요일을 법정공휴일로 지정하였고, 이미 교회에서 오래전부터 예배를 드리는 날로 지켜지던 주일을 국가적인 공휴일로 만듦으로써 이후 서방세계의 보편적 전통이 되게 하였다. 323년에는 그리스도인들이 국가제의에 참여하는 행위를 금지하는 법을 제정하였다.23 또한 반기독교적이며 대중적인 검투사 경기를 폐지하였다. 콘스탄티누스의 노력에 힘입어 로마 사회는 급격히 그리고 광범위하게 기독교화되었다. 그리스도인들은 사회의 기득권층이 되었고, 교인들의 수가 급격히 늘어났다. 성직자들과 감독은 사회의 영향력 있는 중요한 인물들이 되었고, 공적인 지출을 통해 주요 도시들에 웅장하고 화려한 예배당이 건축되었다. 가정과 카타콤이 주된 예배 장소였던 기독교 공동체는 이제 로마의 궁전을 닮은 "바실리카Basilica" 양식의 예배당을 갖춘 유능한 종교적, 정치적 세력이 되었다.24

---

23 Henry Chadwick, *The Early Church*, 127-9 참조.
24 Adrian Hastings, ed., *A World History of Christianity*, 40; Gonzalez, *The Story of Christianity*, vol. 1, 141-7 참조.

## 2) 콘스탄티누스 이후 기독교 제국의 발전

콘스탄티누스에 의해 마련된 "로마의 기독교화"와 "기독교의 로마화"의 발판은 그의 후대에 기독교 로마제국의 발전으로 이어졌다. 콘스탄티누스는 임종 직전인 337년 오순절에 니코메디아의 유세비우스의 집례로 세례를 받은 후 기독교 황제로서 생을 마감하였고, 그가 건축한 콘스탄티노플의 성사도교회에 안장되었다. 콘스탄티누스는 광활한 제국을 한 사람에게 물려주는 방식보다는 디오클레티아누스의 모델을 따라 분할통치의 방식을 택하였다. 따라서 그의 세 아들과 조카에게 황제권을 이양하고자 했다. 그러나 군대가 콘스탄티누스의 아들들을 제외한 사람에게는 복종하기를 거부하였고 이에 따라 세 아들이 통치권을 분할하였다. 콘스탄티누스 2세는 서방 지역을, 콘스탄티우스 2세는 동방 지역을, 그리고 막내인 콘스탄스는 이태리와 북아프리카 지역을 관할하였다. 그러나 340년에 콘스탄티누스 2세와 콘스탄스 사이에 벌어진 전쟁으로 콘스탄티누스 2세가 죽고, 콘스탄스가 서방 지역을 다스리게 되었다. 그러나 콘스탄스 역시 350년에 군대의 반역으로 암살당하고, 이후 콘스탄티우스 2세가 유일한 황제로 로마제국을 지배하게 되었다.[25] 콘스탄티우스 2세는 제국의 화합과 통일을 위해 아리우스 논쟁으로 분열된 교회를 화해시키는 노력을 기울이면서 아리우스주의자들의 복권을 지지했다. 이러한 상황에서 니케아신조의 주창자였던 아타나시우스는 그의 치하에서 박해를 받았고 이집트의 사막으로 피해 수도자들로부터 지지와 보호를 받았다.[26]

---

25 Henry Chadwick, *The Early Church*, 136-7.
26 위의 책, 140-45.

콘스탄티우스 2세는 성직자의 군역 면제와 감독들의 세속법정에서의 기소 면제 등의 특권을 부여하면서 교회를 지원하였고, 특히 콘스탄티노플에 성소피아 성당을 봉헌하여 기독교 황제로서 역할을 다하고자 하였다. 그러나 교회의 통일이라는 명분으로 아리우스주의 이단을 옹호했다는 점에서 정통교회로부터 긍정적 평가를 받지 못하였다. 351년에 콘스탄티우스 2세는 제국을 홀로 통할하기 어렵다는 이유로 그의 조카 콘스탄티우스 갈루스$^{Contantius\ Gallus}$를 부황제로 세웠지만, 그의 포악하고 타락한 행실을 보고받고 처형하였고, 355년에 그를 대신하여 그의 이복동생 율리아누스$^{Julian}$를 부황제로 임명하였다. 그러나 율리아누스가 360년에 황제로 자임하며 둘 사이에 전쟁이 일어났고, 콘스탄티우스 2세가 병으로 죽으면서 자연스럽게 율리아누스(재위 361~363)가 유일한 황제로 등극하였다.

율리아누스 황제는 "배교자 율리아누스$^{Julian\ the\ Apostate}$"라고 일컬어질 만큼 기독교의 공적 종교로서의 위상과 역할을 거부하고 이를 대신하여 고대 로마종교를 부활시키고자 했다. 율리아누스는 기독교 가정에서 태어나 세례를 받고 기독교 교육을 받기까지 하였지만, 337년에 콘스탄티누스가 죽고 권력이 이양되는 과정에서 로마군대에 의해 자행된 콘스탄티누스의 직계 세 아들 이외의 황실 가문에 대한 살육으로 인하여 콘스탄티누스의 형제였던 그의 아버지를 잃고, 그와 이복형 콘스탄티우스 갈루스만 나이가 어리다는 이유로 살아남은 멸문지화$^{滅門之禍}$를 당하였다. 따라서 그가 콘스탄티누스의 권력을 이어받은 그의 사촌 콘스탄티우스 2세 황제와 그 가문이 옹호하는 기독교 신앙에 반감을 갖게 되었던 것은 자연스러운 일이었다. 율리아누스는 헬레니즘 문화와 철학에 깊은 관심을 가지고 있었고, 아테네에서 수

학하면서 고대 신비종교와 로마의 옛 전통에 경도되었다. 율리아누스가 콘스탄티우스 2세를 제치고 황제가 된 이후에 기독교를 제한하고 헬레니즘 문명과 로마의 옛 종교전통을 회복시키고자 하였다. 이전의 기독교 황제들이 기독교에 취한 방식을 본받아, 율리아누스는 무너지고 빼앗긴 이교도 신전을 회복시키고, 이교도 사제들에게 특혜를 주어 기독교 성직자 이상의 특권을 누리게 하는 조치를 취하였다. 그는 이교도의 조직체계를 정비하고, 이교도 사제들이 종교적으로 도덕적으로 모범적인 삶을 살도록 관리하고, 또한 가난한 자들을 구제하는 데 힘을 기울이게 함으로써 대중적 영향력을 갖게 하였다. 그는 옛 신들의 예배를 회복할 책임을 감당하도록 그가 선택되었다고 믿으며 제국 전체를 옛 종교로 회복시키기 위한 노력을 기울였다. 그는 신플라톤주의와 미트라 제의의 태양신 숭배와 여러 지역의 제의들이 혼합된 형태의 종교를 복원하고자 노력하면서도 기독교에 대하여 박해를 하지는 않았다. 다만 기독교에 대한 특권을 폐지하고, 기독교가 교리를 해석하고 전파하기 위해 고전과 철학을 가르치는 것을 금하고, 기독교를 반박하고 조롱하는 글을 펴냄으로써 기독교의 영향력을 위축시키려고 하였다. 또한 유배당한 기독교 감독들을 복귀시킴으로써 교회에 분란을 일으키려고 시도하였다. 그러나 363년에 페르시아를 정벌하기 위한 군사행동에 나섰다가 전사함으로써 기독교를 배척하고 이교도주의를 회복하려고 했던 그의 짧은 시도는 실패로 끝났다. 확인되지 않은 전승에 따르면, 그의 마지막 말은 "갈릴리인이여, 당신이 이겼소"였다고 한다.[27]

---

[27] Gonzalez, *The Story of Christianity*, vol. 1, 193-7; Henry Chadwick, *The Early Church*, 151-9. 참조.

율리아누스와 정반대로 그라티아누스 황제(Gratian, 재위 375~383)는 이교도주의를 공적으로 배척하였다. 로마의 옛 종교전통인 이교도주의는 콘스탄티누스와 이전 황제들의 특혜와 지원에 따른 기독교의 영향력 아래 퇴조하고 있었지만, 기독교와 공존하면서 여전히 지지기반이 남아있었고, 로마제국의 배척과 제재를 받지는 않았다. 기독교를 옹호한 황제들 역시 전통적인 로마 종교의 대제사장 타이틀을 여전히 유지하고 있었다. 그러나 그라티아누스 황제는 382년에 밀라노의 감독 암브로시우스$^{Ambrose}$에 깊은 영향을 받아 이제까지 관용되어 왔던 이교도 신앙을 배척하였고, 이교도 사제들의 수입을 제한하고, 그들에 대한 재산 증여를 금지시켰으며, 그들에게 주어졌던 특혜를 폐지하였다. 또한 이교도 사제들의 개인재산을 몰수하였고, 이교도 신전과 제단을 몰수하여 국고로 환수시키는 명령을 내렸다. 한 걸음 더 나아가 원로원에 건립되어 있는 승리의 여신 니케$^{Nike}$의 제단을 폐지하고 그 수입을 몰수시켰으며, 대제사장의 칭호를 가진 황제가 승리의 제단$^{the\ Altar\ of\ Victory}$을 폐하는 것은 옳지 못하다는 비판에 맞서 로마 황제가 전통적으로 지녀왔던 대제사장$^{Pontifex\ Maximus}$의 타이틀을 폐지하고, 그것을 새기는 상징물을 금지하였다. 그라티아누스 황제 때에 로마제국의 기독교 제국으로서의 특징이 더욱 분명하게 드러나게 되었다.

그라티아누스 황제의 기독교 정책을 이어받아 기독교를 국교로 확립하고 로마를 기독교 제국으로 확고하게 발전시킨 황제는 테오도시우스 1세 황제(Theodosius I, 재위 379~395)였다. 테오도시우스 1세는 로마군대의 장군이었다가 379년에 그라티아누스 황제에 의해 로마제국 동방 지역을 다스리는 공동 황제로 임명되었다. 그는 로마제국의 황제권을 분점하여 일어난 내전을 평정하고 로마에 평화를 가져왔으며, 380년에 데살로니가 칙령Edict of Thessalonica을 통해 니케아공의회에 입각한 정통 기독교를 로마제국의 유일한 합법적 종교인 국교로 선언하였다. 이에 따라 로마의 옛 종교들과 이교도주의에 대한 국가의 지원을 폐지하고, 법령을 통해 니케아신조에 반하는 아리우스주의 이단을 배격하고, 이교도 사원을 폐쇄하고, 이교도 신전과 제사장들의 소유를 몰수하고, 이교도 제의를 금지시켰다. 그는 제국의 동방 지역에서 일어나는 고대 신전파괴 행위를 처벌하거나 공권력으로 제지하지 않았다. 기독교 지도자들 가운데 알렉산드리아의 감독 데오필루스Theophilus는 이교도 신전을 파괴하고 그 소유를 기독교 공동체가 차지하는 것이 정당하다고 주장하였고, 그의 주도 아래 391년에 알렉산드리아의 세라피스 신전이 파괴되었다. 예술적 가치가 높은 신전들이나 이교도 유산들은 교회나 기독교적 용도로 변용되기도 하였다. 대표적으로 아테네의 파르테논신전은 성모 마리아를 위한 교회로 보전되었다. 테오도시우스 1세는 이교도 신앙을 배척하는 강력한 종교탄압을 멈추고 관용을 베풀어달라는 요청을 거부하고, 392년에는 제국 전역에 있는 이교도 신전과 성지와 신상의 파괴를 명하였다. 그러나 강력한 탄압과 제재에도 불구하고, 지역에 깊게 뿌리내리고 있는 이교도 신앙을 완전히 박멸할 수는 없었고, 도시에서도 은밀하게 이루어지는 이교도 제의는 7세기까지 유지되었다. 393년에는 기독교가 아닌 종교행위의 공공연한 행사를 금지하였고, 그리스의 고대 올림픽 제의를 금지시켰다. 당시 민간에 널리 퍼져 있었던 영지주의적 성격의 혼합종교였던 마니교는 테오도시우스 법령에 따른 집중적인 탄압을 받았다. 배교자 율리아누스 때 기독교를 배척하는 차원에서 특혜를 누린 유대교는 반기독교 세력으로 각인되어 테오도시우스 1세 때 박해를 받았다.[28] 테오도시우스 1세가 교회의 일치에 공헌한 대표적인 예로, 콘스탄티누스의 모범을 따라 381년에 콘스탄티노플에서 제2차 에큐메니칼 공의회를 열어서 아리우스 논쟁으로 분열된 교회를 화해시키고, 니케아신조에 입각한 정통 기독교를 확립하려 했던 노력을 들 수 있다.

로마의 기독교 황제들이 기독교와 관련하여 제정한 법령들은 로마제국이 기독교를 합법적인 유일한 종교로 삼아 로마의 사회질서와 문화와 종교와 도덕을 기독교적으로 변화시켜 나간 "로마의 기독교화"의 흔적들이다. 특히 테오도시우스 1세의 손자인 테오도시우스 2세 황제(재위 408~450)에 의해 집대성된 『테오도시우스 법전』(*Codex Theodosianus*)은 콘스탄티누스 황제로부터 테오도시우스 2세 황제까지 황제들의 법령을 모은 법전으로서 438년에 라틴어로 편찬되었고, 4~5세기 기독교 황제들의 사회, 경제, 종교에 관한 정책을 보여주는 사료이다. 이 법전은 황제들의 기독교 관련 법령들도 수록되어 있으며, 기독교가 로마제국에 끼친 변화와 로마제국이 기독교에 미친 영향을 가늠해 볼 수 있다. 기독교는 박해받던 소수자들의 종교에서 황제의 보호와 특혜를 누리는 특권종교가 되었고, 로마제국의 유일한 국교로서 이단과 이교도와 타종교를 탄압하는 지배종교가 되었다. 제국의 주요도시의 중심지에 웅장한 바실리카 양식의 예배당이 봉헌되었고, 국가의 지원 아래 운영되고 유지되었다. 성직자들에게는 경제적, 정치적, 법적인 특혜가 주어졌고, 고위 성직자들은 사회의 지배세력과 귀족계층으로 자리매김하였다. 지방세의 상당부분이 교회의 자

---

28 Gonzalez, *The Story of Christianity*, vol. 1, 141-2; Henry Chadwick, *The Early Church*, 168-71. 참조.

선사업에 제도적으로 할당되면서 교회는 병원과 고아원과 사회복지 시설을 확충하면서 구제와 사회사업의 독점적인 영향력을 지닌 기관으로 발전하였다. 기독교는 로마의 사회문화를 변화시켰는데, 특히 결혼에 대한 기독교적 가치가 반영되어 일부일처제가 정착되었고, 이혼과 재혼에 대한 세밀한 규정이 생겨났다. 하나님의 형상으로서 인간의 존엄성이 강조되어 노예에 대한 지나친 고문이나 학대와 비인간적 행위가 금지되었다. 독점적 지배종교로서 기독교의 지위가 강화되면서, 타종교에 대한 배척과 제한이 이루어졌고, 특히 유대인들의 기독교인들을 대상으로 하는 전도가 금지되었고, 유대인들의 개종과 세례가 장려되었다. 이단들을 엄격하게 규제하고, 교회를 이단으로부터 보호하였으며, 교회로부터 배척당한 이단분파들은 로마의 법적, 사회적 제도로부터도 배제되었다.

이로써 교회와 국가(로마제국)는 하나의 고리로 긴밀하게 연결되었다. 기독교는 로마제국의 국가종교로서 정치, 경제, 사회, 문화의 여러 부분에서 공적 역할을 담당하였고, 로마제국은 기독교의 보호자와 지지기반으로서 교회의 설립과 운영은 물론 교회의 질서와 안정을 확립하고, 이단을 배척하고, 기독교의 종교적 지배체제와 조직체계를 유지하고, 교회의 신학과 예배와 교육과 선교와 봉사의 모든 영역을 행정적, 재정적으로 뒷받침하였다.

## 3. 기독교 수도원 운동의 발전

콘스탄티누스 이래로 기독교가 로마제국 안에서 보호와 특혜를 누리는 독점적 종교로 변화된 것은 오랫동안에 걸친 로마제국의 박해를 떠올린다면 교회의 위대한 승리임에 틀림없었다. 황제의 초청을 받아 니케아에서 모인 교회의 감독들은 지역교회 단위를 넘어 보편적 교회의 실체를 확인할 수 있었고, 황제의 환영과 주재 아래 최초의 에큐메니칼 공의회를 열 수 있었다는 사실만으로도 놀라움과 감격을 감출 수 없었다. 이것은 로마제국의 후원에 힘입어 교회가 누리게 된 특권과 변화된 현실을 반영하는 생생한 장면이었을 것이다. 여러 지역에 산재한 교회의 지도자들을 한 자리에 모이게 하고, 다양한 문화적 배경과 상이한 신학을 가진 교회들을 하나의 체계로 조직하고 연결하는 힘은 그리스-로마세계를 아우르는 로마제국의 행정력과 제도적 뒷받침이었다. 문화와 인종을 뛰어넘는 기독교의 영적인 보편성은 그리스-로마세계를 지배하는 로마제국에 의하여 하나의 보편적 제도적 교회로 재구성되었다.

"하나의 거룩한 사도적" 교회가 로마제국의 중재와 개입으로 "하나의 보편적인 제도적" 교회로 구형된 변화는 긍정적인 측면과 함께 부정적인 측면도 있었다. 로마제국 안에서 교회의 영향력과 권위가 크게 향상되고, 웅장하고 화려한 예배당을 갖춘 교회로 성장한 것이 긍정적인 측면이었다면, 교회가 가지고 있었던 영적이고 도덕적인 영향력이 정치적, 물질적 권력으로 변화되고, 교회가 로마제국을 모방하며 지배적이고 권위주의적인 제도적 기관으로 변화되었다는 것은 부정적인 모습이었다. 하나님 나라를 추구하는 영적인 공동체가 지상의 영광과 번영을 추구하며 세속화된 것은 위대한 승리가 가져다 준 치명적인 한계였고, 이후 역사 속에서 끊임없이 교회를 타락과 부패로 끌어내리는 근본적인 문제가 되었다. 무엇보다도 가난한 자와 억압받는 자를 옹호하는 약자들의 종교에서 권세자들과 지배자들을 대변하는 강자의 종교로 변화되어, "정통 기독교-로마제국the Orthodox Christian Roman Empire"이 구축한 사회체제에 반하는 세력을 억압하고 사회질서를 유지하는 공적 종교의 기능을 하게 된 것은 기독교 신앙이 지배세력과 세속가치에 순응하는 결과를 가져왔다. 이것은 "로마의 기독교화"라는 순기능을 넘어서 "기독교의 로마화"라는 역기능을 동시에 함의하였다. 이로써 기독교는 국가권력에 의해 박해받는 약자의 종교에서 국가권력을 통해 박해하는 강자의 종교가 되었다.

이러한 가운데, 기독교 공동체는 기독교를 박해하던 황제들보다 기독교를 옹호한 황제들 아래서 교회의 여러 가지 문제들을 판단하고 결정하는 데 더 자유롭지 못했다. 정치적, 종교적 이유로 황제들이 교회문제에 개입하며 영향력을 행사하였고, 특히 감독을 임명하는 데 있어서 이전에는 회중들의 자유로운 선택과 결정에 따랐다면, 로마제국의 영향 아래 교회의 위계적 교직체계가 자리 잡으면서 감독들의 영향력이 더 커졌고, 특히 니케아공의회 이후에는 대도시의 감독들의 지도력과 영향력이 커져서 그들의 승인과 거부권이 결정적인 요인이 되었다. 콘스탄티누스 황제는 세례를 받지도 않았지만, 니케아에서 모인 감독들의 공의회를 주재하였고, 동방에서는 황제가 세속 권세는 물론 영적인 문제의 권위까지 인정받으며 황제가 교회의 수장이라는 "황제교황주의Caesaropapism"가 제기되었다. 물론 데살로니가에서 일어난 폭동에 보복학살을 자행한 테오도시우스 1세에게 예배와 성찬참여를 금지시키고 공개 회개를 요구한 밀라노의 감독 암브로시우스의 예처럼 황제가 기독교적 가치에 반할 때에는 감독들의 저항과 비판을 받기도 하였지만, 대체적으로 황제의 권위는 교회 안에서 중요하게

인정되었다.29

기독교 공동체 안에서 기독교의 권위주의화와 세속화를 타락과 변질로 인식하는 사람들이 나타났다. 수도원 운동은 기독교의 로마화와 세속화로 인한 교회의 타락과 도덕적 부패를 비판하면서 자발적 가난과 자기희생적 금욕적 삶을 실천함으로써 그리스도와 사도들과 순교자들의 신앙과 삶을 따르려고 했던 개인적, 공동체적 신앙개혁운동의 일환이었다. 수도원 운동에 참여하였던 이들은 교회가 부귀영화를 누리며 기득권을 옹호하는 세속적 기관으로 전락하는 것을 비판하면서 그리스도와 초대교회 사도들의 자발적 가난과 자기희생적인 순결하고 소박한 삶을 실천하는 것을 기독교 신앙의 참된 모습으로 이해하였다. 또한 콘스탄티누스 이래로 기독교에 주어진 특혜와 특권에 이끌려 교회로 몰려든 사람들로 인해 교회의 수가 늘어났지만 오히려 신앙이 희석되고 기독교의 정체성이 약화되는 것을 우려하면서 하나님의 말씀을 철저히 순종하는 금욕적 삶을 추구하였다. 특히 순교를 그리스도의 고난에 참여함으로써 모든 죄를 씻고 그리스도와 연합하는 길이라고 열망했던 그리스도인들은 박해가 사라진 평화의 시대에 세상과 분리되어 그리스도를 위해 자기를 부인하고 십자가의 길을 걷는 수도원적 삶으로 순교를 대체하고자 하였다. 이러한 측면에서 수도원 운동은 교회의 세속화와 성직자 및 그리스도인들의 영적 타락과 부패에 맞선 비판적인 신앙 개혁 운동이었던 동시에, 그리스도와 사도들의 삶을 따르는 순교적 삶을 통해 그리스도와의 연합을 추구한 대안적인 신앙 회복 운동이었다. 특히 콘스탄티누스의 기독교 공인과

---

29 Henry Chadwick, *The Early Church*, 165-7.

특혜로 교회가 세속화되고 대중화되면서 수도원 운동은 더욱 활발하게 일어났다.

수도원 운동은 기독교 전통의 안과 밖에서 그 기원과 영향을 찾아볼 수 있다. 유대교의 에세네파와 세례 요한은 세상으로부터 분리되어 광야에서 하나님 나라의 도래를 추구하면서 타락한 시대와 신앙공동체에 각성을 일으켰다는 측면에서 그 전례라고 볼 수 있다. 또한 초대교회의 "과부들"처럼 전적으로 교회 사역에 전념하기 위해 결혼이나 재혼하지 않은 여성들과 평생 독신으로 살아가며 복음전도에 전념한 사도 바울은 수도원 운동의 직접적인 모델이 되었다. 플라톤주의와 스토아학파와 영지주의 분파들 가운데 철저한 금욕의 실천으로 육신을 억제하고 영적인 초월을 추구하는 그룹들이 있었고, 이러한 흐름들은 기독교 수도원 운동 발전에도 영향을 끼쳤다. 교회사가 유세비우스의 기록에 따르면 3세기 초에 오리겐은 "철학적 삶을 실천"하며 낮에는 공부에 열중하고 밤에는 성경을 연구하면서 젊은이의 성욕을 극복하고 자기를 절제하였고, 때때로 금식하고, 잠을 덜 자며, 침대가 아니라 바닥에서 자는 고행을 실천하였고, 주님의 말씀에 순종하여 두 벌 옷을 가지지 말고 신발을 신지 말라는 가르침을 실천하였고, 자발적 가난을 실천하여 스스로 헐벗으며 추위에 맞섰고, 포도주를 멀리하고 음식을 절제하면서 건강을 해치기도 했다고 한다. 이로 보건대 오리겐은 플라톤주의와 스토아학파에 영향을 받아 이를 기독교적으로 적용하여 금식과 철야와 자발적 가난과 고행을 실천하는 금욕적 수행을 하였던 것으로 보인다.[30]

---

30 Gonzalez, *The Story of Christianity*, vol. 1, 158-61; Paul L. Maier, trans., *Eusebius: The Church History*, 190-91.

3세기 후반 들어 기독교 수도원 운동이 본격적으로 발전하기 시작하였는데, 이집트와 팔레스타인의 광야가 주요 무대가 되었다. 수도사들은 크게 은둔수도사$^{eremite/anchorite}$와 공동체수도사$^{cenobite}$로 나뉘는데, 전자는 홀로 수도하는 수도사이고, 후자는 함께 모여 수도생활을 하는 수도사이다. 이 둘을 조합하여 평소에는 홀로 수도생활을 하다가, 예배를 위해 함께 모이는 형태의 수도사들도 있었다. 수도원 운동이 많은 이들에게 영향을 끼치며 이후에 공동체 수도원이 보편적인 형태가 되었지만, 수도원 운동의 이상과 그 첫 형태는 은둔수도였다. 누가 기독교 은둔수도사의 창시자였는가는 확실치 않다. 제롬$^{Jerome}$에 따르면, 수도자 바울이 3세기 중엽에 박해를 피해 광야로 나가 버려진 피난처에 머물며 기도에 전념하며 평생을 수도에 정진하였다.[31] 대체로 기독교 은둔수도자의 창시자는 안토니우스(Anthony, d.356)로 받아들여지고 있는데, 그가 수도사의 삶을 결단하고 광야에서 그보다 앞선 수도사들에게 수도생활을 배웠기 때문에 안토니우스를 기독교 수도원의 창시자라고 보기는 어려울 것이다. 그러나 그의 수도적 삶이 많은 이들에게 영향을 끼쳤고, 그가 자신을 따르는 사람들을 모아 수도생활을 지도하면서 수도원 운동이 커다란 영향을 끼치는 데 크게 기여한 인물이었고, 특히 아타나시우스가 그의 전기를 기록함으로써, 그리고 아우구스티누스의 회심에 이 책이 크게 기여함으로써 기독교 세계에 커다란 영향을 끼쳤다는 점에서 기독교 수도원 운동의 선구자로 기억되고 있다.

안토니우스는 251년경 이집트의 나일강 유역의 작은 마을에서 부

---

31 Gonzalez, *The Story of Christianity*, vol. 1, 161-3.

유한 가정의 자녀로 태어났다. 그는 270년경에 부모님이 돌아가신 후 영생의 길을 묻는 부자청년에게 가난한 자들에게 모든 소유를 나누어 주고 따르라(마태복음 19:21)는 그리스도의 말씀에 순종하여 자신의 소유를 가난한 자들에게 나누어주고 광야로 들어갔다. 처음에는 선행 수도자들의 지도 아래 훈련을 받았으나 그들을 떠나 버려진 무덤가에 홀로 기거하며 수도생활을 하였고, 가끔씩 그를 방문하는 사람들이 가져다는 주는 빵으로 연명하였다. 그 이후 수도생활에 적응하여 영적인 성장에 이른 후에 285년경에 나일강 유역의 피스피Pispir의 "외곽산Outer Mountain"으로 알려진 외진 광야지역으로 들어갔고, 버려진 요새를 발견하여 그곳에서 머물며 수도생활을 하였다. 안토니우스의 명성이 알려지게 되면서 그로부터 기도와 관상의 지혜를 얻고자 하는 수도사들과 기적을 바라는 병자들이 몰려들었고, 그들을 피해 옮겨 다녔지만, 완전히 외면하기가 어려웠다. 그리하여 305년경에 그를 따르는 사람들의 공동체를 이루어 그의 지도를 받게 하였는데, 공동체 수도원의 형태가 아니라 그가 가끔씩 방문하여 지도하는 느슨한 형태였다. 이곳에서 단순한 삶을 실천하고 자급자족을 통해 살아가며, 기도와 묵상에 힘썼다. 디오클레티아누스 대박해 때에 안토니우스는 순교를 위해 그의 제자들과 함께 알렉산드리아를 찾아갔지만, 그들의 초라한 행색으로 인해 외면당하여 뜻을 이루지 못하였다. 310년경에는 보다 집중적인 수도생활을 위해 사람들을 떠나 이집트의 홍해 인근의 "내산Inner Mountain"으로 알려진 더 깊은 광야지역Deir Mar Antonios으로 들어갔고, 거기서 마지막까지 수도생활에 전념하였다.[32] 안토니우스는

---

32 "St. Antony of Egypt," in *The Oxford Dictionary of the Christian Church,* ed. F. L. Cross and E. A. Livingstone (Oxford and New York: Oxford University Press, 1997), 80.

교회의 정치적 논쟁과 감독들의 교권다툼과는 멀리하였지만, 아리우스주의를 비판하며 정통 기독교를 수호한 아타나시우스를 보호하고 적극 옹호하였고, 아타나시우스는 그의 전기를 남겼다.

수도원 운동의 영향력이 커지면서 많은 이들이 수도생활을 추구하는 가운데 점차 공동체 수도원이 자리를 잡아나갔다. 사막과 광야 지역에서 홀로 수도생활을 하는 것은 매우 어려운 일이었을 뿐만 아니라 공동체 수도원이 함께 모여 서로 교제하며 기도하기에 힘쓰는 기독교 정신과 전통에 부합하였기 때문이다. 공동체 수도원의 발전에 기여한 선구적인 인물은 이집트 테베Thebes 출신의 파코미우스(Pachomius, 292~348)였다. 그는 이교도 가정에서 태어나 막시미누스 다이아의 군대에 징집되어 군복무를 하였고, 막시미누스 다이아가 패하면서 313년경에 군대에서 벗어나 세례를 받고 기독교인으로 개종하였다. 그는 광야로 들어가 은둔수도자 팔레몬Palaemon의 지도를 받으며 수도생활을 하였고, 그를 떠나 안토니우스의 인근에서 그의 모범을 따라 수도생활을 하였다. 이후 그를 찾아오는 수도자들을 위한 거처를 마련하라는 메시지를 받고, 320년경에 이집트 북부의 타베니시Tabennisi에 공동체 수도원을 설립하였다. 그의 수도원은 크게 성장하였고, 군대규율과 유사한 엄격한 수도규칙을 정하여 공동체 수도원의 삶을 규율하였다. 자신의 소유를 모두 포기하고 수도원장Abbot의 지시에 절대적으로 복종하는 서약을 한 사람들을 수도원 공동체에 받아들였다. 파코미우스의 수도원은 20~40명 단위의 수도사들로 구성된 생활구획으로 분리되었고, 2인 1실의 방이 있었으며, 예배당과 휴게실과 부엌과 손님숙소는 공유하였다. 그들은 노동을 하고, 시편을 노래하고, 성경을 암송하고, 묵상과 기도를 했다. 하루에 두 번 기도모임이 있었는데,

오전에는 다함께 모여서 기도하고 시편과 성경봉독을 하였으며, 저녁에는 자신들의 구역에서 작은 그룹으로 모여 기도모임을 하였다. 파코미우스의 지도 아래 수도원이 9개가 건설되었고, 남성뿐만 아니라 여성수도원도 있었다. 파코미우스와 그의 제자들은 교회의 직책을 맡지 않았고, 세속과 교권으로부터 철저히 분리되고자 했다. 그럼에도 불구하고 파코미우스와 그의 수도원 공동체는 아타나시우스와 니케아 정통 기독교의 확립에 거대한 지지세력이 되었을 뿐만 아니라, 파코미우스의 수도규칙은 가이사랴의 바질Basil of Caesarea과 존 카시안John Cassian을 비롯한 동방교회 교부들과 이후 수도원 운동에 커다란 영향을 끼쳤다.33

카파도키아 교부들 가운데 하나인 가이사랴의 바질은 세속과 교권으로부터의 철저한 분리를 추구한 파코미우스의 수도원 운동의 이상을 현실세계와 제도적 교회로 적극적으로 수용한 교회지도자였다. 세속적 성취를 추구하며 가이사랴와 콘스탄티노플과 아테네에서 최고의 학문을 수학한 바질은 그의 누나 마크리나의 권면에 따라 금욕과 명상을 추구하는 수도자의 삶으로 전향하였다. 그는 이집트와 시리아의 수도원 공동체에서 수도생활을 배운 후 고향 근처에서 은둔수도자로 살았고, 이어 신학연구와 전도에 매진하였다. 그는 특히 신약성경으로부터 광범위하게 인용한 수도규칙the Rule of St. Basil을 작성하여 이후 동방교회 수도원 운동에 커다란 모범이 되었다. 그의 수도규칙의 특징은 사막수도자들의 엄격하고 혹독한 규율을 피하고, 수도사가 실천해야 할 철저한 복종을 하나님을 섬기기 위한 수단으로 이해하면

---

33 Gonzalez, *The Story of Christianity*, vol. 1, 165-8; Adrian Hastings, ed., *A World History of Christianity*, 43-4.

서 공동체 삶을 통해 구현하도록 훈련하고자 하였다. 이와 더불어 그는 수도사들의 약자와 병자에 대한 사회적 책임을 강조하였다. 이후 그는 가이사랴의 유세비우스의 뒤를 이어 370년경에 가아사랴의 감독이 되었다. 그는 수도원의 이상으로 교회의 삶을 개혁하고자 하였고, 성직자들의 도덕적 성결을 강조하였고, 특히 가난한 자를 구제하는 호스텔과 병든 자를 돌보는 병원을 설립하여 체계적으로 보살피고자 하였다. 바질의 영향에 따라 광야의 수도원의 이상과 수도사의 삶이 감독이 이끄는 대도시의 교회와 세상 안으로 들어왔고, 예배와 봉사와 회중을 돌보는 목회적 삶이 수도원의 금욕주의를 대체하였다.34

시리아와 메소포타미아 지역에서 금욕주의적 수도의 방식은 매우 기이한 형태로 나타나기도 하였다. 대부분의 수도사들은 시리아 언어를 사용하는 교육수준이 낮은 사람들이었고, 무거운 철로 된 사슬을 허리에 차거나, 높은 기둥 위에서 햇볕과 비바람을 맞고 옷을 걸치지 않고 살아가는 고행을 실천하면서, 그리스도를 위해 어리석은 자가 됨으로써 세상을 멀리하고자 하였다. 대표적으로 시리아의 시므온(Symeon the Sylites, 390~459)이 있었고, 그의 엄격한 금욕적 실천과 가르침은 대중적으로 커다란 존경을 받았다.35 학식 없는 수도자와 달리 정교한 신비주의 신학적 성찰과 철저한 금욕적 수행을 결합한 신비주의 수도원 운동의 예로 이집트의 니트리아 사막의 수도자 에바그리우스 폰티쿠스(Evagrius Ponticus, 346~399)가 있다. 그는 나지안주스의 그레고리의 제자로서 그로부터 부제deacon로 안수를 받았고, 콘스

---

34 Adrian Hastings, ed., *A World History of Christianity*, 44-5; Henry Chadwick, *The Early Church*, 178-9.

35 Henry Chadwick, *The Early Church*, 180.

탄티노플에서 설교자로 명성을 얻었다. 그는 382년경에 이집트의 니트리아 사막으로 들어가 평생 수도생활을 하였는데, 특히 오리겐의 사변적 신비주의 신학에 영향을 받아서 금욕적 삶과 관상을 통해 하나님과 연합하는 수도적 삶을 강조하였다. 특히 열정과 욕망의 상태를 극복apatheia하고 관상의 단계에 이르기 위해 그가 지적한 근원적인 여덟 가지의 죄악은 "폭식, 간음, 탐욕, 우울, 분노, 나태acedia, 허영, 교만"이었다. 오리겐의 영향을 반영하여 그는 신비주의 사변철학과 금욕적 수행과 관상기도와 같은 영적 수행을 접목하여 신비주의 수도원 운동에 커다란 영향을 끼쳤고, 그의 제자 존 카시안에 의해 서방교회에 널리 알려졌다.36

존 카시안(John Cassian, 360~430)은 젊어서 베들레헴의 수도원에서 수행하였고, 이어 이집트 수도원에서 수학하며 에바그리우스 폰티쿠스에게 커다란 영향을 받았다. 수도원의 이상으로 콘스탄티노플 교회와 사회의 개혁을 추구하였던 콘스탄티노플의 감독이며 "황금의 입"이라는 별칭으로 유명한 존 크리소스톰John Chrysostom에 의해 404년경에 콘스탄티노플 교회의 부제deacon로 임명되었고, 로마교회에 사절로 파송된 후 서방 지역에서 머물며, 415년경에 마르세유Marseilles 인근에 2개의 수도원을 설립하였다. 그는 파코미우스와 에바그리우스와 같은 이집트 사막의 교부들의 사상을 소개하였고, 수도원의 이상을 초대교회 사도들과 연결시키며 이상적인 기독교적인 삶으로 강조하였다. 그는 수도생활을 하면서 모은 자료와 지혜를 활용하여 라틴어로 수도원적 삶에 관한 중요한 저작을 남겼는데,『강요』(Institutes)는 수도

---

36 Adrian Hastings, ed., *A World History of Christianity*, 46; Henry Chadwick, *The Early Church*, 181.

원의 삶에 대한 규율과 수도적 완전을 방해하는 장애물에 대한 저술이고, 『회독會讀』(Conferences)은 유명한 동방 수도원의 지도자들과 나눈 대화형태의 저술이다. 그의 『강요』는 베네딕트 수도규칙에 차용되었고, 베네딕트 수도원을 비롯한 서방의 수도원 운동은 그로부터 동방의 수도원 운동의 영향을 받아 발전하였다. 이러한 측면에서 이집트 사막의 수도원 운동을 서방의 수도원 운동과 연결시킨 요인은 존 카시안과 그의 수도원 운동에 관한 저작이었다고 할 수 있다. 그는 동방 교부들의 수도원적 영성을 반영하면서 하나님의 은혜와 인간의 금욕적 수행의 협력(신인협동설, synergism)을 강조하고, 하나님의 절대은총을 강조하는 아우구스티누스의 은총론을 비판하였는데, 이러한 사상은 아우구스티누스 신학에 기반하고 있는 서방교회에서 "반펠라기우스주의semi-Pelagianism"로 비판받았다.37

수도원 운동은 동방교회에서 특히 이집트와 팔레스타인의 사막에서 비롯되었고, 이후 기독교 공동체에 두루 영향을 끼치게 되었다. 서방교회에서는 아우구스티누스가 아타나시우스의 『안토니우스의 생애』를 읽고 커다란 감명을 받아, 회심 후에 카시키아쿰Cassiciacum에서 연구와 기도와 묵상에 전념하는 수도원적 공동체를 설립하였고, 히포의 감독이 된 이후에도 이러한 이상과 실천에 따라 교회공동체를 이끌어나갔다. 서방교회에서 수도원의 이상을 대중화하는 데 기여한 인물로는 투르의 감독 마틴(Martin of Tours, d.397)을 들 수 있다. 그는 군인이었던 이교도 아버지의 강요에 의해 군인이 되었다. 배교자 율리

---

37 Adrian Hastings, ed., *A World History of Christianity*, 46; John Meyendorff, *Imperial Unity and Christian Divisions: The Church 450-680 A.D.* (New York: St. Vladimir Seminary Press, 1989), 88-90.

아누스의 원정길에 종군從軍한 그는 아미엥Amiens에서 헐벗은 걸인에게 그의 겉옷을 둘로 나누어 한쪽을 주었고, 꿈에 걸인에게 준 옷을 입은 그리스도가 나타나 "지극히 작은 자에게 한 것이 곧 내게 한 것이다"라고 말씀하셨다는 일화는 유명하다. 그 후 마틴은 세례를 받고 군대를 떠났다. 그는 여러 지역을 다니며 배움을 구하였고, 특히 푸아티에의 힐러리Hilary of Poitiers에게 가르침을 얻었다. 이후 인근의 투르에 정착하였고, 수도원적 삶을 추구하면서 그의 거룩한 삶과 병자를 고치는 능력으로 많은 이들에게 명성을 얻었다. 투르의 감독이 공석이 되면서 대중들의 요청에 따라 감독의 자리에 올랐고, 수도사의 삶을 포기하지 않고, 성당 옆에 수도사의 작은 독방을 만들어 시간이 날 때마다 수행을 하였다. 그는 교회에서 수도원의 이상을 구현하기에 힘썼고, 무엇보다도 오지에 복음을 전하는 선교사명을 적극적으로 감당하고, 이교도 제단을 교회로 변화시키고, 약자를 돌보는 일에 힘을 쏟았다. 수도원의 이상을 교회로 가지고 들어와 그는 교회와 수도원을 연결시키고, 수도원적 삶을 선교적 사명과 연결시켰다. 그의 제자 술피시우스 세베루스Sulpicius Severus에 의해 마틴의 전기가 기록되었고, 이것은 서방 수도원 운동에 커다란 자극이 되었다.38

수도원 운동은 기독교의 세속화에 반발하고 변질되지 않은 순전한 신앙을 추구하며 사도시대의 단순하고 청빈한 삶을 실천하고자 이집트와 팔레스타인의 광야지역에서 홀로 금욕적 수행을 하는 은둔수도자로부터 시작되었다. 그러나 수도자들에게 자극을 받은 많은 이들이 광야로 모여 들면서 자연스럽게 공동체가 형성되었고, 이러한 과

---

38 Gonzalez, *The Story of Christianity*, vol. 1, 169-72.

정에서 공동체 수도원이 수도원 운동의 주류로 자리를 잡았다. 처음에는 수도원은 부패한 세상과 교권적 교회로부터 분리되어 나갔지만, 바질과 존 크리소스톰과 같은 수도자 출신의 신학자와 교회 지도자가 배출되면서 그들에 의해 도시의 교회와 세상 속으로 수도원의 이상과 영향력이 흘러들어왔으며, 교회와 사회를 개혁하는 원동력이 되었다. 본래 수도원 운동은 학문과는 거리가 먼 금욕적 수행이 주를 이루었지만 점차 학식 있는 수도자들이 많아지고, 바질과 제롬과 아우구스티누스와 같이 학문수행이 수도의 중요한 내용이 되는 수도원이 발전하면서, 수도원은 신학과 학문의 발전에도 중요한 기여를 하였다. 또한 오리겐의 신비주의적 사변철학과 금욕주의 신학에 영향을 받은 수도자들에 의해 하나님과 합일을 추구하는 신비주의 영성신학이 수도원 운동에서 발전하며 계승되었고, 개인의 내면적, 초월적 영성의 추구뿐만 아니라 바질의 경우에서처럼 수도사들의 사회적 봉사와 실천을 강조함으로써 수도원은 사회봉사의 중요한 기관이 되기도 하였다. 또한 투르의 마틴의 경우에서처럼 수도원을 선교운동과 연결함으로써 수도원은 중요한 교회의 선교 기관이 되기도 하였다. 이로 보건대, 수도원 운동은 다양한 모습과 기능으로 확장해나가면서 교회의 개혁과 신학의 발전은 물론 기독교 영성의 심화와 기독교 세계의 변화에도 커다란 영향을 끼쳤다.

# 제 5 장
# 그리스도론 논쟁과 고대 에큐메니칼 공의회

## 1. 그리스도론 논쟁과 니케아공의회

### 1) 그리스도론에 대한 오해와 신학적 이단들: 군주신론과 종속론

　기독교 공동체는 인간을 죄로부터 구원하고 하나님의 형상을 회복하기 위해 사람이 되신 성자 예수 그리스도의 신성과 인성을 동시에 강조하면서, 그리스도의 완전한 신성을 부정하는 유대교적 분파와 그리스도의 완전한 인성을 부정하는 영지주의 분파와 결정적으로 구별되었다. 이러한 측면에서 하나님의 본체이신 영원한 말씀이 사람이 되셨다는 그리스도의 성육신 신학은 기독교를 여타의 종교분파와 이단사상과 구분하는 핵심적인 신앙이었다. 그러나 하나님과 그리스도의 관계에 대한, 그리고 그리스도의 인성과 신성의 관계에 대한 다양한 해석과 설명으로 나뉘면서 기독교 공동체는 분열되었고, 여기에 로마의 기독교 황제들의 정치적 개입과 교회 안의 지역적 갈등과 교권다툼이 더해져서 그리스도론에 관한 신학논쟁은 더 치열하고 복잡하게 전개되었다.

고대 기독교 신조들 안에 성부 하나님과 성자 그리스도에 관한 신앙고백은 기독교의 핵심적인 교리와 신념으로 이미 뿌리를 내리고 있었고, 사도교부들의 신학사상 안에서 그리스도의 성육신과 그리스도의 인성과 신성 개념은 분명한 가르침으로 강조되었다. 그러나 이러한 가르침이 체계적인 신학과 교리로 정립되지는 못했고, 다양한 해석들이 공존하는 가운데 이단사조와 무리한 주장들이 교회의 가르침에 도전을 가하였다. 카르타고의 터툴리아누스는 『프락세아스 논박』에서 삼위일체의 정립(*una substantia, tres personae*; 하나의 본질과 세 위격)을 강조하며, 기독교 신앙을 혼란케 하는 "군주신론monarchianism"의 이단을 공박하였다. 군주신론은 2~3세기에 등장한 신학적 이단으로서, 유일신론monotheism을 옹호하고 하나님의 일체성을 강조하면서, 성자 그리스도의 완전한 신성과 하나님으로서의 위격을 부정하였다. 군주신론에는 두 유형이 있었는데, 하나는 양태론Modalism, 혹은 양태론적 군주신론으로서 3세기 초의 노에투스Noetus, 프락세아스Praxeas, 사벨리우스Sabellius가 대변하였고, 이들은 하나의 신성이 다양한 양태와 기능으로 나타난다고 주장하였다. 십자가에 달려 고난을 받고 죽은 예수는 다름 아닌 성부 하나님의 다른 모습이었다는 주장에 따라 이 유형을 성부수난설Patripassianism이라고도 하며, 대표자의 이름을 따서 사벨리우스주의Sabellianism라고도 한다. 이들은 삼위 하나님의 위격의 구분을 부정하였고, 그리스도는 구원자의 모습으로 나타난 하나님의 외형 혹은 가면假面에 불과하다는 신학적 오류에 빠졌다. 또 다른 유형의 군주신론으로서 양자론Adoptionism, 혹은 역동적 군주신론이 있었다. 이 유형은 2세기의 테오도투스Theodotus와 3세기의 안디옥의 감독이었던 사모사타의 바울Paul of Samosata이 대변하였는데, 테오도투스는 예수가 세례를 받을 때 성령의 임재를 통해 그리스도가 되었다고 주장하였고, 사모사타의 바울은 성부 하나님의 속성과 능력인 말씀Logos이 성육신하면서 인간 예수 안에 거하게 됨으로써 예수가 하나님의 아들이 되었다고 주장하였다. 따라서 영원 전부터 하나님과 함께 하셨던 온전한 하나님이신 성자 그리스도를 부인하고, 인간 예수 안에서 하나님의 아들로 인정된 양자론을 주장하는 신학적 오류에 빠졌다.

유일하신 하나님과 동일하신 성자 그리스도에 대한 기독교의 본질적 신앙을 신학적으로 설명하기 위한 철학적 시도가 이루어졌다. 순교자 유스티누스와 알렉산드리아의 클레멘트는 헬라철학의 개념을 수용하여 그리스도를 성육신한 완전한 로고스로 설명하였다. 또한 알렉산드리아의 오리겐은 신플라톤주의의 영향을 반영하며, 유출流出, emanation의 개념으로 삼위일체의 관계를 설명하고자 하였다. 궁극적 존재의 근원인 성부 하나님으로부터 성자 그리스도가 유출되어 나왔고, 성령도 이와 같이 성부로부터 나왔다고 보았다. 오리겐의 이해에 따르면, 태양에서 빛이 나온 것처럼 성부로부터 성자와 성령이 나왔기 때문에 삼위 하나님은 본질적으로 동일하지만, 궁극적인 존재의 근원인 성부 하나님으로부터 유출되어 나온 성자와 성령은 "궁극적 하나님Αυτοθεος, Absolute God"인 성부로부터 말미암은, 성부보다 위계에 있어서 낮은 "하나님θεος, God"이었다. 이러한 측면에서 오리겐의 사변철학적 삼위일체 이해는 삼위 하나님의 위격적 구분과 더불어 본질적

일체를 설명하기도 하지만, 동시에 성부로부터 성자와 성령이 발출되었다는 점에서 삼위 하나님의 위계를 강조하는 "종속론Subordinationism"의 오류를 포함하고 있었다.

### 2) 아리우스 논쟁과 니케아공의회(325년)

아리우스(Arius, d.336)는 안디옥학파의 창시자로 여겨지는 안디옥의 루시안(Lucian of Antioch, d.312)이 세운 학교에서 공부한 학생으로 알려져 있으며, 그의 영향 아래 종속론적 시각에서 삼위 하나님의 관계를 이해하였다. 루시안은 안디옥의 감독이었던 사모사타 바울의 "양자론"의 영향을 받아 종속론적 입장에 서 있었고, 아리우스는 그리스도가 성부에 비하여 열등한 피조된 존재로 인식하였다. 이러한 측면에서 발출의 관점에서 성자가 성부보다 낮은 위격의 하나님이라고 보았던 오리겐의 종속론적 입장과도 유사하였다. 아리우스는 안디옥에서 돌아와 알렉산드리아에서 집사로 안수 받았으나, 박해 때 배교한 자들을 교회에 받아들일 것을 거부한 이집트의 멜레티우스Meletius 분파를 지지했다는 혐의를 받아 311년경에 파문되었고, 이후 복권되어 313년에 알렉산드리아의 장로가 되었다.

아리우스는 알렉산더(Alexander, d.328)가 312년에 알렉산드리아의 감독이 되어 그리스도가 하나님과 동일본질이라고 설교하자, 이를 사벨리우스주의적 이단으로 인식하고 이에 대하여 반론을 제기하였다. 알렉산더는 "**하나님과 성자는 언제나 함께 계셨고, 성자는 낳음 받지 않으신** 하나님과 공존하시며, **성자는 낳음 받으셨지만 태어나지는 않으셨고**, 하나님은 생각으로나 시간으로나 성자에 앞서 계시지 않으며, 성자는 하나님 자신으로부터 존재하신다"라고 설교하였다. 이를 반박하며 아리우스는 "그리스도는 낳음 받으셨거나 창조되었거나 정해지셨거나 임명되셨고, 그 전에는 그가 존재하지 않으셨다. 왜냐하면 그는 낳음 받지 않으신 분이 아니었기 때문이다. **아버지가 아들을 낳았다면 낳음 받은 자는 존재의 시작이 있었을 것이다. 그렇기 때문에 아들이 존재하지 않았던 때가 있었다**는 것은 명확하다"라고 가르쳤다. 아리우스는 로고스가 성육신하여 인간 예수의 이성의 자리를 차지하였고, 그리스도는 완전한 하나님도, 완전한 인간도 아닌 그 사이에 있는 존재라고 이해하였다.1 알렉산더의 가르침은 기독교의 신앙 전통에서 비롯된 정통적 입장이었고, 아리우스의 주장은 논리적, 신학적 주장이었다. 그리스도를 신적인 로고스로 이해하면서 로고스의 영원성과 선재성을 주장하는 면에서는 알렉산더나 아리우스가 동일하였지만, 아리우스는 로고스가 만물의 창조 이전에 하나님으로부터 나와 하나님과 피조물을 매개하는, 모든 피조물보다 앞서는 피조물이라는 입장이었고, 알렉산더는 하나님과 로고스가 영원 전부터 언제나 함께 존재하는 동일본질이라는 입장이었다. 아리우스는 신론의 관점에서 유일신론을 옹호하며 그리스도가 하나님으로부터 나온 존재라는 종속론적 입장을 가졌고, 알렉산더는 구원론의 관점에서 구원자 그리스도의 완전한 신성을 옹호하며 그리스도와 하나님의 동일본질을 주장하였다. 알렉산더의 입장에서 그리스도가 완전한 하나님이 아니시라면 그가 우리를 하나님께로 인도하실 수 없다고 보았고, 반면에 아리

---

1 Margaret R. Miles, *The Word Made Flesh: A History of Christian Thought* (Oxford and Malden, MA: Blackwell Publishing, 2005), 70-71에서 재인용. 번역과 강조는 필자의 것이다.

우스의 입장에서 그리스도가 완전한 하나님이라는 알렉산더의 주장은 양태론적 군주신론과 다름이 없었고, 그리스도의 희생과 순종은 아무런 의미가 없었다.[2] 이런 측면에서 알렉산더는 그리스도의 완전한 신성을 강조하는 "위로부터의 그리스도론"을 대변하였고, 아리우스는 로고스가 인간 예수에게 성육신하여 그리스도로 높임을 받으셨다는 양자론적 군주신론의 입장과 유사하였으며, "아래로부터의 그리스도론"을 반영하였다. 이 둘의 논쟁은 이후 그리스도의 신성을 강조하는 알렉산드리아학파와 그리스도의 인성을 강조하는 안디옥학파의 갈등을 예고하였다.

알렉산더와 아리우스의 갈등은 더욱 첨예해졌고, 알렉산더는 아리우스에게 그의 주장을 철회할 것을 요구하였으나 아리우스는 거절하였다. 이에 따라 320년에 알렉산더는 아리우스를 파문하였으나, 아리우스는 이에 불복하였고, 이들의 논쟁에 따라 교회가 분열하였다. 양태론적 군주신론으로 이해되는 알렉산더의 주장도 문제였고, 양자론적 군주신론이나 종속론으로 이해되는 아리우스의 주장도 문제였다. 무엇보다 그리스도를 완전한 하나님으로 인정하지 않는 아리우스의 주장은 교회에 심각한 문제를 야기하였고, 이에 못지않게 그리스도와 하나님 사이의 구별과 차이를 간과하는 알렉산더의 주장도 논란의 여지가 있었다. 알렉산더는 알렉산드리아를 중심으로 이집트 지역에서 지지를 받았고, 아리우스는 교회사가인 가이사랴의 유세비우스와 황제에게 커다란 영향력을 끼치는 니코메디아의 유세비우스를 비롯하여 안디옥을 중심으로 하는 시리아 지역의 지지를 받았다. 특히

---

2 Gonzalez, *The Story of Christianity*, vol. 1, 184-5.

니코메디아의 유세비우스는 아리우스와 동문수학한 사이로서 이 둘은 안디옥의 루시안의 제자들이었다. 이후에도 니코메디아의 유세비우스는 끝까지 아리우스를 지지하면서, 아리우스주의자들의 정치적, 신학적 지주支柱 역할을 하였다.

324년에 로마제국을 완전히 통일한 후에 콘스탄티누스 황제는 교회의 분열을 막고 화해와 일치를 이루려는 노력에 따라 이 논란에 적극 개입하였다. 그는 자신의 종교 고문이었던 코르도바의 감독 호시우스를 파견하여 교회들을 중재함으로써 논란을 종식시키고자 하였고, 호시우스는 오늘날 터키의 수도 앙카라의 옛 지명인 안키라Ancyra에서 대규모 감독들의 회의를 소집하여 이 문제를 다루고자 했다. 호시우스는 알렉산드리아에 도착해서 알렉산더의 입장을 지지하게 되었고, 안디옥으로 건너가서 아리우스를 지지하는 세력들을 조사하였다. 그는 안디옥에서 회의를 소집하여 아리우스를 지지한 가이사랴의 유세비우스를 비롯하여 아리우스 지지자들을 파문함으로써 이 문제에 대한 입장을 이미 정하였다. 콘스탄티누스 황제는 호시우스가 안키라에서 소집한 대규모 감독들의 교회회의를 황제의 궁이 있었던 니코메디아 인근의 니케아Nicaea로 옮겨서 자신이 직접 주재하는 에큐메니칼 공의회로 소집하였고, 호시우스에 의해 어느 정도 입장이 정리된 이 문제를 공식적으로 재확인하고자 했다.3

325년에 로마 황제 콘스탄티누스에 의해 소집된 기독교 최초의 에큐메니칼 공의회였던 니케아공의회는 대부분 헬라어권의 교회의 감독이 참석하였다. 참석자의 수는 명확하지는 않으나 대체로 220~

---

3 Henry Chadwick, *The Early Church*, 129-30.

250명 사이였던 것으로 보인다. 그러나 알렉산더의 뒤를 이어 아리우스를 배격하며 정통주의를 끝까지 옹호한 아타나시우스는 아브라함의 종들(창세기 14:14)의 수를 가져와 상징적으로 318명의 감독들이 참여한 것으로 기록하였고, 이에 따라 "318명의 교부회의"로 알려지기도 했다.4 동방교회 대표자들이 절대 다수인 가운데, 호시우스를 제외한 4~5명의 라틴어권의 서방교회 대표자들이 참석하였고, 이와 더불어 로마교회의 감독(교황) 실베스터는 나이가 많아 참석하지 못하면서 그를 대신하여 파견한 2명의 로마교회 장로들이 참석하였다. 성대하게 개회된 공의회에서 황제는 교회의 화해와 일치를 당부하는 권면사를 하였고, 특히 가이사랴의 유세비우스의 정죄를 안타까워하며 그의 가르침에 대한 신뢰와 지지를 표하였다. 그럼에도 불구하고 그가 아리우스를 지지한 것을 두둔하지 않았다. 이어 코르도바의 감독 호시우스가 황제로부터 사회권을 양도받아 회의를 진행하였다. 아리우스는 감독이 아니었기 때문에 회의에 참석하지 못하였고, 그의 적극적인 지지자인 니코메디아의 유세비우스가 그를 변호하였다.5

아리우스 논쟁과 관련하여 니케아공의회의 참석자들은 크게 세 부류로 구분되었다. 소수의 아리우스 지지자들과 알렉산더의 지지자들, 그리고 대다수는 이들 사이에서 중도적 입장을 가지고 어느 한쪽으로 입장을 정하지 못하고 있었다. 이 외에 서방교회의 참석자들은 아리우스 논쟁에 관심이 없었고, 오리겐의 추종자들 사이에서 벌어진 논란으로 여겼다. 또한 성부수난설을 주장하는 소수의 사벨리우스주의자들

---

4 "First Council of Nicaea(325)", in *The Oxford Dictionary of the Christian Church*, 1144.
5 Henry Chadwick, *The Early Church*, 130.

이 있었고, 이들은 공의회에서 정죄되었다. 회의가 진행되는 과정에서 니코메디아의 유세비우스가 제시한 아리우스의 주장은 거부되었으며, 알렉산더가 주장한 하나님과 그리스도의 "동일본질homoousios"이라는 주장이 받아들여졌다. 알렉산드리아의 부제deacon로서 알렉산더를 수행하여 니케아공의회에 참석했던 아타나시우스(Athanasius, 296~373)는 328년에 알렉산드리아의 감독이 되었고, 아리우스주의를 공박하며 정통주의를 옹호하는 대표자가 되었다. 공의회는 압도적인 지지로 아리우스주의를 정죄하고 알렉산더의 입장을 지지하는 입장을 채택하였고, 이에 따라 니케아신조를 작성하였다. 가이사랴의 유세비우스는 그의 팔레스타인 공동체에서 사용되는 세례문답을 신조로 제출하였고, "동일본질"이라는 말을 삽입하여 수정한 그의 신조가 공의회에서 받아들여졌다. 그러나 니케아공의회가 최종적으로 채택한 신조는 가이사랴의 유세비우스가 제출한 수정된 신조가 아닌 예루살렘 교회의 세례문답을 수정한 새로운 형태였으며, 뒷부분에 아리우스주의에 대한 정죄를 포함하였다. 그러나 분명한 점은 니케아신조에 서명한 대부분의 참석자들은 핵심적인 문구인 "동일본질"에 대하여 명확하게 이해하지 못하였다는 점이다. 어떤 이들은 성부와 성자의 "위격적 일체"를 뜻하는 것으로 이해하였고(이에 따르면 삼위의 구별이 없어지는 양태론적 이해), 대부분의 참석자들은 성부와 성자의 "본성적 일체"를 뜻하는 것으로 받아들였다.6 따라서 니케아공의회는 문제의 해결이 아니라 새로운 논쟁의 시작이 되었다.

    논쟁이 되었던 삼위일체의 제2의 위격인 성자에 대한 신앙고백과

---

6 위의 책; Gonzalez, *The Story of Christianity*, vol. 1, 186-9.

아리우스에 대한 정죄는 니케아신조 안에서 다음과 같이 정리되었다.

> 우리는 한 분이신 하나님, 전능하신 아버지, 보이는 것과 보이지 않는 만물의 창조주를 믿습니다.
> 우리는 한 분이신 주 예수 그리스도를 믿습니다. 그분은 하나님의 아들이시며, 아버지의 본질에서 나신 독생자이시고… **아버지와 하나의 본질(동일본질)에서 낳으셨고 창조되지 않으셨으며**, 그로 말미암아 하늘과 땅에 있는 만물이 창조되었고, 우리 인간들을 위해 우리의 구원을 위해 내려오셔서 성육신하셔서 인간이 되셨고….
> 우리는 성령을 믿습니다.
> **그분이 존재하지 않았던 때가 있었다고 말하는 자들, 낳음 받으시기 전에 그가 존재하지 않았다고 말하는 자들, 또는 그가 무로부터 창조되었다고** 말하는 자들, 또는 **하나님의 아들은 다른 실체**[substance; hypostasis]**이거나 본질**[essence; ousia]이라고 말하는 자들, 혹은 그가 창조되거나 변하거나 달라질 수 있다고 주장하는 자들을 거룩하고 보편적이고 사도적 교회는 정죄합니다.[7]

---

[7] "Nicene Creed," in Margaret R. Miles, *The Word Made Flesh*, 71-2에서 재인용. 번역과 강조는 필자의 것이다.

## 2. 아리우스주의의 도전과 콘스탄티노플공의회

### 1) 니케아공의회 이후의 아리우스 논쟁

니케아공의회에서 정죄되고 추방된 아리우스와 그의 지지자들은 황제의 측근인 니코메디아의 감독 유세비우스의 노련한 정치력과 끈질긴 노력에 의하여 복권되었다. 337년에 콘스탄티누스 황제가 임종 직전에 그에 의해 세례를 받았다는 사실로 그와 황제의 유착관계와 그의 정치적 영향력을 가늠할 수 있다. 니케아공의회에서 니코메디아의 유세비우스는 적극적으로 아리우스를 대변하였지만, 그가 제출한 아리우스신조는 거부되었고, 공의회가 니케아신조를 채택하였을 때, 놀랍게도 그는 아무런 토를 달지 않고 이에 서명하였다.8 그러나, 아리우스를 지지하였다는 이유로 유배를 당하였으나, 황제의 호의에 의해 328년경에 니코메디아로 복귀하였고, 이후 자신의 정치적, 교회적 권세에 도전하는 아리우스 반대자들을 공격함으로써 입지를 강화하고자 하였다.9 그의 정치력은 콘스탄티누스 황제 이후에도 이어져 로마제국의 패권을 놓고 그의 아들들 간에 벌어진 권력투쟁에서 승리한 콘스탄티우스 2세의 지지를 받았고, 339년에는 로마제국의 수도 콘스탄티노플의 감독이 됨으로써 그가 342년에 죽을 때까지 아리우스주의의 전성기를 이끌었다.

---

8 Henry Chadwick, *The Early Church*, 134.
9 니코메디아의 유세비우스가 니케아신조의 서명을 거부하였다는 이유로 추방되었다는 곤잘레스의 주장은 잘못된 것이다. Gonzalez, *The Story of Christianity*, vol. 1, 190. 이에 대하여, Henry Chadwick, *The Early Church*, 134; "Eusebius of Nicomedia", in *The Oxford Dictionary of the Christian Church*, 575 참조.

니코메디아의 유세비우스의 공격은 알렉산더의 뒤를 이어 알렉산드리아의 감독이 된 아타나시우스에게로 집중되었다. 알렉산드리아에서 태어나서 교육받고 자라난 아타나시우스는 타협하지 않는 의지와 강인한 신념이 있었고, 그의 『성육신에 관하여』(De Incarnatione)에서 강조하듯, 그의 주된 신학은 하나님과 동일본질이신 그리스도가 성육신을 통해 인간이 되심으로 인간이 하나님의 형상을 회복하여 구원에 이르게 되었다는 믿음이었고, 이에 따라 그리스도의 완전한 신성을 부인하는 아리우스주의자들을 기독교 신앙의 근간을 허무는 심각한 이단으로 보았다. 그는 그리스도가 하나님이 아니시라면 인간의 구원은 불가능한 것이며, 기독교 신앙의 초석礎石인 그리스도를 향한 예배와 기도는 무너질 수밖에 없다고 보았다. 그는 니케아공의회 이후 희미해진 니케아 신앙을 다시금 확립하고, 아리우스주의를 교회로부터 완전히 몰아내어, 교회를 이단으로부터 수호하고자 했다.[10] 따라서 니케아공의회 이전에 알렉산더와 아리우스 사이에 벌어진 아리우스 논쟁은 그 이후에 니코메디아의 유세비우스를 중심으로 한 아리우스주의자들과 아타나시우스의 대립구도로 전개되었다. 사실 아리우스보다도 유세비우스가 아리우스주의자들의 지도자였고, 그들은 종종 "유세비우스 추종자"라고 불렸다. 니코메디아의 유세비우스는 니케아공의회에서 명쾌하게 설명되지 못하고 여전히 모호한 채로 남겨져 논란의 여지가 있었던 "동일본질"이라는 용어의 혼란을 비집고 들어가, 교회의 화해와 평화라는 미명 하에 아리우스주의자들을 복권시키고 이를 반대하고 타협을 거부하는 자들을 교회의 분열을 지속시

---

10 Alister E. McGrath, *Christian History*, 56-7.

키는 극단주의자로 공격하였다. 이러한 그의 공격에 콘스탄티누스와 콘스탄티우스 2세 황제가 힘을 실어줌으로써 아리우스주의와 그의 영향력은 유지되었다. 이러한 과정에서 끝까지 아리우스주의와 타협을 거부하였던 아타나시우스는 유배와 도피생활을 여러 차례 반복해야 했다.

콘스탄티누스 황제는 복권된 아리우스가 몇 가지를 덧붙여 니케아신조에 서명을 했으니 아타나시우스에게 알렉산드리아에서도 그를 받아주라는 편지를 보내었으나 아타나시우스는 이를 거부하였고, 황제에게 소환되어서도 뜻을 굽히지 않았다. 그러나 니케아공의회에서 회복된 이집트의 멜리티우스 분파가 교회에서 일으키는 분란을 아타나시우스가 엄격하고 억압적으로 처리하는 과정에서 이집트 교회의 불만이 일어났다. 이것을 빌미로 니코메디아의 유세비우스는 335년에 두로에서 소집된 교회회의에서 그를 파문하는 데 성공하였고, 아타나시우스는 황제에게 청원을 하였으나, 그의 청원을 거부하면 알렉산드리아 항구에서 콘스탄티노플로 보내는 중요 곡식 보급을 저지하는 파업을 일으키겠다고 아타나시우스가 협박하였다는 거짓 증언을 유세비우스가 꾸며냄으로써, 진노한 황제는 그를 트리에Trier로 유배시켰다. 아타나시우스의 정죄 직후에 콘스탄티누스 황제는 335년에 예루살렘에 성묘기념예배당의 봉헌과 그의 통치 30주년 기념예식을 거행하는 자리에 모든 동방교회 감독을 초청하였고, 이 자리에서 니케아공의회 이래로 불이익을 당한 모든 아리우스주의자들을 회복시킴으로써 니케아 신앙은 희석되었다.[11] 이후 아리우스주의를 정죄

---

[11] Henry Chadwick, *The Early Church*, 135-6.

한 니케아신조는 아리우스주의자들과 화해하고 그들을 수용하는 관점으로 재해석되었다. 니코메디아의 유세비우스는 "아버지와 하나의 본질(동일본질)로부터"라는 논쟁적 용어를 단순히 "아버지로부터"라고 해석하였고, 아들이 아버지와 하나의 본질로부터가 아니라 아버지로부터 나온 존재로 이해하였다. 즉 "동일본질로부터"라는 뜻은 그리스도가 "하나님의 본질로부터" 유출되어 나온 존재라는 의미이고, 하나님과 같은 존재를 의미하는 것은 아니라고 보았다. 이렇게 아버지와 아들의 본질적 차이를 강조하면서도, 아들은 피조물과 구별되어 하나님의 본질에 가까운 존재라고 보았다. 그리고 "동일본질"을 아버지와 아들의 위격적 일체라고 주장하는 해석을 양태론적 군주신론(사벨리우스주의)으로 몰아갔다.12

콘스탄티누스 황제가 죽은 후에 아리우스주의를 공격했던 아타나시우스와 안키라의 감독 마르셀루스(Marcellus of Ancyra, d.374)는 복귀하였으나 그를 반대하는 세력들은 지속적으로 그들의 권위를 부정하고 공격하였으며, 이러한 혼란 속에서 아타나시우스와 마르셀루스는 자신들의 교구를 떠나는 것이 최선의 길이라 여겨서, 340년경에 로마로 피했다. 그들은 로마교회의 감독 율리우스의 환대를 받았고, 로마에 머무는 동안 삼위의 차이와 위계를 주장하는 아리우스주의를 종속론 이단으로 비판하며 하나님과 그리스도의 일체를 강조하는 그들의 주장은 서방교회로부터 지지를 얻었다. 그러면서 이 문제는 라틴어권 서방교회와 헬라어권 동방교회의 권위 문제와 신학적 갈등으로 비화되었다. 동방교회의 감독들에게 특히 마르셀루스는 그리스도와 성령

---

12 Timothy D. Barnes, *Constantine and Eusebius* (Cambridge, MA: Harvard University Press, 1981), 224-71 참조.

의 독립성은 구속 사역을 위한 것이며 그 후에는 다시 하나님의 일체로 돌아간다고 주장함으로써 삼위의 차이를 부정하는 사벨리우스주의자로 인식되었다. 그리하여 341년 안디옥에서 소집된 동방교회 감독들의 회의에서 마르셀루스의 이단적 견해를 비판하면서 "그리스도의 통치는 끝이 없다"는 견해가 니케아신조에 덧붙여졌다. 그러면서 동방의 감독들은 서방교회가 동방교회보다 권위에 있어서 우월하다는 인식은 근거가 없는 주장이라고 비판하면서, 마르셀루스의 사벨리우스적 견해를 분별하지 못하는 서방의 신학적 수준을 무시하였다. 반면 서방교회는 니코메디아의 유세비우스가 영향력을 행사하는 동방교회가 아리우스주의를 옹호하는 것으로 인식하였고, 그들이 결국 사변적이고 부적절한 언어사용으로 하나님의 일체성을 부인하고 삼신론Tritheism에 흐르고 있다고 의심하였다.13

342년경에 니코메디아의 유세비우스가 죽으면서 동방과 서방의 교착상태를 풀기 위해 로마제국의 서방 지역을 다스리는 콘스탄스와 동방제국을 다스리는 콘스탄티우스 2세의 중재로 동방교회와 서방교회의 회의들이 따로 열렸다. 이러한 과정에서 아타나시우스는 콘스탄스의 노력과 콘스탄티우스 2세의 양해로 346년에 콘스탄티노플에 복귀하였고, 동방교회는 그의 복귀를 받아들였다. 또한 서방교회는 마르셀루스를 지지했던 그들의 견해를 조용히 거두어들였다. 그러나 350년경에 내전이 일어나 콘스탄스 황제가 권력을 잃고, 콘스탄티우스 2세가 내전을 종식하고 로마제국의 패권을 장악하면서, 그의 측근이었던 아리우스주의자들의 지지와 조언에 따라 아타나시우스를 탄

---

13 Henry Chadwick, *The Early Church*, 137-8.

압하고 아리우스주의를 옹호하는 정책을 폈다. 356년경에 콘스탄티우스 2세는 알렉산드리아에서 대중적 영향력을 가지고 있었던 아타나시우스를 추방함으로써 도시의 질서와 안정을 찾고자 하였고, 도시를 떠나기를 거부하던 아타나시우스를 강제로 끌어내기 위해 성찬집례 도중 군인들이 예배당에 난입하였다. 아타나시우스는 군인들을 가로막으며 그를 에워싼 성직자들의 보호를 받아 알렉산드리아 인근의 은신처로 피신하였고, 그는 사막에서 이리저리 피해 다니며 수도자들의 보호를 받았다. 니케아 신앙을 몰아내고 아리우스주의를 강요하는 황제의 압력에 의해 니케아 신앙의 지지자들이 아리우스주의를 인정하는 서명을 해야 했다. 357년에 시르미움$^{Sirmium}$에서 모인 공의회에서 니케아신조는 공식적으로 철회되었고, 아들과 아버지의 동일본질과 유사본질에 대한 주장 모두가 거부되었다.[14]

극단적인 아리우스주의자들이 알렉산드리아와 안디옥과 같은 주요 교구들을 장악하였고, 이들은 아들의 본질은 아버지의 본질과 다르며, 아버지로부터 유래된 성자와 성령은 아버지에 종속된, 이질적인 위격들이라고 주장함으로써, "이질론자$^{異質論者, Anomoean}$"라고 알려졌다. 헬라어로 "이질적인$^{anomoios}$"이라는 단어에서 유래된 용어였다. 이것은 아들은 아버지와 "동일한$^{homoousios}$" 본질이라는 니케아신조의 규정을 정면으로 반박하는 주장이었을 뿐만 아니라, 동방교회 대다수가 선호하고 있었던, 아들은 아버지와 "유사한$^{homoiousios}$" 본질이라는 입장마저도 부정하는 과격한 주장이었다. 동방교회는 대부분 아버지와 아들의 본질이 같다는 입장에 동의하고 있었으나, 안키라의 마르

---

14 위의 책, 140-41; Gonzalez, *The Story of Christianity*, vol. 1, 203-5.

셀루스와 같이 "동일본질"을 사벨리우스주의로 인식하는 위험성을 피하고자, 위격의 구분을 인정하고자 하였다. 그러나 과격한 아리우스주의자들(이질론자들)처럼 아버지와 아들은 서로 다른 본질이라고 주장하는 것은 수용할 수 없었기 때문에 "유사본질론類似本質論"을 선호하였다. 유사본질론은 마르셀루스의 뒤를 이어 안키라의 감독이 된 바질Basil of Ancyra에 의해 대변되었다. 바질은 "유사본질론"만이 교회의 평화와 일치를 가져올 수 있다고 주장하며 콘스탄티우스 황제의 지지를 얻는 데 성공하였고, 과격한 아리우스주의자들을 그들의 자리에서 몰아냈다. 그러나 아리우스주의자들은 로마제국의 안정과 교회의 화해를 앞세워 아리우스주의자들을 포함하여 누구나 동의할 수 있는 가급적 모호한 신조를 만들어야 한다고 황제를 설득하였고, 황제는 안키라의 바질에게 아리우스주의자들을 포용하라고 압력을 가하였다. 바질은 그의 양심에 따라 차라리 유배와 순교를 선택할지언정 정치적 편리를 좇을 수는 없다고 생각했다. 이러한 상황이 오히려 유사본질을 주장하는 바질과 동일본질을 주장하는 아타나시우스가 서로 협력할 수 있는 조건을 마련해주었다. 360년에 아타나시우스는 그와 바질이 다른 주장을 하고 있지 않으며, 오로지 "동일본질"이라는 용어에 대한 차이만 있다고 인식하였다. 니케아 신앙을 함께 지키고 용어에 대한 차이는 서로 논의하자는 아타나시우스의 평화적인 제스처에 바질이 화답함으로써 아리우스주의를 극복할 수 있는 토대가 마련되었다. 아리우스주의에 대한 최종적인 승리와 니케아 신앙의 회복은 콘스탄티노플공의회(381년)에서 이루어졌다.15

---

15 Henry Chadwick, *The Early Church*, 142-5.

## 2) 콘스탄티노플공의회(381년)와 니케아신조의 재확립

로마제국의 정치적 혼란 가운데, 분열된 로마제국을 다시 통일한 황제는 테오도시우스 1세였다. 그는 380년에 "데살로니가 칙령"을 통해 니케아 신앙에 근거한 정통 기독교를 로마제국의 국교로 공표하였고, 법령을 통해 제도적으로 정통 기독교 신앙을 옹호하고, 이단을 뿌리 뽑고, 이교도 신앙과 제의를 제거하여 기독교 제국의 토대를 굳건히 하고자 했다. 그는 381년에 콘스탄티노플에서 제2차 에큐메니칼 공의회를 소집하여, 아리우스 논쟁으로 인해 분열된 교회를 니케아 신앙의 기초 위에 재정립함으로써 교회의 일치를 이루고자 했다. 콘스탄티노플공의회는 무엇보다도 아리우스주의를 배격하고, 니케아 신조가 규정한 "아버지와 아들의 동일본질"을 재확인하였다. 이와 더불어 콘스탄티노플공의회는 아폴리나리우스의 주장을 배격하였다. 아타나시우스의 가까운 친구이자 아리우스주의의 강력한 반대자였던 라오디게아의 감독 아폴리나리우스(Apollinarius, 310~390)는 아리우스주의를 비판하며 그리스도가 하나님과 동일한 로고스라는 점을 강조하였고, 한걸음 더 나아가 그리스도의 완전한 인성을 부정하였다. 그는 하나님의 로고스가 인간의 영혼을 대체하였기 때문에 그리스도의 인성은 사람들과는 다르다고 주장하였는데, 이러한 주장은 아리우스주의와 정반대의 측면에서 그리스도론과 구원론의 문제를 야기하였다. 아폴리나리우스의 주장대로 그리스도가 하나님의 로고스로서 단순히 인간의 육신만을 취하고 있는 것이라면 완전한 인간이 아니기 때문에, 인간을 위한 모범이 되실 수 없을 뿐만 아니라 인간의 모든 죄를 담당하여 용서하실 수 없고, 오로지 인간의 육신만을 구원할 수 있을 뿐이라는 문제가 제기될 수 있었던 것이다. 또한 콘스탄티노플공의회는 성령의 하나님 되심을 부정하는 콘스탄티노플의 마케도니우스Macedonius와 그의 추종자들의 주장을 정죄하였다. 이들은 "프뉴마토마키Pneumatomachi"라고 불렸는데, "성령을 거역하여 싸우는 이들"이라는 뜻이었다. 그들의 대표자의 이름을 따서 "마케도니안Macedonian"이라고도 하였다. 니케아공의회가 "우리는 성령을 믿습니다"라는 말 외에 성령에 대하여 아무런 언급이 없었던 것과 달리, 콘스탄티노플공의회는 성령에 대하여 "주님이시오, 생명을 주시는 분", 또한 "성부로부터 나오시며, 성부와 성자와 함께 예배와 영광을 받으시는 분"이라한 자세한 언급을 덧붙였다. 이로써 성령에 대한 신앙고백을 포함한 삼위일체론을 정립하였다.

정리하자면, 콘스탄티노플공의회는 첫째로 아리우스주의를 배격함으로써 하나님과 동일본질이신 "그리스도의 완전한 신성"을 확립하여 니케아신조를 회복하였고, 둘째로 아폴리나리우스주의를 배격함으로써 "그리스도의 완전한 인성"을 주장하였고, 셋째로 성령의 하나님 되심을 부정하는 "프뉴마토마키"를 정죄함으로써 "성부와 성자와 성령의 삼위일체론"을 정립하였다. 이와 같은 콘스탄티노플공의회의 신학적 정립에 커다란 기여를 한 사람들은 위대한 카파도키아 교부들로 알려진 가이사랴의 바질Basil the Great, 나지안주스의 그레고리, 니싸의 그레고리였다. 바질과 니싸의 그레고리는 형제 사이였고, 나지안주스의 그레고리는 바질의 친구였다. 바질과 나지안주스의 그레고리는 아테네에서 공부하면서 만난 이래로, 바질은 그레고리를 정통주의 신앙으로 이끌었고, 그와 함께 수도원 운동에 동참케 하였으며, 감독의 직을 꺼려하는 그레고리로 하여금 감독이 되도록 영향을 끼쳤다.

바질의 동생이었던 니싸의 그레고리 역시 바질의 영향 아래 이들보다 늦게 수도원 운동에 참여하였고, 니싸의 감독이 되었다. 바질은 370년에 가이사랴의 유세비우스의 뒤를 이어 감독이 된 이후 소아시아 지역에서 니케아의 정통신앙을 가진 자들이 감독으로 세워지고 아리우스주의를 몰아내는 데 노력을 기울였다. 바질은 유사본질론과 동일본질론이 사실상 같은 의미라는 점을 주장하여 니케아신조의 동일본질이라는 용어 안에서 양측의 입장을 화해시켰고, 특히 그의 『성령에 대하여』(On the Holy Spirit)라는 저술에서 성령은 성례전과 예배에 있어서 아버지와 아들과 함께 예배와 영광을 받으시기 때문에 이를 반대하는 것은 성경과 니케아 신앙을 벗어나는 것이라고 강조함으로써 그가 주장한 성령론의 핵심이 콘스탄티노플신조에 반영되었다. 바질과 두 명의 카파도키아의 교부들은 아버지와 아들과 성령이 하나의 본질 ousia이지만 세 위격hypostases을 갖는다고 주장함으로써, 이들이 주장하는 삼위일체론(mia ousia, treis hypostases)은 하나의 본질과 하나의 위격이라는 사벨리우스주의적 군주신론(일신론)을 배격하고, 이와 동시에 세 위격을 종속론적으로 이해하거나, 또는 세 개의 본질로 이해하는 삼신론을 배격하였다. 삼위일체 하나님은 본질ousia, essence에 있어서는 하나요, 성부, 성자, 성령의 세 위격hypostases, persons을 갖는다고 설명하였다. 성자는 하나님과 같은 본질에서 낳으셨으며, 성령은 성부로부터 나오셨기 때문에 삼위 하나님은 본질상 동일하지만, 위격에 있어서는 각각 구분된다고 보았다. 바질이 379년경에 죽은 후에, 나지안주스의 그레고리와 니싸의 그레고리는 그를 대신하여 콘스탄티노플 공의회에서 니케아 신앙이 확립되는 데 앞장섰다. 나지안주스의 그레고리는 콘스탄티노플공의회가 열리고 있었을 때, 공석이었던 콘스탄티노플의 감독으로 임명되면서, 콘스탄티노플공의회를 주재하였다. 니싸의 그레고리는 테오도시우스 황제의 신학고문으로 니케아 신앙이 자리 잡을 수 있도록 그의 측근에서 신학적 영향을 끼쳤다.16

콘스탄티노플공의회에서 니케아 신조를 재확인함으로써 "니케아 - 콘스탄티노플신조"로 알려진 신앙고백의 핵심은 다음과 같다:

> 우리는 한 분이신 하나님, 전능하신 아버지, 하늘과 땅과 보이는 것과 보이지 않는 만물의 창조주를 믿습니다.
>
> 우리는 한 분이신 주 예수 그리스도를 믿습니다. 그분은 하나님의 독생자이시며, 모든 세계 이전에 아버지로부터 나셨고… 낳으시고 창조되지 않으셨으며, **아버지와 하나의 본질(동일본질)이시고**, 그로 말미암아 만물이 창조되었고, 우리 인간들을 위해 우리의 구원을 위해 하늘로부터 내려오셨고, **성령과 동정녀 마리아로부터 성육신하셔서 인간이 되셨고**, 본디오 빌라도에 의해 십자가에 달리셨고, 고난당하셨고, 장사되셨고 성경에 따라 사흘 만에 다시 일어나셨고, 하늘에 오르셨고, 아버지의 우편에 앉아계시고, 영광 가운데 다시 오셔서 산 자와 죽은 자를 심판하시며, **그분의 통치는 끝이 없을 것입니다**.
>
> 우리는 **주님이시요 생명을 주시는 분이신 성령**을 믿습니다. 그분은 아버지로부터 나오시고, 아버지와 아들과 함께 예배와 영광을 받으시고, 예언자들을 통해 말씀하셨습니다.
>
> **우리는 하나의 거룩한 보편적인 사도적 교회를 믿습니다**. 우리는 죄 사함을 위한 하나의 세례를 고백합니다. 우리는 죽은 자의 부활과 다가올 영원한 삶을 기대합니다. 아멘.17

---

16 위의 책, 148-51; Gonzalez, *The Story of Christianity*, vol. 1, 211-17.

## 3. 그리스도의 두 본성에 대한 논쟁과 칼케돈공의회

### 1) 그리스도의 두 본성에 대한 논쟁과 에베소공의회(431년)

니케아-콘스탄티노플신조는 하나님과 그리스도의 동일본질과 삼위일체에 대한 신학적 정립을 이루었지만, 그리스도의 신성과 인성에 관한 신학적 입장의 차이는 교회 안에 논쟁과 분열을 일으키는 요인이 되었다. 특히 그리스도의 인성을 강조하는 안디옥학파의 입장과 반대로 그리스도의 신성을 강조하는 알렉산드리아학파의 입장은 첨예하게 대립되면서 갈등의 골을 심화시켰다. 안디옥학파와 알렉산드리아학파의 신학적 대립은 안디옥 출신으로서 다소의 감독이었던 디오도루스(Diodore of Tarsus, d.390)와 알렉산드리아학파의 견해를 대변하는 라오디게아의 아폴리나리우스의 갈등에서 먼저 나타났다. 존 크리소스톰이 안디옥의 수도원에서 수도생활을 하였을 때 그의 스승이기도 했던 디오도루스는 알레고리적 성서해석에 반대하면서, 성서의 문자적, 역사적 해석을 강조하며, 성서의 메시지를 도덕적으로, 유형론적으로 이해하려고 하였고, 그리스도의 완전한 인성을 강조하면서 인간 예수를 신앙과 삶의 모범으로 삼고자 하였다. 반대로 아폴리나리우스는 그리스도의 완전한 신성을 강조하면서, 하나님의 로고스가 예수의 영혼을 차지한 그리스도는 인간의 몸을 입으신 하나님의 로고스라고 보았다. 아폴리나리우스는 마리아가 하나님이신 그리스도를 낳았다는 입장에서 "하나님의 어머니$^{Theotokos}$"라고 인정해야 한다고

---

17 "Niceno-Constantinople Creed", in Margaret R. Miles, *The Word Made Flesh*, 107에서 재인용. 번역과 강조는 필자의 것이다.

주장하였고, 디오도루스는 이러한 주장은 마리아를 "사람의 어머니"라고 인정하는 한에서만 받아들일 수 있다고 보았다. 콘스탄티노플공의회에서 아폴리나리우스의 견해가 정죄를 받으면서 디오도루스의 견해가 승리한 것처럼 여겨졌다. 그러나 논쟁은 끝나지 않았고 계속 이어졌다.18

디오도루스의 주장을 더욱 발전시킨 인물은 존 크리소스톰과 함께 디오도루스 아래에서 공부했던 몹수에스티아의 테오도르(Thodore of Mopsuestia, 350~428)였다. 디오도루스를 학문적으로 계승한 그는 알렉산드리아학파의 오랜 전통인 알레고리적 성서해석을 거부하면서, 역사적, 문자적 성서해석을 추구하였고, 그리스도의 완전한 인성을 부정하는 아폴리나리우스의 주장을 반박하면서, 인간의 구원은 완전한 인간이신 그리스도의 완전과 복종에 기인한다고 강조하였다. 테오도르는 그리스도 안에 있는 신성과 인성이 하나로 결합되어 있지만, 어느 한 쪽도 변화되거나 혼합되지 않은 채로 보존된다고 보았다. 따라서 두 본성이 서로 연합되어 이중적인 형태로 그리스도 안에 공존한다고 주장하였다. 예수의 고난과 죽음은 인성에 속한 것이고, 그리스도의 능력과 기적은 신성에 속한 것이라는 이분법적인 이해였다. 아폴리나리우스는 이를 가리켜 두 아들을 주장하는 것이라고 비판하였다. 반대로 테오도르는 하나님의 로고스가 인간 예수의 몸을 취하여 그리스도 안에서 "하나의 본질과 하나의 인격"을 가졌다는 아폴리나리우스의 주장은 결국 그리스도의 인성이 신성 안에 흡수되었다고 주장하는 것이라고 비판하였다.19

---

18 Henry Chadwick, *The Early Church*, 192-3.
19 위의 책, 193-4.

이들의 대립은 단지 개인적인 신학적 견해 차이가 아니라 안디옥학파와 알렉산드리아학파의 오랜 신학적 전통이 서로 충돌하면서, 성서의 해석과 구원론의 이해와 그리스도의 신성과 인성의 관계에 대한 이해를 둘러싸고 교회에 커다란 분열을 야기하는 복잡한 문제였다. 마침내 알렉산드리아의 감독 시릴(cyrill of Alexabdria, d. 444)에 의해서 이 문제는 전체 교회를 분열시키는 갈등으로 확대되었다. 그는 알렉산드리아교회의 권위를 앞세워 반대자들을 압도하여 이 논쟁을 매듭짓고자 하였다. 이러한 과정에서 안디옥학파와 알렉산드리아학파의 신학적 차이뿐만 아니라 교회의 지배권을 놓고 콘스탄티노플과 알렉산드리아 사이에 권위 문제가 불거져 논쟁이 더욱 가열되는 양상으로 발전하였다. 이러한 교권 갈등은 안디옥 출신의 수도사로서 428년에 콘스탄티노플의 감독이 된 네스토리우스Nestorius와 시릴의 대립으로 심화되었다. 네스토리우스는 몹수에스티아의 테오도르로부터 "하나님의 어머니"라는 주장 속에 포함된 아폴리나리우스의 신학적 위험성을 깨달아 경계하였고, 이 용어 대신에 마리아를 "그리스도의 어머니 Christotokos"로 불렀다. 시릴은 네스토리우스가 그리스도의 신성을 부정함으로써 마리아를 "하나님의 어머니"라고 부르기를 거부하였다고 공격하였고, 알렉산드리아 교회의 영향권 아래 있는 그의 추종자들을 규합하여 네스토리우스를 이단으로 몰았다. 그들은 네스토리우스를 로고스가 인간 예수 안에 성육신함으로써 하나님의 아들, 곧 그리스도가 되었다는 "양자론" 이단을 주장한 3세기의 사모사타의 바울과 연결시켰고, 그리스도의 신성을 부인하는 자로 비판하였다. 시릴은 430년 2월에 네스토리우스에게 보내는 서한에서 알렉산드리아학파의 입장을 설명하면서, 성육신으로 인성과 신성이 그리스도 안에서 연합되었고, 이 둘의 구별은 연합에 의해 사라지지 않지만 "하나의 인격"을 이루게 되었다고 주장하였다. 따라서 신성에 따른 기적과 인성에 따른 고난과 죽음은 그리스도의 한 인격 안에서 서로 연합되어 있기 때문에 하나님이 베들레헴에서 태어나셨고, 영원하신 로고스가 고난 받고 죽임을 당했다고 주장할 수 있다고 강조하였다.[20]

이것은 신성과 인성이 그리스도 안에서 "결합συνάφεια, conjunction"되어 있어서, 각각 혼합되거나 변동되지 않으며, 이들 간의 구별과 차이를 강조하였던 안디옥학파와 네스토리우스의 주장과는 달랐다. 시릴과 알렉산드리아학파는 그리스도의 신성과 인성이 "연합ἕνωσις, union"되어 있고, 분리되거나 구별되지 않고, 긴밀하게 상호교통하고 있다는 "속성의 교류communicatio idiomatum"를 주장하였다. 시릴의 입장에서 네스토리우스처럼 신성과 인성을 구별하면 결국 "그리스도의 두 인격"을 주장하는 것이었기 때문에 받아들일 수 없었고, 네스토리우스 입장에서 시릴과 같이 인성과 신성의 연합을 주장하면 결국 인성이 신성 안에 용해되어 "단일한 본성", 곧 신성만이 남게 됨으로써 그리스도의 인성을 부정하는 오류를 범하는 것이었다. 그리스도의 신성을 강조하는 시릴은 로마교회의 지지를 얻어 네스토리우스를 더욱 압박하였고, 마침내 430년 11월에 네스토리우스에게 보내는 세 번째 서한에서 "12가지 정죄Twelve Anathemas"를 선언하며 그의 주장을 철회할 것을 요구하였다. 이 정죄문은 그리스도 안에서 인성과 신성을 구별하는 것과 그리스도 안에 두 본성이 있다고 주장하는 안디옥학파와 네스토리우스의 신학을 비판하는 것이었다.[21]

---

20 위의 책, 194-6.
21 위의 책, 197.

이들 간의 갈등에 따라 테오도시우스 2세 황제는 431년에 에베소에서 제3차 에큐메니칼 공의회를 소집하여 네스토리우스의 문제를 다루었다. 네스토리우스는 시리아 감독들의 지지를 호소하고 있었고, 시릴의 주장은 공의회에서 아폴리나리우스의 이단으로 판명되리라 기대했다. 그러나 시릴의 주장은 예배와 신앙적 측면에서 대중적인 호소력이 컸고, 특히 그리스도의 신성에 대한 전통적 신앙과 마리아에 대한 대중적 숭배, 그리고 성만찬의 떡과 포도주에 그리스도가 임하신다는 대중들의 기대와 성례전적 신앙은 시릴의 주장을 지지하고 있었다. 네스토리우스를 지지하는 안디옥의 감독 존John of Antioch을 비롯한 시리아 감독들이 공의회에 늦게 도착하였지만 이들을 기다리지 않고 공의회가 열렸고, 네스토리우스는 에베소공의회에서 이단으로 정죄되었다. 뒤늦게 도착한 시리아 감독들은 안디옥의 존의 주재로 자신들만의 회의를 열어 시릴과 그를 지지한 에베소의 감독 멤논Memnon of Ephesus을 정죄하였다.

양측의 충돌로 중재가 필요하였고, 황제는 공의회의 분열에 대한 책임을 물어서 네스토리우스, 시릴, 멤논을 직위에서 쫓아내고 구금시켰다. 그러나 네스토리우스는 돌연 은퇴를 결심하며 그의 입지를 스스로 약화시켰고, 이러한 상황에서 433년에 안디옥의 존과 알렉산드리아의 시릴 사이에 극적인 합의가 이루어져서, 시릴이 안디옥학파에 대한 정죄(12가지 정죄)를 더 이상 주장하지 않는다는 조건으로 안디옥학파는 시릴의 네스토리우스에 대한 정죄를 받아들였다. 마리아를 "하나님의 어머니"로 인정하지 않음으로써 그리스도의 신성에 의문을 제기한다는 것과 그리스도의 "두 본성과 두 인격"을 주장한다는 것이 네스토리우스의 주된 죄목이었다. 그러나 실제로 네스토리우스가 그리스도의 신성을 부정했다고 보기는 어렵고, 또한 그리스도의 두 인격론을 주장했다고 보기도 어렵다. 오히려 알렉산드리아학파와 안디옥학파가 화해를 시도하며 그를 정치적 희생양으로 만든 것으로 보여진다. 알렉산드리아학파와 안디옥학파 사이에 합의된 신학성명은 "그리스도는 **완전한 하나님**이시며 영혼과 몸으로 구성된 **완전한 인간**으로서, 그의 신성에 있어서 아버지와 동일본질이시며, 그의 인성에 있어서 우리와 동일본질이시고, **두 본성의 연합**을 이루고 있기 때문에, 우리는 **그리스도가 한 분**이시며 **마리아는 하나님의 어머니**라고 고백한다"였다.22 이러한 합의를 보면, 그리스도의 완전한 신성과 완전한 인성이 받아들여졌으며, 그리스도의 한 인격 안에 두 본성을 인정하였고, 마리아를 하나님의 어머니로 받아들였다. 이러한 측면에서 안디옥학파가 주장한 "두 본성의 구별"과 알렉산드리아학파가 주장한 "두 본성의 연합"이 모두 인정되었으며, 마리아가 "하나님의 어머니"라는 알렉산드리아학파의 주장이 받아들여졌다. 그러나 이러한 정치적 합의는 극단적인 시릴의 신학을 지지하는 이들에게는 커다란 실망과 분노를 안겨주었다. 이에 대하여 시릴은 "두 본성의 연합"이라는 표현에 대하여 성육신한 주님 안에서 사실상 두 본성의 구별은 사라졌고, 몸과 영혼이 하나의 인격을 이루는 것과 마찬가지로 그리스도 안에 오직 하나의 본성만이 존재한다고 해명하였다.23 따라서 433년의 신학성명은 여전히 논란의 불씨를 남기고 있었다.

---

22 위의 책, 199에서 재인용. 번역과 강조는 필자의 것이다.
23 위의 책, 200.

## 2) 단성론 논쟁과 칼케돈공의회(451)

시릴이 죽은 후에 그의 뒤를 이어 알렉산드리아의 감독이 된 디오스코로스Dioscorus와 콘스탄티노플의 대수도원장이었던 유티케스(Eutyches, 378~454)는 시릴의 타협안을 유감스럽게 생각했다. 이들은 두 본성의 연합을 주장한 시릴의 신학을 극단적으로 해석하여 그리스도 안에 단 하나의 본성만을 강조하는 것을 정통신앙으로 확립하고자 했다. 따라서 안디옥학파 안에 계승되어 온다고 믿었던 사모사타의 바울의 양자론적인 전통을 단죄하고, 신성과 인성의 구별을 강조하는 안디옥학파를 정죄하고자 하였다. 유티케스는 성육신 이후 인성과 신성이 연합한 후에 그리스도 안에는 오직 하나의 본성만이 존재한다는 "단성론Monophysitism"을 주장하였다. 따라서 아폴리나리우스의 주장과 유사하게 "그리스도의 인성은 우리와 같지 않다"고 보았다. 이러한 유티케스의 주장은 그리스도의 인성을 부정하는 것이었고, 콘스탄티노플의 감독 플라비아누스(Flavian of Constantinople, d.449)에 의해 아폴리나리우스의 이단으로 정죄되었다. 이에 맞서 알렉산드리아의 디오스코로스는 테오도시우스 2세 황제에게 플라비아누스를 고발하였다. 따라서 황제는 유티케스의 문제를 해결하기 위해 449년에 에베소에서 공의회를 소집하였다. 로마의 감독(교황) 레오 1세(Leo the Great, d.461)는 공의회에 초청되었으나, 그의 사절을 통해 플라비아누스에게 서신Tome을 보내어 유티케스의 주장을 비판하는 입장을 공의회에 표명하고자 했다. 레오는 유티케스의 입장을 정면으로 반박하며 성육신 이후에도 그리스도의 한 인격 안에 두 본성은 영원히 구별된다고 주장하였다. 그러나 449년에 황제에 의해 소집된 에베소공의회는 알렉산드리아의 디오스코로스에 의해 지배되었고, 유티케스는 사면되었다. 유티케스를 정죄한 플라비아누스는 정죄되고, 투옥되고, 추방되어 결국 죽었다. 시릴의 주장을 극단적으로 해석한 알렉산드리아학파의 주도 아래 449년 에베소공의회는 사이러스의 테오도렛Theodoret of Cyrus을 비롯한 안디옥학파의 유력한 지도자들을 네스토리우스주의자로 몰아 내쫓았다. 레오의 서신은 공의회에서 낭독되지도 못했다. 이에 대하여 레오는 449년의 에베소공의회를 "강도들의 소굴Latrocinium"이라고 규정하여, 이후 "도둑회의"로 부르게 되었다.24 "도둑회의"로 규정된 449년의 에베소공의회와 "제3차 에큐메니칼 공의회"인 431년의 에베소공의회를 혼동하지 않도록 주의해야 한다.

450년에 테오도시우스 2세가 말에서 떨어져 갑자기 죽은 후에 권력을 차지한 그의 누나 풀케리아Pulcheria 황후는 황실정치에서 그의 반대편에 서 있었던 유티케스와 그와 연결된 정치세력을 추방하고, 니케아 정통신앙을 수호하려는 굳건한 의지로 자신의 영향력 아래 451년에 칼케돈에서 제4차 에큐메니칼 공의회를 소집하였다. 칼케돈공의회는 도둑회의였던 449년의 에베소공의회의 결정을 완전히 뒤집었고, 디오스코로스는 자리에서 쫓겨나 추방되어 454년에 유배지에서 죽었다. 네스토리우스는 다시 정죄되었고, 네스토리우스주의자로 내몰린 안디옥학파의 지도자들은 복권되었다. 레오의 서신이 받아들여져서 정통을 규정하는 입장으로 선언되었다. 레오의 서신은 이제까지 에큐메니칼 공의회에서 채택된 공식적인 문서들 가운데 유일한 서방교회의 신학적 문서였고, 서방교회가 동방교회가 주도해왔던 고대

---

24 위의 책, 202.

에큐메니칼 공의회에 그 입장을 반영하여 영향을 끼친 역사적 사례가 되었다.[25] 칼케돈신조는 니케아-콘스탄티노플신조를 재확인하면서, 그리스도의 두 본성에 대하여 네스토리우스와 유티케스의 주장을 이단으로 정죄함으로써 정통신앙의 표준을 제시한 선언이었다. 그리스도에 대하여 "신성에 있어서 완전하며 동시에 인성에 있어서 완전하시고, 참 하나님이요 참 인간이신 분"이라고 규정하였고, "신성에 있어서는 아버지와 동일본질이시며 인성에 있어서는 우리와 동일본질이신 분"으로 정의하였다. 그리스도의 두 본성에 대하여는 "한 분이시며 동일한 그리스도는 **혼합됨 없이**unconfusedly, **변화됨 없이**unchangeably, **나누어짐 없이**indivisibly, **분리됨 없이**inseparably 두 본성 안에 계시며"라고 설명하였고, "두 본성의 구분이 연합으로 인해 사라지지 않으며, 각 본성의 특징이 보존되고, 한 인격prosopon과 한 본질hypostases 안에서 함께 하고, 두 인격으로 분리되거나 나누어지지 않는다"고 설명하였다, 따라서 "두 인격의 두 본성론"(네스토리우스 이단)과 "한 인격 안에 한 본성론"(유티케스 이단)을 모두 거부하였고, "한 인격 안에 두 본성론"을 정통으로 규정하였다. 칼케돈신조는 433년에 알렉산드리아학파와 안디옥학파가 합의한 신학성명과 시릴이 네스토리우스에게 보낸 편지와 레오가 정통의 기준을 제시한 서신에 영향을 받아 만들어진 신학적 합의였다. "그리스도가 완전한 하나님이요 완전한 인간"이라는 주장은 433년의 신학성명에서 비롯되었고, "두 본성의 구분이 연합으로 인해 사라지지 않는다"는 주장은 시릴이 네스토리우스에게 보낸 온건한 두 번째 편지(430년 2월)에서 나온 것이며, "각 본성의 특징

---

25 Margaret R. Miles, *The Word Made Flesh*, 110.

이 보존되고 한 인격과 한 본질 안에 함께 한다"는 주장은 레오의 서신에서 비롯된 것이다.26

### 3) 칼케돈공의회 이후의 단성론파의 분열

그러나 칼케돈신조는 그리스도에 관한 논쟁을 종식시키지 못했다. 유티케스의 단성론적 입장을 따르는 그룹들은 칼케돈신조를 받아들이는 것을 거부하였고, 풀케리아의 남편으로서 그녀와 함께 황제의 직을 수행하였던 마르키아누스 황제(Marcian, 재위 450~457)는 신학적 논쟁을 금하였고, 칼케돈신조에 불복하며 소요와 분열을 일으키는 이집트와 시리아의 단성론파 세력을 힘으로 제압해야 했다. 그럼에도 논쟁은 계속 이어졌고, 결국 니케아-콘스탄티노플신조는 받아들이지만 칼케돈신조를 거부하는 단성론파는 그 이후에 이집트, 시리아, 아르메니아 지역으로 두루 퍼져나가며 세력을 확대하였다. 대표적인 단성론파는 이집트의 곱트교Coptic Church, 시리아 정교회Syrian Jacobite Church, 아르메니아 교회Armenian Church가 있다. 안디옥학파를 포함하고 있었던 시리아교회는 네스토리우스파, 단성론파, 칼케돈파의 다양한 입장을 취하고 있었다는 점이 특기할 만하다. 특히 수행을 통해 연약한 육신을 극복하고 영적인 상승을 추구했던 수도자들이 그리스도의 신성이 인성을 흡수하였다는 단성론에 더욱 이끌리는 경향이 많았다. 600년 어간에는 단성론파의 지역이 서방교회와 동방교회를 합친 것보다 지리적으로 더 광범위하였다는 것을 볼 때, 단성론파의 영향력을 가늠

---

26 Henry Chadwick, *The Early Church*, 204.

해 볼 수 있다.27 단성론파의 광범위한 영향으로 인하여 분열된 기독교 세계를 통합시키기 위한 노력으로 5세기 후반과 7세기에 걸쳐 단성론파와 칼케돈 정통교회의 화해가 여러 차례 시도되었으나, 이러한 시도들은 이와 유사한 또 다른 그리스도론에 대한 신학논쟁을 야기하였고, 에큐메니칼 공의회에서 이단으로 정죄되었다.28 기독교 세계의 분열과 로마제국이 공권력으로 반칼케돈파를 억압한 것은 단성론파 지역에서 기독교의 위축과 이슬람의 성장을 설명하는 주요한 이유들 가운데 하나가 되었다.

단성론파 외에도 칼케돈신조를 거부한 반칼케돈 종파로는 네스토리우스파가 있었다. 시리아교회의 일파였던 네스토리우스파 수도사들은 뜨거운 선교의 열정으로 페르시아를 중심으로 아시아에 선교를 하였고, 중국 당나라 시대에는 "경교景敎"라는 이름으로 번성하기도 하였다. 시리아 수도사들은 금욕적 수행과 뜨거운 선교의 열정으로 유명하였는데, 아르메니아와 조지아를 거쳐 페르시아와 인도에 이르기까지 선교활동을 하며 이 지역에서 교회를 설립하였다. 경교는 물론 인도의 성도마교회 Mar Thoma Syrian Church 역시 시리아 기독교의 유산이었다.

## 4. 아우구스티누스와 라틴 서방기독교 신학의 정립

고대의 신학전통을 종합하고 라틴어로 신학을 체계화하여, 서방

---

27 Margaret R. Miles, *The Word Made Flesh*, 112-4 참조.
28 이러한 논의에 대하여, 후스토 곤잘레스/이형기, 차종순 역, 『기독교사상사 2: 중세편』 (서울: 장로교출판사, 2012), 101-18 참조.

중세 기독교 신학의 기초를 닦았을 뿐만 아니라, 부패하고 왜곡된 중세 로마 가톨릭교회를 개혁하여 성경에 나타난 그리스도와 사도들의 가르침에 입각하여 새로운 기독교를 형성하고자 한 종교개혁에 신학적 토대를 제공한 인물은 아우구스티누스(Augustine, 354~430)였다. 한 마디로 아우구스티누스는 고대와 중세와 종교개혁을 아우르는 라틴 서방기독교의 근원적 토대였다. 이와 같은 아우구스티누스의 거대하고 방대한 신학사상을 제한된 지면에 간단하게 요약하는 것은 어렵다. 그럼에도 불구하고, 고대교회를 마무리하고 중세로 넘어가기 전에 그의 신학적 영향에 대하여 간략하게라도 정리하는 것은 라틴 서방기독교의 이해와 고대에서 중세로 전환되는 전개과정에서 중요하다.

### 1) 아우구스티누스의 생애와 『고백록』

아우구스티누스의 생애는, 그가 자신의 회심 이전과 이후의 삶을 반추하면서 하나님을 향한 기도의 형식으로 내면을 분석하고 하나님의 은총과 예정과 섭리의 관점에서 그의 사상을 신학적으로 정리한, 자서전적인 『고백록』(Confessiones)에 잘 드러나 있다. 이 책은 "서방세계에서 최초의 영적인 자서전"으로 평가받는다.[29] 이 책은 일종의 영적 순례기로서, 그가 수사학과 마니교와 신플라톤주의를 거쳐 기독교 신앙으로 돌아오기까지의 방황과 하나님의 인도하심을 성찰하는 글

---

[29] Roland H. Bainton, *Christendom: A History of Christianity and Its Impact on Western Civilization*, vol. 1: *From the Birth of Christ to the Reformation* (New York: Harper & Row, 1964), 122. 아우구스티누스의 생애와 관련해서는, Peter Brown, *Augustine of Hippo: A Biography*, a New Edition (Berkeley and Los Angeles: University of California Press, 2000) 참조.

이다. 아우구스티누스는 354년 북아프리카의 다가스테$^{Tagaste}$에서 로마의 전통종교를 신봉하는 아버지 파트리시우스$^{Patricius}$와 독실한 기독교 신앙의 어머니 모니카$^{Monica}$ 사이에서 태어났다. 그는 어머니의 영향 아래 기독교적 환경에서 자랐으나 세례를 받지 않았고, 그의 재능을 보고 출세를 위해 최상의 교육을 시키고자 한 부모에 의해 인근 도시에서 교육을 받았다. 그러나 가정형편 상 교육을 계속 지속하기 어려웠고, 고향에 돌아와 친구들과 어울려 방탕한 삶을 살았다. 그러던 중 17세 무렵에 다가스테의 독지가의 도움을 받아 카르타고에 가서 공부할 수 있는 기회를 얻었고, 학문을 추구하면서도 이곳에서 한 창녀와 깊은 관계를 맺었고, 둘 사이에 아들(Adeodatus)을 낳았다. 그는 낮은 신분으로 높은 지위에 오를 수 있는 관문으로서 법률가나 공직자가 되기를 꿈꾸며 수사학을 공부하였고, 키케로의 저작(*Hortensius*)을 연구하면서 진리에 대한 갈증을 느끼게 되었다.[30] 그러나 그는 기독교의 진리가 아니라 마니교$^{Manichaeism}$의 가르침에 깊이 빠지게 되었다.

마니교는 3세기 페르시아의 마니$^{Mani}$에 의해 창시된 영지주의적이며 이원론적인 혼합종교로서 이집트와 팔레스타인은 물론 페르시아와 인도와 중국에 이르기까지 광범위한 영향을 끼쳤다. 마니교는 빛과 영혼을 선으로, 어둠과 육신을 악으로 보았고, 인간의 고통과 고난이 악의 세계에서 비롯된다고 가르쳤다. 마니는 자신의 계시를 통해 진리에 이를 수 있다고 가르쳤고, 입문자의 단계에서 완전자의 경지에 이르기까지 철저한 금욕생활과 성적 절제를 강조하였다. 특히 육

---

[30] *Confessiones*, III.3, in John H. Ryan, trans., *The Confessions of Saint Augustine* (New York: Doubleday, 1960), 39-40.

신을 영혼이 벗어나야 할 감옥이라고 보았기 때문에, 다시 육신에 묶이게 하는 성관계와 출산을 죄악이라고 보았다. 아우구스티누스 당시에 마니교는 지중해 세계에 널리 퍼져 있었고, 점성술에 기반한 예언과 신화적 유비를 통해 신비하고 합리적인 종교로 비춰졌다. 마니교는 성경의 내용과 언어들이 원시적이며 야만적이며 순진하다고 조롱하였고, 특히 만물을 하나님의 창조로 가르치는 기독교에서 악의 기원을 도무지 이해할 수 없었던 아우구스티누스에게 마니교는 매력적인 종교로 다가왔다. 그러나 9년 간 마니교에 머물며 배움을 추구하는 가운데 그의 질문에 대하여 답변하지 못하는 무식한 마니교 지도자들에게 아우구스티누스는 실망과 회의를 느끼게 되었고, 마니교의 위대한 스승 파우스트로부터 진리에 대한 대답을 기대했지만 언변은 화려하나 진리에 대하여 무지한 그로부터 만족할 만한 답을 얻지 못하고, 마침내 마니교와 점차 멀어지게 되었다.[31]

아우구스티누스는 더 큰 기회를 찾아 카르타고를 떠나 로마에서 수사학을 가르치고자 했다. 카르타고에서 무례하고 훈련되지 못한 학생들로 인하여 커다란 상처를 받았기 때문에, 학비가 비싸서 경제적으로도 도움이 되지만 무엇보다도 교사의 권위가 더 존중받는 로마에서 교양 있는 학생들을 가르치고 싶었다. 그러나 로마에서 학생들이 학비 납부를 피하기 위해 선생을 자주 바꾸는 교활한 행동에 몸서리를 쳤고, 새로운 기회를 찾아 또다시 밀라노로 옮겼다.[32] 밀라노에서 아우구스티누스는 진리에 대한 갈망으로 신플라톤주의에 이끌렸다. 신플라톤주의는 그에게 기독교의 진리로 돌아갈 수 있는 계기를 제공

---

31 *Confessiones*, IV.3; V.3-7, 위의 책, 54-6, 74-82.
32 *Confessiones*, V.12-13, 위의 책, 90-91.

하였고, 이후 그가 기독교 신앙을 이해하고 신학적으로 설명하는 사상적 틀이 되었다. 신플라톤주의는 철학적 사변과 신비주의적 관상과 금욕주의적 규율이 결합된 종교철학으로서 아우구스티누스에게 진리에 이르는 길을 안내하였다. 특히 신플라톤주의는 아우구스티누스를 붙들고 있었던 악의 기원에 대한 질문에 대하여 만족스러운 답을 주었다. 악은 물질적 존재나 실체가 아니며, "선의 결핍"으로서 "지고 지선한 존재"(一者)로부터 멀어진 상태로 이해하였다.33 이에 따르면 하나님이 창조하신 세계 가운데 존재하는 악惡은 하나님에 의해 창조된 피조물이거나 창조 밖에서 온 실체가 아니라, 하나님과의 관계로부터 소외되고 멀어진 죄와 타락의 관점에서 해석될 수 있었다.

무엇보다도 밀라노에서 아우구스티누스를 기독교의 진리로 이끌었던 원동력은 밀라노의 감독 암브로시우스의 지적, 도덕적, 신앙적 영향력이었다. 처음에 아우구스티누스는 암브로시우스의 탁월한 언변에 매료되어 수사학적인 관심으로 그의 설교를 경청하였지만, 곧이어 그가 전하는 메시지의 내용, 곧 기독교 신앙에 이끌리게 되었다. 또한 암브로시우스의 구약성서에 대한 알레고리적 성서해석은 기독교를 원시적이며 야만적인 종교라고 느끼고 있었던 그의 생각을 결정적으로 돌이켜서 기독교의 심오한 진리를 이해하고 받아들이게 하였다.34 암브로시우스는 원래 로마제국의 고위직 관료로 교육을 받았기 때문에 헬라어 지식과 수사학이 탁월하였으며, 대중의 압도적 지지로 밀라노의 감독이 된 이후 교회의 행정적 체계와 도덕적 권위를 발전

---

33 Gonzalez, *The Story of Christianity*, vol. 1, 244-5; 곤잘레스, 『기독교사상사 2: 중세편』, 57-9.
34 *Confessiones*, V.13-14, 위의 책, 91-93.

시켰을 뿐만 아니라 바질의 성령론과 삼위일체론을 비롯한 동방교부들의 가르침을 라틴어 세계에 소개함으로써 서방 라틴 기독교 신학 발전에 커다란 기여를 하였다.35 특히 로마 황제들에게 영향을 끼쳐 아리우스주의에 대적하여 정통신앙이 확립되는 데 기여하였고, 데살로니가에서 일어난 폭동을 무력으로 진압하는 가운데 학살을 자행한 테오도시우스 1세의 행동을 꾸짖고 황제가 무릎을 꿇고 교회 앞에 회개하게 함으로써 기독교 신앙의 권위를 세운 일화로 유명하다. 또한 독신으로 살면서 수도원 공동체를 돌보고 있었던 그의 금욕적 삶의 자세는 아우구스티누스에게 커다란 귀감이 되었고, 그와 비교하여 순결한 삶을 살지 못하는 자신을 깊이 반성하는 신앙과 삶의 모범이 되었다. 그러나 암브로시우스의 감화를 통해 기독교의 진리에 마음을 열게 된 아우구스티누스는 선뜻 자신이 추구하는 돈과 명예와 결혼생활의 안락을 포기하고, 기독교 신앙과 진리에 따라 살아가기를 주저하고 있었다. 그는 이미 기독교 신앙에 이끌려 들어왔지만, 세속적 가치를 사랑하는 자신의 욕망으로 인하여 진리를 추구하는 삶을 결단하지 못하고, 이 둘 사이에서 계속 번민하고 있었다. 머리로는 확신하였지만 몸과 삶으로는 살지 못하는 미온적인 신앙의 상태에서 번민하고 있었던 것이다. 아우구스티누스 자신의 표현을 빌리자면, "영생을 확신하였지만 어두운 유리창을 통해 들여다 볼 뿐"이었으며, 진리와 구원으로 향한 "그 길이 자신을 기쁘게 하였지만, 좁은 문으로 들어가기를 주저하였다."36

그러한 그에게 회심을 결심하도록 도전을 준 것은 암브로시우스의

---

35 Gonzalez, *The Story of Christianity*, vol. 1, 220-21.
36 *Confessiones*, VIII.1, 위의 책, 143.

영적인 멘토 심플리키아누스Simplicianus가 들려준 빅토리누스Victorinus의 회심에 관한 이야기와 아우구스티누스의 고향 사람으로서 황실 고위직에 있었던 폰티키아누스Ponticianus가 들려준 이집트의 수도자 안토니우스의 생애에 관한 이야기였다. 연로한 빅토리누스는 신플라톤주의 사상의 대가로 존경을 받는 학자였지만 대중 앞에서 철학의 어리석음과 기독교의 진리의 위대함을 인정하고 신앙을 고백하고 회심을 하며 많은 이들을 놀라게 하였다. 그의 회심 이야기는 기독교 신앙의 진리 앞에서 결단하지 못하고 주저하고 있었던 아우구스티누스에게 커다란 자극을 주었다. 또한 이집트의 수도자 안토니우스와 사막의 수도자들의 이야기는 세속적 욕망을 과감히 포기하고 진리를 추구하며 철저하게 금욕적 삶을 실천하는 모범을 보여줌으로써 수도원적인 삶을 동경하면서도 실천하기를 두려워하는 아우구스티누스에게 결정적인 도전을 주었다.37 사실 아우구스티누스가 생각하고 있었던 기독교 신앙의 이상은 신약성경과 사도 바울의 삶의 모델을 따르는 수도원적 삶이었다. 이것은 그로 하여금 기독교 신앙을 받아들이는 것을 두렵게 여기게 하는 커다란 장애물이었다. 그러나 이집트의 사막의 수도사들의 생생한 이야기는 아우구스티누스가 하나님의 말씀과 진리를 향한 삶의 부름을 피해 더 이상 도망갈 곳이 없게 하였다. "20세 무렵에 키케로의 『호르텐시우스』를 읽으며 지혜에 대한 갈망을 갖게 된 이후 진리를 추구하기 위해 이 세상의 행복을 포기하기를 미루어 왔던" 자신을 경멸하였다. 하나님을 향한 순결의 삶을 간청하며, "나에게 순결과 금욕을 주시옵소서, 그러나 아직은 아닙니다"라고 기도했

---

37 *Confessiones*, VIII.2-6, 위의 책, 145-55.

던 자기 자신이 싫었다. 또한 "불경건한 미신 가운데 방황하면서 그것을 확신하지도 못하면서도 그와 다른 삶보다 그것을 더 좋아하며, 경건을 추구하지도 않고 악행을 행하며 정반대로 살았던" 자신의 모습을 미워하였다.38

그러던 어느 날, 어느 때보다도 자기 자신을 더욱 맹렬히 비난하며 아파하고 번민하는 가운데 흐르는 눈물을 주체할 수 없어 뒤뜰 정원으로 나가, 흐느끼는 목소리로 혼자말로 부르짖었다. "주여 언제까지입니까? 내일입니까? 왜 지금은 안 됩니까? 왜 지금 이 시간에 나의 부정함을 그만두게 하지 않으십니까?" 바로 그때, "이웃집에서 소년인지 소녀인지 알 수 없는 어린이들의 노래 소리"가 계속하여 들려왔다. "*Tolle, lege; tolle, lege*"(집어 들고 읽어라, 집어 들고 읽어라). "그 노래 소리는 아이들이 놀이를 할 때 부르는 노래였으나 전에 들어보지 못한 것"이었고, 그는 "성경을 펴서 처음 나오는 구절을 읽으라는 하나님의 명령이라고 생각하였다." 그렇게 생각한 이유는 이집트의 수도사 안토니우스가 우연히 교회에 가서 들었던 "가서 네 소유를 팔아 가난한 자에게 주고 천국에 보화를 두고 와서 나를 따르라"는 성경말씀에 순종하였다는 이야기를 들었기 때문이었다. 그 역시 그가 읽다가 두고 나온 사도 바울의 성경을 집어 들고, 열어서, 그의 눈이 처음 가는 구절을 조용히 읽었다. 그 구절은 로마서 13:13-14의 말씀이었다. "낮에와 같이 단정히 행하고 방탕하거나 술 취하지 말며 음란하거나 호색하지 말며 다투거나 시기하지 말고 오직 주 예수 그리스도로 옷 입고 정욕을 위하여 육신의 일을 도모하지 말라."39 이것이 유명한 아우

---

38 *Confessiones*, VIII.7, 위의 책, 156-7.
39 *Confessiones*, VIII.12, 위의 책, 164-5.

구스티누스의 회심 이야기이다.

회심 이후 아우구스티누스는 밀라노 인근의 카시키아쿰에서 그의 아들 아데오타투스, 그의 어머니 모니카, 형제와 같은 친구 알리피우스를 비롯한 여러 사람들과 함께 은거생활을 하며, 자신의 삶을 돌아보고, 말씀을 묵상하고, 기도하며, 영적인 대화를 나누는 공동체 생활을 하였고, 또한 여러 권의 책을 썼다.[40] 이후 밀라노로 돌아와 387년 부활절에 아우구스티누스는 그의 아들 아데오타투스와 함께 밀라노의 교회에서 암브로시우스로부터 세례를 받았다. 그는 오랜 타지생활을 접고, 어머니와 아들과 함께 고향으로 돌아가는 여정 중에 오스티아 항에서 어머니 모니카가 병에 걸려 세상을 떠났고, 어머니의 유언에 따라 오스티아 항에 묻고, 그로 인해 가던 길을 멈추고 여러 달 동안 로마에 머물렀다. 이후 388년에 고향 다가스테로 돌아와서, 물려받은 유산을 정리하여 가난한 사람들에게 나누어 주고, 작은 공동체를 이루어 그의 아들과 친구들과 함께 학문연구와 명상과 기도와 영적인 대화로 이루어지는 수도원적 삶을 살았다. 아프리카로 돌아온 지 얼마 되지 않은 389년에 그의 아들 아데오타투스도 죽었고, 그는 가족도 없이 홀로 남겨진 채로 자신이 세운 작은 수도원 공동체에서 수도사의 삶을 살았다. 391년에 아우구스티누스가 히포에 방문하게 되었을 때, 사람들의 간청에 떠밀려 그의 의지와 상관없이 감독 발레리우스Valerius에 의해 성직 안수를 받게 되었다. 아우구스티누스가 성직자로 머물게 되면서 어쩔 수 없이 다가스테에 있었던 수도원 공동체는 히포로 옮겨 오게 되었다. 이어 395년에는 발레리우스의 간청에

---

40 *Confessiones*, IX.4, 위의 책, 171-4.

의해 공동 감독이 되었다. 두 명의 감독직은 니케아공의회가 규정한 교회법상 허용되지 않았으나, 이러한 규정을 알지 못한 채 벌어진 일이었다. 발레리우스가 죽은 이후에 아우구스티누스는 히포의 유일한 감독이 되었다. 그의 성직 안수는 그의 신학적 작업에 커다란 변화를 가져왔다. 이전에는 마니교의 폐해를 비판하며, 신플라톤주의적 시각에서 악의 존재나 이성의 권위에 대한 철학적, 변증적 작업이었다면, 이후에는 교회의 성직자와 감독으로서 성서의 해석에 집중하면서, 특히 정통교회에 위협과 도전을 가하는 이단들, 대표적으로 도나투스주의자들과 펠라기우스주의자들에 대하여 정통 신앙을 정립하는 작업에 힘을 쏟았다.41 아우구스티누스는 이민족들(게르만족)에 의해 로마가 유린당하고, 서로마

아우구스티누스가 암브로시우스에게 세례를 받음
The Baptism of st. Augustine ad st. Ambrose fresco in Basilica di Sant Agostino (Augustine) by Giovanni Battista Speranza, Rome, Italy.

---

41 Henry Chadwick, *The Early Church*, 218-9.

제국이 몰락의 상황으로 내몰리던 시기에 『신의 도성』(De Civitate Dei)이라는 역사신학 저술을 하였고, 430년에 세상을 떠났다.

### 2) 아우구스티누스의 신학의 핵심, 사랑Caritas

아우구스티누스의 신학사상은 크게 세 단계로 나누어 볼 수 있다. 첫째는 마니교를 논박하는 시기이고, 두 번째는 도나투스주의Donatism를 논박하며 교회론과 성례론을 정립하는 시기이며, 세 번째는 펠라기우스주의Pelagianism를 논박하며 원죄론과 은총론과 예정론을 확립하였다.42 마니교에 대한 논박은 그가 회심 이후에 『고백록』을 집필하여 그의 영적인 방황을 통해 기독교 신앙에 이르는 순례의 여정을 밝히면서 주로 이루어졌다. 그가 히포에서 성직자로 자리를 잡으면서, 정통 기독교 신앙과 신학을 확립하기 위한 신학작업에 전념하였고, 이로써 서방 라틴 기독교 신학의 토대를 닦았다.

니그렌Anders Nygren은 교회론, 원죄론, 은총론, 예정론을 비롯하여 아우구스티누스 신학을 관통하는 핵심사상을 "사랑"이라고 보았다. 아우구스티누스에게 있어서 기독교는 사랑의 종교였다. 하나님의 무조건적인 사랑에서 시작되어, 하나님을 향한 사랑과 이웃을 향한 사랑에 대한 가르침이 핵심이었기 때문이다. 아우구스티누스에게 있어서 사랑Caritas은 본질적으로 "하나님을 향한 사랑Love to God"이었고, 이 사랑은 "이웃을 향한 사랑Love to neighbor"을 포함한 모든 율법의 요구를 포괄하며 그것을 완성하는 것이며, 결국 성경의 모든 것이었다. 이러

---

42 곤잘레스, 『기독교사상사 2: 중세편』, 38-49 참조.

한 점에서 구약과 신약은 본질적으로 같은 것이지만, 구약은 하나님이 인간에게 이러한 사랑을 요구하지만, 신약은 하나님이 요구하시는 사랑을 주신다는 점에서 차이가 있다. 또한 구약은 율법에 대한 요구이지만, 신약은 완성이었다. 하나님의 은총은 우리에게 하나님을 향한 사랑이 가능하도록 변화시킨다. 이러한 점에서 "하나님의 사랑"은 "하나님을 향한 사랑"이 가능하도록 하는 것이었다. 아우구스티누스는 이러한 사랑의 관점으로 구약을 해석하며 마니교의 영지주의적 비판을 공박하였고, 도덕적 성결을 강조하며 사랑을 잃어버리고 교회를 분열시키는 도나투스주의를 비판하였다. 교회는 오직 하나님의 사랑 안에서 하나로 연합되고 분열되지 않는다는 것이 그의 교회론의 핵심이었다. 펠라기우스주의는 하나님의 은총과 사랑을 간과하고 기독교를 율법주의로 전락시키는 오류를 범하였다. 이러한 맥락에서 아우구스티누스는 "성경의 모든 것은 사랑에 따라 해석해야 한다"고 강조하였다.[43]

아우구스티누스에게 있어서 사랑$^{Caritas}$은 신플라톤적 기원(Eros)과 기독교적 기원(Agape)이 하나로 종합된 것이었다. 세상의 것과 세속적 욕망을 사랑하는 것으로부터 하나님을 사랑하는 것은 신플라톤주의의 에로스적 구원개념이었다. 『고백록』에 잘 나타나 있듯이, 신플라톤주의는 그에게 가장 높은 지혜와 근원적인 존재로서 하나님을 갈망하고 그분 안에 살아가는 구원의 삶을 일깨워주었다. 그러나 아우구스티누스는 신약성서와 바울의 가르침을 통해 우리가 하나님을 사랑하기 전에 하나님이 우리를 먼저 사랑하시고 예정하셨다는 아가페 사랑을 강조하였다. 그가 자신의 회심 과정을 반추하면서 하나님의 은

---

43 Anders Nygren, *Agape and Eros*, trans. Philip S. Watson (Philadelphia: Westminster Press, 1953), 452-8.

총과 섭리를 인식하였다는 점에서 이러한 강조점이 분명하게 나타나 있다. 특히 아우구스티누스에게 있어서 그리스도의 성육신은 하나님의 은총과 아가페의 사랑을 설명하는 가장 확실한 증거였다. 그는 서로 양립할 수 없는 신플라톤주의적 에로스의 개념과 기독교의 아가페의 개념의 종합을 시도하였다. 이러한 점에서 아우구스티누스는 "신플라톤주의적 기독교 신학자"로 볼 수 있다. 신플라톤주의의 에로스는 하나님을 향한 사랑의 길을 보여주고 그것을 향한 갈망을 주었지만 인도하지는 못했고, 인간에게 교만과 자기만족만을 낳았지만, 하나님의 아가페는 낮아짐과 겸손의 모습으로 우리에게 오심으로써 인간을 교만과 모든 욕망으로부터 자유하게 하여 인간이 하나님에게 이를 수 있도록 하였다고 보았다.[44]

니그렌은 에로스-아가페의 결합으로서의 아우구스티누스의 사랑의 개념이 중세의 신비주의와 스콜라주의 신학에 스며들어 있다고 보았다. 또한 이러한 사랑의 개념은 바울과 아우구스티누스를 잇는 루터와 종교개혁의 신학 안에서 계승되었지만, 루터와 종교개혁자들은 죄인 된 인간을 향해 거부할 수 없는 은총을 베푸시는 하나님의 아가페의 사랑, 곧 은총의 신학에 강조점을 두면서, 하나님을 향한 영혼의 갈망과 하나님과 연합을 추구하는 에로스(신비주의와 공로주의)와 아가페(하나님의 은총)를 결합했던 아우구스티누스의 종합을 해체하였다고 보았다. 하강(위로부터 베푸시는 하나님의 인간을 향한 무조건적인 사랑과 은총)과 상승(아래로부터 하나님을 향해 연합을 추구하는 인간의 사랑과 헌신)의 종합으로서의 아우구스티누스의 사랑$^{Caritas}$에 대한 이해가

---

44 위의 책, 464-75.

아가페로만 해석되고 강조되었다는 것이다.45 물론 니그렌의 분석은 설득력이 있지만, 루터나 칼뱅과 같은 종교개혁자들이 하나님의 은총을 강조하면서, 동시에 그에 대한 자연스러운 결과로 하나님을 향한 사랑과 헌신을 성화의 과정으로 강조하였다는 점에서, 종교개혁신학 안에서 아우구스티누스가 종합한 에로스와 아가페의 결합이 완전히 해체되었다고 보기 어려운 측면이 있다. 그러나 아우구스티누스의 종합을 인간의 구원에 있어서 인간의 의지와 하나님의 은총 사이의 협력을 강조한 신인협동설Synergism로 계승한 중세 로마가톨릭의 반-펠라기우스주의Semi-Pelagianism 입장을 종교개혁자들이 율법주의와 공로주의로 비판하면서, 정반대로 인간의 전적인 타락과 의지의 무능력함과 하나님의 절대은총을 강조하였다는 측면에서는 그들에게 아가페에 대한 강조가 압도적이라고 할 수 있다.

### 3) 도나투스주의 논쟁

도나투스주의자들은 디오클레티아누스 황제의 대박해 시기에 배교한 자들, 곧 트라디토르Traditor를 교회가 받아줌으로써 교회가 타락하였고, 또한 배교한 성직자(Felix)에 의하여 안수를 받은 카르타고의 감독(Caecilian)의 권위를 인정할 수 없으므로, 타락한 교회로부터 분리되어야 한다고 주장하였다. 그리하여 새로운 감독(Donatus)을 앞세워 자신들의 교회를 타락한 교회와 구별되는 거룩한 교회라고 인정하였다. 또한 권위를 인정할 수 없는 성직자로부터 받은 성례의 효력을 인정할 수 없으므로 재세례를 받아야 한다고 주장하였다. 이들의 지

---

45 위의 책, 559-62.

도자의 이름을 따서 도나투스파라는 분리주의 분파운동이 일어났다. 4세기에 촉발된 도나투스파의 분파주의 운동은 카르타고를 중심으로 하는 북아프리카의 라틴어 사용권에서 활발하게 일어났는데, 아우구스티누스의 때까지 계속 이어지고 있었고, 비록 5세기 이후 약화되었지만, 이슬람의 등장으로 사라질 때까지, 7~8세기까지 아프리카 교회 안에 지속되며 분열과 갈등의 요인이 되었다. 도나투스주의 논쟁이 확대되고 심화된 배경에는 단지 배교자들의 처리와 배교한 성직자가 집례한 성례의 유효성과 관련한 교회론과 성례론의 신학적 대립만 있었던 것은 아니었다. 이는 사회적, 인종적, 지역감정과도 맞닿아 있었다. 도나투스파를 지지하는 이들은 북아프리카의 도시가 아닌 시골 지역에서, 라틴어가 아니라 지역의 언어를 사용하는 토착민들이었고, 사회적으로는 하층민들과 농민들이 대부분이었다. 반면, 정통주의자들은 북아프리카에서 라틴어를 사용하는 로마화된 그룹들이었고, 로마제국의 법적 제도적 보호와 지지를 받으며 지배계층으로 군림하였기 때문에, 이들 사이의 대립과 갈등은 매우 첨예하게 나타날 수밖에 없었다. 도나투스파들은 콘스탄티누스 황제와 기독교 황제들의 금지와 박해를 받았지만 소멸되지 않았고, 오히려 그 세력을 더욱 키워나갔다. 아우구스티누스 당시에는 북아프리카 지역에서 오히려 정통교회보다 규모와 세력이 컸고, 이러한 점에서 도나투스주의 문제는 교회에 심각한 위협이 되었다. 특히 도나투스파와 연결된 극렬분자들인 "설컴셀리온Circumcellion"은 순교자들의 제단cellae 주변circum에서 살아간다고 하여 붙여진 집단으로, 도나투스파의 주장과 명분을 앞세워 폭력과 파괴와 약탈을 일삼았고, 자신들을 "그리스도의 군사들"이라고 생각하였다.[46]

히포의 감독이었던 아우구스티누스는 북아프리카 지역에서 교회와 사회에 심각한 위협이 되었던 도나투스파의 문제를 다루지 않을 수 없었다. 그는 신학적으로 그들의 주장을 공박하였다. 아우구스티누스는 자신들의 교회가 흠 없는 성자들의 공동체라고 인식하는 도나투스파에 대하여 이 땅에 존재하는 교회는 마치 알곡과 가라지가 섞여 있지만 인간이 그것을 나눌 수 없고 마지막에 하나님에 의해 구별되는 성자와 죄인들의 "혼합된 몸corpus permixtum"이라고 주장하였다. 이러한 점에서 아우구스티누스는 불완전한, 역사적, 제도적 교회와 완전한 종말론적 교회를 "보이는 교회"와 "보이지 않는 교회"로 구별하고, 이 둘의 상호관계를 강조하였다. 하나님은 역사 속에 제도적 교회를 통해 구원받을 자를 불러 모으시고 보전하시지만, 교회 공동체는 이 땅에서 죄와 타락으로 인하여 불완전한 공동체일 수밖에 없고, 그럼에도 불구하고 거룩한 공동체를 지향한다고 보았다. 그러나 하나님께서 선택하신 보이지 않는 교회는 쭉정이와 유기된 자를 포함하고 있는 혼합된 몸으로서 보이는 교회와 완전히 일치하지 않을 수 있다고 보았다. 그러나 그러한 구별은 이 땅에서 인간의 판단에 의한 것이 아니라 전적으로 하나님에 의한 것이며 종말에 때에 밝혀질 것이라고 주장하였다. 이러한 점에서 아우구스티누스는 세상에 널리 퍼져있는 "보편적" 교회의 "거룩성"은 신자들의 도덕적 행위에 있지 않고, 하나님께 속한 것이며, 교회의 "하나 됨"은 그리스도의 몸 안에서 모든 이들을 하나로 묶는 하나님의 사랑이라고 주장하였다. 교회의 "사도성"은 감독들의 사도적 계승에 근거하고 있다.[47] 이렇듯 "하나의 거룩하고

---

46 "Circumcellions", in *The Oxford Dictionary of the Christian Church*, 353.
47 곤잘레스, 『기독교사상사 2: 중세편』, 68-70.

보편적이고 사도적인 교회"의 표지에서 보았을 때, 도나투스주의자들은 온전한 교회가 아니며, 정통 교회만이 참된 교회라고 주장하였다.

성례론에 있어서도 도나투스주의자들은 배교한 성직자와 그에 의해 안수를 받은 성직자의 성례는 무효이며, 재세례를 받아야 한다고 주장하였다. 그러나 아우구스티누스는 성례의 효력은 집례자에 있지 않고, 그리스도와 하나님에게 있으므로, 성직자의 불완전함이 성례의 효력에 영향을 끼치지 못하며, 따라서 재세례를 받을 필요가 없다고 강조하였다. 이러한 견해를 가지고 아우구스티누스는 정통교회 밖에서 이루어진 도나투스파의 성례에 대하여 어느 정도 효력이 있다고 보았는데, 다만 이들이 정통교회 안에 다시 들어올 때까지 이들이 받은 성례는 의롭게 하는 힘과 사랑의 효과를 얻지 못한다고 보았다. 그러나 그들 역시 재세례를 받을 필요는 없다고 보았다.[48] 이는 그의 성례에 대한 신학적 이해에서 비롯된 견해이기도 하였지만, 이와 함께 도나투스주의 분파들을 정통교회 안으로 회복시키고자 했던 목회적 의도에서 비롯된 견해였다.

그럼에도 불구하고, 아우구스티누스는 도나투스주의에 대한 신학적 비판과 더불어 극단주의자들에 대한 로마제국의 무력 사용의 정당성을 인정하는 "정당전쟁론"의 이론을 제시하였다. 앞서 언급한 것처럼, 아우구스티누스는 도나투스파를 신학적으로 설득하여 교회 안으로 회복시키려는 목적을 가지고 있었다. 그러나 극단주의자들이 이를 무력과 폭력을 앞세워 반대하였기 때문에 이러한 상황에 있어서 사회의 질서의 유지와 평화를 이루기 위한 목적에서 제한된 범위 내에서

---

48 위의 책, 70-72; Margaret R. Miles, *The Word Made Flesh*, 98-100.

공권력에 의한 무력의 사용을 인정하였다. 아우구스티누스의 정당전쟁의 조건은 첫째로 전쟁의 목적이 정의로워야 하며, 그것은 평화를 유지하기 위한 수단이 되어야 한다는 것이다. 둘째로 전쟁이 정당한 주체, 곧 합법적인 공권력에 의해 수행되어야 하며, 사적이고 임의적인 분노의 표출이 되어서는 안 된다는 것이다. 셋째로 전쟁이 폭력의 방식으로 수행된다고 할지라도 정의로운 동기, 곧 사랑이 그 동기가 되어야 한다는 것이다.[49] 그의 정당전쟁이론이 국가와 공권력에 의해 수행되는 전쟁과 폭력을 전적으로 합리화했다고 볼 수는 없지만, 그의 이론은 권력자의 입장에서 소수자와 반대자를 억압하면서 얼마든지 왜곡되고 악용될 수 있는 여지를 남겼다. 그것은 앞서도 지적하였지만, 기독교가 국가권력에 의해 보호받는 기득권 종교가 되어 사회의 질서와 안정을 유지하는 공적 종교의 기능을 하는 과정에서 나오게 된 부작용이라고 할 수 있다. 교회와 제국의 일치는 가이사랴의 유세비우스가 로마제국과 기독교를 하나로 결합시켜서, 로마제국이 하나님의 뜻을 지상에 실현하며 하나님 나라를 확장시키는 도구로 찬양하였던 것에서 분명히 나타났다. 이러한 밀접한 상호관계 속에서 교회는 제국을 종교적으로 합리화하고, 영적으로 축복하고, 제국은 교회를 법과 제도로 뒷받침하면서 교회는 점차 로마제국의 공적 기관으로 세속화되었다. 이러한 입장과 비교해 볼 때, 아우구스티누스가 『신의 도성』에서 폭력과 권세에 기초하는 국가와 사랑을 목적으로 교회를 분리하고, 더 나아가 쇠퇴하고 사라질 이 땅의 왕국과 영원한 하나님의 나라를 구분한 것은 대치가 된다.[50] 이러한 차이는 로마제국이

---

49 Gonzalez, *The Story of Christianity*, vol. 1, 248.
50 John McManners, ed., *The Oxford History of Christianity* (Oxford and New York:

쇠퇴와 멸망의 위기로 내몰린 역사적 맥락에서, 로마제국과 교회를 분리하고, 유한한 제국을 넘어 영원한 하나님 나라와 교회를 일치시키고자 하는 그의 종말론적 역사철학이 반영된 것이라 볼 수 있다. 역사 속에서 제국과 교회는 뒤엉켜 혼합된 형태를 취할 수밖에 없지만, 그 기원과 동기와 목적에서 본질적으로 다른 두 도성은 조화되지 못하고 결국 구별되어, 심판과 구원이라는 다른 종착지에 다다를 수밖에 없다고 보았다.

### 4) 펠라기우스주의 논쟁

펠라기우스는 4세기 후반과 5세기 초에 로마에서 가르쳤던 영국 출신의 평신도 신학자였다. 그는 405년경에 아우구스티누스의『고백록』을 접하고, 커다란 충격을 받았고, 아우구스티누스가 구원에 있어서 하나님의 은총에만 의존하고 인간의 노력을 배제시킨 것이 나태하고 무력한 신앙을 용인한다고 비판하였다. 그는 410년경에 로마가 고트족에 의해 약탈을 당하였을 때, 그의 제자 셀레스티우스Celestius와 함께 로마를 떠나 아프리카로 갔고, 곧 이어 팔레스타인으로 옮겼다. 그들은 팔레스타인에서 몇몇 감독들의 지지를 얻었지만, 베들레헴에서 학문연구에 매달리며 수도원적 삶을 살고 있었던 제롬에게 비판을 받았고, 무엇보다도 아프리카의 감독들로부터 강력한 비판을 받았고, 이어 로마교회와 서방교회로부터 비판을 받아 411년 카르타고회의와 431년 에베소공의회를 비롯한 여러 회의에서 그의 주장이 이단으

---

Oxford University Press, 1990), 77-80.

로 정죄되었다.

아우구스티누스의 펠라기우스주의 비판은 411년 이후 이루어졌다. 아우구스티누스나 펠라기우스는 동일하게 마니교의 가르침을 비판하면서 인간이 하나님의 은총 안에서 자신의 의지에 따라 선을 선택할 자유가 있다고 강조하였으나, 아우구스티누스는 인간의 자유를 옹호하면서도 그에 선행하는 하나님의 은총이 절대적으로 필요함을 역설하였고, 이와 달리 펠라기우스는 하나님의 은총에 대한 전적인 의존은 곧 인간의 의지의 자유와 책임을 부정하는 것이라고 비판하였다. 펠라기우스는 의지의 자유를 강조하며 죄를 극복하고 도덕적으로 완전한 삶을 추구해야 한다고 주장하였고, 아우구스티누스는 의지가 죄에 붙들려 있어서 인간의 의지를 마음대로 사용할 수 없다고 주장하였다. 그럼에도 불구하고 아우구스티누스는 의지의 자유를 강조하였는데, 죄를 짓는 데서만 자유하고, 죄를 짓지 않는 면에서는 의지가 무력하다고 강조하였다. 아우구스티누스에 따르면 창조되었을 때 인간은 죄를 지을 자유와 죄를 짓지 않을 자유가 있었지만, 죄로 인하여 타락한 이후에는 오로지 죄를 짓지 않을 자유는 불능의 상태가 되었고, 죄를 지을 자유만 남았다고 가르쳤다. 우리가 그리스도로 말미암아 하나님의 은혜로 구원을 받았을 때, 죄를 짓지 않을 자유가 회복된다고 보았다. 그러므로 구원은 손상된 인간의 자유로부터 말미암지 않고 이를 회복시키시는 거부할 수 없는 하나님의 은총에 의하여 시작되며, 이로 말미암아 인간이 하나님을 향해 선한 삶을 살 수 있게 된다고 강조하였다. 펠라기우스 역시 은총에 대하여 말하였지만, 그것은 인간에게 도덕적 능력을 주시고(자연적 은총), 선한 삶을 가르치시고(계시의 은총), 회개하는 인간을 용서하시는 은총(용서의 은총)이라고 보았다.51 이것은 인간의 자유의지에 영향을 미치거나 무력한 인간을 구원으로 인도하는 은총이 아니라, 자신의 의지에 따라 선한 삶을 추구하는 인간의 주도적 행위와 병행하는 역할에 불과하였다. 펠라기우스는 인간의 노력과 책임을 강조하는 공로주의와 율법주의를 역설하였다.

펠라기우스주의에 대한 아우구스티누스의 논박은 의지의 자유와 은총에 대한 논쟁뿐만 아니라 원죄론과 예정론으로까지 확대되었다. 셀레스티우스는 펠라기우스의 사상을 이어 받아 원죄론을 거부하였는데, 그에 따르면 아담은 원래 죽을 수밖에 없는 존재로 만들어졌기 때문에 죄의 결과로 죽은 것이 아니며, 아담의 죄는 그 자신에게만 영향을 끼친 것이며 인류 전체를 타락시키지 않았고, 따라서 갓난아이는 아담의 타락하기 이전의 상태와 동일하고, 사람은 누구든지 자신의 노력과 의지에 따라 죄 없는 삶을 살 수 있다고 주장하였다. 이를 비판하며, 아우구스티누스는 아담의 원죄가 모든 인류에게 유전된다고 보았고, 이러한 원죄는 불신앙과 교만에서 비롯된 욕망과 불순종의 삶이이며, 이 원죄가 인간을 타락시키고 죄를 짓게 한다고 주장하였다.52

아우구스티누스에게 있어서 하나님의 은총과 인간의 의지의 관계는 논쟁적인 면이 있는데, 마니교를 논박하는 점에서는 인간의 의지의 자유를 역설하였지만, 펠라기우스를 비판하는 점에서는 구원과 선을 행함에 있어서 하나님의 은총에 절대적으로 의존해야 하는 인간 의지의 무력함을 강조하였다. 이러한 모순적 입장은 아우구스티누스

---

51 Gonzalez, *The Story of Christianity*, vol. 1, 248-9; Alister E, McGrath, *Christian History*, 61-3; 곤잘레스,『기독교사상사 2: 중세편』, 46.
52 곤잘레스,『기독교사상사 2: 중세편』, 47-8, 61-4.

의 신학 안에서 하나님의 은총이 손상된 인간의 의지를 치유하여 인간의 의지가 활동하고 움직이게 하신다는 것으로 설명되었다. 하나님의 은총과 인간의 의지의 관계에 대한 아우구스티누스의 양면적 주장은 하나님의 은총과 인간의 의지 사이의 협력을 주장하는 반-펠라기우스주의로 발전할 수 있는 여지를 남겼는데, 이것은 인간의 의지의 자유를 강조하는 펠라기우스주의와 하나님의 은총을 강조하는 아우구스티누스의 사상을 혼합한 신인협동설Synergism이었다. 따라서 반-펠라기우스주의는 아우구스티누스주의와 펠라기우스주의의 혼합으로 이해할 수 있다.

그럼에도 불구하고, 아우구스티누스의 은총론은 펠라기우스주의와 철저히 구별된다. 아우구스티누스는 인간이 거절할 수 없는 하나님의 "불가항력적 은총"을 주장하였는데, 이것은 하나님의 은총과 인간의 의지는 반-펠라기우스주의에서처럼 동등한 관계로 병존하는 것이 아니고, 은총이 구원을 이루고 선을 행하는 데 있어서 무능한 인간의 의지를 견인한다고 보았다. 그렇다고 불가항력적 은총은 인간의 의지를 제압하거나 반대하거나 억누르는 것이 아니라 인간의 의지가 하나님의 은총에 따르도록 변화시키고 이끄는 것이었다. 결정적으로, 아우구스티누스는 예정론을 주장함으로써 인간의 의지를 뛰어넘는 절대적인 하나님의 은총을 강조하였다. 예정론은 펠라기우스주의는 물론 반-펠라기우스주의로부터 아우구스티누스의 사상을 철저히 구별하는 시금석이었다. 예정론은 인간을 구원하시는 하나님의 은총은 인간의 의지와 선행에 따른 공로에 의한 것이 아니라 전적으로 하나님의 주권에 따른 것으로서, 구원받을 사람들을 하나님이 미리 정하셨다는 주장이었다. 예정론은 아우구스티누스의 은총론의 당연한 귀결이었고, 중세를 거쳐 종교개혁에 이르기까지 구원을 위한 인간의 노력과 공덕(功德)을 주장하는 공로주의와 율법주의에 맞서 하나님의 절대주권과 은총에 의한 구원을 강조하는 은총주의와 복음주의의 보루(寶樓)가 되었다.

금욕적 수행을 통해 하나님과의 연합을 추구하는 수도원 운동의 관점에서 예정론과 불가항력적 은총을 강조하는 아우구스티누스의 견해는 도덕적 해이와 나약한 신앙을 정당화하는 이론으로 비춰질 수 있었기 때문에 수용하기가 어려웠다. 따라서 반-펠라기우스주의 형태로 급진적인 아우구스티누스의 사상을 배격하는 논쟁이 교회 안에서 계속적인 논란을 일으켰고, 529년의 오렌지회의에서 반-펠라기우스주의는 배격되고, 아우구스티누스의 사상이 정통으로 인정받았다. 그러나 이 회의에서 인간의 의지가 아니라 하나님의 은총이 구원의 시작이라는 점을 명시하고, 전적인 타락과 원죄론을 재확인하여 아우구스티누스의 사상을 옹호하였음에도 불구하고, 불가항력적 은총은 거론되지도 않았고, 예정론은 하나님이 인간의 상태를 미리 아시고 구원받을 자를 정하셨다는 예지예정의 희석된 형태로 반-펠라기우스주의는 완전히 사라지지 않았다. 오히려 반-펠라기우스주의는 아우구스티누스주의와 혼합된 "반-아우구스티누스주의(semi-Augustianism)"로 변형되어 계속 영향을 끼쳤다.[53] 이러한 문제는 종교개혁과 그 이후에 이르기까지도 반복되고 계속되는 신학적 논쟁이 되었다.

---

[53] 위의 책, 78-86 참조.

# 제 6 장
# 서로마제국의 멸망과 중세 유럽의 형성

## 1. 서로마제국의 멸망과 유럽의 개종

고대시기에 로마제국은 지중해 세계를 지배하면서 로마의 법과 정치적 제도로서 하나의 보편적 세계(oikumene)를 유지하였고, 기독교는 로마제국의 영역 안에서 종교적으로 하나의 기독교 세계를 형성할 수 있었다. 물론 기독교는 로마의 영토 안에만 국한되지 않았고, 제국의 경계를 넘어 동방으로는 시리아 기독교의 영향 아래 에데사Edessa와 아르메니아는 물론, 메소포타미아와 페르시아와 아라비아와 인도와 중국 등 아시아에까지 확장되었고, 이집트 기독교의 영향 아래 에티오피아로 확장되었다. 또한 서방으로는 아일랜드로 퍼져나갔다.1 그러나 로마제국과 기독교가 그리스-로마의 지중해 세계에서 유

---

1 Justo L. Gonzalez, *The Story of Christianity*, vol. 1: *The Early Church to the Dawn of the Reformation*, revised and updated (New York: HarperOne, 2010),

지하였던 하나의 정치적, 종교적 보편세계는 후기 고대와 초기 중세의 시대에 로마의 서쪽 경계 밖에서 밀려들어오는 다양한 이민족(게르만족)의 침입과 서로마제국의 멸망과 아라비아 지역에서 등장하여 급성장한 이슬람의 확장으로 인하여 해체되었다.

서로마제국의 지역을 차지한 게르만족들은 기독교와 로마문명을 받아들이면서 로마문명화와 기독교화를 통해 로마의 계승자를 자임하였고, 그 가운데 프랑크 왕국은 9세기 이후 서방기독교 세계Christendom를 형성하며, 신성로마제국Holy Roman Empire을 성립하여 이어나갔다. 비잔티움(콘스탄티노플)을 중심으로 하는 동로마제국 또는 비잔틴제국은 동방 지역에서 15세기에 이르기까지 로마제국을 존속시켰다. 동방과 서방은 5세기 이전까지 하나의 세계였으나, 이민족의 침입과 서로마제국의 해체로 인하여, 그리고 6세기에 비잔틴제국이 발전하며 명확히 구별되었고, 7세기 초에 등장한 이슬람의 세력으로 인하여 동방과 서방의 교류가 차단됨으로써 이들 사이의 구별과 차이가 더욱 심화되었다. 이에 따라 이슬람의 등장은 고대의 하나의 보편적인 지중해 세계를 라틴 서방과 비잔틴 동방과 이슬람의 세 개의 구별된 세계로 분열시키는 결정적 요인이 되었고, 이슬람과 비잔틴 제국이 세력 경쟁을 하는 동안 동방의 비잔틴제국에 비하여 문명과 제도에 있어서 열등했던 서방 세계가 자라나는 계기가 되었다. 세 개로 나누어진 지중해 세계는 비록 신학적으로, 정치·사회적으로, 문화적으로 서로 매우 달랐지만, 유대교-기독교 전통과 그리스-로마 문명의 유산을 통해 서로 깊이 연결되어 있었고, 특히 중세 유럽의 기독교 세계의

---

251-258 참조.

등장과 발전은 이러한 외적인 요인의 영향이 결정적이었다고 볼 수 있다.[2] 후기 고대의 지중해 세계가 더 이상 로마제국의 제도적 보편주의에 의해 하나의 세계로 유지될 수 없었을 때에 기독교는 여러 지역과 도시에서 신앙과 문화를 보존하는 역할을 하였고, 이들 세계를 하나로 묶어주는 역할을 하였지만, 동시에 기독교 역시 각 지역에 적합한 다양한 기독교로 발전하였다. 따라서 서방의 라틴 기독교와 동방의 비잔틴 기독교는 그들이 처한 역사적, 문화적 환경 속에서 각각의 정체성과 특징을 만들어 나가며 발전하였고, 이들 사이의 신학적, 문화적 차이는 11세기에 동방과 서방기독교의 분열을 야기하였다. 고대에서 중세로의 이행은, 단순화시켜서 보자면, 하나의 보편적 세계와 단일한 기독교에서 분열된 세계와 여러 지역적, 문화적 차이를 갖는 다양한 기독교로의 변화로 요약할 수 있다.

### 1) 게르만족들의 침입과 서로마제국의 멸망

로마제국의 입장에서 보면 로마제국의 영토를 노리고 침입하는 이민족들(게르만족)은 "야만족Barbarians"이며 침입자였다. 그러나 이들은 자신들을 침입하는 세력에 밀려나 로마제국의 영토 안에 정착하고자 했던 로마의 경계 밖의 종족들이었다. 이들은 광활한 로마제국의 경계에 머무르며, 시시때때로 경계를 넘나들었고, 이민자로 로마제국에 받아들여지기도 했고 심지어 로마 황실이나 군대에 들어가기도 했

---

2 하나의 보편적 고대 세계의 해체와 이슬람의 등장에 따른 지중해 세계의 분열과 서방 중세 기독교 세계의 형성에 관하여, Judith Herrin, *The Formation of Christendom* (Princeton: Princeton University Press, 1987) 참조.

다.3 점증하는 이민족들의 침입을 방어하는 것은 로마 황제들의 주된 임무이기도 했다. 4세기 초반에 디오클레티아누스 황제가 추진한 로마제국의 개혁 역시 이들을 효과적으로 막아내고 로마의 영토를 수호하고자 했던 목적이 컸다. 로마의 약화와 이민족의 침입은 상관관계가 있었다. 로마제국의 힘이 약화될수록 이민족들의 침입은 잦았고 치명적이었으며, 동시에 이들의 침입으로 인하여 로마제국의 힘은 더욱 약화될 수밖에 없었다. 특히 광활한 제국을 효율적으로 지배하는 것은 매우 어려운 일이었고, 로마제국에 커다란 위협이 되었던 페르시아를 효율적으로 방어하기 위하여, 제국의 중심이 동방으로 옮겨지면서, 자연히 서방 지역에 대한 경계는 약화될 수밖에 없었다.

이러한 환경 속에서 이미 4세기 후반에 고트족the Goths을 비롯한 이민족들의 침입으로 서로마 지역은 영토와 세력을 상실하고 있었고, 특히 로마군대의 장군이었던 알라릭Alaric이 이끄는 서고트족the Visigoths에 의하여 410년에 로마가 유린된 것은 서로마제국의 쇠퇴와 멸망을 상징하는 사건이었다. 여러 지역에서 밀려드는 이민족을 막아낼 수 없었던 서로마제국은 결국 오도아케르Odoacer에 의하여 476년에 마지막 황제인 로물루스Romulus가 폐위되면서 멸망하였다. 로마제국이 지배하던 지역은 이민족들이 세운 왕국들에 의하여 파편화되었다. 그럼에도 불구하고, 로마제국은 멸망한 것이 아니었다. 로마제국의 주력과 핵심이 동방 지역에 있었고, 이를 멸망한 서로마제국과 구별하기 위하여 동로마제국이라고 부르지만, 로마제국은 서방 지역의 상실 이

---

3 Roland H. Bainton, *Christendom: A History of Christianity and Its Impact on Western Civilization, vol. 1: From the Birth of Christ to the Reformation* (New York: Harper & Row, 1964), 132.

후로도 천 년 가까이 이어졌기 때문이다. 비잔티움을 중심으로 하는 비잔틴제국으로 존속하면서 1453년에 오스만투르크 제국the Ottoman Empire에 의해 멸망당하기 전까지 찬란한 문명을 발전시켰다는 점을 간과해서는 안 된다.

중세기에 유럽으로 형성되었던 로마제국의 서방 지역에 대한 이민족의 침입은 5~6세기에는 게르만족에 의해, 7~8세기는 사라센족 곧 무슬림에 의해 그리고 9세기와 10세기에는 바이킹족 곧 스칸디아비아족에 의해 지속되었다. 강력한 종교를 앞세운 무슬림은 기독교 세계와 계속적으로 대립하였지만, 게르만족과 바이킹족과 같은 이민족들은 기독교로 개종하고 서방기독교문명 안으로 들어오면서, 이들을 통해 유럽Europe이 형성되었다. 따라서 다양한 인종적, 문화적 배경을 지닌 유럽이 하나의 문명권으로 통합될 수 있었던 배경에는 다양한 이민족들이 기독교로 개종하고 이와 동시에 로마문명의 유산을 공유하는 기독교 세계Christendom로 문명화되었던 이중적 정체성, 곧 이민족들의 기독교화와 로마화의 과정이 있었기 때문이다. 이민족들은 옛 로마지역의 영토를 차지하며 정복자가 되었지만, 그들의 종교와 문화는 기독교와 로마문명으로 개종하였고, 이러한 상호작용을 통해 그들은 라틴 서방기독교의 후예가 되었다. 고대 그리스-로마 세계에서 유럽Europa은 지리적으로 아프리카와 아시아와 구별되는 지역을 의미하였지만, 9세기 카롤링거 왕조 이후에는 문명의 단위로 이슬람과 비잔틴제국과 구별되는 라틴 서방기독교 세계the Latin Christendom를 뜻하는 의미로 사용되었다.

5~6세기에 서방 지역을 차지하고 있던 이민족들과 그들의 판도는 대체로 이러하다.4 먼저 반달족the Vandals은 프랑스와 스페인을 지나

439년에 카르타고를 점령하고 서쪽으로는 지브롤터 해협에서 동쪽으로는 이집트에 이르는 북아프리카 지역을 장악하였다. 이어 그들은 시칠리와 이태리 남부 지역에까지 세력을 확장하였고, 455년에는 로마를 약탈하기도 하였다. 그들은 아리우스주의에 영향을 받았으며, 이슬람에 의해서 이들이 무너질 때까지 자신들이 지배하던 북아프리카 지역에서 정통 기독교는 물론 도나투스파를 박해하였다.

서고트족the Visigoths은 378년에 아드리아노플 전투에서 로마를 물리치고 410년에는 로마를 약탈하였으며, 415년에는 스페인을 장악하고, 이슬람에 의해 정복될 때까지 그곳을 다스렸다. 그들은 원래 반달족과 마찬가지로 아리우스주의자들이었으나, 정통교회를 박해하지 않았으며, 리카레드 왕(Recared, 586-601) 때 정통 기독교로 개종하였다. 이후 정통 기독교가 스페인의 서고트 왕국에 깊숙이 뿌리내리고 법적, 제도적 영향을 끼쳤다. 15세기에 스페인이 "레콩키스타re-conquista, 재정복"를 통해 이슬람을 물리치고 다시 기독교를 회복하는 배경에는 기독교의 뿌리 깊은 영향이 잠재되어 있었다.

오늘날 프랑스 지역인 고울Gaul의 일부를 차지하였던 부르건디족the Burgundians은 아리우스주의를 신봉하였으나 서고트족과 마찬가지로 기독교를 박해하지 않고 오히려 그 관습을 존중하였으며, 516년에 지기스문트 왕Sigismund 때 정통 기독교로 개종하였다. 이후 부르건디족은 534년에 프랑크 왕국에 정복당하였다. 프랑크족the Franks은 고울 지

---

4 이에 대하여, Justo L. Gonzalez, *The Story of Christianity*, vol. 1, 269-77. 6세기까지 이들이 차지한 영토에 관한 지도에 대하여, John McManners, ed., *The Oxford History of Christianity* (Oxford and New York: Oxford University Press, 1990), 94-5 참조.

역을 지배하였으며, 카롤링거 왕조 때 샤를마뉴(Charlemagne, 742~814)가 800년 성탄절에 신성로마제국의 황제로 임명받으면서 서방기독교 세계의 중심이 되었다. 원래 이교도 신앙을 추종하였던 프랑크족은 여러 부족의 연합으로 이루어진 왕국이었으나 클로비스 왕(Clovis, 466~511)에 의해 부족의 통일을 이루고 강력한 왕권통치를 통해 메로빙거 왕조를 확립하였다. 특히 클로비스 왕은 기독교 신앙을 가진 부르건디의 공주 클로틸다Clotilda와 결혼하여 그녀의 영향 아래 기독교 신앙을 받아들였고, 496년 성탄절에 3천 명의 귀족들과 함께 세례를 받은 사건으로 유명하다. 이로써 프랑크 왕국은 왕과 귀족으로부터 기독교로 집단 개종하였다.5 이러한 위로부터의 집단개종은 유럽 왕국들의 기독교 개종의 전형적인 유형이 되었다.

영국 지역은 로마제국 경계 밖에서는 픽트족the Picts과 스코트족the Scots이 다스렸고, 로마제국이 다스리던 곳은 서로마의 멸망 후, 앵글족the Angles과 색슨족the Saxons이 지배하면서 켄트Kent, 에섹스Essex, 노덤브리아Northumbria 등의 왕국을 세웠다. 아일랜드는 로마제국의 지배를 받지 않았던 곳이었으나, 이곳에 노예로 붙잡혀 갔다가 탈출한 후 선교를 위해 다시 찾아간 패트릭(Patrick, 389~461)에 의해 432년경 이후 기독교가 뿌리 내리게 되었다. 이후 아일랜드는 수도원 공동체를 중심으로 수도사를 스코틀랜드에 선교사로 파송하며 아일랜드-스코틀랜드의 "켈트 기독교Celtic Christianity"를 형성한 본산지가 되었다.6 켈트 기독교는 교구교회가 아닌 수도원 중심의 기독교로서 라틴 로마 기독

---

5 클로비스의 개종과 수세에 대하여, Stephen Neill, *A History of Christian Missions* (London and New York: Penguin Books, 1990), 51.
6 위의 책, 49-50.

교로마 가톨릭의 구조와는 구별되었다. 켈트 기독교는 아일랜드로부터 스코틀랜드는 물론 그 아래 잉글랜드에까지 확대되면서 7세기에 노텀브리아를 중심으로 로마교회와 갈등을 빚었으나, 결국 663년 휘트비Whitby회의에서 베드로의 사도적 권위가 켈트 기독교를 대표하는 요나 수도원Iona Abbey의 설립자이며 "스코틀랜드의 사도"라고 불리는 콜룸바(Columba, 521~597)의 권위보다 높다고 선언한 노텀브리아 왕에 의하여 켈트 기독교는 로마 가톨릭교회의 지배와 영향 아래 놓이게 되었고, 영국의 주도적인 기독교는 본래적인 켈트 기독교가 아닌 라틴 로마교회가 되었다. 라틴 로마교회의 영국 선교는 교황 그레고리 1세(Gregory the Great, 재위 590~604)가 596년에 로마에 있는 베네딕트 수도원의 수도사 아우구스티누스Augustine of Canterbury와 동료 수도사들을 켄트왕국에 파송하면서 시작되었다. 켄트왕국의 왕 에델베르트Ethelbert는 그의 아내인 고울 출신의 공주 베르타Bertha에 의해 기독교에 영향을 받았고, 이에 따라 아우구스티누스를 환대하였고, 그의 신하들과

이오나수도원

함께 기독교로 개종하였다. 왕의 환대를 받으며 아우구스티누스는 켄트왕국의 수도인 캔터베리에 정착하였고, 이후 캔터베리의 주교가 되었다. 그는 영국 지역에 뿌리를 내리고 있었던 켈트 기독교와 갈등하면서 어려움을 겪었으나, 그의 설교와 삶의 모범을 통해 앵글족들 사이에서 수많은 개종자들을 낳았다.7

동고트족the Ostrogoths은 아리우스주의자들로서 로마교회의 중심지인 이태리 지역을 장악하고 있었다. 이 지역 주민들은 동고트족의 침입에 대하여 동로마제국의 콘스탄티노플에 원조를 요청하였고, 동고트족은 이를 반역으로 여겨 정통 기독교를 핍박하면서, 위대한 철학자이며 신학적 지성인 보에티우스(Boethius, 480~524)를 비롯한 여러 순교자가 나왔다. 비잔틴제국의 유스티니아누스 황제(Justinian, 재위 527~565)가 옛 로마제국의 영광과 영토를 회복하기 위해 일으킨 군사 행동으로 동고트 왕국은 비잔틴제국에 의해 정복되었다. 그러나 비잔틴제국이 쇠약해 진 사이에 이태리 지역은 568년에 이민족인 롬바르드족the Lombards에 의해 장악되었다. 롬바르드족은 이태리 반도의 패권을 장악하며, 로마교황청을 압박하며 로마교회에 커다란 어려움을 야기하였고, 비잔틴제국으로부터 도움과 보호를 받지 못한 로마교회는 결국 프랑크 왕국에 도움을 요청하여 롬바르드족으로부터 보호를 받았고, 이로써 로마교황과 프랑크 왕국의 관계가 긴밀하게 발전하였다. 이러한 배경에서 800년 성탄절에 프랑크 왕국의 샤를마뉴가 로마교황 레오 3세에 의해 신성로마제국의 황제로 관을 받았다.

---

7 위의 책, 58-9; Gonzalez, *The Story of Christianity*, vol. 1, 275-6.

## 2) 유럽의 개종

서로마 지역의 여러 이민족들이 기독교로 개종하고 로마문명의 유산을 받아들이면서 이들에 대한 기독교화와 로마화가 동시에 이루어졌다. 이민족들의 회심과 개종의 이유에 대하여 여러 가지 요인을 지적할 수 있다. 무엇보다도 로마문명에 대한 이끌림이 가장 큰 요인이었다. 이민족들은 흔히 말하는 야만족들은 아니었다. 그들은 나름의 발전된 문화와 합리적인 법과 관습을 가지고 있었다. 그럼에도 불구하고, 지중해 세계를 지배하며 보편적 제국을 이루었던 로마제국의 문명에 영향을 받았고, 이를 받아들임으로써 보다 장엄하고 체계적인 통치시스템과 사회제도를 갖추고자 하였다. 로마제국은 무너졌으나 기독교회는 여전히 그들의 여러 지역에서 로마의 문명을 간직하고 있었고, 로마의 종교였던 기독교를 수용함으로써 로마의 문명을 받아들일 수 있다고 보았다.[8] 기독교와 결합된 로마문명은 군사적 부족들의 결합체인 소규모 이민족 왕국을 이끌어나가는 통치자들에게는 정치적 안정을 이루고 통치이데올로기를 확립할 수 있는 매력적인 것이었다. 군사력이 아닌 법과 제도로 보장되고 종교에 의해 뒷받침되는 통치권은 정치적 안정과 견고한 왕권을 보장할 수 있었고, 이는 중앙집권적 왕권을 확립하여 왕국을 발전시키는 데 있어서는 반드시 필요한 부분이었다.

이와 함께 기독교는 그들의 종교(이교도 신앙 혹은 아리우스주의)에 비해 신학적으로나 교회제도에 있어서 훨씬 조직적이고 체계적이었

---

[8] Bainton, *Christendom: A History of Christianity*, vol. 1, 131-5.

으며, 특히 기독교의 하나님이 자연종교나 토착종교의 신보다 우월하고 강력하다는 신념이 이민족들의 회심과 개종에 커다란 영향을 끼쳤다. 이러한 예는 클로비스가 왕권을 확립하는 전쟁을 수행하면서 기독교의 하나님의 능력을 확신하고 자신의 신하들을 이끌고 집단적으로 개종을 한 사례나 8세기에 보니파키우스가 독일 지역에 선교를 하면서 이 지역의 이민족들에게 하나님의 힘과 능력을 앞세워 이들을 개종시킨 사례에서 보듯이 이민족의 개종의 중요한 요인이 되었다. 천지만물을 창조하고 로마제국의 발전과 번영을 이룩한 기독교의 하나님이 자신들이 숭배하는 자연의 신들보다 위대하다는 주장은 북방의 이민족들을 회심시키는 커다란 도전이 되었다.[9]

기독교가 가지고 있는 위계질서의 조직적 체계는 왕과 귀족으로부터 백성에 이르는 왕국의 위계적 질서와 잘 결합할 수 있었고, 위계적 교회와 사회제도가 혼합되어 유럽에서 "귀족교회$^{Adelskirche}$"의 형태가 자리 잡게 되었다. 이는 이 지역에서 기독교가 주로 왕과 귀족들의 개종에 의해 위로부터, 집단개종을 통해 자리를 잡게 되었으며, 이러한 결과로 통치세력과 결합된 "힘과 질서의 종교"의 특징을 갖게 된 모습을 상징적으로 보여주는 것이었다. 이러한 이유로 인해 중세 서방기독교 세계에서 교회와 사회는 분리되기 어려웠고, 주교와 고위 성직자는 종교지도자인 동시에 유력한 정치세력과 사회지도층이었고, 핵심 귀족계층이 되었다.[10] 이러한 점에서 콘스탄티누스 유형의 국가와 교회관계가 유럽의 개종을 통해 이루어진 중세사회에 이식되어 계승

---

9 McManners, ed., *The Oxford History of Christianity*, 106-8 참조.

10 Richard Fletcher, *The Conversion of Europe: From Paganism to Christianity, 371-1386 AD* (London: HarperCollins Publishers, 1997), 160-92.

되었다고 볼 수 있다. 이러한 관계는 필연적으로 중세 서방기독교 세계에서 세속권력(황제와 군주)과 영적 권력(교황 및 주교) 사이에서 누가 더 높은가라는 권위에 대한 논쟁과 갈등이 지속적으로 이어지게 하였다. 동방에서는 황제가 있었기 때문에, 이러한 문제는 서방과 비교해 볼 때 심각한 갈등의 요인으로 작용하지는 않았다. 물론 비잔틴제국에서 8세기의 화상논쟁Iconoclastic controversy과 같이 영적인 문제와 신학적 논쟁에 황제가 정치적인 이유로 개입하여 수도사들과 성직자들로부터 집단적인 반발을 일으킨 예가 없지 않았지만 황제의 권위는 대체로 존중받았고, 논란의 여지가 있지만 황제교황주의Caesaropapism의 측면도 있었다. 그러나 서방 지역에서는 서로마의 멸망 후에 황제가 없었고, 비잔틴제국의 황제들은 서방 지역에 대한 영향력을 주장하고 실력을 행사하고자 하였지만, 이슬람이 등장하여 지중해 세계가 단절된 후에는 황제의 영향력은 지극히 적었다. 오히려 지역 군주들과 귀족들이 실제적인 영향력을 가지고 있었고, 로마교황이 이들에 대한 자신의 영적인 권위를 행사하고자 하였고, 더 나아가 정치적, 외교적, 경제적, 사회적 문제에 이르기까지 자신의 영향력을 확대하고자 하였다. 이러한 가운데 11세기부터 나타나기 시작하여 13세기에 절정에 달한 교황지상주의Ultramontanism는 세속권력까지 영적 권위 아래 있다고 주장하였고, 이러한 갈등은 주교와 같은 고위 성직자의 임명권이 교황에게 있는가, 세속군주에게 있는가를 놓고 벌어진 서임권논쟁 Investiture Controversy에서 극명하게 나타났다.

고위 성직자의 임명권을 군주가 행사할 수 있었다는 사실은 서방기독교가 가진 귀족교회의 특징에서 비롯된 것이었다. 고위 성직자는 단지 종교지도자가 아니었고, 중세 사회에서 지역의 왕과 봉건영주들에 의해 권위와 정치적, 경제적 힘을 부여받고 동시에 이들을 종교적으로 정치적으로 지지하고, 지배계급의 이익을 대변하고 기득권을 유지하고 사회를 지배하는 귀족이었기 때문에, 대부분 핵심 귀족계층에서 임명되었다. 여러 지역에서 교회의 건물을 세우고 유지하고, 실질적으로 성직자에게 성직록聖職祿, benefice을 수여하고 여러 정치적, 경제적 특혜를 주는 것은 로마교황이 아니라 세속군주들이나 봉건영주들이었기 때문에, 형식적으로는 교회의 제도상 교황의 권위 아래 있지만, 실질적으로는 지역에서 군주들과 영주들에 예속되거나 이들과 밀접한 관계에 놓여있었다. 또한 고위 성직자들은 자신들의 기득권을 강화하고 놓치지 않기 위하여 세속권력과 영적 권위 사이를 오가며 정치적으로 처신하였다. 변화되는 상황에 따라 어느 편에 서든지, 철저하게 자신의 이권과 권위를 보호하고 강화하는 방향으로 행동하였다.[11] 이러한 이유로 교회의 세속화는 불가피하였고, 고위성직은 권력투쟁의 장이 될 수밖에 없었으며, 교회의 부패와 성직자의 타락이 끊이지 않았다. 교회의 세속화와 귀족화를 비판하며 수도원의 이상을 가지고 들어와 교회를 개혁하고자 했던 11세기의 그레고리 7세와 같은 개혁 교황들은 성직자의 독신과 청빈을 강조하고, 평신도인 군주의 성직자 임명을 금지하고, 교황과 성직자의 구별과 권위를 강화하고, 영적 권위와 도덕적 모범을 앞세워 성직자 중심의 교회로 개혁하고자 했다. 이러한 중세의 여러 가지 논쟁과 문제의 배후에는 유럽에서 형성된 서방기독교 세계가 가지고 있었던 귀족교회의 특징이 자리

---

[11] 중세사회에서 교회의 위치와 세속권력과 영적 권위 사이의 다양한 관계들에 대하여, Richard W. Southern, *Western Society and the Church in the Middle Ages* (London and New York: Penguin Books, 1970) 참조.

잡고 있었다.

유럽의 개종에 대하여 주의해야 할 점은 기독교화와 로마화의 일방통행만 있었던 것이 아니라 이민족의 지역과 문화에 자리를 잡으면서 이들의 영향과 관습이 기독교 안에 들어와 혼합되는 경우가 적지 않았다는 점이다. 교황 그레고리 1세는 그가 파송하는 선교사들에게 지역의 사람들로 하여금 로마교회의 예전과 가르침에 따라 예배와 신앙을 행하게 할 것을 강조하였지만, 더불어 지역의 다양한 문화와 관습을 수용하는 것에 있어서 관대하였다. 이에 따라 영국으로 파송된 선교사 주교들은 지역의 정서와 문화에 맞는 예전과 예식을 채택하여 사용하라는 권유를 받았고, 이들에게 단 하나의 예전을 강요하지는 않았다. 또한 이교도 신전에 대하여 처음에는 부수라고 하였지만, 나중에는 입장을 바꿔 이를 정화하여서 기독교의 예배당으로 전환하라고 하였다. 기독교라는 새로운 종교를 받아들인 사람들이 그들에게 익숙한 예배당에서 보다 쉽게 기독교를 받아들이게 하기 위한 조처였으며, 점진적으로 기독교에 적응하도록 하였다. 우상은 철거되고 이교도 예식은 폐지되었으나 이러한 관습들이 기독교적으로 변형된 형태로 교회의 절기와 예전과 활동에 받아들여졌고 이러한 점에서 지역의 문화와 관습이 기독교 안에 수용되었다. 그럼에도 불구하고, 그가 이교도주의에 관대했다고 보는 것은 정당하지 않다. 그는 이교도 문화와 종교를 기독교적으로 바꾸어 이들을 점진적으로 기독교로 변화시키는 노력을 기울였고, 그리하여 교회가 여러 지역의 문화를 포괄하는 보편적이면서도 포용적인 기구가 되도록 하였다.[12] 이러한 점에

---

12 Herrin, *The Formation of Christendom*, 145-82; Neill, *A History of Christian Missions*, 59.

서 그레고리 1세는 라틴 서방교회를 지역에 이식하면서 문화적응주의 선교의 방식을 취하였다고 볼 수 있으며, 기독교화의 과정에서 로마화와 더불어 지역화와 토착화가 동반되었다. 집단개종을 통해 유럽의 기독교화는 매우 빠르게 진행된 것처럼 보이지만, 이민족들이 형식적으로 기독교로 개종하면서 의식과 관습은 여전히 옛 종교와 문화와 관습에 젖어 있었고, 이러한 영향들이 기독교로 변형되면서 계속 유지되었다고 볼 수 있다. 내면적, 문화적 측면에서 유럽의 기독교화는 점진적이고 더디고 오랜 과정이었고, 기독교와 토착문화 사이에서 종교적, 문화적 혼합과 상호작용은 자연스럽게 일어났다.

### 3) 선교의 주체: 수도원, 교황제, 국가

이민족을 회심으로 이끈 유럽 선교의 주체는 수도원과 교황제와 국가를 들 수 있다.13 이들은 독립적으로도 움직였지만, 서로 연결되고, 때로는 서로 경쟁하면서, 선교를 추진하였다. 유럽의 선교에서 수도원은 가장 중요하였는데, 왜냐하면 수도사들은 위대한 선교사들이었기 때문이다. 수도원을 선교와 연결시킨 서방교회의 지도자는 투르의 마틴을 들 수 있다. 그는 고울 지역에서 활발한 전도활동을 통해 이교도 신앙을 기독교로 개종시키는 데 커다란 영향을 끼쳤다. 이러한 영향으로 서방교회의 수도원은 교회의 제도와 분리되거나 대립하지 않고, 교회의 고위 성직자들을 배출하고 길러내어 교회개혁의 근원지가 되었으며, 또한 세상과 단절된 금욕주의 수도사가 아니라 오

---

13 Bainton, *Christendom: A History of Christianity*, vol. 1, 136.

지에 나아가 이교도를 회심시키고 기독교를 확장시키는 선교사들을 길러냄으로써 서방교회 선교의 중요한 공급원이 되었다.

서방교회의 대표적인 수도원은 역시 베네딕트 수도원이었다. 베네딕트Benedict, 480~550는 이태리의 누르시아에서 태어났고 로마에서 교육을 받았으며 타락한 세속사회에 환멸을 느껴 500년경에 수비아코Subiaco의 동굴에서 수도생활을 하였다. 그는 자신을 따르는 사람들과 함께 수도원 공동체를 세웠고, 이후 몬테카시노Monte Cassino로 옮겨 수도원을 세웠다. 그는 바질과 이집트 사막의 수도사들과 존 카시안과 아우구스티누스의 영향을 받았고, 베네딕트 수도규칙Rule of Benedict을 작성하여 그의 공동체를 지도함으로써 이후 서방 수도원 운동의 모태가 되었다. 수도사들에게는 수도규칙과 수도원장과 상급자의 지시에 철저히 순종함으로써 그리스도를 따르는 영적인 삶을 훈련할 것을 요구하였고, 사유재산을 포기하고 최소한의 의복과 음식으로 자발적 가난과 청빈의 삶을 살게 하였고, 결혼을 포기하고 절제와 순결의 삶을 살도록 요구하였고, 특별한 경우를 제외하고는 수도원에 머무르는 정주의 삶을 살도록 하였다. 베네딕트 수도사들은 공동체 생활을 하면서 예배와 공부와 노동의 삶을 실천하였는데, 매일 8차례의 기도시간에 시편을 암송하고 성서읽기를 하였고, 성서와 교부들의 저술을 연구하며 필사하여 학문발전에 크게 기여하였고, 또한 자신이 맡은 일을 수행하며 육체노동을 함으로써 오지를 개간하여 지역의 경제발전에도 기여하였다. 베네딕트 수도원은 여러 지역으로 퍼져나갔고, 많은 이들이 수도원에 몰려들었다. 원래는 평신도 중심의 수도원이었으나 이어 수도사들 가운데 성직자로 안수 받고, 교회의 고위 성직자가 되는 경우가 많아졌으며, 특히 교황 그레고리 1세의 경우처럼 수도사 출신으로 교황이 되어, 수도원의 이상으로 교회를 개혁하는 인물들이 나타났다. 그레고리 1세가 켄트왕국에 파송한 선교사들은 아우구스티누스를 비롯한 베네딕트 수도회의 수도사들이었다. 수도원은 선교에 적합하였는데, 자급자족하는 수도사들은 선교사에게 비용을 댈 수 없었던 상황에 잘 부합하였고, 또한 가난과 청빈과 순종을 실천하는 수도사들은 누구보다도 선교의 적임자였다.

베네딕트 수도원뿐만 아니라 아일랜드의 수도원 역시 유럽 선교의 중심지였다. 아일랜드에 기독교가 전파된 것은 5세기의 패트릭의 선교에 의한 영향이 컸고, 이후 6세기에 콜롬바는 아일랜드 귀족 출신으로 스코틀랜드에서 픽트족the Picts에게 전도하였다. 아일랜드와 스코틀랜드의 켈트교회는 로마교회처럼 지역의 교회나 주교가 아니라 수도원 공동체와 수도원장이 영적 지도력과 목회적 돌봄을 행사하는 수도원 중심의 교회였다. 콜롬바는 픽트족을 기독교로 개종시켰고, 563년경에 지역 왕이 그에게 하사한 이오나Iona, 또는 Hy 섬에 수도원을 건립함으로써 이오나수도원은 스코틀랜드와 잉글랜드 북쪽에 선교사를 파송하며 영국 선교의 중심지가 되었다. 이오나 수도사였던 아이단Aidan은 잉글랜드 북쪽의 노텀브리아 왕국에 왕의 지원과 요청에 따라 콜롬바의 모델을 따라 634년경에 린디스판Lindisfarne 섬에 수도원을 건립하고 이 지역을 선교하였다. 또한 콜룸바누스(Columban, 550~615)는 585년경에 프랑스 북동부의 룩세위Luxeuil에 수도원을 세우고 부르건디족 사이에서 선교를 하였는데, 이 지역 군주의 비도덕적 삶을 용감하게 비판하였다가 그의 미움을 받아 그의 동료 수도사들과 함께 쫓겨나 콘스탄스 지역으로 옮겨 이교도들을 대상으로 전도하였고, 여기서도 밀려나 북부 이태리로 옮겨가 보비오Bobbio에 수도원을 세우고

선교하다가 생을 마감하였다.14

켈트 기독교와 로마 기독교에 의해 세워진 영국 기독교는 유럽 선교에서 중요한 역할을 하였다. 잉글랜드 북부의 노텀브리아 출신의 수도사 윌리브로드(Willibrord, 658~739)는 오늘날 네덜란드와 벨기에 지역인 "프리지아Frisia의 사도"로서 프랑크왕국의 피핀Pepin의 원조를 받아 이 지역에 선교를 하였다. 그는 교황 세르기우스Sergius로부터 이 지역의 주교로 임명받았지만, 우트레히트Utrecht와 에히터나흐Echternach에 수도원을 세우고 기도와 수도규칙으로 수도사를 훈련시켜 선교사로 파송하여 수도원이 선교의 전초기지가 되게 하였다. 또한 "독일의 사도"로 알려진 보니파키우스Boniface, 680~754는 영국의 웨섹스 출신의 수도사로서, 선교의 열정으로 프리지아로 건너와서 윌리브로드 밑에서 선교를 하였지만 성과를 얻지 못하고 영국으로 되돌아갔다. 이후 그는 로마교회로부터 부름을 받아 교황 그레고리 2세로부터 독일지역 주교로 임명받아 이 지역에 선교사로 파송되었고, 교황의 적극적인 지원 아래 로마교회와 밀접한 관계를 맺으며 활발하게 선교활동을 하였다. 그가 헤세Hesse 지역에서 토르의 신성한 나무를 도끼로 찍어 버림으로써 이 지역에서 성행하던 미신과 반-기독교적 풍습을 제거하고 신앙을 굳건히 한 일화는 유명하다. 그는 로마교회로부터 대주교로 임명받아 이 지역에 교구를 세울 수 있는 권한을 받았고, 파사우와 잘츠부르크를 비롯한 여러 지역에 교구를 설립하였다. 또한 744년에는 풀다Fulda에 베네딕트 수도원을 설립하였고 이곳이 독일에서 로마 가톨릭교회의 중심지가 되게 하였다. 이 지역에서 수도원은 인근

---

14 Neill, *A History of Christian Missions*, 60-62.

의 농민들과 접촉하며 그들의 옛 신앙을 점진적으로 기독교로 변화시키는 데 기여하였고, 또한 라틴어로 예전을 통일하면서도 동시에 지역 언어의 중요성을 인식하고 보존하는 데 기여하였는데, 이러한 점은 켈트 기독교와 영국 기독교의 유산이 이 지역에 끼친 영향이었다.15

수도원과 함께 유럽의 선교의 중요한 역할을 하였던 것은 교황제였다. 교황은 로마 가톨릭교회의 수장으로서 원래는 로마교회의 감독이었다. 교황Pope은 "아버지"를 뜻하는 라틴어(papa)에서 비롯되었고 존경받는 교회의 감독을 지칭하는 의미였다. 따라서 오로지 로마의 감독에게만 붙여진 타이틀은 아니었고, 유명한 교부 키프리아누스나 아타나시우스에게도 붙여진 용례가 있다.16 또한 이집트 수도원에서는 사막의 교부들을 아버지를 뜻하는 아람어인 "압바Abba"라고 불렀고, 수도원장을 뜻하는 단어 "애벗Abbot"은 "압바"에서 파생되었다. 11세기에 이르러 교황권이 확립되면서 교황이라는 용어가 로마교회의 수장을 의미하는 말로서 자리를 잡았다. 동방교회에서는 베드로의 후계자로서 모든 기독교회를 아우르고 다스리는 교황의 수장권을 인정하지 않는다.17 교황이 베드로의 사도권을 잇는 로마교회의 모든 감독들을 의미함으로써 교회의 수장권을 갖는다는 주장은 고대로부터 말미암은 것이 아니라 중세에 서방기독교에서 확립되었지만, 로마교회의 수위권에 대한 주장은 키프리아누스와 같은 교부들과 몇몇 에큐메니칼 공의회에서 나타난다. 그것은 교회를 지배하는 단 하나의 유

---

15 위의 책, 64-7.
16 Gonzalez, *The Story of Christianity*, vol. 1, 281-2.
17 Bainton, *Christendom: A History of Christianity*, vol. 1, 139.

일한 머리로서가 아니라 기독교 세계를 대표하는 대도시 감독교구들 (예루살렘, 로마, 안디옥, 알렉산드리아, 콘스탄티노플) 가운데서 우선성과 대표성이 있으나 사도적 권위에 있어서는 이들 모두 동등한 권한을 갖는다는 것이었다. 키프리아누스는 감독을 중심으로 교회의 일치를 주장하면서 그리스도가 베드로 한 사람에게 교회의 열쇠를 주었지만, 사도의 권능과 직임은 모든 사도들이 동일하게 가지고 있었다고 주장함으로써 고대교회의 입장을 잘 반영하고 있다.18 따라서 교황제는 라틴 서방기독교가 발전하는 중세에 성립되었으며, 고대교회나 동방기독교에서, 또한 16세기 종교개혁 이후 개신교(프로테스탄티즘)에서 교황권을 받아들이기는 어렵다. 그것은 로마 가톨릭교회의 교직체계로서 발전된 형태이다.

교황제의 발전은 라틴 서방기독교 세계의 발전과 궤軌를 같이 하였다. 서로마의 몰락으로 서방 지역에서는 이 지역을 다스리던 국가체제와 정치시스템이 붕괴되었고, 이어 등장한 이민족들이 자신들의 왕국을 건설하면서 지역 왕국과 민족들로 나누어졌다. 이때 교황의 주도로 로마교회의 적극적인 이민족 선교가 이루어졌고, 이들을 하나의 라틴 서방기독교의 체제 안으로 받아들임으로써 이 지역을 기독교화하고 동시에 기독교가 보존하고 있었던 로마의 문명으로 로마화함으로써, 라틴 서방기독교 세계가 형성되었다. 동로마제국(비잔틴제국)과는 달리 황제가 없었던 서방 지역에 로마의 감독은 황제를 대신하는 교회의 황제, 곧 교황으로 영적인 권위를 인정받게 되었고, 적극적으

---

18 Cyprian, *The Unity of the Catholic Church*, IV-VII, in Bart D. Ehrman, *After the New Testament: A Reader in Early Christianity* (New York and Oxford: Oxford University Press, 1999), 340-42.

로 라틴 로마기독교의 전례와 가르침과 교직체계와 질서를 확립해나 감으로써 이 지역에서 로마교회와 교황의 권위가 발전할 수 있었다. 수도사들의 적극적인 선교와 더불어 교황의 적극적인 선교의 열정은 이 지역의 기독교화 과정에서 교황제를 발전시키고 확립하는 계기가 되었다.

후기 고대와 중세 초기에 교황제의 발전에 결정적으로 기여한 로마의 감독으로는 5세기의 레오 1세Leo the Great와 6세기 말의 그레고리 1세Gregory the Great를 들 수 있다. 레오 1세는 로마교회의 수위권을 확립하고자 노력하였고, 아프리카, 스페인, 고울에 대한 자신의 권위를 주장하였다. 동방 지역에서 그리스도의 본성 논쟁이 일어났을 때 그의 입장을 표하는 서신Tome을 황제가 소집한 449년 에베소공의회(도둑회의)에 제출하였지만 그의 의견은 알렉산드리아학파의 전횡으로 묵살되었다. 곧이어 451년에 칼케돈에서 황후 풀케리아에 의해 소집된 에큐메니칼 공의회에서 그의 주장이 정통 기독교의 기준을 정하는 데 중요하게 받아들여졌는데, 로마감독의 권위를 전혀 인정하지 않았던 동방교회 감독들 가운데서 이것이 가능했던 것은 그의 입장을 지지하고 존중하였던 황후와 로마제국의 배후가 있었기 때문이다. 칼케돈회의가 로마감독의 입장이 반영된 신학적 선언을 채택한 것에 반발한 동방교회의 감독과 지도자들이 많았다는 점은 시사하는 바가 크다. 그러나, 모든 기독교 세계의 대표자들이 모이는 에큐메니칼 공의회에서 로마감독의 주장이 기독교의 정통신앙을 규정하는 데 중요한 기초가 되었다는 점에서 칼케돈공의회는 교황제 발전에 중요한 계기가 된 것임에는 틀림이 없다. 정치적인 면에 있어서도 레오 1세는 훈족the Huns의 아틸라Attila가 군사를 이끌고 로마제국을 유린하고 452년에는 로마에 침략했을 때, 그와 담판을 벌여 다뉴브 강을 건너 북쪽으로 물러나게 하여 로마를 보호하는 정치적, 외교적 수완을 발휘하였다. 또한 455년에 반달족이 로마를 약탈하였을 때 반달족의 지도자와 협상을 벌여 로마의 참화를 막아내었다. 이러한 과정에서 교황은 교회를 돌보는 영적인 지도자를 넘어 정치적, 외교적 역할을 통해 제국의 정치적, 행정적 공백을 메꾸고 사회의 질서와 안정을 가져오는 영적 군주로서 위상을 강화하였다.[19]

중세기에 교황제의 발전은 누구보다도 그레고리 1세의 공헌이 지대하였다. 그레고리는 540년경에 로마의 귀족가문에서 태어났고, 572년~574년에는 로마의 행정관city prefect로 일하였다. 그가 태어났을 무렵 로마는 동고트족의 지배와 박해로 혼란과 어려움을 겪었지만, 그가 행정관으로 일하던 당시에는 비잔틴제국의 황제 유스티니아누스가 동고트족을 물리치고 로마를 지배하고 있었다. 그레고리는 이미 수도원에서 살고 있었던 어머니와 이모를 따라 자신의 세속적 지위와 재산을 다 처분하고, 로마와 시실리에 여러 수도원을 설립하였으며, 그 자신도 574년경에 로마의 세인트 앤드류 베네딕트수도원에 들어가 수도사가 되었다. 철저한 금욕적 수행으로 영적인 행복과 위안을 추구하였던 그는 교황 베네딕트 1세의 부름을 받아 수도원에서 나와 로마의 부제(집사)로 안수 받았고, 후임 교황 펠라기우스 2세에 의해 콘스탄티노플 궁전에 교황의 사절로 파견되어 6년을 머물면서 비잔틴제국의 황제와 친분을 쌓았다. 그는 학문과 신학훈련은 물론이고, 로마의 공직과 수도원의 삶과 로마교회의 성직과 교황의 사절로

---

19 Gonzalez, *The Story of Christianity*, vol. 1, 282-3.

비잔틴제국의 황실 정치까지 두루 경험한 탁월한 인재였다. 그는 585년에 로마에 다시 복귀하여 세인트 앤드류 수도원의 원장이 되었다. 당시 로마는 롬바르드족이 장악하여 그들의 위협 아래 있었고, 전염병과 홍수와 기근으로 인하여 커다란 어려움 가운데 있었다. 펠라기우스 2세가 죽은 자를 매장하고, 굶주린 자를 먹이고, 공중위생을 돌보는 일을 하다가 과로로 숨졌고, 그가 죽기 전에 지명한 그레고리가 교황직을 승계하였다. 수도원의 삶을 동경하던 그였기에 비잔틴황제에게 그의 교황임명을 재가해주지 말 것을 요청하였지만, 황제의 지지를 받아 그는 교황의 직을 맡을 수밖에 없었다. 그는 교황으로서 교회를 돌보는 영적인 일을 수행하기에 앞서, 로마가 처한 위기에 대응하여 곡식의 안정적 공급과 적절한 음식배급과 상하수도 재건과 시의 방어를 견고히 하고 군사적 대비를 하는 일에 힘을 쏟았다.20 또한 수시로 로마에 위협을 가하는 롬바르드족과 협상하여 그들에게 조공을 바침으로써 평화를 유지하는 일에 힘을 기울였다. 이것은 그 시대가 처한 특별한 상황 속에서 교황이 교회를 넘어 한 도시와 나라의 지도자로서 세속적 권력을 가지고 행정적 역할을 행사한 예였고, 이후 등장하게 될 교황제 국가the Papal State의 선구적 형태였다.

    그레고리 1세는 베드로의 수위권을 강조하며 그의 계보를 잇는 로마교회의 지도자요 서방기독교 세계의 수장으로서 교황의 역할을 인식하였고, 비잔틴제국 황제와 노련하게 관계함으로써 서방기독교에 영향력을 행사하려는 황제의 압력으로부터 로마교회의 독립과 권위를 지켰다. 이러한 관심에 따라 영국에 베네딕트 수도사들을 선교사

---

20 위의 책, 284-7; Bainton, *Christendom: A History of Christianity*, vol. 1, 140-42; Herrin, *The Formation of Christendom*, 145-72.

로 파송하여 로마교회의 영향과 영적 지도를 세우고자 하였고, 이민족들의 땅에서 교회를 세우고 기독교를 확립해나가고자 했다. 레오 1세가 기독교 세계의 수장으로서 자인하였던 것과 달리 그레고리 1세는 서방기독교의 지도자로서의 책임의식이 강하였고, 이러한 이유로 영국(앵글로색슨족 및 켈트교회)과 고울(프랑크족)과 스페인(서고트족)에서 서방기독교를 확립하고 교황권을 강화하는 일에 힘을 기울였다.[21] 또한 수도원의 이상과 영향을 교회로 가지고 들어와 성직제도를 바로 세움으로써 교회의 영향력과 권위를 확립하고자 했다. 그는 지역에서 교회가 권위를 가지고 제 역할을 감당하기 위하여 무엇보다도 감독(주교)의 역할을 강조하였다. 이러한 그의 관심은 591년에 펴낸 『사목규범』(*Liber regulae pastoralis*)에 잘 반영되어 있는데, 감독(주교)을 "영혼의 목자"로 규정하며 목회자로서의 규범을 제시하였다. 그는 성직자가 기독교 세계를 지도하기 위하여 하나님께 선택되었기 때문에 삶에 있어서 모범이 되어야 한다고 강조하였고, 평신도들은 성직자에게 순종해야 한다고 가르쳤다. 이에 따라 수도원의 덕성(청빈, 순결, 복종)이 성직자에게 강조되었고, 수도사들을 중요한 성직에 임명하여 교회와 수도원을 연결하고자 하였다. 그는 최초의 수도사 출신의 교황답게 수도사적 성직자의 이미지를 제시함으로써 이러한 모델이 여러 교회에 퍼져 나가게 하였다.[22] 로마교황의 수위권에 대한 그의 강조와 수도사적 성직자의 모델이 결합되어, 그레고리 1세는 교황을 가리켜 "하나님의 종들의 종<sup>Servus servorum Dei</sup>"이라는 수사를 썼고, 이후 교황들은 이를 널리 사용하였다. 그의 뛰어난 업적 중에 복음서에 대한 설교집

---

21 Gonzalez, *The Story of Christianity*, vol. 1, 287.
22 Herrin, *The Formation of Christendom*, 172-3.

과 성서주해를 펴내어 성직자들의 목회에 실제적인 도움을 주었던 것과 라틴 로마기독교의 예전을 개혁하고 정립함으로써 서방기독교 세계에서 로마교회의 예전을 통일하는 데 기여한 점은 주목할 만하다. 『그레고리성사예식서』(*Gregorian Sacramentary*)라고 부르는 예식서는 그로부터 시작되어 이후에 정립된 로마교회의 예식을 편찬한 것이다. 또한 그의 이름이 붙여진 유명한 "그레고리성가Gregorian Chant"라는 예배 음악과 찬송을 처음 만들었고, 그 이후에 계속 진화하여 교회의 예배음악이 발전하는 데 커다란 기여를 하였다. 신학적으로도, 미사에서 그리스도의 죽음이 재현된다는 희생제사로서의 미사의 개념을 주장하였고, 고해제도의 신학을 발전시켰고, 연옥설을 주장함으로써 중세 로마 가톨릭교회의 교황제, 예전, 성직독신주의, 목회윤리, 신학의 기초를 형성하였다.23 그러므로 그가 중세 교황제와 로마 가톨릭교회의 토대를 닦았다는 평가는 과언이 아니다.24

유럽의 기독교화에 있어서 세속 군주의 역할도 컸다. 그들은 기독교 선교사들을 받아들이고, 그들의 영적인 권위를 인정하면서 왕국 안에서 그들의 활동을 보장하고 적극 지원하기도 하였고, 군주와 지배계층이 기독교를 받아들인 후에 경우에 따라서는 강압적으로 기독교 신앙을 신민臣民들에게 강요하기도 하였다.25 때로는 주변 국가들과 다른 민족들을 상대로 한 정복전쟁을 수행하면서 정복민들에게 기독교 신앙을 강요하고, 군사력과 강제력으로 개종을 요구하는 경우도 있었다. 왕국과 기독교의 결합에 따른 왕권에 의한 기독교 선교와 집

---

23 Gonzalez, *The Story of Christianity*, vol. 1, 288.
24 Herrin, *The Formation of Christendom*, 184.
25 Bainton, *Christendom: A History of Christianity*, vol. 1, 142-3.

단개종은 유럽의 기독교화의 한 형태였고, 이후 유럽의 기독교 세계가 지리적으로 확장하여 식민지 개척을 하는 시기에 전형적인 기독교 선교의 형태로 재등장하였다.

## 2. 비잔틴제국

고대시기에 동방과 서방은 로마제국 안에서 통치시스템과 로마문명 안에서 하나로 연결되어 있었다. 광활한 로마제국을 효율적으로 통치하기 위해서 로마황제들이 서방과 동방을 구분하여 다스리기도 하였지만, 이것은 분열이라기보다는 지역적 구분이었다. 그러나 문화적으로 동방과 서방은 분명히 구별되는 단위였다. 로마제국 안에서 헬라어가 보편적으로 사용되었지만, 서방은 라틴 문화권이었고, 동방은 그리스 문화권이었다. 콘스탄티누스가 콘스탄티노플에 로마제국의 새로운 수도를 건설하고, 그곳으로 옮겨감으로써 제국의 무게 중심은 서방에서 동방으로 넘어갔고, 이민족들의 잦은 침입에 대해 서방 경계를 지킬 여력이 없었던 로마제국은 결국 서로마제국을 상실하게 되었다. 이로써 동로마제국은 서방세계와는 전혀 다른 통치시스템과 문명으로 분리되었고, 동방과 서방 사이의 구별과 차이는 이슬람의 등장과 지중해 세계의 장악으로 인해 더욱 깊어졌다.

동방과 서방의 분리는 정치적으로는 법과 제도의 측면에서 로마제국의 통치권이 이민족들이 장악한 서방세계에 더 이상 미치지 못함으로써 이루어진 것이지만, 문화적으로는 헬라어권과 라틴어권이라는 차이로 인한 것이었다. 또한 종교적으로 동방에서는 황제의 영향 아래 콘스탄티노플을 중심으로 비잔틴 기독교(동방정교회)가 국교로 확립되어 있었고, 서방에서는 교황의 주도권 아래 로마를 중심으로 로마 가톨릭교회가 활발한 선교활동을 통해 서방세계에 영향력을 확장함으로써 그 차이가 두드러졌다. 신학적으로도 동방과 서방은 분리가 되어 있었는데, 칼케돈공의회와 그 이전의 3차에 걸친 고대 에큐메니칼 공의회는 동방과 서방이 공유하는 신학적 접합점이었으나, 삼위일체 및 성령에 대한 인식의 차이와 교황의 수위권에 대한 논란과 성직자 독신에 대한 차이와 전례에 대한 입장의 차이 등은 서로 다른 신학적 이해에 뿌리내리고 있는 동방기독교와 서방기독교를 분열시켰다. 이들 사이의 결정적인 차이는 황제가 영향력을 행사하면서 주교감독들의 협의체제인 공의회적 구조를 갖는 동방의 비잔틴 기독교와 교황이 절대적 지도력을 갖는 수직적인 서방의 라틴 기독교 사이의 교회정체polity라고 할 수 있다.26 특히 세계의 모든 기독교회에 대한 수장권을 주장하는 로마교회의 교황제는 동방교회가 받아들일 수 없는 문제였다. 이러한 문제들이 복잡한 정치적 상황과 맞물려서 동방기독교와 서방 기독교의 간극을 크게 하고, 마침내 분열시키는 요인이 되었다.

### 1) 유스티니아누스와 비잔틴제국

라틴 서방기독교 세계와 구별하여 비잔틴 동방 세계를 비잔틴제국이라고 구별하여 부르고, 동방기독교를 비잔틴 기독교 또는 동방정

---

26 Kallistos Ware, "Eastern Christendom", in McManners, ed., *The Oxford History of Christianity*, 131-7.

교회Eastern Orthodox Church라고 부른다. 따라서 서방기독교 세계와 비잔틴제국의 구별은 서로마의 멸망이라는 역사적 변곡점과 함께 후기 고대와 중세를 가르는 중요한 구분선이 된다. 비잔틴제국은 동로마제국의 황제였던 유스티니아누스 황제(Justinian, 재위 527~565)의 통치 이후 명확히 구별된다. 유스티니아누스는 527년에 로마제국의 황제로 등극한 후에, 하나님으로부터 제국을 다스리는 책임과 주교와 더불어 교회를 이끌어나갈 책임을 부여받았다고 인식하면서, 상실된 로마제국을 회복하고 분열된 교회를 화해시키는 데 힘을 기울였다. 페르시아제국의 공격에 맞서며 로마의 동쪽 경계를 강화하고, 이와 함께 이 민족들로부터 빼앗긴 로마의 옛 영토를 회복하기 위한 군사행동을 일으켜 반달족으로부터 북아프리카를 회복하고, 동고트족으로부터 이태리와 로마를 회복하고, 서고트족에 대한 정복전쟁을 벌여 스페인 남부에서도 근거지를 마련하며 영향력을 행사하였다. 물론 이 지역에 대한 로마제국의 지배력은 오래 가지 못했다.

이와 더불어 유스티니아누스는 칼케돈공의회 이후에 단성론의 문제로 기독교 세계가 분열된 것을 화해시키기 위하여 타협안을 제시하며 칼케돈신조를 따르는 정통교회와 이를 반대하는 단성론파 사이를 중재하고자 하였다. 그는 543년경에 황제의 칙령을 통해 단성론파가 혐오하는 안디옥학파의 대표적인 세 신학자들(몹수에스티아의 테오도르, 사이러스의 테오도렛, 에데사의 이바스)의 주장을 네스토리우스주의로 정죄함으로써 온건한 단성론파와 정통교회를 화해시키고자 하였다. 그러나 이러한 타협안은 결과적으로 칼케돈신조를 무너뜨리는 것이었기 때문에, 교황 비질리우스(Vigilius, d.555)을 비롯한 서방교회가 이에 반대하였다. 교황 비질리우스는 황제를 도와 타협안을 만든 콘스탄티노플의 대주교 메나스Menas와 협력자들을 정죄하였지만, 황제의 압력 아래 그의 정죄를 철회하였다. 결국 황제는 553년 콘스탄티노플에서 자신이 주재하는 제5차 에큐메니칼 공의회를 소집하여 이 문제를 매듭지으려 하였다. 그러나 그의 의도는 서방교회의 반대에 부딪혀 실현되지 못하였고, 황제의 압박을 두려워한 교황 비질리우스는 공의회에 참석하는 대신 서방교회 주교들의 서명이 담긴 입장문을 보냈다. 여기서 그는 이전의 에큐메니칼 공의회에서 정죄 받지 않은 사람을 정죄할 수 없고, 이미 죽은 자를 정죄할 수 없다고 항변하면서, 몹수에스티아의 테오도르가 아닌 그의 주장만을 정죄함으로써 타협점을 찾고자 했다. 이 사건은 비잔틴 황제의 영향이 강력하게 작용하였을 때 기독교 세계에서 교황의 권위는 심지어 교회의 문제에 있어서도 인정받지 못했던 것을 시사해준다. 교황은 이슬람의 등장으로 비잔틴제국의 영향으로부터 벗어나게 되었을 때 비로소 서방세계에서 독립적인 권위를 행사할 수 있었고, 이 역시도 교황권을 뒷받침하는 세속 권세의 보호와 도움에 의존해야 했다. 이러한 측면에서 9세기에 교황청과 세속국가의 긴밀한 관계 속에서 "신성로마제국Holy Roman Empire"이 등장하게 되는 것은 자연스러운 결과였다. 그러나 그 이후에 서방세계의 황제들과 세속군주들과의 갈등 속에서 교황은 권위에 위협을 받았고, 서방기독교 세계에서 교황의 힘과 권위를 행사할 수 있는 토대가 되는 교황제 국가를 추구할 수밖에 없었다는 사실도 함께 생각해야 한다. 이 문제는 뒤에서 다시 살펴볼 것이다. 결과적으로 단성론파와 정통 기독교를 화해하려고 하였던 유스티니아누스 황제의 시도는 아무런 성과 없이 혼란만 야기한 채 좌절되었다.27

유스티니아누스는 콘스탄티누스의 모델에 입각하여 자신의 황제권을 수행하고자 했다. 로마제국과 교회의 일치와 결합을 주장하였던 가이사랴의 유세비우스의 "기독교 제국 이데올로기"가 유스티니아누스에게서 발견되었고, 그는 이를 실현하고자 노력하였던 것으로 보인다. 유스티니아누스가 콘스탄티노플의 대주교에게 보낸 칙령novella의 서문에서 그의 뜻이 잘 드러나 있다.

> 인류의 가장 큰 축복은 하나님께서 높으신 자비로 우리에게 베푸신 은사들, 곧 제사장직과 황제의 권위이다. 제사장직은 거룩한 일을 섬기고, 황제의 권위는 인간의 일을 관장하며 그에 대한 노력을 기울인다. 그러나 이 둘은 하나이며 같은 본질에서 나왔고 인간의 삶을 빛나게 한다. 그러므로 황제에게 있어서 성직자의 위엄과 영예보다 더 중요한 문제가 없고, 그럴수록 성직자들은 황제를 대신하여 끊임없이 하나님께 기도하게 될 것이다. 제사장직이 하나님 앞에서 모든 면에서 흠이 없고 믿음으로 충만하다면, 또한 황제의 권위가 그에게 책임이 맡겨진 공동체를 빛나게 하는 데 바르고 적법하게 사용된다면, **마침내 인류를 위해 선한 모든 일들을 낳는 행복한 조화를 이루게 될 것이다.**[28]

유스티니아누스 황제는 세속을 관장하는 황제권과 거룩한 일을 섬기는 교권(제사장직)을 구별하면서, 전자가 후자를 존중하고, 후자

---

[27] Gonzalez, *The Story of Christianity*, vol. 1, 303-4.
[28] Deno John Geanakopolos, *Byzantium: Church, Society, and Civilization Seen through Contemporary Eyes* (Chicago: Unviersity of Chicago Press, 1984), 136-7; Bryan Geffert and Theofanis G. Stavrou, *Eastern Orthodox Christianity: The Essential Texts* (New Haven and London: Yale University Press, 2016), 113-4에서 재인용. 번역과 강조는 필자의 것이다.

는 전자를 영적으로 뒷받침함으로써, "모든 일을 하나님 보시기에 합당하고 기쁘시도록 시작부터 진실하고 바르게 수행"하면, 이로써 "행복한 조화가 이루어져 이로부터 인류를 위해 선한 모든 일들이 나오게 될 것"이라는 희망을 표명하였다.29 그러나 이러한 이상은 이론적인 것에 불과하였고, 실제에 있어서 유스티니아누스 황제는 교회 위에 군림하였고 교회의 모든 일에 적극적으로 개입하였다. 그는 콘스탄티노플의 대주교를 자신이 임명하였고, 에큐메니칼 공의회를 소집하였고, 주교들의 자격을 제시하였으며, 자신에게 반대하는 사람들을 법과 강제력을 동원하여 압박하고 쫓아내었다. 심지어는 성직자에게만 해당되는 설교나 성찬집례의 특권까지도 자신에게 부여하였다.30 유스티니아누스는 사제와 교회를 통제하는 것은 황제의 고유한 권한이라고 보았고, 황제는 교권과 세속권이 교차하는 지점에 서있는 사람이라고 보았다.31 이러한 점에서 그는 하나님으로부터 왕국의 정치적, 종교적 특권과 책임을 부여받은 다윗과 솔로몬의 모델을 염두에 두었던 것으로 보인다. 그는 테오도시우스 법전을 개정 및 증보하여 유명한 『로마법대전』(Corpus Juris Civilis)을 편찬함으로써 로마법의 체계를 완성하였고, 여기서 교회와 국가의 관계를 명확히 함으로써 기독교 제국의 제도적, 법적 토대를 확립하였다. 뿐만 아니라 콘스탄티누스와 테오도시우스 1세의 모범을 따라 콘스탄티노플에 성소피아성당 Hagia Sophia을 건립(537년)하였고, 낙후된 성사도교회를 재건축하였

---

29 위의 책.

30 Geffert and Stavrou, *Eastern Orthodox Christianity*, 113.

31 Peter Sarris, "The Eastern Empire from Constantine to Heraclius, 306-641", in Cyril Mango, ed., *The Oxford History of Byzantium* (Oxford and New York: Oxford University Press, 2002), 46-51.

으며, 또한 547년에는 라벤나의 성비탈레성당Basilica di San Vitale에 그와 황후 테오도라Theodora를 새겨 넣은 모자이크화를 만들었다. 유스티니아누스의 이상을 잘 반영하고 있는 라벤나의 성비탈레성당의 모자이크에는 후광에 둘러싸인 황제가 중앙에 서서 그리스도의 권위를 대변하고 있고, 그의 왼편에는 대주교와 사제들이, 그의 오른편에는 군사들이 도열해 있는 모습을 그려 넣음으로써 그가 교회와 제국을 모두 다스리는 지도자임을 부각시켰다.32 성소피아성당의 남쪽 출입구 위의 모자이크화에는 중앙에 "하나님의 어머니"의 약자인 "MP ΘY"가 새겨진 동정녀 마리아가 아기 예수를 무릎에 안고 왕좌에 앉아 있고, 그녀의 왼편에는 콘스탄티누스 황제가 콘스탄티노플 도시의 모형을 봉헌하고, 오른편에는 유스티니아누스 황제가 성소피아성당의 모형을 바치는 모습이 그려져 있다. 이는 콘스탄티누스와 유스티니아누스가 그리스도와 동정녀 마리아에게 충성을 바치는 기독교 제국주의 이데올로기를 잘 보여주는 이미지이다.33

### 2) 단의론(單意論, Monotheletism) 논쟁

유스티니아누스 이후에도 단성론파와 정통 기독교의 화해는 교회의 일치와 제국의 번영을 추구한 비잔틴 황제들의 주요 관심사였다. 단성론파는 칼케돈 정통파보다 넓은 지역에 퍼져 있었고 그 세력이

---

32 https://commons.wikimedia.org/wiki/File:Meister_von_San_Vitale_in_Ravenna_003.jpg 참조.

33 https://commons.wikimedia.org/wiki/File:Hagia_Sophia_Southwestern_entrance_mosaics_2.jpg.

성 비탈레성당 모자이크화
Byzantine mosaic in the basilica of San Vitale, Ravenna, Italy

결코 작지 않았기 때문에, 이 지역에 대한 제국의 지배권을 확립하고 교회의 질서를 이루려고 했던 황제들에게 단성론파의 수용은 중요한 문제였다. 황제들은 대개 복잡하고 미묘한 신학적, 언어적 차이에는 관심이 없었고, 정치적인 타협이나 황제가 가진 힘과 권위로 양측의 갈등과 분열을 해결하고자 하였다. 그러나 이러한 시도는 번번이 신학적 논쟁과 심각한 혼란을 불러 일으켰다.

7세기에 비잔틴 황제 헤라클리우스Heraclius는 553년의 콘스탄티노플공의회에서 안디옥학파의 주장을 네스토리우스주의로 단죄하고 칼케돈의 신앙을 알렉산드리아학파의 입장에서 재해석하면서 유발된 논쟁을 다시 해결하고자 하였다. 페르시아의 침입에 맞서 제국을 강력하게 하나로 통일시키기 위해서는 무엇보다도 제국에 커다란 영향을 끼치고 있는 교회를 하나로 통합시키는 것이 중요하다고 보았기 때문이다. 624년에 단성론파 지도자들과 만난 자리에서 헤라클리우스 황제는 콘스탄티노플 대주교 세르기우스Sergius의 도움을 받아 단성론파와 정통교회를 합의에 이르게 하기 위한 타협안을 내었는데, 그것은 그리스도가 두 본성을 지녔으나 오직 하나의 능력과 단일한 행동방식을 가지셨다고 주장하는 "단행론Monoenergism"이었다. 그리스도의 두 본성이 결국 하나의 힘과 행동으로 나타난다는 입장을 강조함으로써 한 인격 안에 두 본성을 강조하는 칼케돈신조를 지지하면서도, 이 둘을 분리된 것으로 이해하지 않고 완전히 연합된 하나의 본성으로 이해하려는 단성론파를 만족시키려 한 것이었다. 세르기우스는 이 사상을 알렉산드리아의 시릴의 급진적 입장에서 가져와 새롭게 변형한 것이었다. 이러한 입장에 따라 알렉산드리아교회는 단성론파와 화해하는 태도를 보였다. 그러나 세르기우스의 단행론은 예루살렘의 대주교 소프로니우스Sophronius에 의해 비판받았다. 이에 세르기우스는 교황 호노리우스Honorius에게 편지를 보내 그의 지지를 호소하였고, 교황 호노리우스는 그의 견해에 동조하면서, "단일한 행위와 능력"을 "단일한 의지"로 바꾸어 세르기우스의 주장을 "단의론Monotheletism"으로 이해하였다. 즉 그리스도는 신성과 인성의 두 본성을 가지지만, 하나의 의지를 가지신다는 주장이었다. 단의론은 세르기우스와 황제 헤라클리우스에 의해 받아들여져서 638년에 황제에 의해 공표되었다. 화해를 모색하던 단성론파들은 단의론으로 칼케돈파 정통교회와 재결합할 것을 반겼다. 그러나 이에 대한 격렬한 반대가 쏟아져 나왔고, 교권과 황제의 권위에서 멀리 떨어져 있었던 수도사들이 비판의 선봉에 섰다. 수도사 출신 소프로니우스와 고백자 막시무스Maximus the Confessor는 단의론이 결국 그리스도의 인성을 희생시키고 인류의 구원을 위한 그리스도의 역할을 약화시킨다고 비판하면서 그리스도의 완전한 인성을 주장하였고, 이에 따라 하나의 의지가 아니라 신성과 인성의 두 의지를 갖는다고 주장하였다. 그러면서 그리스도의 인성의 의지는 신성의 의지에 반하지 않으며 이 둘은 구별되지만 언제나 함께 한다고 주장하였다.[34] 638년과 639년에 콘스탄티노플에서 열린 공의회에서 단의론은 동방교회에서는 지지를 받았으나, 호노리우스의 후임자들인 요한 4세를 비롯한 교황들은 모두 단의론을 정죄함으로써 서방교회로부터 격렬한 반대를 받았다.

헤라클리우스가 죽고 황제가 된 콘스탄스 2세는 교회의 평화를 유지하기 위하여 단의론과 양의론(단의론에 반대하여 그리스도의 두 의지를 주장하는 것)에 대한 모든 논의와 주장을 중단할 것을 명령하였다. 이 과정에서 단의론을 결사적으로 반대하였던 고백자 막시무스는 콘스탄티노플로 소환낭하여 심문을 당하면서 혀와 팔이 잘렸고, 유배되어 죽었다고 전해진다. 그는 단의론이 그리스도의 완전한 성육신을 왜곡하고, 그리스도의 고난과 희생으로 인간이 구원과 회복을 얻어 하나님과 연합하게 되었다는 기독교 신앙의 핵심을 파괴한다고 보았기 때문에 황제의 위협과 폭력 앞에서도 소신을 굽히지 않았다. 그리하여 그의 이름에 "고백자"라는 칭호가 붙여졌다. 마침내 681년에 콘스탄티노플에서 열린 제6차 에큐메니칼 공의회는 단의론과 교황 호노리우스를 비롯한 그 지지자들을 이단으로 정죄하였다. 그리하여 "그리스도의 한 인격 안에 두 본성과 두 의지"를 정통신앙으로 확립하였다. 이로써 칼케돈파와 단성론파를 화해시키려고 했던 황제들의 정치적 시도는 실패로 돌아갔고, 교회의 분열은 치유되지 못하였다.

---

34 Herrin, *The Formation of Christendom*, 213-8; "Monothelitism", in Cross and Livingstone, eds., T*he Oxford Dictionary of the Christian Church*, 1106.

### 3) 화상논쟁

비잔틴 황제의 권력은 세속과 교회를 넘나들었다. 그의 권위는 교회에서 존중을 받았다. 그럼에도 불구하고 황제가 교회를 지배하며 신앙적인 문제를 그가 원하는 대로 결정하지는 못하였다. 앞에서 보았던 것처럼 황제들이 자신들이 가진 권위와 법과 강제력을 가지고 정치적 입장에 따라 신학적 문제를 결정하였다 하더라도 그의 주장은 교회지도자들과 수도사들의 반대를 받아 에큐메니칼 공의회를 통해 철회되거나 재조정되었다. 이러한 측면에서 볼 때 비잔틴 황제가 교회의 문제에 대한 주도권과 지배권을 가지고 교회의 머리의 역할을 하였다고 주장하는 "황제교황주의"는 설득력이 떨어진다. 비잔틴제국 안에서 일어난 화상논쟁Iconoclastic Controversy과 비잔틴 기독교 안에서 이 문제가 정리되는 과정은 황제가 일방적으로 교회를 지배한 것이 아니라 교회가 황제와의 관계에서 견제와 균형을 이루었다는 사실을 상기시켜준다. 여기서 수도사들과 에큐메니칼 공의회는 중요한 역할을 하였다.

화상icon 혹은 성상은 성경 이야기, 혹은 그리스도와 성경의 인물들과 순교자들과 성인들을 담고 있는 그림이나 조각 또는 재료로서 예배에서 사용되거나 사람들 사이에서 성물로 받아들여졌다. 초대교회에서 화상이나 성물은 유대적 맥락에서 우상숭배로 부정되었으나, 클레멘트와 오리겐 같은 헬라주의적 신학자들은 교육적 측면에서 가치가 있다고 인정하였다. 특히 글자를 읽지 못하는 사람들에게는 성경 이야기와 세례와 성찬의 모습을 담은 그림들은 글자를 대신하여 신앙을 돕는 역할을 할 수 있다고 여겨졌다. 특히 순교자들에 대한 존경과 숭배가 교회의 예배와 신앙 행위 안에 받아들여지면서 성자들의 유품과 유해들은 직접적인 숭배의 대상이 되기도 하였고, 7세기 초 비잔틴 제국에서 이러한 성자숭배와 유물숭배는 대중적 차원에서 뿌리 깊게, 널리 받아들여지고 있었고, 교회가 이를 법으로 금지하지는 않았다. 이러한 상황 속에서 8세기와 9세기에 두 차례에 걸쳐 비잔틴 황제들이 화상숭배를 우상숭배로 규정하고 금지하면서 화상논쟁이 일어났다. 화상논쟁은 이슬람의 등장과도 깊게 연관되어 있다. 우상숭배를 철저히 금하는 이슬람에게 화상숭배는 우상숭배와 같은 것이었고, 이러한 점은 유대인에게도 마찬가지였다. 따라서 유대인과 무슬림을 개종시키는 데 화상숭배가 걸림돌이 되었기 때문에 비잔틴제국의 황제에게 문제점으로 인식되었다.

먼저 8세기에 비잔틴 황제 레오 3세(Leo III, 재위 717~741)는 화상숭배를 금지시켰다. 레오 3세는 726년 테라$^{Thera}$의 화산폭발과 여러 자연재해와 이슬람의 등장이 하나님께 불순종하는 자신들에 대한 경고라고 여겼고, 이를 화상에 대한 우상숭배와 연결시켰다. 따라서 726년에 화상숭배를 금지하고 모든 화상을 파괴하라는 칙령을 내렸다. 이에 따라 비잔틴제국에 의하여 그리스도의 화상과 십자가와 유물들이 파괴되었다. 그러나 화상숭배는 대중에게 뿌리 깊게 자리 잡고 있었기 때문에 화상파괴는 커다란 반발에 직면하였다. 콘스탄티노플의 대주교 게르마누스(Germanus, 640~733)는 이에 반대하다가 730년에 직에서 쫓겨났고, 가장 격렬한 반대자들이었던 수도사들은 황제의 박해를 받았다. 화상숭배를 신학적으로 정립하며 레오 3세의 박해에 대응한 지도자는 다마스쿠스의 요한(John of Damascus, 655~750)이었다. 예루살렘 인근에 있는 수도원의 수도사였던 그는 726년과 730년 사이에 변증론을 작성하여 화상숭배를 옹호하였다. 그의 변증론의 핵심은 화상숭배를 그리스도의 성육신과 연결하는 것이었다. 하나님이 인간이 되셔서 살과 피를 취하셨고 그리스도의 인성 안에서 나타나셨다면 육신을 입은 하나님의 이미지를 그리지 못할 이유가 없다고 보았다. 그는 이렇게 말하였다:

> 그분이 취하신 살은 신적인 것이 되지만 취하신 이후에도 여전히 남아 있다. 육신의 본성은 그것이 신성의 부분이 되었을 때에도 사라지지 않는다. 이것은 육신이 된 말씀이 여전히 말씀이면서, 이와 마찬가지로 육신이 말씀이 되면서도 말씀의 인성과 연합하여 여전히 육신인 것과 같다. 그러므로 나는 **보이지 않는 하나님의 이미지**를 보이지 않는 하나님이 아니라 **우리를 위해 살과 피를 가지신 하나님**으로 감히 그렸다.[35]

그는 화상숭배를 우상숭배와 구별하였다. 그는 하나님께만 드려지는 "예배latreia"와 화상에게 돌려지는 "공경douleia"을 구별하였고, 그는 물질(화상)을 예배하는 것이 아니라 보이는 물질들을 통해 우리에게 나타나셔서 우리의 구원을 이루시는 하나님께만 예배를 드리고, 하나님이 사용하시는 물질(화상)에 대하여 공경을 표하는 것이라고 주장하였다.

> 예배에는 정도의 차이가 있다는 것을 이해하자. … 나는 물질을 예배하지 않는다. 나는 나를 위해 물질이 되시고, 물질 안에 거하기로 작

---

[35] John of Damascus, "First Apology", in *Eastern Orthodox Christianity*, ed. Geffert and Stavrou, 195. 번역과 강조는 필자의 것이다.

정하시고, 물질을 통해 나의 구원을 이루신 물질의 창조자를 예배한다. 나는 나의 구원에 공헌한 물질에 공경을 표하기를 멈추지 않을 것이다. 나는 그것을 공경하지만 하나님으로서 예배하지는 않는다.36

그는 "책이 지식인들에게 하는 역할이 화상이 문맹자들에게 하는 역할"이라고 주장하면서, "말이 귀에 들리는 언어인 것처럼 화상은 눈으로 보이는 언어"임을 강조하였다. 다마스쿠스의 요한의 화상신학은 인간의 구원에 있어서 성육신과 그리스도의 인성의 중요성을 재강조하면서 화상숭배에 대한 거부가 마니교와 영지주의 이단과 같은 오류라는 점을 지적하고자 하였다.

그럼에도 불구하고 화상숭배에 대한 탄압은 계속 되었다. 레오 3세의 아들인 콘스탄티누스 5세(Constantine V, 재위 741~775)는 화상금지 정책을 강력하게 시행하였고, 비잔틴제국의 감독들을 소환하여 공의회를 소집하여 화상숭배가 우상숭배이며 화상숭배를 정당화하면서 그리스도의 인성을 강조하는 것은 결국 그리스도의 신성과 인성을 분리시키는 신학적 오류라는 것을 인정하도록 강요했다. 그러나 그의 아들인 레오 4세(Leo IV, 재위 775~780) 때에 탄압은 약화되었고, 그가 죽은 후에 레오 4세의 아내인 황후 에이레네Empress Irene가 어린 아들(Constantine 6세)의 섭정의 역할을 하면서 니케아에서 제7차 에큐메니칼공의회(787)를 소집하여 화상숭배를 허용하였다. 제7차 에큐메니칼 공의회는 니케아에서 두 번째로 소집된 에큐메니칼 공의회로서 화상숭배는 존경과 영예로서의 "공경proskynesis"의 문제이며, 이것은 하

---

36 위의 책, 198. 번역과 강조는 필자의 것이다.

나님께만 드려지는 "절대적 예배latreia"와 구별되어야 함을 강조하였다. 또한 화상에게 주어지는 영예는 그것이 가리키는 원형에 대한 것임을 확인하였다. 이러한 근거 위에서 화상파괴 행위를 정죄하였다.37

비잔틴제국에서 화상숭배는 9세기에 또다시 문제가 되었다. 특히 화상파괴iconoclasm는 군대에서 강력한 지지를 얻고 있었다. 이슬람의 급속한 확장과 발전과 비교하여 비잔틴제국의 위축이 화상숭배로 인한 하나님의 심판이라는 생각이 깔려 있었기 때문이었다. 군대 장군으로서 비잔틴 황제의 자리에 오른 레오 5세(Leo V, 재위 813~820)는 이러한 신념 아래 교회와 공공건물에서 화상을 제거하면서 814년에 비잔틴제국에서 제2차 화상논쟁을 일으켰다. 이에 저항하는 콘스탄티노플 대주교 니케포로스Nicephorus는 815년에 황제와 황제를 지지하는 감독들에 의해 자리에서 쫓겨났고, 원래 그가 있었던 수도원으로 물러났다. 이와 마찬가지로 화상숭배를 옹호하며 수도사들을 이끌며 황제의 가장 강력한 반대자가 되었던 스튜디오스의 테오도르Theodore of Studios는 유배를 당하였다. 비잔틴 기독교에서 수도원과 수도사들은 신앙문제와 교회에 개입하여 통제하는 황제의 권위에 맞서는 중심세

---

37 제7차 에큐메니칼 공의회(제2차 니케아공의회)는 다마스쿠스의 존이 하나님에 대한 예배와 화상에 대한 공경을 구분했던 개념을 가져왔으나 용어는 달랐다. 공의회는 하나님께 드려지는 "예배"는 latreia(λατρεια)를 사용하였지만, 화상이 담고 있는 원형에 돌려지는 "공경"은 다마스쿠스의 존이 사용한 douleia(δυλεια) 대신 proskynesis(προσκυ-νησις)를 사용하였다. 헬라어의 정교한 뜻이 라틴어로 잘못 번역되고 왜곡되어서 화상과 하나님에 대한 예배가 구별되지 않거나 또는 동일시되면서 서방교회에서 8세기와 9세기에 걸쳐 제7차 에큐메니칼 공의회의 결정을 비판하며 이단으로 배격하였다. 그러나 대체로 10세기에 이러한 오해가 해소되면서, 서방교회에서도 화상숭배가 널리 받아들여졌다.

력이었고, 이러한 측면에서 불굴의 의지와 굳은 신념으로 신앙의 정통성과 교회의 권위를 지키고자 했던 스튜디오스의 테오도르는 비잔틴 수도사의 전형을 잘 보여주었다. 따라서 비잔틴 황제들이 화상숭배를 금지하려 했던 주요한 이유들 중에서 자신의 권위에 도전하는 수도사들을 제압하기 위해서 그들의 대중적 지지기반이며 재정적 공급원이었던 화상숭배를 차단하려는 의도를 빼놓을 수 없다. "화상숭배를 지지한 황제들의 최후가 좋지 못하고 화상숭배를 금지한 전임 황제들은 영화롭게 죽었다"고 말했던 레오 5세는 그의 기대와 달리 820년에 암살을 당하였고, 그 이후에 여러 차례 황제가 바뀌는 동안에도 화상숭배에 대한 압박과 논란은 계속 이어졌다.38 그러나 마침내 842년에 황후 테오도라Theodora에 의해 논쟁이 종식되어 비잔틴제국과 동방기독교 안에서 화상숭배는 굳건하게 자리를 잡았다.39 비잔틴제국에서 화상논쟁은 이슬람의 등장과 확산에 위협을 느낀 황제들에 의해 시작되었고, 수도사들과 수도사 출신 성직자들의 주도로 대중적 저항에 부딪혔고, 정치적 혼란 가운데 등장한 황후들에 의해 종식되었다.

---

38 Deno John Geanakopolos, *Byzantium: Church, Society, and Civilization Seen through Contemporary Eyes* (Chicago: University of Chicago Press, 1984), 157.

39 "Iconoclastic Controversy", in Cross and Livingstone, eds., *The Oxford Dictionary of the Christian Church*, 815-6.

## 3. 이슬람의 등장과 지중해 세계의 분열

### 1) 이슬람 이전 아랍 민족

이슬람이 등장하기 전까지 아랍 지역은 고대 로마제국의 영토였다. 페르시아는 유프라테스 강을 사이에 두고 로마제국과 이 지역의 패권을 놓고 경쟁을 벌이고 있었으며, 시리아 사막은 그들 사이의 분쟁지역이었다. 3세기까지 아랍 왕국들은 독립적인 대상隊商, caravan의 도시였으며, 방대한 상업과 강력한 군사력의 중심지가 되었다. 이 지역은 3세기 이전에는 용인을 받았으나 그 이후에 압박을 받으며 붕괴되었다. 이로써, 로마제국의 동쪽 지역에 정착한 아랍인들은 로마의 문화에 급속히 동화되었고, 특히 아람어를 사용하는 아랍인들 사이에서 기독교가 급속히 퍼지면서 3세기에서 5세기 사이에 기독교가 널리 받아들여졌다. 이러한 과정에서 이 지역에 시리아 교회가 자리를 잡았다. 로마와 페르시아 사이에 위치한 아랍 부족들은 일종의 완충세력으로 경계지역에 정착하게 되었고, 로마제국은 이들을 기독교화하면서 군사적 동맹을 맺어 페르시아와의 전쟁에 이들을 동원하였다.

아랍 부족들의 지역에서 이들을 기독교로 개종시키는 데 중심 역할을 한 것은 수도원과 수도사들이었다. 유목민적 생활을 하는 아랍인들을 뒤따라 기독교 공동체 역시 이들과 동행하였다. 로마문명의 자극을 받으며 아랍인들은 문화적으로는 아랍어를 문어와 문자로 발전시켰고 정치적으로는 중앙집권적 왕정체제를 발전시켰다. 4세기 말에 이르면 기독교는 이들 사이에서 발전하여 아랍인들을 결속하는 매개역할을 하였으며, 아랍 교회와 감독이 생겨나고, 수도원 제도와 예전들이 발전하였다. 아랍의 기독교 문화는 5세기에 크게 융성하였다. 네스토리우스파는 시리아 동부지역과 페르시아 지역에서 번성하면서, 페르시아교회를 설립하기도 하였고, 특히 메소포타미아와 바빌로니아 지역의 아랍인들 사이에서 그 영향이 컸다. 또한 5세기와 6세기에 걸쳐 시리아 북부의 단성론파에 대한 로마제국의 조직적인 박해로 인해 이에 저항하는 폭력적인 반란이 일어나기도 하였고, 단성론파 수도사들의 공동체는 시리아 북부 사막으로 내몰려, 아랍인들 가운데 그들의 신앙을 적극적으로 전파하였다. 이러한 측면에서 이슬람의 지배 아래 단성론파 기독교가 생존한 것은 괄목할만하다. 그에 비해 아라비아 반도 북서부는 상대적으로 기독교가 잘 전파되지 못한 지역이었다.[40]

### 2) 이슬람의 등장과 발전: 지중해 세계의 분열

무함마드Muhammad는 570년경에 메카에서 출생하였다. 그는 아라비아의 상인이었으나 종교에 관심이 많았고, 아라비아의 유대교와 기독교 종파와 관계하며 그의 종교사상을 발전시켰다. 그는 40세가 되던 해에 동굴에 은신하며 기도하던 중에 가브리엘 천사를 통해 알라의 계시를 받았고, 이후 그가 받은 메시지를 전파하였다. 그가 609년부터 632년에 죽기 전까지 받은 계시의 내용을 담은 쿠란(Quran)은 "암송recitation"이라는 뜻이며, 그의 사후에 기록되었다. 610년에 예언을 시작하면서 무함마드는 "알라ﷲ는 한 분이며, 알라에 대한 완전한

---

[40] Jeremy Johns, "Christianity and Islam", in *The Oxford History of Christianity*, ed. John McManners (Oxford and New York: Oxford University Press, 1990), 167-70.

복종은 올바른 행동이며 자신은 알라의 예언자이며 메신저"라고 가르쳤다.41 무함마드의 가르침은 다신교적 배경을 가진 메카 지역에서 많은 추종자들을 얻지 못하였고, 박해를 받아서 622년경에 추종자들과 함께 메디나로 도피하였다. 622년의 집단이주, 곧 "헤지라Hegira"는 이슬람의 원년이 되었다. 그가 632년에 죽을 때까지 무함마드는 종교와 국가가 결합된 이슬람 정체政體의 기초를 놓았으며, 그의 "후계자", 곧 "칼리프Calif"가 무함마드 사후에 지배권을 가지고 지중해 지역의 대부분과 중동지역을 점령하며 이슬람 제국을 건설하였다.

초대 칼리프 아부 바크르(Abu Bakr, 632~634)와 우마르(Umar, 634~644)의 통치시기에 메디나의 이슬람 지도자들의 주요한 목적은 아라비아반도와 시리아, 이집트, 이라크의 모든 아랍인들을 이슬람 정체 아래 통일된 국가로 통합하는 것이었다. 아부 바크르는 비잔틴제국과 싸우며 아라비아 지역에서 무슬림의 지배권을 공고히 하였고, 우마르는 비잔틴제국을 확실하게 패퇴시킴으로써 오랜 기간 동안 로마제국 안에서 기독교의 중요한 터전이었던 시리아 전 지역을 정복하였고, 이 과정에서 안디옥(637)과 예루살렘(638)이 무슬림의 지배 아래로 넘어갔다. 이어 이라크와 이집트를 정복하였고, 기독교의 중요한 중심지였던 알렉산드리아(642)가 이슬람의 지배 아래 놓이게 되었다. 제3대 칼리프인 우스만(Uthman, 644~656) 시기에는 북아프리카의 서쪽 해안으로 계속 진격하여 이 지역을 차례로 정복하였고, 7세기 말까지 북아프리카 해안지역이 이슬람 제국의 영토가 되었다.42 따라서 로마제국

---

41 P. E. Peters, *Islam: A Guide for Jews and Christians* (Princeton, NJ: Princeton University Press, 2003), 9.

42 Gonzalez, *The Story of Christianity*, vol. 1, 290-91.

의 영향 아래 있었던 지중해 세계의 패권을 이슬람이 점차 장악하게 되었고, 이슬람의 세력 확대과정에서 비잔틴제국과 서방세계의 단절이 심화되면서, 기독교-그리스-로마 문화권이었던 지중해 세계는 점차 서방 라틴 유럽과 동방 비잔틴제국과 이슬람제국으로 분열되었다. 이러한 측면에서 볼 때 이슬람의 등장과 발전은 유럽의 형성과 발전에, 동방과 서방의 분열에, 중세사회의 형성과정에 결정적인 영향을 끼쳤다.

이슬람의 놀라운 성장과 빠른 확산은 이를 주도한 메디나 지배 엘리트들의 유능함으로 인해 가능하였다. 그들은 다양한 방법으로 여러 아랍 부족들을 효과적으로 지배함으로써 지리적 확장과 군사적 성공을 이끌어내었다. 그들의 통치 방법에는 전리품 획득에 대한 물질적 유인책, 군역 수당, 땅의 하사, 엄격하고 응집력이 강한 군사조직, 정복한 땅에 이주자를 보내는 세심한 정책, 유목을 제한하고 정착을 배려하는 재정제도가 포함되었다. 이와 더불어 작지만, 잘 조직되고 훈련된 군대 역시 이슬람의 확장의 효과적인 수단이 되었다.[43] 그러나 이에 못지않게 중요하게 고려되어야 할 요인은 로마제국과 페르시아 제국 사이에서 억압과 고통을 당하고 있던 아랍 부족들 사이에서 이슬람 세력은 요원의 불길같이 퍼져나갈 수 있었다. 이슬람은 이들을 하나의 종교적, 인종적, 언어적 정체성으로 결속시켜서 군사적, 정치적, 문화적, 종교적 제국의 우산 아래 편입시켜나가는 통로가 되었다. 이와 더불어, 기존의 기독교 세계에 속하였던 이 지역이 쉽게 이슬람에게 문이 열리게 되었던 배경에는 정통주의를 앞세워 단성론파와 네

---

[43] Jeremy Johns, "Christianity and Islam", 171-2.

스토리우스파 등의 종파들을 탄압한 비잔틴제국의 핍박에 대한 불만도 자리 잡고 있었다. 이슬람은 그들의 정복지역에서 유대교와 기독교 종파들에 대하여 제한적인 자유를 허용하였고, 그들의 종교를 용인하는 정책을 폈다. 비록 종교에 대한 탄압은 없었지만, 비무슬림 주민, 곧 "딤미Dhimmi, 협약민"는 소수자로서 차별과 불이익을 감수해야 했다. 그럼에도 불구하고 탄압하는 비잔틴제국보다 용인하는 이슬람제국이 그들에게는 새로운 대안으로 다가왔기 때문에 이들은 이슬람의 지배에 쉽게 적응하였다.44

초기 칼리프 시대에 비잔틴과 페르시아 제국과 대결하며 군사적 확장을 시도한 것은 이 두 제국을 정복하겠다는 의도가 아니라 이 지역에 있는 아랍인들을 메디나의 정체 아래로 통합시키기 위한 목적이었다. 그러나 비잔틴과 페르시아 제국은 내부적 혼란과 세력의 약화로 인하여 이슬람의 확장을 저지하지 못하였고, 비잔틴제국은 시리아에서 밀려났고, 페르시아제국의 사산 왕조는 몰락하는 결과가 나타났다.45

이슬람의 확장은 제4대 칼리프인 알리(Ali, 656~661) 시기에 시아파와 수니파의 갈등으로 인한 내부 분열로 주춤하였다. 종교와 정치가 결합된 이슬람 국가의 지도자가 누가 될 것인가에 대하여는 무함마드 사후에 이미 논란이 되었다. 엘리트의 지배 아래 왕정의 형태를 지지하는 사람과 종교적 신념과 평등주의적 관점에서 반왕조적 성격을 지향하는 사람들의 갈등이 존재하였고, 이는 이슬람 공동체 안에서 분

---

44 Gonzalez, *The Story of Christianity*, vol. 1, 292; 버나드 루이스 엮음/김호동 옮김, 『이슬람 1400년』 (서울: 까치글방, 2001), 54-5.
45 위의 책, 173.

열의 씨앗이 되었다. 이러한 잠재된 갈등은 3대 칼리프 우스만이 암살 당하면서 터져나왔다. 아부 바크르와 우마르는 변변치 않은 가문 출신의 지도자였으나 3대 칼리프인 우스만은 메카의 최대 가문인 우마이야$^{Umayya}$ 출신이었고, 이는 엘리트 계층의 승리로 여겨졌다. 우스만이 암살당하고 4대 칼리프가 된 알리는 무함마드의 조카이자 사위였으므로, 예언자의 가문이 이슬람을 회복해야 한다는 신념을 가진 사람들에게 합당한 지도자로 여겨졌다. 그러나 그도 역시 반대파에 의해 암살당하였고, 결국에는 이슬람제국이 우마이야 가문을 중심으로 하는 왕조 국가체제를 갖추게 되었다. 시아파$^{the\ Shiite}$는 "알리의 무리$^{Shi\ at\ Ali}$"에서 비롯된 축약어로서 알리와 그 뒤를 잇는 예언자의 직계를 지도자로 인정하는 그룹이며, 수니파$^{the\ Sunni}$는 "이슬람 공동체의 전통$^{sunna}$"을 뜻하는 말에서 유래한 것으로서, 공동체의 전통을 따르는 사람들이라는 의미를 갖는다. 이들은 이슬람의 지도자는 공동체의 선출에 의해 세워지며, 따라서 알리 이전의 칼리프를 이슬람의 합법적인 지도자로 인정하였다. 이슬람국가의 주도권은 수니파가 장악하였고, 시아파는 소수파로 남아 있으면서, 이슬람의 역사 속에 이들 간의 갈등은 지속되었다.46

이슬람의 확장은 7세기 말에 다시 시작되었으며, 서방에서는 북아프리카 연안지역을 따라 711년에는 지브롤터해협을 건너 스페인 지역으로 넘어갔다. 716년에 이베리아 반도를 점령하였고 여세를 몰아서 프랑크 왕국까지 진격하였다. 같은 시기에 비잔틴제국과 콘스탄티노플에 대한 대공세(717~718)를 동시에 진행하였다. 그러나 서방과 동

---

46 버나드 루이스, 『이슬람 1400년』, 17-47.

방에서 펼친 양동작전은 결국 실패하였다. 동방에서는 콘스탄티노플에서 퇴각하였고, 서방에서는 투르Tours의 전투에서 프랑크왕국의 샤를 마르텔Charles Martel의 군대에 패배함으로써 피레네 산맥 북쪽으로 진출이 좌절되었고 서방세계를 정복하려는 계획이 수포로 돌아갔다. 앞선 시기의 정복활동이 아라비아와 시리아, 이집트, 이라크 지역을 대상으로 아랍인들을 이슬람 국가 체제로 통합하는 통일전쟁이었다면, 7세기 말과 8세기 중엽의 정복활동은 전혀 다른 문명세계, 곧 동방의 비잔틴제국과 서방의 라틴 유럽을 정복함으로써 지중해 세계를 이슬람의 지배 아래 두려는 확장전쟁이었다. 이슬람 공동체 안의 내전과 이념 갈등이 비이슬람 세계에 대한 정복전쟁을 부추긴 측면이 강했다.[47]

이슬람의 확장 전쟁은 계속 되었고, 9세기에 지중해를 넘어 서방 기독교 세계로 진출하였다. 크레타 정복(823)은 시실리 침입(827)의 길을 닦았고 마침내 정복(902)하였다. 이를 기반으로 이태리 반도를 완전히 정복하고, 거기로부터 콘스탄티노플을 정복할 계획이었다. 그러나 이러한 계획은 성공하지 못하였지만, 이슬람 세력은 11세기까지 시실리에 머물며 서방세계를 지속적으로 위협하였다. 서방세계에 대한 이슬람의 위협은 이태리 반도와 프로방스 지역에까지 이르렀다. 이렇게 이슬람이 세력을 확대할 수 있었던 것은 서방세계에 이슬람의 공격에 대항할 강력하고 연합된 세력이 존재하지 않았기 때문이다. 서방세계는 여러 왕국들과 많은 군주들과 귀족들의 통치지역으로 나뉘어져 있었다. 5~8세기 사이에 북유럽 지역에만 왕이 200명이 넘게

---

[47] Jeremy Johns, "Christianity and Islam", 173-4.

있었던 때도 있었다.48 10세기에 비잔틴제국은 전열을 정비하여 근동지역에서 주도권을 행사하기 시작하였고, 위축된 국경을 회복하였다. 969년에 안디옥과 알레포가 비잔틴에 의해 탈환되었고 972년에는 팔레스타인 지역으로 지배범위를 넓혀나갔다. 그리하여 한 세기 동안 아르메니아와 대부분의 시리아 지역이 비잔틴제국의 지배 아래 다시 놓이게 되었다. 그러나 11세기에 들어 전세가 또다시 역전되었다. 셀주크 왕국의 침입으로 근동지역의 힘의 균형이 무너졌고, 소아시아가 비잔틴제국의 지배로부터 영원히 떨어져나갔다. 셀주크 왕국의 강력한 공세로 비잔틴제국은 아시아 지역을 상실하였고, 이러한 위기 앞에 서방세계에 도움을 요청한 것이 11세기에 십자군전쟁이 시작되는 배경이 되었다.49

이슬람의 확장이 기독교에 끼친 영향은 지대하였다. 로마제국을 기반으로 지중해 세계에 뿌리내리고 있었던 기독교는 이슬람에 의해 위축되었고, 기독교의 성지(예루살렘과 팔레스타인 지역)와 주요한 신학적 중심지들(알렉산드리아, 안디옥, 카르타고)이 이슬람의 지배를 받게 되었다. 이슬람 지역에서 기독교의 성장과 발전은 멈추게 되었고, 소수파로 전락한 기독교의 영향력은 점차 사라지게 되었다. 기독교 세계의 중심부로부터 소외된 소수 종파의 기독교는 더욱 단절되었고, 동방과 서방기독교의 단절과 분열도 심화되었다. 서방기독교 세계에서 이슬람의 도전에 대응하는 과정에서 군사적 기독교가 발전하게 되었고, 십자군전쟁에서 절정에 달하였듯이 군사적 행동과 전쟁이 신앙

---

48 George Holmes, ed., *The Oxford Illustrated History of Medieval Europe* (New York: Oxford University Press, 1988), 89.
49 Jeremy Johns, "Christianity and Islam", 174-5.

적으로 정당화되었다. 또한 서방기독교 세계는 이슬람 지역을 재탈환하면서 무슬림에 대한 강제개종을 시도하였고, 종교재판소를 설치하여 무슬림을 탄압하는 도구로 사용하였다.[50]

---

[50] 위의 책, 187-94; Gonzalez, *The Story of Christianity*, vol. 1, 293.

# 제 7 장
# 중세 기독교의 발전

## 1. 샤를마뉴와 신성로마제국

### 1) 크리스마스 대관식(800)과 신성로마제국의 등장

샤를마뉴(Charlemagne, 742~814)는 찰스대제Charles the Great의 프랑스어 표현으로서, 프랑크 왕국 카롤링거 왕조의 왕이며, 동시에 800년 크리스마스에 로마의 베드로성당에서 열린 대관식에서 교황 레오 3세로부터 왕관을 받아 신성로마제국의 황제로 옹립되면서 서방기독교 세계의 새로운 장을 열었다. 이는 무너진 서로마제국이 신성로마제국을 통해 부활하였다는 상징적 예식이었다. 그것은 프랑크 왕이 서방세계에서 가지고 있던 힘과 영향력을 보여줌과 동시에 그를 황제로 세운 교황의 영적인 리더십과 정치적인 행보를 보여주었고, 새로운 사회질서에 교회가 깊게 뿌리 내리면서 서방세계에 라틴 기독교

샤를마뉴의 크리스마스 대관식(The Coronation of Charlemagne). The fresco of the 16th century in one of the rooms of Raphael (Stanze di Raffaello) in the Vatican Museum

제국<sup>Christen-dom</sup>이 형성되는 과정을 보여주는 단적인 사건이었다.[1]

프랑크 왕국과 교황청의 밀착관계는 그 이전부터 시작되었다. 샤를마뉴의 아버지인 단구왕 피핀(Pepin the Short, 714~768)은 이태리 지역을 지배하며 교황청을 괴롭히던 롬바르드족으로부터 교황과 로마교회를 보호하였고, "피핀의 증여문서<sup>Donation of Pepin</sup>"를 통해 교황에게 영토를 제공하면서 교황제 국가의 토대를 닦으며 로마교회와 긴밀한 관계를 맺었다. 피핀이 768년에 죽으면서 왕위를 계승한 샤를마뉴는 아버지의 유업을 이어받아 왕국의 확장과 안정을 도모하고, 교회를 보호하고 개혁하며 기독교를 전파하는 정책을 적극적으로 펴나갔다. 정치적 측면에서 샤를마뉴는 법과 제도를 완비하여 더 강력한 중앙집권적 국가의 체계를 만들고, 활발한 정복활동을 전개하며 프랑크왕국

---

[1] Alister E. McGrath, *Christian History: An Introduction* (Oxford and Malden, MA: Wiley-Blackwell, 2013), 78-9.

의 세력을 확장시켰다. 제일 먼저 롬바르드족에 대한 공세를 강화하여 그들의 위협으로부터 교회를 보호했다. 또한 프리지아와 색손족the Saxon에 대하여 오랜 기간의 정복전쟁을 수행하였고, 이들 지역에서 빈번하게 발생하는 반란을 강력하게 제압하면서 동시에 강제로 개종시키며 이 지역을 기독교화하였다. 군사력을 앞세워 정복전쟁과 강제개종을 병행하였고, "피(정복전쟁)와 물(세례)로" 이 지역을 다스렸다. 또한 바바리아Bavaria 지역에 지배권을 확립하였고, 이로써 이태리와 프랑스와 독일 지역에 대한 지배권을 확립하였다. 또한 기독교 세계를 위협하는 이슬람 세력에 대항하여 스페인을 장악하고 있는 이슬람을 몰아내기 위하여 피레네 산맥을 넘어 군사원정을 시도하였다. 첫 번째 원정(778)은 실패하였으나 이후 785년에 조직적인 군사원정이 재개되었고, 801년에 바르셀로나를 확보하여 스페인에서 이슬람에 대항하기 위한 전진지역, 곧 "스페인 행진Marca Hispanica, Spanish March"의 중심지가 되게 하였다.2 그의 전방위적인 군사 활동에 힘입어 프랑크왕국은 영국을 제외한 서방세계 대부분의 지역에서 지배력을 행사할 수 있었다.

종교적 측면에서 샤를마뉴는 기독교 신앙을 보호하고 전파하며 로마교회를 기반으로 서방세계를 통합시키려는 일에 힘을 기울였다. 신성로마제국의 황제로서 세속권력과 영적 권위는 불가분의 관계였고, 영적 권위는 세속권력을 옹호하고 정당화시켜주면서, 세속권력은 영적 권위를 보호하는 역할을 하였다. 이러한 견지에서 그는 군사정복과 기독교 전파를 병행하며 그의 왕국제국을 건설하고자 했다. 그는

---

2 Justo L. Gonzalez, *The Story of Christianity*, vol. 1: *The Early Church to the Dawn of the Reformation*, revised and updated (New York: HarperOne, 2010), 315-17.

그의 아버지 피핀의 뒤를 이어 프랑크왕국 교회를 개혁하는 작업에 힘썼고, 수도원을 지원함으로써 귀족화된 성직자들의 세력을 약화시키고, 동시에 베네딕트 수도규칙Rule of Benedict을 앞세워 부를 탐하는 수도원을 개혁하면서, 수도원이 기독교 신앙과 교육과 문화와 학문의 중심지로서 역할을 수행할 수 있도록 하였다. 그는 자신이 세속 권세는 물론이고 영적인 권위를 행사하는 군주라는 의식을 가지고 자신의 왕국의 교회 주교들을 임명하였고, 교회관련 법령을 제정하여 주일을 예배와 안식으로 규정하고 십일조를 세금을 징수하듯이 거두어들이도록 하였다. 또한 라틴 서방세계에 로마교회의 예전과 표준화된 설교를 보급하고 교회법을 편찬하면서 라틴 기독교를 제도화하고 정착시키는 데 힘을 기울였고, 이는 종교적으로, 문화적으로 서방세계를 통합시키려는 노력의 일환이었다. 또한 고대 로마교회에서 유래된 사도신경이 오늘과 같은 형태로 프랑크왕국에서 자리를 잡았고, 로마교회에서 신앙고백의 표준이 되었다.3

이와 함께 샤를마뉴는 신학논쟁에도 개입하였는데, 대표적인 문제가 양자론adoptionism과 화상논쟁이었다. 양자론은 8세기 말에 스페인에서 톨레도의 대주교 엘리판두스Elipandus와 우르겔의 주교 펠릭스Felix가 그리스도는 인성에 있어서 다윗의 자손이며 하나님의 양자이고, 신성에 있어서만 하나님의 아들이라고 주장한 이단사설이었다. 이것은 신성과 인성을 명확히 구분하지 않는 당시의 이단사조에 반박하면서 이 둘의 차이를 명확히 구분하려는 의도였지만, 오히려 신성

---

3 Roland H. Bainton, *Christendom: A Short History of Christianity and Its Impact on Western Civilization*, vol. 1: *From the Birth of Christ to the Reformation* (New York: Harper & Row Publishers, 1966), 161-62.

과 인성을 분리시킴으로써 이단적 주장이 된 것이었다. 엘리판두스의 양자론은 스페인의 주교들의 지지를 받았고 교황과 샤를마뉴에게 보내어 자신들의 입장을 표명하였는데 샤를마뉴는 794년에 프랑크푸르트에서 공의회를 소집하였고, 여기서 이들의 주장이 정죄되었다.[4] 화상논쟁은 비잔틴제국에서 일어난 문제였는데, 앞 장에서 이미 언급한 바와 같이 제7차 에큐메니칼공의회(787)의 결정이 잘못 번역되고, 정교한 뜻이 왜곡되어서, 마치 화상에 대한 공경과 하나님에 대한 예배가 구별되지 않는 것처럼 서방교회에 알려졌다. 이러한 잘못된 이해에 기초하여 794년 프랑크푸르트공의회에서 화상숭배는 정죄되었고, 샤를마뉴는 화상숭배를 금하는 포고문을 공표하였다. 이러한 측면에서 샤를마뉴는 교회를 분열시키는 신학적 논란을 해결함으로써 제국의 종교적 통일을 유지하려 했던 콘스탄티누스나 테오도시우스 1세와 같은 기독교 로마제국의 황제를 연상시켰다.

### 2) 카롤링거 르네상스

샤를마뉴의 통치는 "카롤링거 르네상스Carolingian Renaissance"라는 표현에서 드러나듯이 학문과 문화를 진작시킨 그의 업적에서 정점에 달하였다. 그 자신이 학식 있는 사람이 아니었음에도 불구하고, 그는 그의 제국 안에서 학문과 지식을 장려하였다. 이를 위해 그는 수도원을 학문과 문화의 중심지가 되게 하였고, 기존의 학교들을 활성화하고 개혁하였으며, 아헨Aachen에 있는 그의 왕궁에 학교를 세워 학문을 연

---

[4] 8세기 양자론에 관한 신학논쟁에 대하여, 후스토 L. 곤잘레스/이형기, 차종순 역, 『기독교 사상사 2: 중세편』 (서울: 한국장로교출판사, 1988), 139-42 참조.

구하고 지식을 보급하는 도구로 활용하였다. 샤를마뉴는 여러 지역에서 인종을 가리지 않고 인재를 초빙하여 그의 왕국의 지식발전에 활용하였는데 샤를마뉴가 등용한 대표적 학자인 요크의 알퀸(Alcuin of York, 740~804)은 앵글로-색슨족이었고, 집사 바울Paul the Deacon로 알려진 와네프리드Warnefrid는 롬바르드족 출신의 베네딕트 수도사였다. 스페인에서 테오둘프Theodulf를 초빙하여 오를레앙의 주교로 세웠고, 그는 그의 교구 안에 있는 모든 교회에 학교를 세워 빈부를 막론하고 학생들을 가르쳐 교육발전에 기여하였다. 누구보다도 샤를마뉴가 주도한 문예부흥의 핵심인물은 알퀸이었다. 그는 영국 노텀브리아 출신으로서 요크의 대성당 학교에서 교육을 받았다. 그가 로마와 프랑크왕국을 방문하여 대성당 학교와 도서관 설립의 도움을 주었을 때, 샤를마뉴는 782년에 그를 아헨의 궁정학교에 초빙하였고, 거기서 알퀸은 자신의 학문적 재능을 발휘하며 샤를마뉴의 조언자 역할을 하면서 카롤링거 문예부흥의 꽃을 피웠다. 그는 교육을 위한 도구로서 고전시대의 문법과 수사학과 변증론을 부흥시켰고, 수많은 성서주석과 논문과 저술활동을 하였다. 이와 더불어 그는 796년부터 투르의 생마틴St. Martin of Tours 수도원장으로 있으면서 804년에 죽을 때까지 고울(프랑스) 지역에 주로 머물렀는데, 카롤링거왕조의 성서 편찬작업을 주도하였고, 로마교회 성서일과lectionary를 개정하였고, 고울 지역을 위해 『그레고리전례서』를 번안하면서 라틴 기독교의 발전과 체계화에 크게 기여하였다.5 앵글로-색슨족인 알퀸이 프랑스에 머물며 고울 지역의 문화와 관습을 반영하여 라틴 로마기독교를 체계화하고 발전시킨

---

5 Bainton, *Christendom*, vol. 1, 160-61; Gonzalez, *The Story of Christianity*, vol. 1, 317.

것은 샤를마뉴의 카롤링거 르네상스의 면모를 잘 반영하는 것이었고, 이를 통해 프랑크족의 문화와 라틴 로마기독교가 결합되었다.

카롤링거 르네상스는 샤를마뉴와 알퀸이 대변하는 두 원천, 곧 세속적, 정치적 권위와 영적, 종교적 권위가 잘 조화되어 나타난 종교적, 문화적 진흥振興이었다. 이 둘은 밀접하게 상호작용하였지만, 실제로는 교회와 제국이 결합된 기독교제국Christendom의 이념 아래 세속적 권세가 영적 권세를 지배하였다. 샤를마뉴는 교황으로부터 신성로마제국의 황제의 관을 받았지만, 그는 자신의 통치영역 속에 교회가 속한다고 믿었다. 이러한 생각을 반영하듯, 자신의 왕국에 속한 교회의 주교들을 선임할 때나 교회의 주요한 신학적 문제를 결정할 때에 자신의 신학적 조언자들에게 의견을 구할지라도 교황에게 승인을 받거나 상의하지 않았다. 또한 그의 대표적인 신학적 조언자인 알퀸을 존중하였지만, 전적으로 그의 조언에 따르지 않았다. 일례로, 샤를마뉴가 색슨족을 군사력으로 강제개종시키는 것에 대하여 알퀸이 그러한 세례는 아무런 의미가 없다고 말하며, "이 가련한 족속을 세례로는 인도하겠지만 신앙으로는 이끌지 못한다"고 반대하였다. 그러나 샤를마뉴는 종교를 강요하기 위해서 칼을 사용해서는 안 된다는 그의 조언에 귀 기울이지 않았다.6

---

6 Bainton, *Christendom*, vol. 1, 161.

### 3) 샤를마뉴 사후의 정치적 혼란(암흑기)과 봉건제도의 형성

샤를마뉴의 시기에 꽃피운 정치적 안정과 문화적 부흥은 그의 사후에 급속도로 약화되었다. 그의 아들 경건왕 루이Louis the Pious는 샤를마뉴가 죽은 후에 814년에 왕위를 이어받아 816년과 817년 사이에 일련의 법을 제정하면서 수도원 개혁을 추진하면서 수도원의 이상에 따라 교회와 사회를 개혁하고자 하였다. 주교와 성직자들에게 귀금속과 화려한 의복을 착용하는 것을 금지하였고, 모든 이들에게 십일조를 의무적으로 납부토록 하였고, 십일조의 2/3를 가난한 자들을 돌보는 데 사용하게 하였다. 이와 더불어 왕이 주교를 임명하던 방식에서 교회(성직자와 평신도)가 선출하는 방식으로 바꿈으로써 교회의 자율권을 확대하였다. 또한 데인족the Danes과 슬라브족the Slavs과 좋은 관계를 유지하였고, 안스카(Anskar, 801~865)를 선교사로 파송하여 스칸디나비아 지역에 대한 선교활동에도 힘을 기울였다. 사실 호시탐탐 그들을 위협하는 이민족들을 군사적 힘으로만 막아내기에는 역부족이었다. 프랑크왕국의 입장에서 전도는 종교적 열정의 표출이기도 하였지만, 전도를 통한 개종이야말로 왕국 안정에 커다란 위협이 되는 호전적인 이민족을 동화시키는 가장 확실한 방어책이기도 하였다. 이름 그대로 경건왕 루이는 신앙적, 도덕적으로는 좋은 이미지를 남겼지만 그의 아들들 간에 벌어진 권력다툼과 이들을 비호하는 귀족세력들의 파당다툼을 통제하는 데에는 거의 무능하였다. 파벌간의 대립으로 왕에 대한 반란과 내전이 일어나면서 왕국은 약화되었고, 왕에 대한 반란의 시도를 엄히 처벌하지 않고 가볍게 처리함으로써 무질서와 혼란이 가중되었고, 더 큰 재앙을 야기하였다. 결국 아들들 간의 치열한 권력전쟁 끝에 843년 베르덩Verdun 조약으로 카롤링거 왕조가 셋으로 분열되었다. 경건왕 루이의 장남 로타르Lothair는 중프랑Middle Francia를 차지하였고, 이곳은 네덜란드, 벨기에, 룩셈부르그, 스위스, 북부 이태리 지역을 포괄하였다. 로타르의 이복형제인 대머리왕 찰스Charles the Bald는 이후 프랑스가 되는 서프랑크West Francia를 차지하였고, 독일인 루이Louis the German는 이후 독일이 되는 동프랑크East Francia를 차지하였다.7

내전으로 프랑크왕국이 분열된 혼란한 시기인 9세기에 바이킹Viking이었던 스칸디나비아의 노르만인들Norsemen, the Normans과 데인족이 해안을 따라 강을 타고 내려와 독일과 프랑스 지역까지 휩쓸며, 이들 중 일부가 프랑스 서북지역 노르망디Normandy에 영구적으로 자리를 삽았고, 영국에까지 그들의 지배력을 확장하였다. 그들은 스페인뿐만 아니라 이태리 남부와 시칠리에 이르기까지 광범위하게 영향을 끼쳤다. 이들의 침입과 약탈에 대하여 분열된 프랑크왕국은 속수무책束手無策이었다. 노르만인과 데인족뿐만 아니라 9세기 말에 마자르족the Magyar인 헝가리의 침입으로 서방세계(프랑스, 독일, 이태리 지역)에 대한 프랑크왕국의 지배권이 크게 흔들리게 되었다. 스칸디나비아 지역은 11세기에 이르러, 헝가리는 10세기 말에 기독교를 받아들이며 기독교 세계에 동화되었지만, 이들의 등장으로 서방세계에 대한 프랑크왕국의 지배체제가 흔들리고 카롤링거 르네상스가 급격히 쇠퇴하면서 10세기는 "암흑기"에 빠져들었다.

강력한 중앙집권 국가인 프랑크왕국의 약화와 북방의 이민족들의

---

7 위의 책, 163; Gonzalez, *The Story of Christianity*, vol. 1, 317-318.

침입, 그리고 이슬람세력의 지중해 패권의 장악은 9세기에 봉건제도가 서방 유럽 사회에 등장하여 발전하는 계기가 되었다. 국가가 이민족의 침입으로부터 자신과 지역을 지켜주지 못하는 상황에서, 이들의 공격으로부터 스스로 방어할 필요가 있었고, 이에 따라 복잡한 관계로 얽혀진 군사적 동맹이 발전하게 되었다. 봉건제도는 영주lord와 봉신vassal 사이에서 군사적 충성을 대가로 하사한 봉토fief와 상호계약을 매개로 결합된 군사적, 정치적 주종관계였으며, 이러한 관계는 왕과 노예를 제외한 모든 사람들에게로 확대되어, 아래 있는 사람은 충성과 봉사를 약속했고, 위에 있는 사람은 이를 대가로 보호를 약속했다. 외적의 침입에 무력한 강력한 중앙 국가체제가 부재한 상황에서 군사적, 정치적 필요에 따라 형성된 봉건제도는 중세 서방세계의 사회관계를 규정하는 경제시스템으로 발전하였다. 중앙집권적 국가의 약화와 이슬람이 장악한 지중해 무역로의 차단은 시장과 무역을 크게 위축시켰고, 화폐가 통용되지 못하면서 지역단위의 물물교환 경제로 변화되었다. 이러한 상황에서 경제의 토대는 화폐가 아닌 토지가 되었다. 봉건제도는 땅의 소유권을 가지고 있었던 왕과 영주 등의 대지주가 조세와 부역負役을 조건으로 소작인들에게 땅을 공급함으로써 중세의 사회-경제 시스템을 형성하였다. 소작민 혹은 농노serfdom는 봉건제도 아래서 노예와 다름없는 신분이었다. 봉건제도의 발전은 중앙집권체제를 약화시켰고, 중세 유럽 사회는 봉건영주와 지역을 중심으로 정치적, 경제적으로 더욱 파편화되었다.[8]

---

[8] Bainton, *Christendom*, vol. 1, 164; Gonzalez, *The Story of Christianity*, vol. 1, 318-23. 봉건제도에 대하여, F. L. Ganshof, *Feudalism*, trans. Philip Grierson (New York: Harper & Row, 1964) 참조.

## 2. 9세기 신학 논쟁

샤를마뉴가 이끈 카롤링거 르네상스에 힘입어 학문이 발전하면서, 이와 함께 신학적 활동도 활발히 전개되었다. 특히 7세기에 프랑스 북부 아미앵Amiens 인근에 세워진 코르비Corbie의 수도원은 훌륭한 도서관을 보유하고 있어서 라틴 서방세계에 고전과 교부문헌을 보급하면서 카롤링거 시기에 신학발전의 중심지가 되었다.9 이 시기에 교부들의 연구를 통해 아우구스티누스의 신학이 재조명되었고, 이로 말미암아 9세기에 성찬과 예정론에 관한 신학논쟁이 일어나게 되었다. 또한 고전연구를 통해 헬라어로 기록된 고대의 신학적 전통이 서방세계에 소개되면서 존 스코투스 에리게나John Scotus Erigena로 대변되는 신비주의와 신플라톤주의적 신학 경향이 발전하는 계기가 되었다. 또한 스페인을 중심으로 전개된 라틴 서방기독교의 기독론과 성령론의 신학적 논의가 동방 비잔틴기독교의 이해와 충돌하며 동방과 서방의 신학적 분열이 심화되는 계기가 되었다. 이 시기에 발전한 성령의 이중발출(아버지로부터 "그리고 아들로부터")과 관련한 필리오케Filioque 논쟁은 이후 동방과 서방을 분열시키는 주된 신학적 논쟁점이 되었다.

### 1) 성찬 논쟁

성찬에 대한 논쟁은 코르비 수도원장이었던 라드버투스(Paschasius Radbertus, 790-860)가 그의 수도사들을 위해 833년경에 작성한 「주님의 살과 피에 관하여」(*De Corpore et Sanguine Domini*)라는 논문으로부터

---

9 McGrath, *Christian History*, 82.

시작되었다. 그는 아우구스티누스의 실재론적 입장에 따라 성찬의 떡과 포도주에 그리스도의 몸과 피가 실재적으로 임하며, 이것은 동정녀 마리아에게 낳으시고 고난당하여 죽으시고 승천하셔서 하나님의 보좌 우편에 앉아 계신 그리스도의 몸과 피와 동일하다고 주장하였다. 여기서 그는 진리$^{truth}$와 형상$^{figure}$을 구분하면서, 진리는 곧 그리스도의 몸과 피고, 형상은 빵과 포도주이지만, 성찬의 신비 속에서, 이 형상이 진리를 지칭하고 연결하여, 실재적인 것이 된다고 보았다. 즉, 형상은 단지 허상이나 그림자가 아니라 진리를 담는 실재가 된다고 보았다. 그러므로 축사 이후 성찬의 빵과 포도주는 더 이상 빵과 포도주가 아니라 신비적으로 마리아가 낳은 몸이며 갈보리 십자가의 피가 된다고 주장하였다. 그는 어떻게 빵과 포도주가 몸과 피로 변하는지는 설명하지 않았지만, 이러한 믿음은 당시의 경건한 사람들의 성찬에 대한 입장을 대변하는 것이었다. 대머리왕 찰스$^{Charles\ the\ Bald}$는 라드버투스가 헌정한 글을 읽고 성찬의 빵과 포도주는 "신비적으로만" 그리스도의 살과 피인지, 아니면 "실제로도" 그러한지, 그리고 성찬의 빵과 포도주는 마리아에게 낳으시고 고난당하시고 죽으시고 승천하셔서 보좌 우편에 앉아 계신 그리스도의 살과 피와 동일한 것인지 의문을 제기하며 성찬논쟁을 촉발시켰다.[10]

동일한 코르비의 수도사였던 라트람누스$^{Ratramnus}$는 왕의 요청에 따라 두 가지 질문에 대답하면서 라드버투스의 주장을 반박하였다. 그는 843년에 라드버투스와 같은 제목의 「주님의 살과 피에 관하여」 (*De Corpore et Sanguine Domini*)라는 논문을 작성하면서 아우구스티누

---

10 곤잘레스, 『기독교사상사 2: 중세편』, 151-52.

스의 영적, 상징론적 입장에 따라 그리스도의 몸과 피는 성찬에서 실제적으로가 아니라 영적으로, 상징적으로 신자에게 임한다고 주장하였다. 성찬론에 대하여 아우구스티누스는 실재론realism과 상징론symbolism 사이에서 양면적 입장을 취하였는데, 그는 신자들이 성찬에서 그리스도의 몸과 피를 실제적으로 먹는다고 주장하면서도, 이것이 그리스도의 몸과 피를 육체적으로 물질적으로 먹는 것이 아니라 성찬을 통해 상징적으로 그리스도의 몸과 피를 받게 된다고 주장하였다. 따라서 보는 관점에 따라 그의 주장은 실재론을 옹호하기도 하고, 상징론을 옹호하기도 하였다.11 라트람누스는 아우구스티누스의 상징론적 입장에서 성찬에 임하는 그리스도의 임재는 육신의 눈으로 파악할 수 있는 실재적인 것이 아니라 오로지 신앙의 눈으로만 파악할 수 있는 상징적인 것이라고 보았다. 그는 진리와 형상을 구분하면서, 형상은 진리를 가리키고 지칭하는 매개라고 보았다. 즉 형상은 그가 지칭하는 진리의 그림자 혹은 베일veil이고, 진리는 은폐나 비유가 아니라 분명하고 순수한 계시라고 보았다. 따라서 성찬의 떡과 포도주는 신앙의 눈으로, 믿음의 작용에 의해서 그리스도의 몸과 피의 효력을 갖게 되는 신비적, 신앙적 사건으로 보았다. 따라서 라트람누스는 성찬에 임하는 그리스도의 몸과 피는 하나님의 보좌 우편에 앉아계신 그리스도의 몸과 피와는 다르다고 보았다. 그에 따르면 성찬에 임하는 그리스도의 몸은 오로지 영적일 뿐이며, 신자들은 "영적으로, 성례전적으로" 그리스도의 몸에 참여하는 것이었다. 라트람누스는 성찬을

---

11 성찬의 그리스도의 몸과 피에 대한 아우구스티누스의 양면적 입장에 대한 논증으로 John N. D. Kelly, *Early Christian Doctrines*, 4th ed. (London: Adam & Charles Black, 1968), 446-49 참조.

믿음과 말씀의 작용으로 그리스도와 신자(교회)가 영적으로 결합하여 하나가 되는 신비적 과정으로 이해하였고, 성찬의 떡과 포도주 그 자체가 아니라, 믿음으로 성찬에 임하는 신자의 자세에 강조점을 두었다.12 라트람누스뿐만 아니라 코르비 수도원에 있을 때 그의 밑에서 공부한 바 있었던 고트샬크는 아우구스티누스의 상징론과 영적 임재의 주장을 인용하며 라드버투스의 주장을 반박하였다. 그러나, 라트람누스의 상징론은 대중적 지지를 얻지 못하였고 라드버투스의 실재론이 교회 안에서 힘을 얻었다. 실재론은 13세기에 제4차 라테란공의회에서 로마 가톨릭교회의 공식교리로 채택된 화체설Transubstantiation로 발전하였다. 반면에 라트람누스의 상징론적 해석은 종교개혁 시기에 개혁교회 안에서 주목을 받으며 자주 인용되었고, 개혁교회의 성찬론으로 발전하였다.

### 2) 예정론 논쟁

아우구스티누스 신학이 9세기의 신학논쟁으로 이어진 또 다른 예로서 예정론논쟁이 있다. 삭소니Saxony의 베른 백작the Count Bern의 아들로 태어난 고트샬크(Gottschalk, 804~869)는 부모에 의해 유년기에 풀다Fulda의 베네딕트 수도원에 바쳐져 교육을 받았고, 성직안수를 받으려는 시점에 자신의 뜻과는 무관하게 정해진 수도사의 삶을 그만두고자 하였다. 그러나 수도원장이었던 라바누스Rabanus Maurus는 그의 환속還俗 요청을 거부하며 코르비의 수도원으로 보냈고, 거기서 그는 라트

---

12 곤잘레스, 『기독교사상사 2: 중세편』, 153-55.

람누스 아래에서 아우구스티누스 연구에 전념하였다. 고트샬크는 교회가 아우구스티누스의 신학, 특히 예정론의 가르침으로부터 이탈했다는 사실에 충격을 받고, 예정론과 자유의지의 타락을 주장하는 비판적 논문을 작성하였고, 로마 성지순례를 명목으로 허락 없이 수도원을 이탈하여 이태리 지역을 돌아다니며 가르치면서 자신의 주장을 폈다. 그러자 반대자들의 비판과 공격이 쏟아졌고, 라바누스도 고트샬크를 반박하는 논문을 썼다. 고트샬크는 마인츠의 공의회(848)에 소환되어 이단으로 정죄되었고, 라바누스는 고트샬크를 랭스의 대주교 힝크마Hincmar of Reims에게 보내어 처리를 맡겼다. 그러나 고트샬크는 뜻을 굽히지 않고 계속적으로 신학논쟁을 이어갔고, 힝크마는 베네딕트 수도규칙에 따라 그를 공개적으로 체벌하고 그의 모든 책을 불사르노톡 상요하였다. 힝크마는 그의 관할 아래 있는 오트빌리Hautvillers 수도원에 그를 감금하였고, 이러한 과정에서 두 사람 사이에서 예정론 논쟁이 격렬하게 전개되었다. 고트샬크는 아우구스티누스와 암브로시우스를 비롯한 교부들의 글을 충실히 읽고 명확하게 신학적 논증을 하였지만, 반대자들에 대한 그의 날카로운 비판과 극단적인 신학적 주장들은 교권을 차지한 성직자들의 반감을 사서 그를 궁지로 내몰았고, 결국 예정론 논쟁 가운데 오트빌리 수도원에서 거의 20년간 감금된 채 생을 마감하였다.13

고트샬크는 아우구스티누스의 신학에 입각하여 이중예정double predestination을 주장하였다. 고트샬크의 저작들은 대부분 유실되었지만 예정론에 대한 그의 주장에 따르면 하나님은 천사와 선택된 자들은

---

13 위의 책, 143-49.

구원으로 예정하셨고, 마귀와 유기된 자들은 멸망으로 예정하였다. 또한 인간은 자유의지가 완전히 파괴되어 선을 행할 수 없다고 보았고, 그리스도는 모든 사람을 위해 죽으신 것이 아니라 오로지 선택받은 사람들만을 위해 죽으셨다고 강조하였다. 아우구스티누스는 인간의 행위와 관계없이 구원을 위해 주권적으로 행동하시는 하나님의 구원의 은총을 강조하는 맥락에서 예정론을 전개하였지만, 고트샬크는 하나님의 절대주권과 유기된 자의 심판을 강조하는 엄격하고 원리적인 예정론을 강조하였다는 점에서 차이가 있다. 고트샬크의 주장은 17세기에 아르미니우스주의Arminianism를 논박한 칼뱅주의 정통주의자들의 주장과 유사하였다.

고트샬크의 예정론을 반박하며 라바누스는 자신이 아우구스티누스의 정통주의적 입장을 대변한다고 하였지만 실제로는 반펠라기우스주의의 입장에서 하나님은 은총을 받아들일 자를 미리 아시고 예정하셨다는 예지예정론foreknowledge을 주장하였다. 라바누스는 고트샬크의 주장이 결과적으로 인간의 심판과 멸망의 원인을 하나님께 돌리는 잘못과 인간의 선행과 성례의 효력을 무가치한 것으로 만들 수 있는 위험성을 경고하고자 했다.

힝크마는 더 신랄하고 예리하게 고트샬크를 비판하였다. 그는 예정과 예지를 구별하면서, 하나님의 주권과 의지, 그리고 인간의 책임성과 의지를 동시에 강조하면서 균형을 유지하고자 하였다. 그는 하나님은 모든 사람을 구원하려는 의지를 가지고 계시며, 인간은 타락 후에도 자유의지를 상실하지 않았으나 심각하게 훼손되어 있으므로, 하나님의 은총에 의하여 치유되고 자유롭게 되어야 한다고 주장하였다. 또한 하나님은 예정을 통해 선택하신 자를 구원하시며, 예지를 통해 유기된 자를 멸망에 이르게 하신다고 보았다. 그러나 힝크마의 주장은 아우구스티누스주의를 강조하는 신학자들, 곧 라트람누스와 토로이에스Troyes의 대주교 프루덴티우스Prudentius의 강력한 반대를 받았다. 논쟁이 자신에게 불리해지자 힝크마는 교권을 활용하여 대머리왕 찰스의 도움으로 퀴에르지에서 열린 교회회의Synods of Quiercy, 853에서 고트샬크를 정죄하고 자신의 입장을 인정받았다. 그러나 이 결정은 리옹교회의 반대를 받았고 발렌스공의회(855)에서 철회되었다. 양측의 공방이 이어지면서 타협이 일어났고, 투지의 교회회의Synod of Toucy, 860 이후 논쟁은 잦아들었다. 여기서 힝크마는 자신의 네 가지 입장을 주장하였다: 하나님은 모든 인간을 구원하고자 하신다; 인간의 자유의지는 타락 이후에도 남아있지만 하나님의 은총에 의해 자유롭게 되고 성화되어야 한다; 거룩한 예정은 고해성사로 소수의 사람이 하나님의 은총에 의해 영원한 삶으로 인도되도록 미리 정하셨다; 그리스도는 우리 모두를 위해 죽으셨다.[14] 이러한 논쟁에서 아우구스티누스주의와 반펠라기우스주의가 절충되었다: "하나님은 인간을 구원하시기로 예정하셨고, 그를 위해 그리스도께서 만인을 위하여 죽으셨으며, 인간의 의지는 타락하여 약화되었으나 아주 파괴되지는 않았고, 은총으로 인하여 치유되어야 한다." 9세기의 예정론 논쟁은 아우구스티누스 신학이 재조명을 받으면서 서방교회에 여전히 폭넓게 자리 잡고 있는 펠라기우스주의와 반펠라기우스주의를 반박하는 과정에서 비롯되었고, 후기 중세에 리미니의 그레고리를 중심으로 한 신-아우구스티누스학파schola Augustina moderna의 아우구스티누스 신학의 부흥과

---

14 https://www.catholic.org/encyclopedia/view.php?id=5785 참조.

이후 종교개혁의 전개과정에서 유사하게 재현되었다.

### 3) 존 스코투스 에리게나

존 스코투스 에리게나(John Scotus Erigena, 810~877)는 아일랜드 출신의 신학자로 카롤링거 르네상스 시기에 프랑크 왕국으로 건너와 대머리왕 찰스의 궁전에 머물며 탁월한 연구를 통해 신학적 명성을 얻었다. 그는 그리스 철학에 대한 깊은 학식으로 많은 이들의 존경을 받았지만, 신플라톤주의의 사변철학에 영향을 받은 신비주의 신학으로 인하여 기독교 신앙의 정통성에 논란을 일으킨 논쟁적 신학자였다. 그는 탁월한 헬라어 지식으로 동방교회 신학자들(니사의 그레고리, 고백자 막시무스 등)의 저술을 라틴어로 번역하여 소개하였고, 아우구스티누스와 위-디오니시우스의 신학적 영향 아래 서방 라틴 기독교에 신플라톤주의적인 사변적, 신비주의신학이 발전하는 데 기여하였다. 이러한 측면에서 기독교의 가르침을 신플라톤주의 관점에서 이해하고 해석한 아우구스티누스와 유사하였다. 그러나 아우구스티누스가 고대교회의 신학적 전통을 세운 것과 달리 고대의 신학적 유산과 거리가 있었던 시대에 에리게나의 사변적 신학은 서방교회의 신앙전통과 신앙이해에 의문과 도전을 제기하였다.[15] 아우구스티누스가 신플라톤주의의 틀로 기독교 신학을 정립한 것과 달리 에리게나는 신플라톤주의적 사변신학으로 기독교의 가르침을 넘어서는 주장을 하였다는 점에서 차이가 있었다.

---

15 Gordon Leff, *Medieval Thought: St Augustine to Ockham* (Baltimore, Maryland: Penguin Books, 1965), 71-2.

위-디오니시우스의 신학은 에리게나에게 커다란 영향을 끼쳤다. 디오니시우스는 바울이 아테네 아레오바고Areopagus에서 전도활동을 하던 중 그의 가르침에 감화를 받아 바울을 따른 아레오바고의 관원으로서, 그가 썼다고 알려진 저작이 6세기경(532년)에 널리 알려지게 되었다. 그러나 그것은 6세기 초에 아레오바고의 디오니시우스 Dionysius the Areopagite의 이름으로 만들어진 위작으로서 위-디오니시우스Pseudo-Dionysius라고 칭한다. 위-디오니시우스의 신학은 신플라톤주의의 영향 아래 창조를 하나님의 발현으로 이해하면서, 하나님께로 다시 돌아가는 신비주의적 연합을 추구하였다. 하나님을 모든 존재의 근원인 일자一者로 보면서 모든 만물이 그로부터 말미암았고, 하나님과의 관계와 거리에 따라 존재의 계층적 위계체계hierarchy가 있다고 가르쳤다. 위-디오니시우스는 하나님에 대한 지식을 세 가지 차원, 곧 긍정의 신학, 부정의 신학, 사변적 신학으로 구별하였다. 긍정의 신학cataphatic theology은 우리에게 알려진 하나님의 존재에 대한 주장과 진술을 통해 하나님께 접근하는 것이며, 부정의 신학apophatic theology은 우리가 알 수 없는 하나님의 존재에 대하여 감히 규정하거나 주장하지 않고 하나님을 추구하는 것이다. 사변적 신학speculative theology은 긍정과 부정의 신학을 조화시킨 방식이다. 하나님은 모든 것을 초월하여 계시지만(초월), 모든 만물은 하나님으로부터 말미암은 것으로 하나님의 존재를 반영하고 있다(내재). 따라서 하나님은 만물 안에 내재하시지만, 만물을 초월하여 계시는 존재이다. 긍정의 신학은 비유적으로, 상징적으로 하나님의 존재를 설명하지만, 부정의 신학은 우리의 인식과 존재를 초월하여 계시는 하나님을 문자적으로 설명할 수 없다는 점을 강조한다. 사변적 신학은 모든 존재의 근원이시며, 동시에 모든 존재를 초월하여 계시는 초실재적(초월적이며 동시에 내재적인) 하나님을 "신비주의적 무지mystical ignorance"로 인식한다. 위-디오니시우스는 창조의 과정을 태양이 빛을 비추듯 하나님이 그 존재를 만물 위에 나타내신 과정으로 이해하였고, 만물 안에서 하나님의 속성과 존재가 드러나지만, 그것과 하나님은 동일시될 수 없다고 보았다. 따라서 위-디오니시우스의 신론과 창조론을 범신론(모든 만물 안에 하나님이 나타나 있다고 믿으며 만물을 하나님과 동일시하는 신념)으로 이해하는 것은 문제가 있다. 위-디오니시우스의 하나님 이해와 창조론은 에리게나에게 직접적인 영향을 끼쳤다.16

고백자 막시무스(Maximus the Confessor, 580~662) 역시 에리게나의 신학에 영향을 끼친 동방기독교의 유명한 수도자였다. 고백자 막시무스는 신플라톤주의적 위-디오니시우스의 신학체계를 보다 기독교적인, 그리스도 중심적인 특징으로 설명하고자 하였다. 그는 위-디오니시우스처럼 창조를 하나님의 이데아idea의 발현이라고 보았지만 만물이 그로부터 말미암은 원형archtype이 말씀, 곧 그리스도 안에 있었다고 주장하였다. 또한 인간은 자신의 능력으로는 하나님께 이르지 못하고 도리어 물질적 세상을 추구하기 때문에, 그리스도의 성육신을 통해 하나님과 본래의 관계가 회복되고, 존재의 근원인 하나님께로 돌아갈 수 있다고 주장하였다. 따라서 인간과 창조주의 연합은 인간을 죄로부터 구원하신 그리스도의 대속에 의한 것임을 강조하였고, 인간의 영혼과 그리스도의 신비적 연합이 인간이 하나님께로 돌아가게 된 회복의 상징이라고 강조하였다. 이러한 고백자 막시무스의 가르침은 에

---

16 위의 책, 64-5.

리게나뿐만 아니라 그를 통해 중세 신비주의 신학에도 깊은 영향을 끼쳤다.

에리게나는 858년에 위-디오니스우스의 저작들과 고백자 막시무스의 저작을 라틴어로 번역하였고, 이들의 영향 아래 그의 신학을 펴 나갔다. 위-디오니스우스의 영향을 반영하듯, 그는 하나님은 자연 안에 계시며 동시에 자연을 초월해 계신다고 주장하며, 자연을 하나님의 거울로 인식하였다. 그는 자신의 주저인『자연의 구분에 관하여』(De divisione naturae)에서 자연을 네 가지 차원으로 구분하였다: 첫째, 창조하면서 창조되지 않은 자연; 둘째, 창조되면서 창조하는 자연; 셋째, 창조되면서 창조하지 않는 자연; 넷째, 창조되지 않고 창조하지 않는 자연. 이 네 가지 차원의 자연은 결국 창조주와 피조물에 대한 두 가지 구분으로 요약될 수 있었다. 첫째와 넷째는 창조주 하나님에 적용되며, 둘째와 셋째는 피조물에 적용된다. 첫째는 만물의 원리와 근원이신 하나님을 지칭하며, 넷째는 자연 안에 내재하시는 만물의 목적(만물이 돌아가려고 움직이는 목적)이신 하나님을 의미한다. 둘째는 하나님의 말씀이신 그리스도 안에, 하나님으로부터 말미암은, 모든 피조물의 원초적 원인이 되는 신적인 이데아를 지칭하며, 셋째는 피조물을 의미한다. 이러한 주장에서 볼 때, 에리게나는 전통적인 기독교적 이해보다는 신플라톤주의의 사변철학을 반영하고 있다. 삼위일체에 대하여, 그는 하나님 사이의 구분은 다른 위격들의 관계에 관한 것일 뿐이며 능력이나 본질에 있어서 구분되지 않는다고 보았다. 실제로 삼위는 구별되지 않고 인간의 생각 속에서만 구별된다고 보았다는 점에서 전통적인 삼위일체 이해와 거리가 있었다. 또한 창조를 하나님의 발현, 곧 신현神現, theophany의 과정으로 이해하면서 신적인 이데아가 그리스도로 말미암아 성령을 통하여 유출되면서 만물이 창조되었다는 주장에서 신플라톤주의적 성격이 명확하게 드러났다. 에리게나는 만물이 신적인 이데아로부터 창조되었다고 보았는데, 이 신적인 이데아는 하나님과 동일한 본질이 아니라 하나님에 의해 창조된 만물의 원형으로 이해하였다. 또한 창조를 유출로 설명하고, 하나님의 창조가 아니라 하나님으로부터 유출된 원리들에 의한 창조를 주장함으로써 전통적인 기독교의 가르침과 어긋났다. "무로부터의 창조"라는 전통적인 기독교의 가르침과 달리 "무"를 창조 이전에 하나님에 의해 피조된 만물의 원리로 해석하는 신학적 전통은 오리겐과 위-디오니우스를 거쳐 에리게나에게 나타났다.17 그러나 신플라톤주의와는 달리 기독교적 전통을 강조하는 특징도 그의 신학 안에 있었다. 고백자 막시무스와 아우구스티누스의 영향을 반영하면서, 에리게나는 인간의 영혼이 하나님의 형상대로 지어졌으나, 죄와 타락으로 육신의 정욕을 추구하는 짐승과 같은 상태로 떨어졌고, 그리스도의 성육신을 통해 영혼이 말씀과 교제하며 하나님께로 회복되었다고 주장하였다. 또한 인간의 영혼 안에 하나님을 추구하는 능력이 주어졌지만, 하나님의 은총으로만 인간의 본연의 온전한 상태로 회복될 수 있다는 점을 강조하였다. 그리스도의 성육신과 그리스도를 통한 하나님과의 관계 회복과 은총에 대한 강조에 있어서 그는 기독교적 신학자라고 할 수 있다. 그는 신플라톤주의의 철학을 통해 인간과 하나님의 관계를 설명하고자 하였지만, 하나님과 인간의 관계회복과 구원의 과정은 그리스도와 하나님의 은총에 의존하였다.18

---

17 위의 책, 67-70; 곤잘레스, 『기독교사상사 2: 중세편』, 168-73.
18 Leff, *Medieval Thought*, 71-2.

## 4) 필리오케 논쟁과 9세기 동방교회와 서방교회의 분열

필리오케Filioque 논쟁은 니케아-콘스탄티노플신조의 성령에 대한 신앙고백 가운데 "아버지로부터 나오시고"라는 문구에 "그리고 아들로부터filioque"를 삽입하여, "아버지와 아들로부터 나오시고"라고 수정함으로써 성령의 이중발출을 주장하는 서방기독교와 성령이 아들을 통해 아버지로부터 발출된다고 강조하는 동방기독교의 신학적 갈등이었다. 삼위일체의 관점에서 성령의 발출에 성부와 성자가 관여하고 있다고 동방과 서방이 믿고 있었고, 이에 대한 포괄적인 공감대는 형성되어 있었지만 구체적인 방식에 있어서는 차이가 있었다. 서방교회는 아버지와 아들로부터의 이중발출을, 동방교회는 아버지로부터 발출되어 나오는 성령에 아들이 관여하는 방식으로 이해하고 있었고, 이것은 삼위일체에 대한 이해의 차이와도 연결되어 있었다. 아우구스티누스가 이해하는 바와 같이 서방교회는 성령이 아버지(사랑하는 자)와 아들(사랑받는 자)을 하나로 묶는 "사랑의 띠"로 이해하고 있었고, 동방교회는 오리겐의 신학적 영향 아래 카파도키아 교부들, 특히 니싸의 그레고리(Grogory of Nyssa, 330~395)의 가르침을 따라 삼위일체의 근원을 성부로 보았고, 성자와 성령이 성부로부터 나왔다고 이해하고 있었다. 따라서 동방교회는 "아버지로부터, 아들을 통해" 성령이 발출되었다고 말할 수는 있지만, 서방교회처럼 "아버지로부터 그리고 아들로부터" 성령이 발출되었다고 말하는 것을 받아들일 수는 없었다.[19]

---

19 곤잘레스, 『기독교사상사 2: 중세편』, 164.

누가 "필리오케"를 제일 먼저 신조에 삽입했는지는 알 수 없지만 스페인의 톨레도공의회(589)에서 삽입문이 처음 나타났고, 스페인에서 사용되다가 고울 지역으로 전래되었고, 특히 9세기 샤를마뉴의 관심과 지지 아래 미사에서 필리오케의 삽입문의 형태가 사용되면서 프랑크왕국 전역으로 확산되며 서방교회 신앙고백의 형태로 자리 잡게 되었다. 9세기에 프랑크 왕국의 수도사들이 필리오케가 삽입된 신조를 예루살렘의 감람산 수도원에 처음 소개하였을 때 동방의 수도사들로부터 이에 대한 비난과 배척이 일어나며 동방교회와 서방교회의 갈등이 불거졌고, 급기야 아헨에서 열린 교회회의(809)에서 프랑크왕국의 주교들과 알퀸과 라트람누스를 비롯한 주도적인 신학자들이 필리오케를 지지하며 동방교회의 주장을 이단적이라고 배척하였다. 동방과 서방교회가 분열의 조짐을 보이자 샤를마뉴에게 관을 씌워준 교황 레오 3세는 동방교회와 관계를 악화시키지 않기 위해 필로오케를 삽입하는 것을 금지하고 원래의 신조를 승인하였다. 그러나 교황의 금지가 서방교회에서 필리오케의 사용을 막지 못하였고, 9세기 이후 동방교회와 서방교회를 분열시키는 신학적 원인이 되었다.[20]

특히 9세기 말에 콘스탄티노플의 대주교 포티우스(Photius, 810~895)를 중심으로 일어난 동방교회와 서방교회의 분열(포티우스 분열, 867)은 11세기에 절정에 달한 기독교의 대분열the Great Schism의 서막이 되었다. 11세기 대분열의 근본적인 배경에는 교황을 중심으로 하는 서방교회와 이에 맞서 공의회와 전체 교회 위에 군림하는 교황권을 인정하지 않는 동방교회 사이의 정치적, 교권적 갈등이 있었지만, 필리오

---

20 위의 책, 162-63.

케 논쟁이 분열의 명분과 갈등의 원인이 되었다. 9세기 "포티우스 분열Photian Schism"에도 이러한 특징이 나타났다. 명망 있는 학자였던 포티우스는 비잔틴 황제 미카엘 3세의 뜻에 거역하다가 직위를 박탈당한 이그나티우스를 대신하여 황제에 의해 콘스탄티노플 대주교로 임명되었다. 그러나 이그나티우스는 황제의 부당한 교회간섭과 탄압에 저항하며 자리에서 물러나기를 거절하였고, 교황 니콜라스 1세에게 도움을 요청하였다. 미카엘 황제와 포티우스 역시 교황에게 대립하는 콘스탄티노플 대주교직의 문제를 정리할 수 있도록 중재를 요청하였고, 교황은 콘스탄티노플에 사절을 파견하였다. 그러나 교황 사절들이 황제의 압력 아래 권위를 남용하면서 862년 콘스탄티노플회의는 이그나티우스를 파문하였다. 니콜라스 교황은 교황사절의 권한남용을 비판하고, 863년 로마회의에서 콘스탄티노플회의의 불법성을 들어 회의결과를 뒤엎고 이그나티우스를 지지하고, 포티우스를 파문하였다. 니콜라스 1세는 비잔틴제국과 교회에 대하여 교황의 권위를 행사하여 문제를 바로 잡고자 하였지만, 비잔틴교회에 교황의 행동은 콘스탄티노플교회의 독립성과 권위를 훼손하고 비잔틴 교회에 대한 월권으로 비쳐졌다. 포티우스에게 로마교회와 교황에 대한 공격의 빌미를 제공한 것은 필리오케 논쟁이었다. 교황의 파문에 대하여 반응하지 않던 포티우스는 기독교로 개종한 불가리아Bulgaria를 교황이 로마교회 아래 두려고 하자, 867년에 불가리아에서 활동하는 로마교회 선교사들을 비판하는 회람서신을 썼고, 867년 콘스탄티노플회의에서 필로오케의 삽입과 사순절에 우유와 버터와 치즈를 사용하는 문제와 성직자 독신을 주장한 것들을 문제 삼아 교황을 파문하였다. 교황과 콘스탄티노플 대주교가 신학적 문제와 교회정치의 지배권을 놓고

상이한 해석과 입장을 앞세워 서로를 파문하며 대립하였던 문제는 잠시 화해되는 듯하였으나 1054년의 대분열에서 재현되었고, 이로써 동방교회와 서방교회는 완전히 갈라졌다.[21] 여기서도 필리오케의 문제는 교회분열의 결정적인 명분이 되었다.

## 3. 교회의 세속화와 그레고리개혁

### 1) 교황권의 쇠퇴와 교회의 세속화

9세기 필리오케 논쟁에서 드러나듯이 교황 니콜라스 1세는 재임기간(858~67) 동안 강력한 교황의 권위를 보여주었다. 로마교회를 보호하는 명분으로 신성로마제국의 관을 받은 프랑크왕국의 영향 아래 교황은 서방기독교 세계에서 커다란 영향력을 지닌 지도자로 인식되었으나 실제적으로는 강력한 신성로마제국의 황제 아래 그들의 힘은 매우 미약하였다. 그러나 샤를마뉴 이후 카롤링거 왕조의 힘이 약화되면서 교황권이 자라날 수 있는 여건이 마련되었고, 니콜라스 1세의 교황권의 발전은 이러한 시대적 정황이 작용하여 가능하였다. 이와 더불어 권력자들의 압력으로부터 주교들의 권위와 이를 뒷받침해줄

---

21 Gonzalez, *The Story of Christianity*, vol. 1, 312-13; McGrath, *Christian History*, 87; Raymond Davis, trans. *The Lives of the Ninth-Century Popes (Liber Pontificalis): The Ancient Biographies of Ten Popes from A.D. 817-891* (Liverpool: Liverpool University Press, 1995), 189-247; J. M. Hussey, *The Orthodox Church in the Byzantine Empire* (Oxford and New York: Oxford University Press, 1986), 69-90 참조.

교황권을 강화하기 위해 프랑크 성직자들이 이시도르 메르카토Isidore Mercator라는 필명으로 고대 교황과 공의회의 문서를 위조하여 펴낸 『위-이시도르 교령집』(False Decretals/Pseudo-Isidorian Decretals)이 850년경에 편찬되었고, "콘스탄티누스의 증여문서"를 포함한 위-이시도르 교령집은 세속 권세에 대한 교황의 권위를 정당화하는 법적, 논리적 근거로 적극 활용되었다. 니콜라스 1세는 교령집이 위조된 것이라는 주장에도 불구하고 역사적 문헌으로 굳게 믿었고, 이러한 근거 위에 강력하게 교황권의 강화를 추진하였다. 그러나 그가 추진한 교황권의 강화는 오래가지 못하였다. 교황권은 기독교 세계 내부와 외부의 공격으로부터 자신을 보호할 군사적, 정치적 힘이 없을 때 치명적인 한계를 노출하였고, 권력을 지닌 세력에 의해 지배당할 수밖에 없는 처지에 놓이게 되었다.[22] 중세 교황들이 다양한 방법(군사적, 외교적, 종교적 방식)으로 정치권력을 유지하려고 안간힘을 썼던 이유가 여기에 있었다. 교황이 힘이 없을 때 교황권은 세속 권세의 노략물과 전리품이 되었고, 반대로 교황권이 절정에 달하였을 때 교회는 세속화되었다. 교권의 추구가 세속 권세와의 경쟁과 야합 속에서 교회의 세속화로 이어지는 과정은 중세 서방기독교가 놓인 상황 속에서 당연한 귀결이었고, 이를 바로 잡기 위한 개혁운동이 끊임없이 일어날 수밖에 없었다.

    니콜라스 1세 이후 교황권의 약화를 반증하듯 교황 요한 8세John VIII는 이슬람의 침공의 위협을 받았을 때 프랑크왕국과 비잔틴제국에 보호를 요청하였으나 도움을 받지 못하였고, 그의 처소에서 독살당하였다. 교황권과 교권이 약화되었던 주된 이유는 봉건제도의 발전과

---

22 Gonzalez, *The Story of Christianity*, vol. 1, 323-25; "False Decretals", in *The Oxford Dictionary of the Christian Church*, ed. Cross and Livingstone, 598 참조.

연관되었다. 프랑크왕국의 쇠퇴와 더불어 서방세계에 봉건제도가 발전하면서 봉건영주들이 자신들이 지배하는 지역에서 절대적인 영향력을 행사하였고, 정치적, 사회적 영향력을 가지고 있는 지역의 주교들은 중요한 귀족 세력의 하나로서 봉건영주들에 의해 임명되었다. 따라서 주교나 고위 성직자가 되기 위해 교회의 영적 권위와 정치적, 경제적 혜택을 주고받는 성직매매Simony가 만연하였고, 지역의 주교뿐만 아니라 교황의 선출마저도 권력을 장악한 로마의 귀족 가문들에 의해 임명되거나 폐위되는 상황에 놓이게 됨으로써 교회의 영적 권위는 세속적 권세에 종속되어 교회의 세속화와 타락이 심각하였다.23

교황권을 두고 로마의 귀족가문들과 군주들의 암투가 벌어졌고, 이러한 과정에서 교황 스테판 6세가 죽고(897) 요한 12세가 교황이 될 때까지(955) 교황이 17명이나 바뀌는 혼란이 일어났다. 교황권의 혼란 속에 신성로마제국의 황제로 등장한 오토 대제(Otto I, 재위 962~973)는 그의 왕국인 독일 삭소니를 발판으로 왕국의 공고화와 제국의 통합을 추진하였고, 기독교 군주로서 기독교를 보호하고 타락한 교회를 개혁하고 기독교를 확장하는 종교적인 사명에도 힘을 쏟았다. 그는 로마의 귀족 가문의 아들로 18세의 나이에 교황이 된 요한 12세(John XII, 955~964)의 요청으로 교황권을 위협하는 이태리의 군주(베렝가르 2세)를 제압하기 위해 962년에 로마로 진격하여 교황으로부터 신성로마제국의 황제로 관을 받음으로써, 유명무실해진 신성로마제국을 부활시켰고, 이태리 지역의 군주들로부터 빼앗은 이태리 중앙의 영토를 교황의 영지로 인정하면서 자신의 권세 아래 두었다. 얼마 지나지

---

23 McGrath, *Christian History*, 85.

않아 황제의 지배와 간섭으로부터 벗어나려는 교황 요한 12세가 로마에서 오토대제에게 반란을 도모하였을 때, 오토는 그를 폐위시키고, 로마의 귀족가문이 아니라 그가 지명한 사람들을 교황의 자리에 앉혔다.24 오토 대제는 교황이 타락하였을 때 하나님으로부터 임명받은 세속군주가 교황을 폐위하고 교회를 개혁할 수 있다는 사례를 보여준 세속군주였다. 요한 12세와 오토 대제의 관계는 중세기에 교황과 황제 사이에 교권과 세속권을 두고 벌인 갈등과 협력과 경쟁의 역사의 단면을 보여주었다. 그러나 오토 대제의 교회개혁은 성공하지 못하였고, 교황권은 신성로마제국 황제와 로마귀족 간의 경쟁 속에 세워지는 정치적 암투와 혼란의 모습을 반복하였다.

교황과 고위 성직자들은 영적인 지도자라기보다 세속 군주와 권력을 지닌 귀족들이 자리를 탐하고 다투는 세속적 권세가 되었고, 성직매매와 성직자들의 결혼과 축첩은 주요 성직을 물려주고 거래하는 교회타락의 통로가 되었다. 이러한 상황에서 교회의 개혁은 무엇보다 중요한 시대적 과제가 되었고, 그 핵심은 성직매매 근절, 성직자의 결혼과 축첩에 따른 성직세습 근절, 성직자의 도덕적 개혁과 영적 권위 회복, 귀족들의 성직 임명 금지, 세속 군주와 귀족들로부터 교회의 권위 보호였다.

### 2) 수도원 개혁: 클루니수도원

교회의 타락과 세속화는 교회 회복의 열망과 열정을 불러일으켰고, 교회개혁의 중심에 수도원 개혁운동이 있었다. 수도원은 원래 로

---

24 Bainton, *Christendom*, vol. 1, 172.

마제국의 박해 속에 기독교 신앙을 순전히 지키려는 신자들이 광야와 사막에서 은둔과 금욕생활을 하며 발전한 신앙운동이었으며, 로마제국의 기독교 공인 후에 세속화되고 타락한 교회를 떠나 기독교 신앙의 본래적인 삶을 추구하려는 사람들에 의해 더욱 발전하였다. 그 이후로 수도원은 기독교의 이상과 본래적인 삶을 보전하고 실천하는 원천이 되었고, 세속화된 교회를 개혁하는 청사진과 동력을 제공하였다. 이러한 면에서 수도원과 교회는 상호관계에 있었고, 특히 수도원이 배출한 위대한 학자와 성직자들이 교황과 고위 성직자가 되어 수도원의 이상을 교회에 실현함으로써 교회개혁을 주도하기도 하였다. 그러나 다른 한 편으로 엄격한 세속적 분리를 추구하는 수도원 운동은 발전과정에서 세속화되기도 하였다. 수도원이 땅을 개간하고 수도사의 노동으로 부를 축적하기도 하였고, 귀족과 군주들이 땅과 돈을 희사하며 수도원의 재산이 늘어났고, 교황과 고위 성직자를 배출하면서 수도원이 교권을 추구하는 통로가 되기도 하였다. 또한 부유한 수도원은 재산을 약탈하려는 침략자들의 먹이가 되기도 하였고, 수도원의 이권과 주도권을 놓고 세력경쟁을 벌이는 싸움터가 되기도 하였고, 수도원을 자신의 권력의 수단으로 이용하려고 하는 귀족들과 고위 성직자들의 욕망의 장이 되기도 하였다. 수도원 안에서 베네딕트 수도규칙이 무시되었고, 수도원장 자리를 돈으로 사거나 권력으로 차지하여 수도원의 수입으로 호의호식하는 이들도 있었다. 이러한 상황 속에 수도원 자체가 개혁의 대상이 되었다.[25]

    10세기에 수도원을 개혁하려는 움직임은 클루니Cluny수도원 운동

---

[25] Gonzalez, *The Story of Christianity*, vol. 1, 327.

클루니수도원 전경, Saone-et-Loire, France

에서 나타났다. 아퀴테인의 공작 윌리엄William, Duke of Aquitaine은 909년 경에 프랑스 동부 클루니에 작은 베네딕트수도원을 세우고 사도 베드로와 바울에게 헌정함으로써 교황의 보호 아래 고위 성직자와 세속 군주들의 권세로부터 자유롭게 베네딕트 수도규칙을 철저히 지키면서, "천국의 교제를 추구하며 정성껏 기도와 간구를 바치는" 수도원 본연의 사명을 추구하도록 하였다. 수도원을 교황권 아래 둠으로써 고위 성직자와 영주들로부터 보호하였고, 사도에게 헌정함으로써 타락한 교황이 수도원을 넘볼 수 없게 하였다. 수도사들은 교황과 주교와 군주들의 일체의 간섭을 받지 않고 자유롭게 수도원장을 선출할 수 있었고, 수도원이 그들의 땅을 소유함으로써 봉건영주로부터 간섭을 받지 않았고, 땅과 함께 일꾼들이 제공되었으므로 노동의 의무에서 해방되어 온전히 기도와 성무에만 집중할 수 있었다. 기존의 베네딕트수도원이 수도사들을 세속과 분리시켜 거룩함을 추구하게 하였다면, 클루니수도원은 수도원의 사명을 수도원과 교회와 세상을 포함하는 기독교 세계 전체에 기독교의 이상을 확산시키는 거룩함의 사명을 수행하는 것을 목표로 하였다. 따라서 수도사들은 세상을 위한 기도와 지식의 보급과 구제와 환대에 전념하였다.26 클루니수도원의 방식은 커다란 반향을 일으켰고 여러 지역으로 확산되어 프랑스, 독일, 이태리는 물론 영국과 스페인에서 클루니수도원이 세워졌다.

클루니수도원의 확산은 교회개혁의 열망과 깊은 관련이 있었다. 교회와 세상을 지배하는 권력자들로부터 독립되어 수도원 개혁을 이루어나가면서 이와 같은 방식으로 타락하고 세속화된 교회를 개혁하고자 하였다. 무엇보다도 교회를 타락시키는 행위로서 성직매매와 성직자들의 결혼과 축첩을 반대하였다. 성직을 돈과 권력으로 사고파는 행위뿐만 아니라 성직자들이 평신도인 세속 군주와 영주들로부터 성직을 받는 행위까지 광범위하게 성직매매로 보았고 성직임명권을 세속 권세와 단절시키는 것을 교회개혁의 중요한 과제로 삼았다. 같은 맥락에서 수도사들에게 금지되었던 결혼을 교회의 모든 성직자에게로 확장하여 성직자 독신을 주장하면서 성직자들의 결혼을 축첩행위로, 결혼한 성직자들을 성직매매자로 비판하였다. 그들은 성직자의 결혼행위를 성직자의 도덕적, 성적 타락뿐만 아니라 세속적으로 교권을 추구하면서 교회를 타락시키는 행위, 곧 교회의 세속화로 인식하였다. 수도원의 이상으로 교회를 개혁하고 정화시킴에 있어서 성직자의 독신은 중요한 문제로 다가왔다. 클루니수도원은 가난의 덕목을 강조하였고, 교회개혁자들은 부유한 성직자들의 삶을 비판하면서 교회의 재산이 고위 성직자가 아니라 하나님의 영광을 위해 이웃을 위

---

26 Bainton, *Christendom*, vol. 1, 168-70.

해 사용되어야 하며, 그렇지 않으면 돈이 교회를 타락시키고 성직매매를 낳고 주교와 수도원장과 성직자들을 봉건영주와 같은 권력암투에 빠져들게 할 것이라는 점을 경고하였다.27 이와 같이 클루니수도원의 개혁운동은 제도적으로, 도덕적으로, 경제적으로 수도원을 개혁하고, 이와 같은 방식으로 교회를 개혁하고자 하였다. 수도원과 교회개혁의 핵심은 성직자를 세속적 욕망과 세속적 삶과 구조적으로 분리시키는 데 있었다. 클루니수도원은 교황 그레고리 7세를 비롯한 개혁 교황들이 교회개혁을 추구할 때 이를 뒷받침하는 세력이 되었다.

클루니수도원은 이후 여러 지역으로 확장하여 발전하는 과정에서 의도한 바와 달리 부가 축적되었고, 이는 또 다시 새로운 수도원 개혁 운동을 일으키게 하였다. 대표적으로 1098년에 시토Citeaux에서 시작된 시토수도회Cistercian가 있다. 시토회는 느슨해진 베네딕트 수도규칙을 보다 엄격하게 지키고, 세속으로부터 멀리 떨어진 곳에 수도원을 세우고, 수도사들의 엄격한 금욕적 삶(침묵과 가난)을 강조하며, 수도사들에게 노동을 중요한 의무로 요구하였다.

### 3) 개혁 교황들의 교회개혁과 평신도 서임권 논쟁

수도원과 함께 교회개혁의 주체가 된 것은 개혁 교황들이었다. 그들은 교황권이 세속 군주들과 귀족들의 권력다툼의 장이 되고, 교황과 고위 성직자의 임명이 그들의 손에 달려 있어서, 이러한 구조를 변화시키지 않고는 교회의 세속화와 권력화 그리고 성직자의 타락과 교황권의 위축을 피할 수 없다고 보았다. 따라서 세속 군주와 귀족들로

---

27 Gonzalez, *The Story of Christianity*, vol. 1, 331-33.

부터 교황권을 보호하고, 평신도 군주와 귀족의 성직 임명을 금지하고, 귀족화된 성직자들의 타락하고 세속적인 삶을 개혁하고, 교황 중심의 교회로서 교회법과 제도를 정비하는 개혁을 시도했다.

10세기와 11세기의 암흑기에 처한 교회를 개혁하려는 교황들의 본격적인 움직임은 레오 9세(Leo IX, 1049~1054)로부터 시작되었다. 프랑스의 알자스 에귀하임Eigsheim의 귀족가문 출신의 부르노Bruno는 툴Toul에서 교육을 받았고, 그곳에서 수도사가 되었으며 1026년에 주교가 되었다. 그는 1048년에 교황 다마수스 2세Damasus II가 죽었을 때 교황권에 영향력을 행사하고 있었던 신성로마제국의 황제 하인리히 3세로부터 교황으로 지명되었지만, 이러한 선출 방식을 거부하고, 교회법에 따른 임명을 주장하면서 로마로 가서 로마의 성직자들과 시민들의 추대를 받는다면 교황의 직을 받겠다고 하였다. 그는 성탄절 후에 맨발로 로마로 향하는 성지순례를 감행하였고, 그의 성지순례 여정에 이후 교황 그레고리 7세Gregory VII가 될 힐데브란트Hildebrand를 비롯한 여러 개혁세력이 합류하였다. 그의 성지순례는 그가 추구할 수도사 출신 교황의 면모와 교회개혁의 열정이 담겨 있었다. 다음해 2월에 순례자의 옷을 입고 로마에 도착한 부르노는 로마 시민들의 열렬한 환영을 받았고, 교황직을 받아 레오 9세가 되었다. 그는 교회개혁을 함께 이끌어나갈 유능한 인재를 불러들였다. 훔베르트Humbert, 힐데브란트, 피터 다미안Peter Damian은 교회개혁에 동참한 수도사들이었다. 피터 다미안은 교회의 타락을 한탄하며 많은 이들에게 개혁의 필요성을 확신시킨 온건 개혁파였고, 훔베르트는 성직 매매에 대한 연구를 통해 성직 매매로 성직을 받은 자의 성례는 효력이 없다고 날카롭게 비판한 강경 개혁파였다. 그의 과도한 열정과 타협을 모르는 성격은 비잔틴교회에 속하였던 이태리 남부 시실리 지역의 교회에 대한 교황의 관할권 주장에 반대하며 해묵은 필리오케와 전례문제의 차이를 들고 나와 교황과 갈등을 빚고 있던 콘스탄티노플 대주교 미카엘 세룰라리우스Michael Cerularius에게 교황의 사절로 가서 파문장을 던짐으로써 동방교회와 서방교회를 결정적으로 분열시킨 사건(1054)의 주인공이 되게 하였다. 힐데브란트는 이후 신성로마제국의 황제(하인리히 4세)와 맞서며 교회개혁을 주도한 대표적인 개혁 교황(그레고리 7세)이 되었다.28

레오 9세의 교회개혁은 성직매매 근절과 성직자 독신에 초점이 맞춰졌다. 성직매매는 권세자들이 교회의 주요 성직을 차지하는 방법이었으며, 마찬가지로 성직자의 결혼과 축첩은 고위 성직자가 차지한 성직과 그에 따르는 권세를 자녀와 가족에게 물려주는 교권 세습의 방식이었다. 따라서 서로 긴밀하게 연결되어 있었던 성직매매와 성직자 결혼의 관습은 교회를 끊임없이 권력투쟁의 장으로 만들고 타락시키는 부패의 온상이었다. 레오 9세는 1049년 부활절교회회의Easter Synod에서 모든 성직자에게 독신을 규정하였고, 서방교회 여러 지역을 두루 다니면서 자신의 개혁정책을 확산시키며 교황권 강화와 교회개혁을 추진하였고, 이러한 작업의 일환으로 파비아Pavia와 랭스Rheims와 마인츠Mainz에서 공의회를 소집하여 성직매매와 성직자 결혼을 금지하는 교회법을 제정하였다. 그러나 레오의 개혁정책은 뿌리 깊은 악습의 관행을 근절根絕하는 데 실패했고, 교황과 교회법의 규정에도 불구하고 이를 따르지 않는 성직자들의 저항으로 실효를 거두지 못하였

---

28 위의 책, 334-35; McGrath, *Christian History*, 87-8.

다.29

 당시 교황권은 신성로마제국 황제와 로마의 귀족들의 주도권 경쟁 아래 놓여 있었기 때문에, 레오 9세가 황제의 지명 대신 로마의 성직자와 시민들의 추대를 받아 교황이 되는 방식을 취하였다고 하더라도 결국 교황의 임명은 로마의 귀족가문들의 영향을 벗어나지는 못하였다. 따라서 근본적으로 이들의 간섭과 영향력을 배제하기 위해 교황 선출 방식의 개혁이 제도적으로 마련될 필요가 있었다. 로마의 유력한 귀족가문으로 오랫동안 교황임명에 영향력을 행사해 온 투스쿨라니Tusculani에 의해 1058년에 불법적으로 교황의 자리에 오른 베네딕트 10세에 반대하는 추기경들의 추대로 교황이 된 니콜라스 2세 Nicholas II, 1058~1061는 이 문제를 해결하기 위해 1059년에 라테란교회회의를 소집하여 로마의 고위 성직자들(주교들)로 구성된 추기경회the college of cardinals에 의해 교황이 선출되는 방식으로 교황 선출과정을 개혁하였다. 추기경Cardinal은 오랜 기원을 가진 직제로서, 원래 교회에 영구적으로 속한 사제를 뜻하는 용어로 쓰이다가 로마교회의 성직자들(교구사제, 주교, 일곱 구역의 부제)을 지칭하는 용어로 국한되어 사용되었다. 점차 교황의 자문관으로서 교황 다음의 지위를 갖는 고위 성직자 그룹으로 발전하였고, 교황의 공백이 생길 때 교황을 대리하여 교황청의 행정을 주관하는 그룹이 되었다.30 니콜라스 2세는 주교의

---

29 Gonzalez, *The Story of Christianity*, vol. 1, 335-36. 레오 9세와 그레고리 7세의 생애와 개혁과 관련한 1차 자료들과 설명에 대하여 I. S. Robinson, ed. and trans., *The Papal Reform of the Eleventh Century: Lives of Pope Leo IX and Pope Gregory VII* (Manchester and New York: Manchester University Press, 2004) 참조.

30 "Cardinal", in *The Oxford Dictionary of the Christian Church*, ed. Cross and Livingstone, 286 참조.

직을 가지고 있는 추기경cardinal-bishop에게 교황 선출권을 맡겼다. 추기경회에 의한 교황의 선출은 세속 군주들과 귀족들이 교황 임명에 관여하지 못하게 하고 교회의 독립성과 교황권을 지키기 위한 노력이었다.31

11세기 교회개혁의 정점은 교황 그레고리 7세(Gregory VII, 1073~1085)에 의해 이루어졌다. 힐데브란트는 이태리 투스카니의 가난한 집안 출신으로 알려져 있다. 그는 어린 나이에 로마로 와서 수도원에서 교육을 받았고 수도사가 되었다. 그는 로마의 귀족가문들 사이에서 교회개혁을 추구했던 교황 그레고리 6세Gregory VI의 부름을 받아 그를 도왔고, 귀족들의 권세 아래 그레고리 6세가 퇴위되어 유배를 당하고 죽을 때 그의 곁을 지켰다. 이후 힐데브란트는 교회개혁파들과 함께 하였고, 개혁 교황 레오 9세가 교황이 될 때 그의 곁에서 교회개혁을 도왔다. 레오 9세 이후의 개혁 교황들이 선출되는 과정에서도 힐데브란트는 커다란 영향력을 행사하였다. 일례로, 로마귀족들에 의해 불법적으로 교황의 자리에 오른 베네딕트 10세를 내몰고, 니콜라스 2세를 교황으로 세우는 데에도 힐데브란트는 주도적인 역할을 하였고, 니콜라스 2세가 주도한 교황 선출과정을 개혁하는 작업에도 앞장섰다. 그는 1073년에 교황 알렉산더 2세가 죽은 후에 교황으로 추대되었다. 힐데브란트는 개혁 교황들을 도와 중차대한 역할을 수행하였지만 교황이 될 때까지 부주교archdeacon로서 주교의 지위에 오르지 못

---

31 McGrath, *Christian History*, 89-90. 그레고리 7세의 생애에 대하여는 그의 전기 참조. Paul of Bernried, "The Life of Pope Gregory VII", in *The Papal Reform of the Eleventh Century: Lives of Pope Leo IX and Pope Gregory VII*, ed. and trans. I. S. Robinson, 262-363.

하였고, 관례에 따라 신성로마제국의 황제와 교황임명에 관한 논의 절차가 없었기 때문에 그의 교황 선출에 대하여 잡음이 있었다. 또한 니콜라스 2세가 제도화한 교황 선출 절차에 따라 임명된 것이 아니라, 알렉산더 2세의 장례식 때 대중들의 열렬한 지지로 교황으로 추대되고, 이후 추기경회에서 그를 승인하였다는 점에서 절차상 문제도 있었다. 그럼에도 불구하고 그의 교황임명은 교회개혁에 대한 대중들의 강력한 열망의 표출이었다. 그는 "죄와 악습으로… 교회에서 오랫동안 무시되어 왔던 것들을 회복하고 새롭게 하는 사람"으로서 자신의 역할을 규정하였고, "거룩한 교회를 고대의 신앙으로 이끄는 노력"을 수행하고자 하였다. 그는 자신이 추구하는 교황의 모델을 그레고리 대제로 보았고, 그의 이름을 따서 그레고리 7세로 칭호를 정하였다.32 그는 새로운 정책보다는 이전의 개혁 교황들의 개혁과제를 다시금 추진하였다. 레오 9세의 뒤를 이어 1074년의 사순절교회회의Lenten Synod에서 성직매매 금지와 성직자 독신을 요구하는 법령을 제정하고 강력하게 시행하였다. 또한 성직매매로 자리에 오른 성직자들이 집례하는 성례에 참석하지 못하게 하였다. 특히 평신도에 의해 서임을 받은 성직자는 그에 대한 대가를 치른 여부와 상관없이 이를 성직매매로 보았다. 따라서 성직매매와 성직자 결혼과 평신도 서임권은 교회를 타락시키는 악습으로 근절되어야 할 것을 규정하였다. 그는 제정한 법들이 올바르게 시행되도록 교황의 사절을 파견하여 감찰하였고, 성직매매와 도덕적 타락과 연루된 성직자들을 자리에서 쫓아내었고, 이러한 행보는 영국, 독일, 프랑스 등 여러 지역에서 주교들과 군주들의

---

32 Robinson, *The Papal Reform of the Eleventh Century*, 1-2.

강력한 반발에 직면하였다.33

　무엇보다도 세속군주들로부터 강력한 반대를 받은 그레고리 7세의 개혁은 평신도 서임lay investiture을 금지한 조치였다. 이는 군주와 영주들이 자신들의 지역의 주교와 수도원장과 같은 고위 성직자들을 임명하는 관례를 금지한 것이었다. 특히 독일 지역의 반발이 심하였다. 고위 성직자들은 성직자뿐만 아니라 귀족으로서, 지역에서 막강한 정치적, 경제적 영향력을 행사하고 있었고, 특히 독일 지역에서 이들은 전체 토지의 1/3을 소유하고 있었다. 독일을 기반으로 하고 있었던 신성로마제국 황제는 안정적 통치를 위해 정치, 경제, 군사, 종교의 모든 면에서 귀족 성직자들의 충성이 절대적으로 필요했고, 이를 보장받기 위해 교회의 후견인으로서 자신이 고위 성직자들을 지명하고자 했다. 교황이 개입하여 황제와 귀족 성직자들 사이의 충성 관계에 문제가 생긴다면 그것은 종교를 떠나 그의 권력 기반이 흔들릴 위험이 있었다. 그러나 그레고리 7세를 비롯한 교회개혁 세력은 이러한 관행은 묵과할 수 없는 문제였다. 왜냐하면 황제는 교회의 성직을 자신에게 충성하는 사람에게 보상하는 답례로 활용하면서 성직을 감당할 만한 영적인 자질이 결여된 자들을 성직에 앉히고 있었기 때문이었다. 귀족들은 자신들의 자녀를 고위 성직에 앉혀 권세를 유지하려고 했고, 한 사람이 여러 곳의 교구를 맡아 교회를 돌보지는 않으면서 재산과 권력을 쌓아나가는 폐해가 교회를 타락시키고 있었다.34 이를 뿌리 뽑기 위해서 평신도의 성직자 서임의 악습은 폐지되어야 했다.

　결국 평신도 서임을 유지하려는 신성로마제국 황제 하인리히 4세

---

33 Gonzalez, *The Story of Christianity*, vol. 1, 335-38.
34 Bainton, *Christendom*, vol. 1, 173-74.

와 이러한 관행을 폐지시키려는 교황 그레고리 7세의 대립은 불가피했다. 그레고리 7세가 1074년 사순절교회회의에서 평신도 서임을 성직매매와 같은 이유로 금지시키면서 이들의 대립이 본격화되었다. 특히 밀라노 대주교를 임명하는 문제로 이 둘의 갈등은 폭발하였다. 하인리히 4세는 이미 교황 알렉산더 2세가 성직매매죄로 꾸짖은 자를 대주교로 세운 바가 있었고, 이에 대항하여 강경개혁파들은 성직매매를 비난하고 성직자 독신을 주장하는 폭동을 일으켰다. 그레고리 7세가 교황이 된 이후에도 하인리히 4세는 평신도의 성직임명 금지에 아랑곳하지 않고 또다시 자신의 측근을 밀라노의 대주교로 임명하였고, 이에 그레고리 7세는 황제를 비난하며 로마로 와서 해명할 것을 요구하였고, 이에 응하지 않으면 황제를 폐위시키고 파문하겠다고 경고했다. 그러나 그가 보낸 군대가 로마로 진격하여 미사를 집례 중이던 교황을 구타하고 옥에 가두었다. 로마시민들이 이에 대항하여 일어나자 그들이 도망하며 그레고리가 풀려났다. 하인리히 4세는 교황의 파문 경고에 응답하여 1076년 1월에 보름스Worms에서 공의회를 소집하고 독일 성직자들의 지지를 받아 그레고리 7세를 독재와 간음 등의 이유를 들어 폐위시켰다. 이는 그의 아버지 하인리히 3세와 그 이전의 오토대제가 타락한 교황을 폐위시키고 교황을 새로 임명했던 전례를 따른 것이었다. 그레고리 7세는 이에 대응하여 1076년 2월에 로마에서 교회회의를 소집하여 "성부와 성자와 성령의 이름으로 그리고 베드로의 권세와 권위로 교회 수호와 영예를 위해" 하인리히 4세의 왕권을 금지시키고, 독일과 이태리의 왕국들을 다스릴 권한을 박탈하고, 그에게 충성을 맹세한 사람들의 서약을 해제시키고, 그를 왕으로 따르는 것을 금하였다.[35]

교황의 교서는 기세등등하였던 하인리히 4세에게는 매우 치명적이었다. 성삼위 하나님의 이름과 교회의 반석인 베드로의 권위로 교황이 선포한 대담한 교서는 하인리히 4세 주변의 지지자들과 반대자들 모두에게 커다란 영향을 끼쳤다. 하인리히 4세에게는 그의 왕권을 수시로 위협하는 색소니의 반란세력들이 있었다. 비록 그가 1075년에 이들을 정복하였지만, 그레고리 7세의 파문 후에 그들이 이를 빌미로 다시 봉기하였고, 그의 정적들이 교황의 교서를 이유로 그의 명을 따르기를 거부하였다. 또한 하인리히 4세의 지지자들과 성직자 독신에 반대하던 독일의 성직자들도 그를 지지하기를 꺼렸다. 마침내 1076년 10월에 트리부르Tribur에서 열린 독일 귀족회의에서 하인리히 4세는 모든 왕권에서 물러나야 하며, 그가 교황과 화해한다면 다음해 2월 아우구스부르크에서 열리는 회의에서 그의 황제 지위가 재고될 것이라 결정되었다. 불리한 상황에 내몰린 하인리히 4세는 교황에게 용서를 구하는 길 외에 다른 선택은 없었다. 그는 1077년 2월 이전에 교황과의 문제를 해결해야 했다. 하인리히 4세는 아내와 어린 아들을 동반하고 크리스마스가 다가오는 추운 겨울에 교황이 있는 로마를 향해 알프스를 넘었다. 그러나 교황은 하인리히의 정적들이 소집한 공의회에 참석하기 위해 자리를 비운 상태였고, 이태리 북부의 카노사Canossa에 있는 교황의 지지자 마틸다 백작부인Countess Matilda의 성에서 머물고 있었다. 하인리히는 발걸음을 돌려 그곳으로 향했고, 1077년 1월에 카노사 성문 앞에서 참회의 표시로 흰 옷을 입고 맨발로 서서 교황에게 사죄를 구하였다. 굳게 닫힌 문은 삼일 간 열리지 않았고,

---

35 Gonzalez, *The Story of Christianity*, vol. 1, 338-39.

마틸다의 중재로 교황이 황제의 파문을 철회하고 사면하였다. 그럼에도 불구하고 그레고리 7세는 황제를 신뢰하지 않았고, 색소니의 반란세력들이 세운 대립 왕을 지지하였다. 교황의 사면을 받은 하인리히 4세는 돌아가 반란세력을 물리쳤고, 교황은 색소니의 간청을 받아들여 1080년에 하인리히를 다시 파문하였지만, 교황의 두 번째 파문은 효력을 발휘하지 못했다. 오히려 하인리히 4세는 1080년 브릭센에서 소집된 공의회에서 그레고리 7세를 퇴위시키고 대립교황(클레멘트 3세)을 세웠고, 1081년에는 로마로 진격하여 이들에 맞서 싸우는 저항군의 세력을 3년 만에 진압하고 1084년에 그레고리 7세를 몰아냈다. 교황권을 지키기 위하여 노르만인들을 끌어들인 그레고리는 7세는 노르만인들에 의한 학살과 파괴로 고통당한 로마시민들과 추기경들의 지지를 잃어버렸고, 몬테카시노Monte Cassino로 피신하였다가 살레르노Salerno에서 1085년에 사망하였다. 그는 죽으면서 "나는 정의를 사랑하고 불의를 미워했다. 고로 나는 유배 중에 죽는다"는 말을 남겼다.36

하인리히 4세와 그레고리 7세의 대결에서 황제도 교황도 승자는 아니었다. 그레고리 7세는 황제를 파문하여 카노사에서 그를 굴복시켰지만, 결국 황제에 의해 퇴위되어 유배 중에 병을 얻어 고통 받다가 교회개혁의 뜻을 이루지 못하고 죽었다. 한 번의 굴욕과 결정적 승리를 얻은 하인리히 4세는 그의 아들들이 일으킨 반란으로 어려움을 겪었고, 결국 반란으로 왕좌를 차지한 하인리히 5세에 의해 1105년에 강제로 퇴위당하고 다음 해 죽었다. 하인리히 4세가 세운 대립교황 클레멘트 3세는 개혁 진영이 세운 클루니수도원의 수도사였던 교황 우

---

36 Bainton, *Christendom*, vol. 1, 176-77.

르반 2세(Urban II, 1088~1099)와 대립하다가 결국 1093년에 로마에서 쫓겨났고, 우르반 2세는 로마의 질서를 회복하고 그레고리 7세의 뒤를 이어 개혁정책을 이어 나갔다.37 우르반 2세는 십자군전쟁을 개시함으로써 서방기독교 세계에 잃어버린 기독교 성지를 회복하기 위한 종교적 열정을 불러일으킨 인물로 유명하다.

평신도 서임권의 문제는 그레고리 7세와 하인리히 4세 이후로 계속 논란거리가 되었다. 우르반 2세의 뒤를 이은 교황 파스칼 2세(Paschal II, 1099~1118)와 하인리히 5세는 평신도 서임권 문제로 또다시 충돌하였다. 교황 파스칼 2세는 평신도 성직자 서임을 금하였으나 황제 하인리히 5세가 로마로 진격하여 압박을 하며 타협을 강요하였다. 그가 내민 타협안은 교회가 고위 성직자가 누리는 봉건 귀족의 특권을 포기한다면 황제도 성직자의 서임의 특권을 포기한다는 것이었다. 개혁파들의 주장대로 교회를 개혁하려고 한다면, 그들이 내세운 수도원의 이상을 따라 귀족의 특권을 버리고 가난을 추구하라는 요구였다. 이러한 황제의 주장은 커다란 반발을 받았다. 독일의 고위 성직자들은 그들의 재산과 힘을 빼앗으려는 황제가 결국 성직자를 약화시켜 자신의 권력을 강화시키려는 것이라고 비판하며 교황의 묵인 하에 교회회의를 열어 황제를 파문하였다. 이에 황제는 다시 로마로 진격하였고, 교황은 도피하던 중에 죽었다. 평신도 서임권을 놓고 군사력으로 압박하는 황제 하인리히 5세와 핍박을 당하며 저항하던 교황의 줄다리기는 마침내 1122년 보름스협약Concordat of Worms에서 일단락되었다. 황제의 친족이었던 교황 칼릭스투스 2세(Calixtus II, 1119~1124)

---

37 Gonzalez, *The Story of Christianity*, vol. 1, 340-41.

와 하인리히 5세는 타협안을 받아들였다. 이에 따르면, 독일에서 주교와 수도원장 등 고위 성직자는 교회법에 따라 자유롭게 선출되지만, 황제 또는 그의 대표가 참석한 자리에서 임명되어야 하고, 교회 당국이 목회적 권위의 상징인 반지와 지팡이를 수여할 권한을 갖지만 봉건적 특권과 권리와 재산들의 수여는 세속 당국에 의해 이루어져야 했다. 성직 임명 시에 황제의 참석에 대한 주장은 독일 밖 지역, 곧 이탈리아에서는 요구되지 않았다. 요컨대, 성직 임명은 교회에 의해 이루어지지만, 황제는 거부권을 가지고 있었고, 성직을 받은 성직자는 황제에게 충성의 서약을 해야 했다.[38]

형식적인 평신도 서임권은 폐지되었으나 실제적인 면에서 평신도 서임권은 유지되었고, 중세사회에서 봉건귀족의 특권을 누리는 고위 성직자의 임명에 대하여 교회 당국은 성직에 대한 임명권을, 세속당국은 고위 성직자의 황제에 대한 충성의 서약을 확보하는 것으로 정리되었다. 이러한 합의는 중세의 봉건사회에서 막강한 권세를 가지고 있는 교회를 황제가 정치적으로 강력하게 통제하고 있다는 점을 보여주었지만, 다른 한 편으로는 황제의 정치적, 군사적 박해 속에서도 강력한 개혁 교황들의 부단한 노력과 끈질긴 투쟁으로 교황권의 제도적, 교회법적, 신학적 근거가 마련됨으로써 서방기독교 세계에서 교황과 황제가 힘의 균형을 이루는 단계로 발전한 측면을 보여주었다. 12세기에서 14세기 초의 중세의 절정기에 교황의 권력이 황제를 압도하는 단계로 발전하는 것은 이들 개혁 교황의 부단한 노력의 결과였다. 그러나 교회의 타락과 부패를 근절하고 수도원의 이상에 따라

---

[38] 위의 책, 341-43; Bainton, *Christendom*, vol. 1, 177.

교회를 개혁하기 위하여 교회와 세속적 권력의 야합을 분리시켜야 했고, 교회개혁을 추진하는 개혁 교황과 개혁세력을 위협하는 황제와 세속 권세와 맞서기 위해 교황권의 강화를 추구하였지만, 결국 황제와 세속 권세를 압도하는 교황권의 출현이 오히려 교회의 세속화와 권력화를 가속화시키고 교회를 더 큰 타락과 부패로 떨어지게 했다는 과오는 깊이 성찰해야 할 교회사의 아이러니이다.

## 4. 십자군전쟁

십자군전쟁은 이슬람 세력의 확장을 저지하고 이슬람에게 빼앗긴 팔레스타인과 시리아의 기독교 성지를 회복하기 위하여 오랜 시간(11세기부터 13세기)에 걸쳐 교회의 주도 아래 이루어진 종교적 전쟁이었다. 그러나 단순히 종교적 동기와 열정만이 아니라 다양하고 복잡한 동기들이 십자군운동의 발생과 진행과정에 뒤섞여 있었고, 원래 의도와 목적과는 상이한 많은 결과들을 낳았다. 십자군의 원래 목적은 달성되지 못하였고, 십자군전쟁 이후 기독교 성지는 이슬람의 영구적인 지배 아래 놓이며 기독교 세계로 회복되지 못하였다. 이슬람 세력은 내부의 분열로 십자군의 공격에 대응하지 못하여 팔레스타인과 시리아의 일부 지역에서 잠시동안 지배권을 상실하기는 하였지만, 그들의 세력이 약화되거나 위축되지 않았다. 이후 세력을 통일하여 서방기독교 세력을 몰아내었다. 교황을 통해 서방기독교 세계를 향해 십자군의 원정을 요청하였던 비잔틴제국은 십자군전쟁의 진행 과정에서 오히려 라틴 기독교 세계로부터 공격을 받아 지배를 당하는 수모를 겪었고, 이로 인해 급격히 약화되며 이슬람의 공격에 취약하게 되었고 이후 이들에 의해 멸망당하였다. 십자군전쟁을 시작할 때만 하더라도 위태롭던 교황의 지위는 십자군전쟁이 진행되는 과정에서 그 권세가 절정기에 이르렀고, 십자군전쟁 이후 유럽의 서방세계가 민족국가 nation-state를 중심으로 분화되면서 그 세력이 또다시 약화되었다. 십자군전쟁은 기독교 세계 안에서 전쟁과 폭력을 신앙의 명분으로 정당화하는 계기가 되었으며, 십자군전쟁으로 말미암아 교황이 교회와 기독교 세계를 위협하는 세력들을 물리치기 위한 목적으로 수행되는 "거룩한 전쟁"의 개념은 이후 기독교 세계 안에 있는 개종하지 않거나 개종 후 배교한 이교도들(유대인과 무슬림), 이단분파들, 교황의 적대세력들에 대한 군사적 행동과 폭력의 사용을 정당화하는 계기가 되었다. 이와 함께 16세기 종교개혁의 결정적 동기가 되었던 면죄부 Indulgence 역시 십자군전쟁이 낳은 부산물이었다. 정치, 경제적으로도 십자군전쟁은 이태리 북부의 여러 도시들에 상업의 발전을 자극하였고 십자군전쟁에 참여한 봉건귀족들이 약화되면서 부르주와 세력이 자라날 수 있는 계기가 마련되었다. 도시의 발전과 상업의 발전과 부르주와 세력의 등장은 유럽에 민족국가의 발전과 결합되어 자본주의와 민족주의가 성장하는 중요한 역사적 모멘텀 momentum을 제공했다. 또한 문화적으로도 좁은 서방 지역을 벗어나 비잔틴 세계와 이슬람 지역과 접촉하면서 새로운 지적 각성이 일어나게 되었고, 서방세계에서 스콜라주의가 발전하고 대학이 등장하는 계기가 되었다. 이러한 측면에서 볼 때, 십자군전쟁은 중세 서방 기독교 세계를 변화시키는 커다란 전환점이 되었다.

### 1) 십자군전쟁의 내적 요인

십자군전쟁의 시작과 전개과정은 이슬람 세력의 위협으로 인해 자극된 측면이 강하지만, 서방기독교 세계 내부의 문제들로부터 기인한 것이 훨씬 직접적이었다. 사실 638년에 예루살렘을 이슬람에게 빼앗긴 이래로 그들의 지배 아래에서도 교회들이 용인되었던 것처럼 성지순례도 커다란 방해를 받지는 않았다. 그러나 1071년에 셀주크 투르크족Seljuk Turks이 만지케르트Manzikert 전투에서 비잔틴제국의 군대를 격퇴함으로써 소아시아 대부분의 지역이 이슬람의 수중에 들어가면서 성지순례의 길이 막히게 되었다. 11세기는 종교적 열정들이 분출되어 수도원 운동의 이상으로 기독교와 기독교 세계를 회복시키려는 열망이 컸고, 이러한 종교적 열망들이 개혁 교황들로 하여금 교회개혁을 추진하게 하는 원동력이 되었다. 이러한 종교적 열망은 예수와 그가 살았던 성지에 대한 갈망을 일으켰고, 성지순례를 방해하고 성지를 파괴하는 이슬람 세력에 대한 증오를 일으켰다. 따라서 십자군전쟁Crusade은 성지순례pilgrimage와 동일시되었다. 이로 보건대, 십자군전쟁을 부추겼던 가장 강력한 내적 요인은 고대기독교 이래로 오랫동안 지속되어 왔던 성지순례의 전통이 이슬람에 대한 정복과 결합된 종교적 열정이었다. 이러한 종교적 열정이 이슬람 세력의 확대가 가져온 위기감과 적대감과 만나 상승작용을 일으켜 십자군전쟁으로 분출되었다. 이를 반증하듯, 1차 십자군의 주요기반은 개혁 교황들을 적극적으로 지지했던 프랑스와 이태리 지역이었다. 특히 종교적 열정에 사로잡힌 대중들이 무모하게 십자군전쟁에 나서는 경우가 많았다. 열광주의적 수도사들이 이끄는 오합지졸의 농민부대들이 십자군에 나섰다가 약탈과 유대인 학살을 자행하는 피해를 입히고 이후 전멸을 당하기도 하였고, 어린이 십자군도 일어났으나 가는 길에 죽거나 노예로 붙잡혔다. 초기 십자군들은 자신들의 원정을 순례로 규정하였지만, 전통적인 순례자들과는 달리 그들은 무기를 들고 싸움터에 나갔고, 교회는 이슬람과의 전쟁에 나가는 사람들에게 면죄부와 순교자의 영예를 약속하였다. 죄를 지은 자는 고해성사를 통해 사죄를 받았는데, 그것은 참회-고백-사죄-보속의 과정이었다. 보속$^{satisfaction}$은 사죄의 조건으로 죄에 따르는 책임을 수행하는 것으로, 면죄부는 고해 과정에 수반되는 보속을 면하여 주는 것이었다. 그러나 면죄부는 단순히 보속의 감면이 아니라 죄로 인한 형벌을 면제하고, 결국 죄를 면제하는 "면죄"의 보증서로 과장되었다.

십자군전쟁을 이끈 또 하나의 내적 요인은 기독교가 기독교 세계에 응축된 군사적 에너지를 교회 안으로 수용하여, "거룩한 전쟁"으로 전환시킨 전쟁과 기독교의 결합이었다. 기독교는 그리스도의 십자가가 상징하듯 본질적으로 평화주의에 가깝지만, 콘스탄티누스 이후 기독교가 로마제국의 공적 종교가 되면서 정당전쟁론의 입장을 갖게 되었다. 이단과 이교도의 위협으로부터 교회와 기독교 세계를 지키기 위해 교회는 세속군주들과 합법적 권위에게 전쟁의 불가피한 사용을 인정하였고, 군주는 하나님이 주신 칼로 교회와 기독교 세계를 보호할 책임을 주장하였다. 이슬람과 이교도들의 침략으로 전쟁은 기독교 세계를 지키기 위한 불가피하며 정당한 수단으로 받아들여졌지만, 문제는 이러한 과정에서 잔인하고 무법한 호전적인 군인계층과 군사세력이 성장하여 제어되지 못한 채 남겨지게 되었고 기독교 세계 안에서 이들에 의한 폭력과 전쟁은 교회와 사회의 평화와 안정을 무너뜨리는 위협요소가 되었다. 호전적인 봉건영주들의 폭력을 제어하기 위하여 엘느Elne의 공의회(1027)에서 "하나님의 휴전Truce of God; Treuga Dei"이 제정되었고, 이에 따라 토요일 저녁부터 월요일 아침까지 전쟁이 금지되었다. 이후 1041년에는 목요일과 금요일과 토요일까지 포함되었고, 따라서 수요일 저녁부터 월요일 아침까지 전쟁이 금지되었고, 이후 강림절과 사순절 기간도 휴전기간에 포함되었다. 이보다 앞서 "하나님의 평화Peace of God/Pax Dei"는 989년 샤루Charroux의 교회회의에서 제정되었는데 교회를 공격하거나 약탈하는 행위, 농민과 가난한 자들로부터 가축을 약탈하는 행위, 무장하지 않은 성직자와 순례자와 여성과 아이를 공격하거나 때리거나 사로잡는 행위를 금지하였고, 이를 어기면 파문에 처하였다. 이후 보호 대상에 상인들도 포함되었다. "하나님의 휴전"이 "전투의 시기를 제한하는 것"이었다면, "하나님의 평화"는 "전투의 범위를 제한하는 것"이었다.39 "하나님의 평화"와 "하나님의 휴전"은 중앙집권적 통치체제가 무너져서 혼란하고 무질서한 10~11세기 서방 사회에서 교회가 호전적인 봉건적 군인계층을 제도적으로 통제하고 기독교적 질서에 순응시키고 교회의 정치적 목적을 위해 조직화하기 위한 수단으로 활용되었다. 이러한 과정에서 10세기의 호전적인 군인계층이 11세기에 기독교 기사knights로 변화되었고, 전쟁의 합법적인 수행이 이전에는 군주들에게 있었으나 이슬람의 위협 속에서 교회가 기독교 기사들을 통해 이 책임을 행사하게 되었다. 그러나 십자군전쟁이 시작되면서 전쟁은 신중하고 지혜로운 교황과 황제와 군주들의 손을 떠나 폭력적이고 호전적인 군인들에 의해

---

39 https://www.catholic.org/encyclopedia/view.php?id=11716; Bainton, *Christendom*, vol. 1, 178.

수행되었고 교회는 이들의 세력을 제어하지 못하였다.40 십자군전쟁은 서방기독교 세계 안에 응축된 군사적 열정과 에너지가 교회에 의해 기독교화되고, 교회의 주도 아래 이슬람 세력과의 전쟁으로 분출된 계기가 되었다. 개혁 교황들은 군사 세력들을 통제하기 위해 "하나님의 평화" 운동을 적극적으로 활용하였고, 역설적으로 기독교 세계 밖에서 이슬람과의 "십자군전쟁"으로 정당화되었다.

이와 함께 십자군전쟁을 분출시켰던 또 다른 요인은 십자군전쟁을 통해 그들의 좁은 땅과 오랜 기근과 경제적 불안으로 열악한 삶의 여건을 타계하여 이슬람을 물리치고 동방의 지역에서 땅을 차지할 수 있을 것이라는 경제적 기대였다. 교황 우르반 2세는 십자군을 호소하는 교설에서 십자군에 나아가는 사람들에게 그들이 정복한 땅을 차지할 수 있다고 약속하였고, 물질적 보상의 기대를 심어줌으로써, 땅에 굶주린 유럽인들에게는 매력적인 인센티브가 되었다.

## 2) 십자군전쟁의 전개 과정

십자군전쟁의 전개과정에 대하여 여러 이견들이 있지만 대체로 11세기에서 13세기 사이에 8차례(혹은 9차례)에 걸쳐 진행되었다고 보는 견해가 일반적이다. 십자군전쟁은 1071년 비잔틴제국의 군대가 셀주크 투르크에 의해 패배한 후 비잔틴제국의 황제 미카엘 7세 (Michael VII, 재위 1071~1078)가 교황 그레고리 7세에게 군사원조를 요청함으로써 논의되기 시작했다. 기독교 세계를 통합하려는 비전이 있

---

40 Jeremy Johns, "Christianity and Islam", in *The Oxford History of Christianity*, ed. John McManners (Oxford and New York: Oxford University Press, 1990), 175-76.

었던 그레고리 7세는 1074년에 분열된 라틴 세계와 비잔틴제국을 결속시킬 절호의 기회로 여기고 비잔틴제국을 구원하기 위해 이슬람 세력과 싸울 군대를 파견하는 계획을 추진하였다. 그러나 평신도 서임권 문제를 놓고 신성로마제국 황제 하인리히 4세와 대립하면서 그의 계획은 실행되지 못하였다. 그 이후 제국의 부흥을 꿈꾸었던 비잔틴 황제 알렉시우스 1세(Alexius I, 재위 1081~1118)는 이슬람과 노르만인들을 몰아내고 비잔틴제국의 진흥정책을 추진하였고, 이슬람에게 빼앗긴 옛 영토(주로 지중해 동부 레반트 지역)를 탈환하기 위하여 그레고리 7세에 이어 교회개혁을 추진하고 있었던 교황 우르반 2세에게 원조를 요청하였다. 레반트Levant 지역은 기독교의 성지를 포함하고 있어서 비잔틴제국은 물론 전체 기독교 세계를 위해서도 중요한 지역이었다. 교회개혁과 성직자 서임권 문제를 놓고 독일의 군주였던 신성로마제국 황제 하인리히 4세와 벌이는 정치적 대립으로 상황이 열악하였음에도 불구하고, 교황 우르반 2세는 1095년 피아센자Piacenza공의회에서 군사원조를 결단하였고, 같은 해에 클레르몽Clermont공의회에서 "하나님이 원하신다Deus vult"는 교지를 통해 십자군의 참여를 호소함으로써 제1차 십자군전쟁(1095~1099)이 시작되었다.[41]

1096년에 은둔수도사 피터Peter the Hermit를 비롯한 열광주의적 종교지도자들이 이끄는 농민들의 무리가 십자군원정에 나섰지만, 훈련되지 않고 무질서한 농민부대는 성지로 향하면서 약탈을 자행하며 이들

---

41 McGrath, *Christian History*, 96-7; Gonzalez, *The Story of Christianity*, vol. 1, 346-7. 맥그라스는 교황 그레고리 7세에게 처음 군사원조를 요청했던 비잔틴제국의 황제를 알렉시우스 1세라고 하였는데, 미카엘 7세가 맞다. 알렉시우스 1세는 1081년에 비잔틴 황제가 되었고, 우르반 2세에게 원조요청을 하였다. 이에 대하여, John Julius Norwich, A Short History of Byzantium (New York: Vintage Books, 1997), 232-265 참조.

로부터 재산을 지키려는 주민들과 충돌을 빚었고, 종교적 열정에 사로잡혀 유대인들을 학살하는 등 많은 피해를 끼쳤다. 이들 대부분은 성지로 가는 길에 죽거나 남아 있는 자들도 원정 초반에 목숨을 잃었다. 십자군의 본진은 주로 프랑스와 이태리 지역의 봉건 귀족들의 연합군으로 구성되었는데, 부용의 고드프리Godfrey of Buillon, 툴루즈의 레이몽Raymond of Toulouse, 타란토의 보헤몽Bohemond of Taranto과 탕크레드Tancred가 각자의 군대를 이끌었고, 교황의 대리자인 르퓌의 주교 아데마Adhemar of LePuy가 이들을 지휘하였다. 이들은 독립적으로 움직여 1096~7년 사이에 집결지인 콘스탄티노플에 도착하였고, 원정군의 안하무인眼下無人의 태도와 무례한 요구들은 비잔틴제국에 커다란 부담이 되었다. 황제는 서방의 봉건제도의 방식으로 이들로부터 충성의 서약을 요구하였고, 그 조건으로 군사원정을 도왔다. 십자군은 비잔틴제국의 도움을 받아 1097년 5월에 정복전쟁에 나서서 먼저 니케아를 함락하였고, 1098년에 안디옥을 정복하였다. 안디옥의 전투는 굶주림과 전염병에 시달리며 투르크군에 포위되어 공격당하는 악전고투惡戰苦鬪였고, 십자군의 지도자 아데마가 열병으로 사망한 후 고드프리가 지도자가 되었다. 위기에 처한 십자군은 그리스도를 찌른 창이라고 주장하는 성물을 안디옥에서 발굴하여 대단한 종교적 열정으로 전열을 가다듬고 투르크군과 용맹히 싸워 힘겨운 승리를 거두었다. 이후 십자군은 최종 목적지였던 예루살렘으로 향하여 견고한 방어를 무너뜨리고 마침내 1099년 7월 15일에 예루살렘을 탈환함으로써 제1차 십자군원정은 성공을 거두었다. 그러나 예루살렘의 탈환은 영광의 승리보다는 참혹한 비극이었다. 예루살렘의 이슬람 군사들은 물론 민간인과 유대인들이 학살을 당하였고, 여성과 아이들도 유린당하고 살해되었다.42 십자군은 정복 이후 비잔틴제국에 영토를 돌려주지 않고 봉건제도의 방식으로 땅을 소유하였다. 십자군의 지도자들은 앞다투어 정복한 땅과 도시에 자신의 왕국을 건설하였다. 고드프리의 형제 볼드윈Baldwin은 에데사Edessa 왕국을 건설하였고, 보헤몽은 안디옥에, 레이몽은 트리폴리Tripoli에 왕국을 건설하였다. 고드프리는 예루살렘 정복 후 예루살렘의 통치자가 되었고, 그가 죽은 후 볼드윈이 1100년 크리스마스에 예루살렘 왕국의 왕이 되었다. 이후 에데사는 그의 사촌들이 지배하였다.43 1차 십자군은 예루살렘을 정복하였지만, 애초의 목표대로 성지에서 이슬람을 몰아내고 비잔틴제국에 그 땅을 반환하지 않았고, 자신들의 라틴 왕국(예루살렘, 안디옥, 트리폴리, 에데사)을 세우고, 이 지역을 지배하였다. 비잔틴제국의 입장에서 그들은 원정군이 아니라 이슬람을 대체한 점령군이었다. 이는 15세기 말 지리상의 발견 이후 유럽 세력이 세계로 확장하며 식민지를 건설한 방식과 유사하였다. 유럽 왕국이 군사적 힘을 앞세워 원주민을 학살하고 영토를 정복하고 왕국의 이름으로 기독교화하고 식민지화한 것은 십자군전쟁과 유럽의 식민지 확장의 전형적인 특징이었다.

십자군전쟁과 함께 성지에서 군사수도회military orders가 설립되었다. 수도사들과 성직자들이 전투에 나가 전쟁을 하는 모습은 비잔틴제국으로서는 커다란 충격이었지만, 하나님의 평화운동이 십자군전쟁과 결합된 서방기독교 세계의 입장에서는 자연스런 귀결이었다. 대표적인 수도회가 예루살렘에서 창립된 성전기사단Knights Templar이었다. 성전기사단은 1차 십자군전쟁 이후 1119년에 순례자들을 보호하

---

42 Gonzalez, *The Story of Christianity*, vol. 1, 348-9.
43 위의 책, 349; Bainton, *Christendom*, vol. 1, 180-81.

기 위해 파엥의 위그Hugh of Payens에 의해 설립되었고, 솔로몬의 예루살렘 성전을 중심으로 활동하면서 교황의 승인을 얻으며 성장하였다. 서방기독교 세계 여러 지역으로 성전기사단 수도회가 확대되어 기부와 지원을 통해 많은 부와 땅을 소유하며, 군주로부터 독립된 종단으로서 커다란 종교적, 정치적 영향력을 키워나갔다. 십자군전쟁 과정에서 성전기사단은 구호기사단과 함께 성지에서 매우 중요한 군사적 역할을 하였다. 구호기사단Knights Hospitaller의 원래 이름은 "예루살렘의 성 요한 병원의 기사단Order of Knights of the Hospital of Saint John of Jerusalem"으로 11세기에 세례 요한에 바쳐진 예루살렘의 병원에서 순례자들을 구호하는 사역으로부터 시작되었다. 그들은 수도사의 서약과 함께 가난한 병자를 군주로 섬기는 서약을 하며 구호에 전념하였지만, 1차 십자군 전쟁 이후 1099년에 군사수도회로 재편되었다. 성전기사단은 부와 세력의 확대를 경계한 프랑스 국왕에 의해 탄압을 받아 이단으로 조작되어 해체되었지만 구호기사단은 오늘날까지도 희미하게나마 그 명맥이 이어지고 있다.[44]

2차 십자군(1147~1149)은 세력을 정비한 이슬람 세력이 반격을 가하여 1144년에 에데사 왕국이 함락되면서 시작되었다. 명성 높은 시토회 수도사 클레르보의 베르나르Bernard of Clairvaux는 이슬람의 위협으로부터 예루살렘 왕국을 수호하기 위한 십자군의 원정을 호소하였고,

---

[44] 이들 군사수도회에 관하여, Malcolm Barber, *The New Knighthood: A History of the Order of the Temple* (Cambridge and New York: Cambridge University Press, 1994); Sean Martin, *The Knights Templar: The History and Myths of the Legendary Military Order* (New York: Thunder's Mouth Press, 2004); Jonathan Simon Christopher Riley-Smith, *Hospitallers: The History of the Order of St. John* (London: Hambledon Press, 1999) 참조.

프랑스의 루이 7세Louis VII와 독일의 호헨스타우펜 왕조의 콘라드 3세 Conrad III가 주도하여 1147년에 2차 십자군이 시작되었다. 그러나 대규모 군사를 이끌고나섰던 이들의 원정은 다마스쿠스 전투에서 참패를 당했고, 결국 아무런 성과 없이 실패로 끝났다. 예루살렘 왕국은 위태한 상황에서 유지되다가 이집트와 시리아 지역의 패권을 장악한 술탄 살라딘Saladin이 이끄는 군대에 의하여 1187년에 함락되면서 라틴 세계는 레반트 지역에서 구축한 지배력을 상실하였다.

예루살렘의 상실은 서방세계에 커다란 충격을 주었고 곧바로 대대적인 제3차 십자군(1189~1192)이 시작되었다. 신성로마제국 황제 프레데릭 1세(Frederick I, 재위 1155~1190)와 영국의 사자왕 리처드 1세 Richard the Lionheart와 프랑스의 필리프 2세Philip II가 십자군을 주도하였다. 이들의 원정은 초기에 매우 성공적이었다. 지중해 연안의 상당한 영토들이 회복되었고, 안디옥을 재점령하였으며, 예루살렘 수복을 앞두고 있었다. 그러나 용맹한 군사지도자인 프레데릭 1세 황제가 1190년에 말에서 떨어져 강에 빠졌으나 무거운 갑옷의 무게로 인해 익사함으로써 십자군의 전열이 흩어졌다. 프레데릭 황제 이후 십자군을 이끈 리처드 1세와 필리프 2세는 계속 전투를 벌였으나 아크레Acre에서 지도자들 간에 서열문제와 정복지의 지배권을 두고 내부 분열이 일어나 남아 있던 황제의 군대와 프랑스 군대가 회군하고 리처드 1세만이 남았다. 마침내 리처드 1세는 용맹스러운 전투를 통해 예루살렘을 정복하였지만, 병든 몸을 이끌고 전쟁을 지속하기 어려웠고, 또한 그가 자리를 비운 사이에 영국에서 정치적 암투가 벌여져 돌아가지 않으면 안 되었다. 살라딘과 리처드 1세는 1192년에 휴전을 맺고 비무장의 순례자들과 상인들이 예루살렘을 방문하는 것을 허용한다는 조건으로 살라딘의 손에 예루살렘을 넘겼다.[45] 제3차 십자군의 원정 실패는 십자군 내부의 분열과 서방기독교 세계의 정치적 갈등과 대립의 결과였다.

교황 이노센트 3세[Innocent III]가 의욕적으로 추진한 제4차 십자군(1202~1204)은 십자군 역사에서 가장 타락하고 부패한 전쟁으로 기억되고 있다. 십자군이 이슬람이 아니라 비잔틴제국의 수도 콘스탄티노플을 정복하여 콘스탄티노플에 라틴 왕국(1024~1261)을 수립하였기 때문이다. 정치적 암투와 경제적 이익추구에 십자군이 개입하면서 기독교 세계를 분열시키고 종교를 앞세워 욕망을 채우는 타락한 모습이 여과 없이 노출되었다. 본래 제4차 십자군의 목표는 예루살렘을 장악한 살라딘의 세력을 격퇴하기 위해서 술탄제국의 본거지인 이집트를 공격하는 것이었다. 원정비용이 모자랐던 십자군에게 이집트로 가는 배편을 제공한 베니치아인들은 자신들의 이익을 위해 헝가리의 자라[Zara]를 점령해줄 것을 요구했고, 십자군은 이를 수용하였다. 교황은 십자군의 욕망과 일탈을 통제하지 못하였다. 오히려 이보다 한걸음 더 나아가 4차 십자군을 이끄는 몽페라의 후작 보니파스[Boniface of Montferrat]와 배후에 있었던 베네치아인들은 자신의 아버지(Isaac II)를 폐위시키고 비잔틴제국의 황제가 된 삼촌 알렉시우스 3세[Alexius III]를 물리치고 자신이 황제가 되는 것을 도와준다면 십자군 원정을 경제적으로 군사적으로 원조할 뿐만 아니라 비잔틴교회를 교황의 권위 아래 두겠다고 약속하는 알렉시우스 왕자[Alexius Angelos]의 은밀한 제안을 받아들였다. 그들의 "거룩한 원정"은 탐욕스러운 욕망과 가증스러운 암투로 뒤범

---

45 https://www.britannica.com/biography/Richard-I-king-of-England#ref6169 참조.

벽된 "타락한 전쟁"이었다. 십자군은 위대한 기독교 세계의 중심지인 콘스탄티노플로 진격하였고, 황제를 폐위시키고 알렉시우스 왕자를 황제로 옹립하려고 하였다. 그러나 콘스탄티노플 시민들의 거센 반발과 폭동이 일어났고, 대중들로부터 황제의 권위를 인정받지 못하여 사면초가에 몰린 알렉시우스 왕자는 십자군과의 약속을 파기하며 대립하였다. 결국 십자군은 콘스탄티노플을 처참하게 유린하고 파괴하며 라틴제국을 세웠고, 비잔틴제국 여러 곳에 그들의 왕국을 세웠다. 또한 비잔틴 기독교를 강제로 라틴 기독교로 흡수시켰다. 콘스탄티노플이 함락되면서 비잔틴제국의 귀족들이 설립한 제국 중 하나인 니케아제국Empire of Nicaea이 1261년에 콘스탄티노플을 탈환하고 비잔틴제국을 회복할 때까지 유럽인들의 비잔틴제국의 지배가 지속되었다. 그러나 이로 인해 오랜 역사 속에 굳건히 이어져왔던 비잔틴제국은 심각하게 위축되었고, 이러한 세력의 약화가 결국 이슬람에 의한 비잔틴제국의 패망(1453)의 결정적 원인이 되었다. 또한 비잔틴 기독교를 강제로 병합한 라틴 기독교의 시도는 분열된 기독교 세계를 통일시키기보다는 오히려 라틴 서방기독교에 대한 비잔틴기독교의 반감과 혐오를 증폭시킴으로써 분열을 심화시켰다.46

제5차 십자군(1217~1221)은 교황 이노센트 3세가 예루살렘을 재탈환하기 위하여 새로운 십자군을 요청하면서 비롯되었다. 이노센트 3세는 제4차 십자군의 실패를 반복하지 않기 위하여 제1차 십자군처럼 교황이 주도하는 십자군 원정을 원했고, 이러한 의지로 교황의 교서를 통해 여러 차례 십자군을 호소하였다. 또한 제4차 라테란공의회

---

46 Gonzalez, *The Story of Christianity*, vol. 1, 350-51.

(1215)에서 성지 회복을 논의하였다. 사실 이노센트 3세는 교황권 확대를 위해 십자군을 다른 용도로도 활용하였다. 프랑스 남부와 이태리 지역에서 퍼져나가는 이단이었던 알비파^Albigensians 혹은 카타리파 ^Cathars를 제압하는 데 십자군을 모집하였고 십자군을 통해 이단을 진압하였다.47 또한 교황의 권세에 대적하는 군주와 귀족세력들을 응징하는 데 십자군을 활용하였다. 이러한 이유로 십자군에 대한 회의와 거부감이 생겨나게 되었다. 프랑스에서는 십자군이 이단과의 전쟁에 투입되고 있었기 때문에 성지로 나아가는 세력이 규합되기 어려웠다. 유럽의 복잡한 정세로 인해 십자군이 좀처럼 구성되지 못하다가 마침내 1217년에 헝가리의 앤드류 2세^Andrew II와 오스트리아의 레오폴드 6세^Leopold VI 등이 이끄는 제5차 십자군이 시리아로 진군하였다. 초반에는 살라딘이 세운 아이유브 술탄제국^Ayyubid Sultanate의 군대와 맞서 싸워 승리를 거두었으나 이후 고전을 면치 못하다가 회군하였다. 1218년에는 아이유브 술탄제국의 거점인 이집트를 정복하기 위한 또 다른 군사원정이 시작되어 다미에타^Damietta를 정복하였으나 교황과 군주들 간에 이 지역에 대한 주도권 다툼이 일어나며 전열이 분산되었고, 1221년에 카이로 원정에 나섰다가 패배하면서 제5차 십자군원정이 막을 내렸다.48

제6차 십자군(1227~1229)은 교황 그레고리 9세^Gregory IX의 요청에 따라 신성로마제국 황제 프레데릭 2세가 주도하였다. 그는 이미 5차 십자군 원정 때에도 자신의 황제권 강화를 이유로 십자군 참여를 미

---

47 위의 책, 354.
48 5차 십자군에 관하여 James M. Powell, *Anatomy of a Crusade, 1213-1221* (Philadelphia: University of Pennsylvania Press, 1986) 참조.

룬 바 있었기 때문에 1227년에 원정에 나섰다가 전염병을 이유로 회군하였을 때, 그레고리 9세는 이를 구차한 변명으로 보았고, 교황권을 희생시켜 이태리에서 지배권을 확보하려고 하는 프레데릭 2세를 이 기회에 파문하였다. 교황의 파문에도 불구하고, 프레데릭 2세는 1228년에 시리아로 진군하였지만, 황제의 세력확대를 견제하는 교황과 군사수도회와 시리아의 라틴 영주들과의 불편한 관계로 인하여 십자군 안에서 그의 세력은 지배적이지 못하였다. 군사력으로 아이유브 술탄제국을 정복하는 것이 불가능하다고 판단한 프레데릭 2세는 외교적 협상으로 문제를 해결하고자 했다. 시리아의 반란세력으로 어려움을 겪고 있었던 이집트의 술탄은 1229년 2월에 프레데릭 2세와 조약을 체결하여 예루살렘을 비롯한 지중해 연안의 여러 지역(나사렛, 베들레헴, 시돈)의 지배권을 그에게 넘겨주었다. 프레데릭 2세는 1229년 3월에 예루살렘에 입성하여 예루살렘의 지배자로서 대관식을 거행하였다. 예루살렘은 1244년에 다시 빼앗길 때까지 라틴 기독교 세계의 손으로 넘어왔다.[49]

제7차 십자군(1248~1254)은 프랑스의 루이 9세Louis IX에 의해 주도되었다. 1244년에 예루살렘이 다시 이슬람의 손에 넘어갔지만, 이미 시들해진 십자군의 열정은 교황의 호소에도 불구하고 살아나지 못했다. 유일하게 십자군에 관심을 가졌던 왕이 프랑스의 루이 9세였다. 그는 예루살렘을 정복하기 위해서는 이슬람 세력의 근거지인 이집트

---

[49] Gonzalez, *The Story of Christianity*, vol. 1, 351; Duane Alexander Miller, "Sixth Crusade (1227-1229)", in *War and Religion: An Encyclopedia of Faith and Conflict*, ed. Jeffrey M. Shaw and Timothy J. Demy, vol. 3: S-Z (Santa Barbara: ABC-Clio, 2017), 754-55.

를 확보해야 가능하다고 판단하였고, 1248년에 이집트로 진격하여 다미에타를 정복하였다. 이후 카이로로 군사원정에 나섰다가 패하였고 1250년에 포로로 사로잡혔다. 그는 엄청난 보석금과 함께 다미에타를 내어주고 풀려나 이집트를 떠났다. 그는 시리아의 라틴 세력의 중심지인 아크레에 머물며 재정복의 기회를 엿보았지만, 결국 1254년에 국내 정치상황으로 인해 프랑스로 돌아가면서 7차 십자군이 끝났다. 그러나 루이 9세는 십자군의 원정을 포기하지 않았고, 1270년에 제8차 십자군(1270~1272) 원정을 재개하였다. 그는 북아프리카의 튀니지Tunis를 확보하고 이곳을 기점으로 이집트의 술탄제국과 맞서려고 하였으나, 결국 전염병에 걸려 사망하였다. 뒤늦게 십자군에 합류한 영국의 헨리 3세의 아들 에드워드 왕자(이후 에드워드 1세)는 남은 십자군과 함께 시리아에서 라틴 세계가 지배하는 영지를 위협하는 이슬람 세력과 싸우기 위해 1271년에 아크레로 향했다. 에드워드의 원정을 따로 구별하여 제9차 십자군(1271~1272)으로 보기도 한다. 그의 군대는 이 지역에 남아 있는 라틴 왕국의 군대와 성전기사단, 구호기사단 등 십자군 세력과 연합하여 전투하며 의미 있는 승리를 거두기도 하였지만, 결국 국내 정치상황으로 1272년에 영국으로 돌아가면서 십자군원정은 막을 내리게 되었다. 유럽에서 십자군에 대한 열정은 이미 식을 대로 식은 상태였고, 십자군이 교황의 정치적 이익을 위해 활용되면서 십자군에 대한 회의와 거부감이 있었고, 무엇보다 서방 세계 내부의 세력경쟁으로 군주들이 여력이 없었으며, 십자군의 열정을 뒷받침하였던 대중들 역시 자신의 안녕과 번영에 관심을 기울이면서 더 이상의 십자군 원정은 시도되지 못하였다. 지원이 끊긴 채 1291년에 성지에 고립되어 있었던 십자군의 최후의 보루였던 아크레

가 무너짐으로써 서방세계는 세력 기반을 상실하였고, 성지 회복의 꿈은 실패로 끝났다.50

---

50 Steven Runciman, *A History of Crusades,* vol. 3: *The Kingdom of Acre and the Later Crusades* (Cambridge and New York: Cambridge University Press, 1951), 387-468 참조.

# 제 8 장
# 중세의 절정기

중세의 절정기는 교황권과 성례전 신학과 스콜라주의 신학과 고딕 건축양식에서 드러난다. 교황권의 절정을 이루었던 이노센트 3세는 탁월한 교회 법률가요 행정가로서 유럽에서 자신의 영적 권위와 정치적 입지를 구축하였다. 교황청에 우호적인 정치세력에 힘을 실어주고, 명석하고 탁월한 정치적 감각과 조정능력으로 신성로마제국 황제의 선출과 임명에 권위를 행사하였다. 이노센트 3세는 제4차 라테란공의회(1215)를 소집하여 화체설을 확립하였고, 베드로의 대리자로서 교황의 수위권과 로마교회의 지배권을 확립하였다. 교황은 베드로의 뒤를 잇는 그리스도의 지상 대리자로서 영적 권위뿐만 아니라 세속에 대한 지배권을 주장하였고, 교회와 세속에 대한 권위를 강화하였다.

성례전 신학은 교회가 영적인 권위로 세상을 다스릴 수 있었던 중세 기독교 세계의 구조를 보여준다. 성례는 보이지 않는 하나님의 은총을 매개하는 외적인 상징적 의례였다. 성례는 오직 사도적 교회 안에서 주교와 사제를 통해서 집례되었다. 성례 외에도 성지순례, 성자들의 유물숭배, 기도와 묵상 등의 대중적 경건의 길이 열려 있었지만, 교회에서 사제들을 통해 매개되는 성례는 중세교회에서 가장 중요하고 보편적인 은총의 수단이었다. 성례전 신학은 하나님의 은총이 교회와 사제들에 의해 독점될 수 있는 구조를 가능하게 하였다. 기독교 세계 속에서 성례전으로부터 배제된 채 개인적, 공동체적 삶을 지속하기는 어려웠다. 출생으로부터 결혼과 죽음에 이르기까지, 교회는 일상생활의 모든 영역에 영향을 끼쳤고, 성례는 교회의 영적 지도력을 작동시키는 강력한 도구였다. 교황의 수위권과 세상에 대한 성직자와 교회의 권위를 가능하게 한 중세 절정기는 성례전 신학의 발전과 무관하지 않았다. 대표적으로 화체설은 사제의 축사로 인하여 빵과 포도주가 그리스도의 몸과 피로 변한다는 교설인데, 그리스도의 몸과 피는 성찬의 성례 속에서 사제의 축사에 의해서만 신자들에게 매개될 수 있었다. 성직자와 평신도의 관계는 성례의 구조 속에서 수직적으로 규정되었다. 성직자는 성찬의 집례자로서 그리스도의 몸과 피를 수여하는 권위자의 자리에 서고 평신도는 성찬의 수혜자로서 무릎을 꿇고 성직자로부터 성찬의 떡을 통해 그리스도의 몸을 수여하였다.

중세의 절정기에 스콜라주의는 교회가 세상을 이끌어나가는 신학적 세계관을 형성하였다. 스콜라주의는 그리스 철학, 특히 아리스토텔레스의 논리학과 변증법을 사용하여 기독교 신앙을 변증하고 신학적 진리를 탐구하며 기독교 신앙의 합리적 이해를 추구하는 지적 활동이었다. 스콜라주의는 신앙과 이성의 조화와 신학과 철학의 종합을 추구하였으나, 기본적으로 신앙(신학)을 이성(철학)으로 변증하려는 것이었다. 스콜라주의는 11세기에 초기적 형태가 나타났지만, 십자군전쟁 과정에서 동방으로부터 서방에 유입되었던 아리스토텔레스 철학의 재발견을 통해 본격화되었다. 스콜라주의가 다루었던 문제들은 하나님의 존재를 이성적으로 증명하는 것에서부터, 실재의 궁극적 본질에 대한 탐구와 계시와 자연의 관계에 이르기까지 다양하였으며, 이를 통해 중세의 신학과 교리가 정립되고 체계화되었다. 신학과 철학의 조화라는 스콜라주의의 절정은 13세기 토마스 아퀴나스(Thomas Aquinas, 1225~1274)에게서 이루어졌다. 토마스 아퀴나스는 아리스토텔레스 철학의 방법을 받아들이며 모든 자연적 지식은 감각적 경험으로부터 시작하며 이성은 감각적 세계를 탐구하는 가장 적절한 도구라고 보았다. 그러나 이성은 계시와 믿음의 신비들을 이해하는 데 있어서는 바른 도구가 될 수 없다고 보았다. 따라서 계시에 접근할 수 있는 것은 신앙이었고, 신앙을 통한 조명으로 유비적으로 깨닫게 되는 것이라 보았다. 그러므로 이성은 성경에 담긴 하나님의 계시에 의해서 완전해져야 한다고 주장하였고, 계시된 진리는 이성의 능력을 넘어서 있지만 이성에 대립하지는 않는다고 보았다. 그러므로 "은총은 자연을 파괴하지 않고 완성한다"(Gratia naturam non tollit sed perficit)고 주장하였다.

고딕 건축양식은 중세 절정기의 교회의 권위와 영적 위계질서를 상징하였다. 고딕 양식은 높이를 통해 권위를 상징하였고, 세상을 아우르면서 시대를 지배하는 교회의 영적 권위와 힘을 표현하였다. 거대한 교회 앞에 개인은 작았고, 높고 웅장하게 솟은 고딕예배당은 모든 권세들 위에 군림하는 교회의 위치를 대변하였다. 또한 고딕예배당은 상승을 통해 하늘에 이르고자 하는 종교적 열망을 담았고, 이와 함께 교회를 통해 이 땅에 임하시는 하나님의 하강을 표현하면서 연약한 인간이 초월적인 하나님과 만나는 종교적 공간이 되었다. 높은 천장과 빛이 영롱하게 투영되는 스테인드글라스의 창문은 이러한 상승과 하강의 공간적 상징의 완성도를 높여주었다. 다양한 조각들과 상징들로 장식된 예배당은 모자이크와 같이 질서 정연하게 서로 연결되어 있었으며, 부분과 전체가 하나의 종합을 이루고 있다는 측면에서 토마스 아퀴나스의 『신학대전』(*Summa Theologiae*)의 종합과 체계화의 신학을 건축으로 담아내었다.

## 1. 교황권의 전성기: 교황지상주의

중세교회의 절정기는 교황권의 발전과 함께 도래하였다. 이전 시기의 개혁 교황들은 특권 세력화된 교회를 자신들의 통치권 아래 두려는 군주들과 귀족들과 투쟁하며 세속 권세로부터 교회의 자유를 지키며 교회를 개혁하고자 하였다. 세속군주들과 투쟁하는 과정에서 성장한 교황권은 십자군전쟁의 과정 속에서 서방세계를 통합하고 영적으로 이끌어나가는 지도력을 얻게 되었을 뿐만 아니라 유럽의 복잡한 정세에 개입하여 이를 효율적으로 조정함으로써 중재자의 역할을 넘어 세속 권세를 교회의 권위 아래 두는 지배자로 성장하였다. 물론 교황의 절대적 지배권은 민족의식의 발흥과 중상주의mercantilism와 상업자본에 기반한 부르주와 계층의 성장과 함께 민족-국가체제가 발전하기 시작하면서 오래 지속되지 못했지만 13세기와 14세기 걸쳐 중세의 전성기를 이끌었던 주요한 동인이었다.

교황절대주의를 열었던 교황은 이노센트 3세(Innocent III, 1198~1216)였다. 그는 1160년에 교황을 여럿 배출한 이태리의 명문가(Conti di Segni)에서 태어나 로마와 파리와 볼로냐에서 교육을 받으며, 신학과 교회법을 공부하였다. 그는 교황청에서 영향력을 키워나갔고, 1190년경에 추기경이 되었으며, 교황 셀레스틴 3세(Celestine III, 1191~1198)의 뒤를 이어 37세의 나이에 교황의 자리에 올랐다. 이노센트 3세가 교황의 자리에 올랐을 때에는 교황권을 압박하는 신성로마제국이 황제 하인리히 6세의 갑작스런 죽음(1197) 이후 세력 기반이 되었던 독일의 왕권을 놓고 각축전을 벌이며 세력이 약화된 시기였다. 이노센트 3세는 1198년 11월에 세속 권세(국가)는 영적 권세(교회)에 예속되어 있다는 교령 Sicut universitatis conditor을 선언하였는데, 그에 따르면 교황권은 태양으로 상징되는 더 큰 권세로서 달로 상징되는 더 작은 권세인 왕권이 그로 말미암는다고 주장하였다.

> 우주의 창조자 하나님이 창공에 두 커다란 빛을 만들어 큰 것은 낮을 다스리게 하시고 작은 것은 밤을 다스리게 하셨듯이 보편적인 교회에도 두 큰 존엄을 세우셔서 큰 것은 영혼이라는 낮을 다스리고 작은 것은 육신이라는 밤을 다스리게 하셨다. 두 존엄은 곧 교황권과 왕권이다. 달이 태양으로부터 빛을 받아 전하므로 그 양과 질에 있어서나 지위와 권세에 있어서 열등하듯이 왕권도 교황권으로부터 그 존엄의 영예를 받는다.[1]

---

[1] 이노센트 3세의 교령에 대하여 https://sourcebooks.fordham.edu/source/innIII-policies.asp 참조.

교황은 황제선출에 관여할 권한이 없었음에도 불구하고, 이노센트 3세는 적극적으로 개입하여 황제의 임명과정을 교황의 손아래 두고자 하였다. 하인리히 6세는 그의 어린 아들(Frederick)을 황제로 세우기를 원하였지만, 나이가 너무 어렸기 때문에 불가능했고, 정적들을 피하여 교황의 보호 아래 이태리 남부의 시실리 왕국에 두었다. 하인리히 6세와 그의 호헨스타우펜 왕가를 지지하던 사람들은 하인리히의 동생인 필립Philip of Swabia을 왕으로 옹립하였고, 반대세력들은 경쟁가문 출신인 오토Otto of Brunswick를 세웠다. 이때 이노센트 3세는 교황의 봉국인 시실리를 탈취한 전력이 있었던 필립이 이를 되돌리려는 노력에 미온적이자 오토를 황제로 지지하였다. 그러자 필립은 교황이 황제의 선임에 개입하는 것이 부당하다고 지적하였고, 이노센트 3세는 이에 대응하여 교황이 황제로 임명된 자를 검증할 권리와 권위를 갖는다고 주장하며 1201년에 공개적으로 오토를 지지하였다. 그는 1202년에 교황과 신성로마제국 황제의 관계에 대한 교령Venerabilem을 통해 이러한 점을 분명하게 지적하였다. 이에 따르면 독일의 군주들은 황제가 될 그들의 왕을 세울 권한이 있지만, 황제의 권한은 그리스인들(비잔틴제국)로부터 샤를마뉴의 독일인들에게 황제의 존엄을 옮겨온 교황에 의해 주어진 것이며, 세워진 왕이 황제의 존엄에 합당한지를 조사하고 결정한 권한은 교황에게 있으며, 황제를 임명하고 축성하고 관을 씌우는 사람은 교황이라고 주장하였다. 만약 독일의 군주들에 의해 임명된 왕이 황제의 존엄에 부적합하다는 것을 교황이 발견한다면 군주들은 새로운 왕을 선임해야 하고, 이를 거부한다면 교황이 다른 사람에게 황제의 존엄을 위임할 것이라고 주장하였다. 이로써 이노센트 3세는 신성로마제국을 시작한 자(principaliter)도 교황이며 황제의 관을 씌워 신성로마제국을 완성한 자(finaliter)도 교황이라고 주장함으로써, 황제의 권한이 교황권 아래 있음을 강조하였다.2

교황의 지지에도 불구하고 독일에서 일어난 왕권다툼은 내전으로 이어졌다. 독일의 군주들 사이에서 필립의 영향력이 확대되면서 교황은 자신의 선택이 잘못된 것이라고 판단하여 1207년에 필립을 지지하였고 오토의 직을 무효로 하였다. 그러나 1208년에 필립이 암살당하면서 내전이 종식되었고 오토가 1208년에 독일 군주들의 왕으로 인정받으며, 교황은 자신의 입장을 또다시 바꾸어 1209년에 로마에서 오토(오토 4세)에게 황제의 관을 씌워주었다. 황제는 교황에게 시실리에 대한 교황의 지배권을 약속하였고 성직임명의 자유를 보장하고 영석인 문제와 관련하여 교황에게 탄원할 자유와 교황의 절대적인 권위를 약속하였다. 그러나 그는 이 약속을 깨고 시실리를 침공하여 교황의 시실리에 대한 주권을 공격하였고, 교황은 1211년에 그를 파문하고, 그의 보호 아래 있었던 하인리히 6세의 아들 프레데릭(프레데릭 2세)을 황제로 임명하는 영향력을 발휘하였다. 결과적으로 교황은 그동안 교황권을 압박해 왔던 독일의 호헨스타우펜 왕가를 다시 일으키는 역할을 하였고, 프레데릭 2세는 교황권의 기반 위에서 황제로 세워짐으로써 교황권에 따르는 상황이 되었다.3

---

2 "Pope Innocent III", https://www.catholic.org/encyclopedia/view.php?id=6117; "Innocent III", in *The Oxford Dictionary of the Christian Church*, ed. Cross and Livingstone, 834; Alister E. McGrath, *Christian History: An Introduction* (Oxford and Malden, MA: Wiley-Blackwell, 2013), 98-9.
3 Justo L. Gonzalez, *The Story of Christianity*, vol. 1: *The Early Church to the Dawn of the Reformation*, revised and updated (New York: HarperOne, 2010), 364-65.

이노센트 3세는 교황권에 대한 신학적, 교회법적 확립과 더불어 정치적, 외교적 재능으로 유럽 세계의 주도권을 가지고 교황권을 압박하였던 신성로마제국의 핵심세력인 독일에 대한 영향력을 행사하였고, 이와 마찬가지로 유럽 여러 지역에서 왕권 논쟁에 적극적으로 개입함으로써 그의 영향력을 확대하였다. 이노센트 3세가 영향력을 확대할 수 있었던 까닭은 당시 유럽이 강력한 중앙집권적 국가를 형성하지 못하고, 봉건제도 아래 지역적으로 분할된 왕국과 다양한 공국과 도시국가로 구성되어 있었기 때문에, 지역적으로 영향력이 한정된 세속군주들의 세력과 달리 교황권은 유럽 전체에 걸쳐 광범위한 종교적, 정치적, 외교적 영향력을 행사할 수 있었기에 가능하였다.4 프랑스에서 이노센트 3세는 프랑스 왕 필리프 오거스터스$^{Philip\ Augustus}$가 그의 아내인 잉게보르그$^{Ingeborg\ of\ Denmark}$와 이혼하고 새로운 왕비를 맞아들인 것을 비판하면서 이를 철회하라고 요구하였으나 프랑스 왕이 거절하자 1200년에 프랑스 전역에 성례금지를 선언하였다. 교황은 프랑스에 대한 금지령에서 "모든 교회를 폐쇄하라. 유아에게 세례를 주는 것을 제외하고 그 누구도 교회에 들이지 말라. … 미사는 일주일에 한 번만 드리되 이른 아침에 병자들을 위해서만 축성하라. … 성직자들은 주일에 교회 입구에서 설교하고 미사를 대신하여 하나님의 말씀을 전하라"고 명하였다.5 프랑스 왕은 교황의 처분에 저항하며 9개월간 뜻을 굽히지 않았으나 지역 귀족들과 백성들의 반란에 직면하여 뜻을 꺾었고, 교황은 프랑스 왕을 굴복시킴으로써 그의 뜻을 관철

---

4 McGrath, *Christian History*, 98.

5 "Interdict of France, 1200", in https://sourcebooks.fordham.edu/source/innIII-policies.asp 참조.

시켰다. 프랑스 왕 필리프 오거스터스는 이후 독일에서 교황이 오토 4세를 무력화시키는 일에 앞장서서 교황을 지원하였다.

영국에서 교황은 왕과 좀 더 직접적으로 충돌하였다. 캔터베리 대주교가 사망하자 그 후임을 선정하는 일을 놓고 영국 왕 존(John Lackland, 재위 1199~1216)과 교황 이노센트 3세가 대립하였다. 그는 프랑스와의 전쟁에서 프랑스 북부지역의 영국령을 상실하였기 때문에 땅을 잃은 왕Lackland이라고 종종 불린다. 교황은 대주교 선임권을 놓고 대립하는 수도사들과 주교들 사이에서 왕의 지지를 받은 후임자를 인정하지 않고, 1207년에 자신의 측근인 스테판 랭톤을 켄터베리 대주교로 임명하였다. 그러나 존 왕은 이를 거부하였고, 스테판 랭톤(Stephen Langton, d. 1228)은 왕의 배제로 1213년까지 임지에 들어가지 못했다. 이에 교황은 1209년에 존 왕을 파문하고, 1212년에 그의 왕권을 부인하였을 뿐만 아니라, 그의 신하들을 왕에 대한 충성과 복종으로부터 방면시키고, 프랑스의 필리프 오거스터스를 앞세워 영국을 침공하게 하였다. 존 왕은 결국 1213년에 교황에게 굴복하였고, 교황의 봉신으로서 영국을 교황의 봉토로 인정하는 서약을 하였고 매년 교황에게 조공을 바쳤다. 1214년에 그를 위협하던 프랑스 왕 필리프와의 전쟁에서 패하였고, 교황에게 영국을 바친 것에 불만을 품은 지역의 귀족들은 영국왕 존이 자신들의 권리를 침해하고 불의를 행한 것에 분노하며 왕을 압박하여 1215년에 교회와 귀족의회에 대한 왕의 권한을 제한하는 권리장전Magna Carta Liberatum에 서명하게 하였다.[6] 이노센트 3세는 스페인에서도 영향력을 행사하여 아라곤의 페드로 2세로부터 그의 땅

---

[6] "Pope Innocent III", https://www.catholic.org/encyclopedia/view.php?id=6117 참조.

을 교황의 봉토로 인정하게 하였으며, 이슬람으로부터 정복한 새로운 땅을 교황에게 바친다는 약속을 하였다. 이외에도 이노센트 3세는 스칸디나비아와 발칸반도와 보헤미아와 아르메니아에 이르기까지 그의 영향력을 두루 행사하였다.7

이노센트 3세는 새로운 수도원 운동(탁발수도회)을 자신의 권위 아래 두면서 프란치스코회와 도미니크회의 설립을 승인하였고, 동시에 알비파Albigensians와 왈도파Waldensians 등의 이단분파 운동을 배격하며 교황중심의 강력한 중앙집권적 교회체제를 확립하였다. 제4차 라테란공의회the Fourth Lateran Council(1215)는 이노센트 3세의 교황절대주의와 그에 의해 체계화된 교회의 모습이 잘 반영되었다. 중요한 결정을 살펴보면, 무엇보다도 제1규범으로 성체성사에서 빵과 포도주가 그리스도의 몸과 피로 변한다는 화체설Transubstantiation을 규정하였고, 이후 가톨릭교회의 공식교리가 되었다. 제3규범은 이단 혐의자는 스스로 무죄를 입증해야 하고, 군주들은 교회가 이단으로 지목한 자를 척결해야 한다고 강조하였다. 이에 따라 종교재판소를 설치하고, 주교가 그의 교구에서 이단을 조사하고 박멸할 책임을 지게 되었다. 제5규범은 고대로부터 이어져 온 교황이 콘스탄티노플과 알렉산드리아와 안디옥과 예루살렘의 대주교보다 우위에 있다는 주장을 재천명함으로써 기독교 세계를 아우르는 영적 지도자로 군림하였다. 제11규범은 모든 대성당에 학교를 두어 가난한 자와 성직자를 가르쳐야 한다는 규정을 재강조하였다. 또한 제14~17규범에서 성직자의 도덕성을 강조하면서 무절제와 방종, 술취함과 오락행위를 금지하였고, 제18규

---

7 Gonzalez, *The Story of Christianity*, vol. 1, 366; "Innocent III", in *The Oxford Dictionary of the Christian Church*, ed. Cross and Livingstone, 834.

범은 성직자에 대한 사형언도와 집행을 금지하고, 성직자가 강력범죄 사건의 재판을 맡거나 사법심사와 관련한 문제에 관여하지 않도록 규정했다. 제21규범에서는 모든 신자들이 최소 일 년에 한 차례 고해성사를 하도록 규정하였고, 유대인과 이슬람에 대한 차별을 두어 그들이 그리스도인들과 구별되도록 특별한 옷을 입어야 한다고 규정하였고, 유대인은 공직에 오르지 못하게 하고, 개종한 유대인들이 다시 유대교로 돌아가는 것을 금지하였다.8 이노센트 3세는 자신을 "베드로의 후계자이며 그리스도의 대리자"라고 칭함으로써 그리스도를 대리하여 교회는 물론 세속 권세를 다스리는 지도자로 자리매김하였다.

이노센트 3세 이후 교황들 역시 그의 정책을 유지하였으나 점차 그 세력이 약화되기 시작하였고, 교황지상주의는 보니파키우스 8세(Boniface VIII, 1294~1303) 이후로 쇠퇴하기 시작하였다. 주된 원인은 세속군주와 왕권의 발전이 교황권을 압도하기 시작하면서부터였다. 사상적으로는 교황지상권을 뒷받침하던 영적 권세가 세속 권세를 지배한다는 이론이 고대 로마법 연구가 새롭게 제기하는 황제와 세속 권세가 교회를 다스리고 지도한다는 이론에 의해 대체되었다. 13세기 후반 영국과 프랑스를 중심으로 언어와 문화와 역사와 결합된 민족의식이 발전함으로써 강력한 민족-국가의 토대가 형성되기 시작하였고, 이는 교황권이 주장하는 보편주의가 더 이상 통하기 어려운 상황으로 전개되고 있었다. 특히 프랑스 왕국의 세력이 자라나고, 이전에 교황권을 뒷받침하다가 이제는 교황권을 압도하는 세력으로 변화

---

8 제4차 라테란공의회 규범에 대하여, H. J. Schroeder, *Disciplinary Decrees of the General Councils: Texts, Translation and Commentary* (St. Louis: B. Herder, 1937), 236-96; https://sourcebooks.fordham.edu/basis/lateran4.asp 참조.

되면서 교황권에 새로운 위협요인이 되었고, 이후 14세기 후반에 교황청이 프랑스의 힘에 압도당하고 사로잡히는 상황(아비뇽 유수)에 이르게 되었다. 보니파키우스 8세는 이노센트 3세가 "태양과 달"에 빗대어 교황권이 세속 권세를 지배한다고 주장한 것과 유사하게 "두 개의 칼"로 비유되는 교황지상권을 주장하였다. 그는 프랑스와 영국의 군사적 충돌을 막기 위하여 1296년에 왕들이 교황의 허락 없이 교회와 성직자로부터 세금을 거두는 것을 금지함으로써 전쟁자금을 조이고자 하였지만, 이에 대항하여 프랑스 왕 필리프 4세는 로마로 향하는 금과 자금을 차단시킴으로써 교황청에 타격을 줌으로써 교황의 양보를 얻어냈다. 이후 1301년에 프랑스 왕 필리프 4세가 교황사절을 반역죄로 체포함으로써 또 다시 둘의 갈등이 일어났고, 보니파키우스 8세는 1302년에 세속군주와 왕국을 다스리는 교황의 지상권을 주장하는 교령 Unam Sanctam을 선포하였다.

> 신앙은 우리에게 교회는 하나의 거룩하고 보편적이고 사도적이라고 믿고 주장하게 한다. … 하나의 유일한 교회에는 하나의 몸과 하나의 머리가 있을 뿐이며 괴물과 같이 두 개의 머리가 있지 않다. 하나의 머리는 곧 그리스도와 그리스도의 대리자이며 베드로와 베드로의 후계자이다. … 우리는 복음서의 본문에 의해 교회와 그 권위 안에 두 개의 칼이 있음을 알게 된다. 곧 영적인 칼과 세속의 칼이다… 전자는 교회를 위해 사용되는 것이요, 후자는 교회에 의해 사용되는 것이다. 전자는 사제의 손에 있는 것이요, 후자는 왕과 군사들의 손에 있는 것이지만 사제의 뜻과 허용에 달린 것이다. 그러나 한 칼은 다른 칼에 종속되어야 하고, 세속적 권위는 영적인 권세에 종속되어야 한다. …

그러므로 우리는 영적인 권세가 존엄과 존귀에 있어서 그 어떤 세속 권세보다 뛰어나다는 점을 보다 분명하게 인식해야 한다. … 그러므로 땅의 권세가 잘못하면 영적인 권세에 의해 심판을 받아야 하지만, 낮은 영적인 권세가 잘못하면 더 높은 영적인 권세에 의해 심판을 받을 것이요, 가장 높은 권세가 잘못하면 사람이 아니라 하나님만이 심판하실 수 있다. … 구원을 위해 모든 인간이 로마교황에게 종속되어야 한다는 것이 절대적으로 필수적이라는 것을 우리는 선언하고 선포하고 규정한다.9

이러한 교령에도 불구하고 보니파키우스 8세는 필리프 4세가 보낸 용병들에 의해 공격을 받았고, 아나니<sup>Anagni</sup>에 투옥되어 압박을 당하면서도 뜻을 굽히지 않았으나 건강이 악화되어 얼마 후 죽었다. 그의 최후는 이후 교황들이 처할 운명을 예견하는 장면이었다. 교황권은 한동안 프랑스인들의 손아래 놓이는 처지가 되었다.

## 2. 이단분파 운동과 새로운 수도원 운동

### 1) 이단분파 운동

교회가 유럽 사회에 커다란 힘을 발휘하는 중세의 절정기에 이단<sup>heresy</sup>과 분파<sup>schism</sup> 운동이 활발하게 전개되었다. 개혁 교황들이 표방

---

9 "Unam Sanctam", http://www.papalencyclicals.net/bon08/b8unam.htm (Papal Encyclicals Online) 참조. 우리말 번역은 필자의 것이다.

하던 시대의 정신은 교회의 개혁이었다. 성직자들의 타락과 교회의 세속화에 대한 대안으로 성직자의 독신이 요구되었고, 영적인 사명을 등한히 하고 봉건귀족으로 살아가며 세속적 야망을 추구하는 성직자들에게 절제와 근신을 요구하였다. 그러나 개혁 교황들의 교회개혁의 시도는 막강한 교회의 힘을 통제하려는 세속군주들과 자신들의 권력을 유지시키려는 고위 성직자들의 저항에 막혀 온전히 실현되기 어려웠다. 이미 견고한 기득세력이 되어 있었던 수도원을 개혁하기 위하여 클루니수도원과 같은 새로운 수도원이 일어났지만, 여러 곳으로 확산되며 발전하는 과정에서 수도원이 가진 재산과 권력은 수도원을 타락시키고 개혁의 발목을 잡는 요인이 되었다. 이 시대의 종교적 열정은 이미 십자군전쟁을 통해 분출된 바 있었다. 그러나 십자군전쟁이 반복되는 과정에서 성지회복의 거룩한 비전은 영토 확장의 야망과 정치적, 경제적 이익을 누리기 위한 타락한 욕망으로 쉽게 변질되었고, 점차 교회가 세속권력을 견제하며 지배권을 유지하고, 세속 권세들이 정치적 야망을 실현하기 위한 장이 되면서 왜곡되었다. 종교적 열정이 넘쳐나는 시기에, 타락하고 세속화된 교회에 실망하며 순수하고 온전한 교회를 꿈꾸는 사람들에게 교회는 희망을 주지 못하였고, 대중들의 열망에 응답하지 못하였다. 오히려 타락한 교회와 불의한 세속 권세들에게 자신들의 종교적 열정을 분출시키며 그들이 꿈꾸는 세상으로 인도해줄 새로운 종교 운동에 쉽게 이끌렸다.[10] 새롭게 등

---

10 중세 절정기에 이단분파 운동의 등장 배경에 관한 설명에 관하여, Roland H. Bainton, *Christendom: A Short History of Christianity and Its Impact on Western Civilization*, vol. 1: *From the Birth of Christ to the Reformation* (New York: Harper & Row Publishers, 1966), 212-14 참조.

장한 이단분파 운동이 대중들을 사로잡았던 흡인력은 바로 "자발적 가난"과 "금욕"이었다. 그것은 원래 교회의 모습이었고, 제도화되고 세속화된 교회에 대응하여 수도원 운동이 원래 지향한 것이었지만, 봉건귀족화된 교회와 수도원이 이러한 이상으로부터 이탈하자, 이단분파 운동이 대안적 종교 세력으로 나타나 대중을 사로잡았다.

12세기에 나타난 대표적인 중세 이단으로 알비파Albigensians가 있다. 그들의 주요 활동근거지가 프랑스 남부의 알비Albi였기 때문에 알비파라고 불려지기도 하였지만, 이들은 프랑스와 이태리에 걸쳐 보다 넓게 퍼져있었던 카타리파Cathars/Cathari의 일부였다. 카타리파는 10세기 불가리에서 번성하였던 보고밀파Bogomils 이단에 의해 영향을 받았는데, 영지주의와 마니교의 이원론에 영향을 받은 보고밀파는 11세기에 발칸반도와 소아시아 지역에 널리 퍼졌고, 12세기에는 독일과 프랑스와 이태리에 전파되어 영향을 끼쳤다. 카타리파의 핵심주장은 보고밀파와 유사하여, 세상을 선과 악으로 구분하고, 육신과 물질적 세계를 악이라고 보고 영혼과 영적 세계를 선이라고 보았다. 그들은 영혼이 육신으로부터 풀려나는 것을 구원이라고 믿었고, 구약성경을 알레고리로 해석하며 문자적 해석을 거부하였다. 카타리파 안에서 구약을 부분적으로 인정하는 그룹과 전적으로 부정하는 그룹으로 견해가 나뉘었다. 그들은 그리스도는 육신의 환영幻影을 입은 천사라고 믿으며 성육신을 부인하였고, 따라서 그리스도의 고난과 몸의 부활을 믿지 않았고, 진리의 가르침을 통해서 구원을 얻을 수 있다고 믿었다. 따라서 지옥의 교리와 부활의 교리를 믿지 않았다. 그들은 가톨릭교회를 타락한 교회요 마귀의 작품이라고 비판하였고, 교회를 타락시키는 교황을 베드로의 후계자로 보지 않았고, 오히려 콘스탄티누스의 후예로 보았다. 그들은 강력한 반성직주의의 특징을 나타내었고, 모든 성상(화상)과 교회의 장식과 성례전을 거부하였으며, 화체설을 부인하였다. 그들은 타락하고 거짓된 교회나 세속왕국의 지배에 따르기 보다는 신약성서와 그들의 지도자들의 가르침에 철저히 순종하며 살고자 했다. 그들은 엄격한 금욕주의를 주장하며, 결혼을 정죄하고 고기와 우유와 계란을 비롯한 육식을 거부하였다. 그들은 성령의 세례를 받아 엄격한 금욕적 삶을 살아가는 "완전자"의 안수례consolamentum를 통해서만 온전한 삶을 살 수 있고, 하나님 나라에 들어갈 수 있다고 주장하였다.11 프랑스 남부에서 대중적 지지와 일부 귀족들의 지지를 받으며 번성하였던 카타리파(알비파)는 교황의 십자군을 통한 군사적 정벌로 인해, 그리고 교황의 권위 아래 세워진 도미니크회 수도회의 대중적 설교에 의한 설득을 통해, 또한 집중적인 이단단속과 박멸을 지속적으로 추진한 종교재판소를 통해 14세기 초반에 세력을 잃었다.

왈도파Waldensians는 기독교의 전통적인 가르침에서 벗어나 이단적 성격이 뚜렷한 알비파와는 성격이 다른 새로운 종파운동이었다. 왈도파는 리용의 부유한 상인이었던 왈도Peter Waldo/Valdes로부터 시작되었다. 그는 1170년경 순회전도자로부터 재산을 포기하고 시리아에서 탁발수도생활mendicancy을 하였던 5세기 로마의 성자 알렉시우스Alexius의 이야기에 커다란 감동을 받아 그의 아내와 자녀에게 생계를 마련해주고 모든 재산을 가난한 사람들에게 나누어준 후에 스스로 가난한 자가 되어 탁발수도하며 순회전도자의 삶을 살았다. 그는 말씀을 잘

---

11 카타리파에 대하여, Malcolm Lambert, *Medieval Heresy: Popular Movement from the Gregorian Reform to the Reformation* (Oxford and Malden, MAL Blackwell Publishers, 2002), 52-69.

전하기 위하여 신약성서를 구하여 읽고, 성경과 교부의 가르침을 모국어로 번역하여 사람들에게 전하였다. 왈도와 그의 회중들은 신약성경의 말씀을 읽고 그 말씀에 철저히 순종하는 삶을 살고자 하였고, 교사와 설교자가 되어 사람들에게 하나님의 말씀을 가르쳤다. 그들은 무엇보다도 가난하게 사는 삶을 강조하였고, 성직자가 아니더라도 남녀구분 없이 하나님의 말씀을 설교하고 가르치는 만인제사장직을 실천하였고, 그들의 삶과 가르침은 많은 이들에게 커다란 감화를 끼쳤다. 그러나 이들의 전도활동이 지역의 주교들에게 탄압과 금지를 당하자 왈도파는 교황 알렉산더 3세에게 승인을 호소하였고, 제3차 라테란공의회(1179)에서 자발적 가난과 평신도의 설교와 모국어로 신약성서의 번역을 주장하는 왈도의 입장은 정죄되었지만, 주교의 승인을 받는다는 조건 아래 그들의 설교행위는 부분적으로 용인을 받았다. 그러나 왈도파는 1183년경에 리옹의 대주교의 허가받지 않은 설교행위에 대한 금지명령을 어기고 설교를 함으로써 리옹의 대주교에 의해 파문을 당하고 리옹으로부터 쫓겨났다. 그들은 1184년에 베로나Verona에서 소집된 공의회에서 분파주의자들로 파문당했다. 그럼에도 불구하고 왈도파는 프랑스 남부와 이태리 북부로 확산되었다. 교회의 승인 아래 활동하려고 했던 왈도파는 교회로부터 공식적인 파문을 당한 후에 좀 더 급진적인 성격을 띠게 되었다. 왈도파는 원래 "리옹의 가난한 자들Poor men of Lyons"이라는 이름처럼 자발적 가난과 평신도의 설교와 자선의 삶을 사는 것이 주요한 특징이었다. 그러나 여기에 신약성경의 가르침과 어긋난 타락한 성직자와 부패한 교회를 비판하는 반성직주의의 특징이 더해져서 타락한 성직자들에 의한 성례의 무효를 주장하며 성례를 거부하였고, 신약성서의 가르침에 철저히 순종하여 재산을 포기하고, 맹세하는 것과 복수하는 일과 살인행위를 거부하였다. 봉건사회에서 충성맹세와 군역에 대한 의무의 거부는 사회의 질서와 안정을 깨뜨리는 행위로 간주되어 그들은 공동체에서 배제되었고, 대중들 가운데 공개적으로 활동하는 것이 어려워졌다. 그들의 전도방식은 공개적인 설교에서 "친구들"이라고 불리는 그들의 주장에 공감하는 사람들을 대상으로 하는 활동으로 변화되었다. 또한 왈도파는 죽은 자를 위한 기도나 연옥사상을 거부하였고, 가톨릭교회 제도를 거부하고 자신들의 교회 제도를 발전시켰다.[12]

왈도파는 왈도의 사후에 내부에 분열이 일어났고, 이들 중 일부는 가톨릭교회 체제와 성례제도에 순종하며 가톨릭으로 복귀하기도 하였다. 특히 이노센트 3세는 이단에 대한 박멸을 추진하면서도 이들이 교회로 돌아올 수 있는 문을 열어주었고, 가톨릭으로 복귀한 그룹은 이노센트 3세의 승인을 받아 1210년에 "가톨릭의 가난한 자들Catholic Poor"의 공동체를 설립하기도 하였다. 그러나 끝까지 자신들의 정체성을 지킨 왈도파 그룹들은 이태리 북부와 독일과 스페인으로 퍼져나갔고, 공권력의 통제가 미치지 않는 알프스 남서부 계곡에서 자신들의 공동체를 유지해나갔다. 그들은 공권력과 종교재판소의 탄압에도 불구하고 여러 지역으로 흩어져 믿음을 지켰고, 이들 중 일부는 15세기에 보헤미아의 후스가 종교개혁을 일으켰을 때 후스파와 합류하면서 보헤미아 형제단은 왈도파의 그룹으로 알려졌고, 또한 16세기 종교개혁이 일어나면서 이들과 합류하기도 하였다. 알프스 계곡에서 생존하던 이태리의 왈도파 그룹은 16세기 칼뱅의 제네바 개혁교회의 형태

---

12 Lambert, *Medieval Heresy*, 70-95, 158-89; Bainton, *Christendom*, vol. 1, 214-15.

로 자신들의 교회체제를 유지하며 오늘까지 이어지고 있으며 이민을 통해 남아메리카로 확장되기도 하였다.13 이로 볼 때, 왈도파는 16세기 종교개혁에서 비롯된 프로테스탄트(개신교)의 선조가 된 교회개혁 운동이었고, 오랜 박해에도 불구하고 끝까지 그 정신과 유산을 이어오면서 개혁교회의 가장 오래된 그룹으로 자리매김하였다.

중세의 이단은 교회개혁과 밀접한 관계가 있었다.14 이들은 반성직주의와 가톨릭 교회체제와 성례제도에 대한 거부로 인하여 이단으로 규정되고, 교회와 국가가 긴밀하게 결합된 중세 기독교 세계에서 교회(종교재판소)와 세속권력(군사적, 법적 제재)에 의하여 핍박을 받았지만, 당시 세속화된 교회와 타락한 성직자에 대한 대중들의 개혁의 열망이 분출된 통로가 되었다. 물론 이들 중에는 기독교의 가르침에서 벗어나 극단적인 이단사상을 주장한 그룹도 있었지만, 교회로부터 이단으로 정죄된 이단분파 가운데 종교개혁의 정신과 삶의 선구자가 되는 그룹도 있었다. 이들은 교회와 수도원과 성직자가 타락하여 교회개혁의 희망을 잃었을 때, 대중들이 신약성서의 가르침과 예수와 사도들의 모델을 기준으로 삼아 성례가 아닌 말씀을 중심으로, 성직자가 아닌 평신도의 설교와 리더십을 통해, 제도적 교회가 아닌 신앙공동체의 형태로, 참된 기독교를 추구한 역사적 사례를 보여주고 있다. 이는 중세 기독교가 교황권과 성직자 중심의 "제도적 교회"라는 이미지와 세속군주와 영향력 있는 귀족세력이 교회를 지배한 "귀족적 교회"라는 이미지와 함께 대중들이 기독교의 수동적인 객체客體나 주

---

13 "Waldenses", in *The Oxford Dictionary of the Christian Church*, ed. Cross and Livingstone, 1714-15.
14 이러한 논의에 대하여, Lambert, *Medieval Heresy*, 383-420 참조.

변인이 아니라 참된 교회와 진정한 신앙을 추구하며 적극적으로 교회 개혁의 주체主體로 나서는 "대중적 교회"였다는 점을 보여준다.

### 2) 탁발수도회의 등장: 프란치스코회와 도미니크회

탁발수도회로 대변되는 12세기의 새로운 수도원 운동은 반성직주의적인 대중들의 분노와 새로운 기독교에 대한 열망을 수용하며 교회의 질서 안에서 진정한 기독교를 추구하는 개혁운동이었다. 이들 수도회는 교회에 저항하는 새로운 신앙운동을 이단으로 규정하고 종교재판이나 십자군으로 박멸하려고 했던 것보다 더 영향력 있게 대중들을 교회의 체제 안으로 흡수한 탁월한 대안이 되었고, 대중들과 호흡하며 교회와 대중을 연결시킴으로써 교황권과 교회의 권위를 수호하는 효율적인 기관이 되었다.

탁발수도회는 전통적인 수도원과는 다른 형태의 수도원이었다. 기존의 수도원은 수도사들이 세속사회와 구별된 수도원에 머물며 수도원 소유의 토지에서 나오는 농업생산과 수익에 의존하며 수도에 전념하였고, 따라서 수도사를 홀로 은둔하는 사람(monachos)이라는 뜻의 "수도사monk"라고 불렀다. 그러나 12세기에 등장한 탁발수도회는 수도사들이 화폐경제의 발달로 부가 증대하며 인구가 늘어난 지역 중심지에서 유력 귀족과 대중들로부터 후원을 받아 살아가며 이들 가운데서 설교와 가르침과 자선활동을 하였고, 이러한 새로운 형태의 수도사들을 "구걸한다mendico"는 뜻의 라틴어에서 유래한 "탁발수도사mendicant", 혹은 형제를 뜻하는 "수사friar"라고 불렀다.15 탁발수도회 탄생에 직접적으로 영향을 끼친 요인은 탁발수도 형태로 대중들 사이에서 설교와 자선활동을 통해 많은 추종자들이 따랐던 왈도파운동이었다.

제일 먼저 창립된 탁발수도회는 아시시의 프란체스코를 따르는 프란체스코회Franciscans 혹은 작은형제회Order of Friars Minor였다. 아시시의 프란체스코(Francis of Assisi, 1181~1226)는 이태리의 아시시에서 부유한 상인의 아들로 태어났다. 그의 어머니는 프랑스인이었고, 아버지는 프랑스와 의류무역을 하던 사람이었고, 지오반니Giovanni라는 원래 이름대신 그의 성공을 바라는 아버지에 의해 "작은 프랑스인 Francesco"이라는 이름으로 불렸다. 그는 어린 시절 아버지를 따라 장사를 도우며, 쾌활한 성격을 지닌 부잣집 아들로 자라났다. 그러나 그는 점차 돈에 대한 집착보다 가난을 통해 염려로부터 해방되는 삶을 꿈꾸었고 세속적 삶에 환멸을 느끼기 시작했다. 1202년경에 전쟁에 나가 포로로 잡혔던 경험으로 인해 그의 영적인 번민이 더하여졌고, 이전의 방탕한 삶을 뒤로 하고, "가난이라는 부인"과 결혼하는 자발적 가난의 이상을 꿈꾸었다. 그는 로마로 성지순례를 다녀온 후에 무너진 주님의 집을 다시 세우라는 음성을 듣고, 자신의 아버지의 창고에서 옷을 꺼내 팔아 아시시 인근의 무너진 예배당St. Damino Chapel을 수리하는 데 사용하였고, 화가 난 아버지는 그를 끌고와 때리고 창고에 가뒀다. 그의 아버지는 시 당국자에게 그의 아들이 재산권을 행사하지 못하게 상속권을 박탈해야 한다고 호소하였고, 아시시의 주교 앞에서 프란체스코는 아버지와의 관계와 재산권을 포기하였다. 이후 그는 거지와 같은 방랑생활을 하였고 탁발로 생활하며 무너진 예배당을 새로 세우는 일을 하였다. 그는 1208년경에 그가 다시 세운 포르티운클라

---

15 McGrath, *Christian History*, 100; Gonzalez, *The Story of Christianity*, vol. 1, 357-58.

Portiuncular의 예배당 미사에서 제자들에게 모든 것을 버리고 따르라는 주님의 말씀을 듣고 감명을 받아 낡고 긴 검은 농민의 옷을 입고 꼰 줄로 허리를 두르고 사람들에게 나아가 회개의 설교와 형제의 사랑과 평화를 전하며 가난한 자와 병자들을 돌보기 시작하였다. 많은 이들이 그에게 모여 들며 무리를 이루기 시작하였고, 1209년에 성경으로부터 원리를 가져온 단순한 공동체의 규칙Regula Primitiva을 정하였다. 그들은 로마로 가서 이노센트 3세 교황에게 수도회 승인을 요청하였고, 교황으로부터 승인을 얻은 후에 자신들을 "작은형제회friars minor"라고 불렀다. 그들은 그리스도를 따르는 사람들로서 신약성서의 가르침대로 철저한 청빈의 삶을 살면서 머물러 있기보다 두루 다니며 사람들에게 회개의 설교를 하였고, 가난한 자, 병든 자, 한센인들에게 사랑과 자비를 실천하였다. 1212년에는 아시시의 클라라Clare of Assisi가 프란체스코회의 방식을 따라 성 다미노교회 인근에 여성들을 위한 수녀회를 세웠고 프란체스코회의 제2회로 자리 잡았다.16

이태리의 아시시와 인근지역을 중심으로 활동한 프란체스코회는 수많은 추종자들이 생겨나면서 유럽 여러 곳으로 퍼져나가며 급성장하였고, 수도회를 재정비해야 할 필요가 있었다. 프란체스코의 친구이자 이후 교황(그레고리 9세)이 된 추기경 우골리노Ugolino of Segni의 도움으로 기존의 수도회 규칙은 보다 체계적인 규칙Regula Bullata으로 수정되었고, 1223년에 교황 호노리우스 3세Honorius III의 승인을 얻어 체계적인 수도회 종단으로 발전할 수 있게 되었다. 이러한 변화과정에서 관건이 된 문제는 지역적으로나 수적으로 늘어난 수도회를 운영하기

---

16 프란체스코의 전기에 대하여, Augustine Thompson, *Francis of Assisi: A New Biography* (New York: Cornell University Press, 2012) 참조.

위해서 수도회의 재산소유 문제와 교직제도를 정비하는 일이었다. 적은 무리였을 때에는 문제가 없었지만 수많은 수도사들이 탁발생활을 하는 것과 이들이 묵어야 할 거처를 마련하고 유지하는 것은 커다란 문제가 되었다. 가난과 무소유의 원칙과 재산소유의 불가피성이 충돌하는 상황에서 우골리노는 수도사 개인뿐만 아니라 공동체적으로 철저한 가난을 주장하면서도, 교회(교황청)가 재산소유의 부담을 지고 수도사들은 그것을 사용하는 중재안을 내었다. 그러나 이 문제를 두고 원래의 규칙을 문자 그대로 지켜서 재산소유를 금하고 철저한 가난을 실천해야 한다는 급진파Spirituals와 새로운 규칙에 따라 시대에 맞게 변용해야 한다고 주장하는 온건파Conventuals가 대립하는 계기가 되었다. 프란체스코는 다른 수도원들의 예처럼 자신의 수도회가 원래의 정신에서 느슨하게 이탈하는 것을 원치 않았고, 철저하게 가난과 무소유의 원칙을 지키기를 원하였지만, 수도회의 발전 과정에서 원칙의 수정은 불가피하였다. 프란체스코는 1220년에 지도자의 자리에서 물러났고, 자연과 조화하며 그리스도를 향한 묵상과 기도에 전념하다가 1226년에 그가 수도회를 시작하였던 포르티운클라에서 죽었다. 그러나 그의 사후 수도회 안에서 가난의 원칙을 문자적으로 지키려는 입장과 변화된 상황에 맞게 원칙을 새롭게 적용시키려는 입장의 대립은 심화되었고, 이후 14세기 초반에 급진파는 신학적으로 과격한 주장을 내세우며 수도회로부터 이탈하였다. 15세기에도 가난의 문제는 수도회 안에서 또 다른 분열과 갈등을 낳았는데, 규율이 느슨해진 온건파Conventuals를 비판하며 원래의 정신을 엄격하게 지키려는 엄수파Observants가 1415년에 분열되었고, 프란체스코회 안에서 온건파에 대한 영적 우위를 주장하였다.17

또 따른 탁발수도회는 스페인의 귀족 가문 출신의 도미니크(Dominic, 1170~1221)로부터 시작된 도미니크회Dominicans 또는 설교자 수도회Order of Friars Preachers가 있다. 프란체스코회가 가난과 구제를 강조하였다면 도미니크회는 청빈을 추구하면서도 그것을 목적으로 삼지 않았고 무지한 대중과 성직자들을 이단으로부터 보호하고 돌이키기 위해 바른 가르침을 더욱 강조하였다는 점에서 구별되었다. 프란체스코회 역시 설교를 강조하였지만, 그들의 설교는 신학적 가르침보다는 회개의 설교와 사랑의 실천에 집중되었고, 도미니크회는 바른 가르침을 위한 신학적 설교에 초점이 맞춰져 있었다는 점에서 구별된다. 또한 프란체스코회가 수도사들에게 노동을 중시했던 반면, 도니미크회는 설교와 연구를 중시하였다.

도니미크는 1170년경에 스페인의 칼레루에가Caleruega에서 태어나 팔렌치아Palencia에서 신학수업을 하였고, 이후 오즈마Osma의 사제가 되었다. 그는 1201년경에 오즈마의 주교 디에고Diego of Acebes와 함께 알비파가 커다란 영향을 끼치고 있는 프랑스 남부 지역으로 선교여행을 떠났고, 그는 알비파의 득세에 자극을 받으면서 이들에 대항하여 대중들을 바른 가르침으로 인도하는 선교사역에 커다란 관심을 갖게 되었다. 그는 알비파의 성공이 청빈과 철저한 금욕주의적 삶과 이와 대조적으로 성직자들의 안이하고 타락한 삶으로 인한 것으로 이해하였고, 이단에 이끌리는 사람들을 인도하려면 폭력이나 강제력이 아닌 이들보다 더 뛰어난 청빈과 거룩한 삶을 살아야 한다고 보았다. 그러나 그것은 도구에 불과하고 더 중요한 목적은 이들을 지도할 수 있는

---

17 Bainton, *Christendom*, vol. 1, 208-210; "Franciscan Order", in *The Oxford Dictionary of the Christian Church*, ed. Cross and Livingstone, 634-35 참조.

아시시의 프란체시코가 묻힌 포르티운클라 채플
La Porziuncola, Santa Maria degli Angeli (Assisi, Italy)
By Starlight, ttps://commons.wikimedia.org/w/index.php?curid=736271

바른 가르침과 설교가 되어야 한다고 믿었다. 이를 위해 도미니크는 디에고 주교의 조언에 따라 초대교회 사도들을 모방하여 탁발수도의 방식으로 설교하는 선교방식을 채택하였고, 1215년에 프랑스 툴루즈에서 설교자들의 공동체를 설립하였다. 도미니크는 교황 이노센트 3세에게 그의 수도회의 승인을 요청하였고, 교황은 새로운 수도회를 창설하는 것은 금지하면서 아우구스티누스의 수도규칙에 따라 공동체를 규율하라고 권면하였다. 그러나 이후 1218년 무렵에 교황 호노리우스 3세에 의해 독립적인 수도회로 승인을 받았다. 그는 1217년부터 설교 수도사들을 유럽 여러 지역에 파송하였고, 미래의 지도자들이 되는 사람들에게 영향을 주기 위하여 파리와 로마와 볼로냐의 대학에 중요한 근거지를 마련하였다. 도미니크의 수도회는 급격하게 성장하였고, 1220년에는 볼로냐에서 소집된 총회에서 헌장을 마련하였다. 도미니크회는 프란체스코회와 마찬가지로 가난과 탁발수도의 원칙을 정하였지만, 무엇보다도 설교와 영혼의 돌봄을 강조하였다.

수도사 개인과 공동체 전체의 가난을 강조하였지만, 집과 교회 등의 건물을 소유하는 것은 허용하였다. 도미니크회의 직제는 수도원 전체를 대표하는 중앙집권적 체제와 지역을 총괄하는 지역총회와 각 수도원의 자율성을 보장하는 지방분권 및 자치체제가 조화된 조직을 갖추었다. 도미니크회가 발전하면서 도미니크는 여러 곳에 수녀회를 설립하여 도미니크회의 제2회로 자리 잡게 하였다. 1207년에 알비파 지역인 프루위Prouille에 설립한 수녀회가 있었고 로마와 마드리드와 볼로냐에 걸쳐 수녀회를 세웠다. 아비뇽 유수의 대분열기에 명성을 떨친 영적 지도자 시에나의 캐더린Catherine of Siena은 도미니크 수녀회 출신이었다. 도미니크는 1221년에 죽었지만, 그 후에도 수도회는 지속적으로 발전하였다. 특히 설교와 신학연구를 강조하는 전통으로 인하여 파리와 옥스퍼드 대학에서 신학적, 지성적 터전을 잡으면서 대알버트Albert the Great와 토마스 아퀴나스Thomas Aquinas와 같은 유능한 신학자들을 배출하였다. 뿐만 아니라 중세기에 도미니크회는 이단에 대한 신학적 투쟁에 앞장섬으로써 교황의 지휘 아래 십자군의 설교자와 종교재판관으로서 주도적인 역할을 하였다. 이와 더불어 교황을 대리하여 교회의 조세를 거두고 지역을 다니며 외교적 역할을 수행하면서 교황권 발전의 유용한 도구로 활용되기도 하였다.[18]

    12세기와 13세기는 종교적 열정이 교회개혁과 십자군운동으로 분출되는 시기였고, 이와 동시에 이단분파 운동이 일어나 대중들에게 커다란 영향을 끼친 시기이기도 했다. 이 시기에 새롭게 일어난 탁발

---

18 Gonzalez, *The Story of Christianity*, vol. 1, 360-62; McGrath, *Christian History*, 102; "St. Dominic", in *The Oxford Dictionary of the Christian Church*, ed. Cross and Livingstone, 496-98 참조.

수도회는 이단분파 운동으로부터 한편으로는 영향을 받으면서 동시에 이들에 대응하였다. 알비파(카타리파)는 철저한 금욕과 가난의 삶을 통해 타락한 성직자와 부패한 교회에 염증난 대중들을 매료시켰다면, 도미니크회는 이들에 자극을 받으면서 탁발수도의 방식을 통해 자발적 가난을 실천하면서 잘못된 가르침에 빠진 대중들을 바른 가르침으로 인도하는 설교사역에 전념하며 영혼들을 돌보았다. 왈도파는 신약성서의 가르침에 전적으로 순종하며 자발적 가난을 철저히 실천하면서 자선활동을 통해 가난한 사람들 가운데 말씀을 전파하였다면, 프란체스코회는 이들의 삶에 영향을 받아 재산을 포기하고 자발적 가난을 실천하며 탁발수도의 방식으로 가난한 자와 병든 자를 돌보는 일에 힘을 쏟았다. 프란체스코회와 도미니크회는 중세의 절정기에 등장하여 교회의 세속화와 이단세력에 대응하고, 영적인 갈증을 느끼는 영혼을 돌보고, 교회의 영향력을 여러 지역으로 확장시키고, 탁월한 교회 지도자와 신학자를 배출하면서 중세기독교 발전에 크게 기여하였다.

## 3. 스콜라주의와 대학의 발전

스콜라주의Scholasticism는 서방기독교 세계에서 오랜 시간 동안 형성되어 온 모순적이거나 논쟁적인 정통적 신앙의 가르침을 이성적(논리적, 변증적) 방법으로 접근하여 신앙과 이성을 조화시키고, 기독교의 가르침을 체계적으로 종합하기 위해 11세기 이후에 새롭게 등장한 신학적, 학문적 방법론이었다. 고대의 권위적인 텍스트들에 존재하는 상호 불일치하는 문제들을 정리하고, 논리적, 변증법적 방식으로 이들을 조화시키고, 결국 모든 텍스트들이 하나의 본질적인 진리를 표명한다는 것을 입증하고 변증하려는 시도였다.[19] 스콜라주의는 11세기 말부터 서방 세계의 학교와 대학에서 학문을 가르치는 방법론으로 발전하기 시작하였고, 13세기에 이슬람과 유대교 철학의 자극을 받으며 아리스토텔레스 철학을 재발견하여 적극적으로 활용함으로써 전성기에 이르렀고, 대학의 발전과 중세 기독교 신학의 체계화에 커다란 영향을 끼쳤다. 이전에 학문의 주요 기능을 담당하였던 수도원이나 교회로부터 점차 독립된 학교와 대학에서 발달하였기 때문에 "스콜라주의"라는 이름이 붙었다. 스콜라주의가 중세기독교를 신학적으로 건축한 "지성의 예배당Cathedral of the mind"이었다는 주장은 적절한 표현이다.[20]

### 1) 초기 스콜라주의

중세기독교에 철학적 논증을 학문방법에 사용하기 시작한 계기는 포르피리와 아리스토텔레스 저작의 일부를 번역하고 주석을 달은 6세기의 철학자 보에티우스(Boethius, 480~524)가 남긴 저작의 영향이 컸다. 9세기의 샤를마뉴와 요크의 알퀸이 주도한 카롤링거 르네상스는 수도원과 대성당 학교를 교육의 중심지가 되도록 발전시켰고, 고대의 문헌들이 수집되고 학문이 발전하는 계기가 되었다. 카롤링거

---

19 "Scholasticism", in *The Oxford Dictionary of the Christian Church*, ed. Cross and Livingstone, 1465.
20 McGrath, *Christian History*, 105.

르네상스의 학자들은 고대의 교양학예liberal arts의 부흥을 추진하였고, 주로 문법과 수사학과 논리학의 기초 삼학trivium이 발전하였다. 문법과 논리학(변증학)에 기초하여 고대의 문헌을 해석하고 주석하는 것이 수도원과 교회의 학교에서 이루어진 학문의 주된 방법이었고, 논증이나 토론과 같은 학문방법은 도입되지 못하였다.

스콜라주의 전체를 관통하는 중요한 문제는 실체의 궁극적 본성에 관한 철학적, 신학적 논의였고, 이러한 문제는 보편자the universal와 개별자the individual에 관한 이해로 이어졌다. 먼저 플라톤의 영향을 받은 극단적 실재론자extreme realists는 형이상학적, 비물질적 실체(보편자)가 물질적, 개별적 대상들(개별자)과는 무관하게, 그에 앞서서ante rem, 존재한다고 믿었다. 따라서 형이상학적 실체가 개별적 형태를 결정한다고 보았다. 아리스토텔레스의 영향을 받은 온건한 실재론자moderate realists는 형이상학적 실체들이 오직 개별적 대상들과 관련된 상태에서만in re 존재한다고 믿었다. 따라서 개별자가 없는 보편자는 존재하지 않는다고 보았다. 유명론자nominalists는 오직 개별적 사물들만 존재한다고 믿었으며, 형이상학적 실체들은 다양한 형태의 개별자들을 가리키는 단어나 추상적인 명칭에 불구하고, 오직 개념으로만 그리고 개별자들 이후에post rem 존재한다고 보았다.21 스콜라주의 초기에는 극단적 실재론이, 13세기에는 온건한 실재론이, 후기 스콜라주의에는 유명론이 주된 입장이 되었고, 이에 따라 실재론은 옛 방식via antiqua으로, 유명론은 새로운 방식via moderna으로 대변되었다.

11세기 후반에 스콜라주의의 발전을 자극하였던 계기는 투르의

---

21 Bainton, *Christendom*, vol. 1, 184-85.

베렝가르(Berengar of Tours, d.1088)와 캔터베리의 대주교 란프랑(Lanfranc, d.1089) 사이에 벌어진 성만찬 논쟁이었다. 투르의 학교의 지도자였던 베렝가르는 신앙의 문제에 있어서 이성의 중요성을 강조하면서, 진리는 이성(변증론)과 상충되지 않는다고 믿었다. 이러한 신념을 바탕으로 그는 9세기에 일어난 라드버투스와 라트람누스 사이의 성찬논쟁이 11세기 후반에 재현되었을 때 스콜라주의의 방법론을 가지고 성찬의 빵과 포도주는 그리스도의 몸과 피와 동일한 것이 아니며, 오직 상징적으로만 하늘에 있는 그리스도의 몸을 대변한다고 주장하였다. 그는 개별자의 속성은 그것이 존재하는 보편자의 본질과 분리되어 존재할 수 없기 때문에 빵과 포도주는 봉헌 이후에도 여전히 빵과 포도주의 속성을 가진다면, 그 본질도 변하지 않는다고 주장하였다. 따라서 마리아에게서 낳으신 하늘에 계신 그리스도의 몸과 제단의 빵은 동일하지 않으며, 빵이 몸으로 변화되거나 그리스도의 몸이 빵에 임하는 것은 불가능하고, 빵은 빵으로 존재하고 잔은 잔으로 존재할 뿐이라고 주장하였다. 그러나 성만찬의 빵과 잔은 하늘에 있는 그리스도의 몸과 피를 상징하는 표징으로서 주님의 살과 피라고 부를 수 있다고 보았다. 요약컨대 그는 화체설과 그리스도의 몸과 피의 실재적 임재를 부인하고, 빵과 포도주가 그리스도의 몸과 피를 기념한다는 상징설을 주장하였다.[22] 이러한 그의 주장의 바탕에는 보편자의 본질과 개별자의 속성이 분리될 수 없다는 형이상학적 실재론이 있었다.

---

22 후스토 L. 곤잘레스/이형기, 차종순 역, 『기독교사상사 2: 중세편』(서울: 한국장로교출판사, 1988), 187-91; Gordon Leff, *Medieval Thought: St Augustine to Ockham* (Baltimore, Maryland: Penguin Books, 1965), 95.

베렝가르의 주장은 란프랑의 공격을 받았다. 그는 베크[Bec]의 수도원장을 역임하고 영국을 정복하고 지배하였던 노르망디의 윌리엄의 지지 아래 캔터베리의 대주교가 되었다. 란프랑은 베렝가르가 신앙보다는 이성(논리학)에 더욱 의지함으로써 교회의 권위를 손상시켰다고 공격하였고, 이성의 사용은 좋은 것이지만 성경과 교회의 전통 안에서 사용되어야 하며, 신앙의 깊은 진리는 겸손과 인내를 가지고 믿을 때 얻을 수 있다고 베렝가르를 반박하였다. 이러한 점에서 그는 신앙의 진리를 위협하는 이성과 변증론의 추구를 비판하고 모든 법칙과 이성을 뛰어 넘는 하나님의 주권을 강조하였던 피터 다미안[Peter Damian]과 같은 반-변증론자들[anti-dialectic]과는 구별되었고, 이성의 효용성을 주장하면서 동시에 신앙의 전통의 틀을 벗어난 이성의 잘못된 사용을 비판하는 입장을 취하였다. 변증론(이성)을 신앙의 진리를 이해하는 도구로 활용하려는 란프랑의 방법과 태도는 이후 그의 제자인 캔터베리의 안셀름에게 이어졌다.[23] 란프랑은 교부들의 문헌과 카롤링거 시대의 문헌들을 두루 인용하면서 상징설을 반박하고, 화체설을 주장하였다. 베렝가르를 반박하는 글인 「주님의 몸과 피에 관하여」(*De Corpe et Sanguine Domini*)에서 란프랑은 성찬의 빵과 포도주의 본질이 봉헌 이후 그 속에 숨겨져 있었던 보이지 않는 그리스도의 몸과 피로 변화된다고 주장하였다. 따라서 봉헌 이후의 빵과 포도주는 그 이전의 빵과 포도주와 동일한 본질이 아니라고 보았다.[24]

---

23 Leff, *Medieval Thought*, 97.
24 곤잘레스, 『기독교사상사 2: 중세편』, 192.

## 2) 캔터베리의 안셀름

란프랑의 뒤를 이은 캔터베리의 안셀름(Anselm of Canterbury, 1033~1109)은 초기 스콜라주의 발전의 선구자가 되었다. 이태리 북부 아오스타^Aosta에서 태어난 안셀름은 란프랑의 영향을 받아 베크의 수도원에 들어가서 그의 지도를 받았고, 이후 베크의 수도원장이 되었다. 그는 탁월한 영적 지도력과 신학적 지성으로 명성을 떨쳤고, 이곳에서 『모노로기온』(Monologion)과 『프로스로기온』(Proslogion)과 같은 중요한 신학 저술을 남겼다. 그는 란프랑 사후(1089)에 공석이 된 캔터베리의 대주교가 되었고, 영국 왕과 교황 사이에 캔터베리 대주교 임직과 관련하여 갈등이 빚어졌을 때, 그의 교구로 들어가지 못하고 자발적인 망명길에 올라 교황의 승인을 추구하면서 그의 대표작인 『왜 하나님이 인간이 되셨는가』(Cur Deus Homo, 1098)를 비롯한 신학 저술에 힘을 쏟았다.

안셀름은 이성과 신앙을 조화하면서 신앙의 질문에 이성을 적용하여 신앙의 진리를 변증하고자 하였다. 이러한 점에서 그는 그의 스승 란프랑과 마찬가지로 전통적인 신앙의 틀 안에서 이성을 다루고자 했고, 믿지 않는 것을 증명하려는 것이 아니라 믿는 것을 더욱 깊이 이해하고자 했다. 따라서 그의 신학방법론은 "이해를 추구하는 신앙 fides quaerens intellectum"이었다. 안셀름이 "나는 믿기 위해서 알려고 하지 않고, 알기 위해서 믿는다"고 말하였듯이, 그에게 믿음(신앙)과 이해(이성)는 대립되지 않았고, 아우구스티누스와 마찬가지로 믿음을 지식의 근거로 삼고자 했다. 따라서 그가 신앙과 이성을 조화시키고자 했지만, 우선순위는 분명 신앙에 있었고, 이성은 신앙과 전통의 범위

안에서 활용되는 것이었다. 따라서 안셀름에게 이성은 "신앙에 대한 사변meditation on faith"이었다.25 안셀름은 아우구스티누스와 마찬가지로 진리에 대하여 신플라톤주의적 입장을 지니고 있었다. 따라서 참된 실체는 개별적인 사물들을 초월해 있으며, 개별자는 그보다 참되고 궁극적인 실체를 나타내는 물질적 형태라고 보았다. 이러한 점에서 그는 아우구스티누스 신학전통의 대변자요, 극단적 실재론자였다. 이러한 이해를 바탕으로 안셀름은『모노로기온』과『프로스로기온』에서 하나님의 존재를 증명하려고 했다.『모노로기온』은 하나님에 대한 묵상과 사색으로서 선善의 다양한 질적 차등은 이미 궁극적인 선이 존재한다는 것을 필연적으로 내포하고 있다는 주장으로부터 하나님의 존재 증명을 이끌어냈다. 예를 들어, 선의 다양한 형태들은 이들을 야기한 하나의 원인으로 이어지며 이 궁극적인 선이 곧 하나님이고, 또한 하나의 보편적 선은 곧 하나의 원인을 가져야 하며 그것이 곧 하나님이고, 또한 동물은 식물보다 우월하고 인간이 동물보다 우월한 선의 위계질서hierarchy는 결국 하나의 완전한 선으로 귀결되며 그것이 곧 하나님이라는 식의 논증이었다. 이러한 안셀름의 논증은 아우구스티누스의 영향을 직접적으로 반영하는 것이었다. 그러나 안셀름은 사물에 대한 경험을 통해 하나님의 존재를 증명하는 방식에서 추론을 통해 보다 직접적으로 하나님의 존재를 증명하려고 한 "존재론적 증명"을『프로스로기온』에서 시도하였다. 그것은 경험을 통한 지식이나 객관적으로 검증될 수 있는 논증이 아니라 하나님의 조명과 믿음을 전제로 하나님을 이해하는 방식이었다. 그는 하나님을 "그보다 더 위대

---

25 Leff, *Medieval Thought*, 98-99.

한 것을 생각할 수 없는 존재id quo nihil maius cogitari possit"라고 규정하는 대전제로부터 존재론적 논증을 시작하였다. 만약 "그보다 더 위대한 것을 생각할 수 없는 존재"가 생각 속에만 존재한다면, 그보다 더 위대한 존재가 현실에도 존재할 수 있게 된다. 그렇게 되면 "그보다 더 위대한 것을 생각할 수 없는 존재"는 성립될 수 없기 때문에 논리적으로 모순이므로, "그보다 더 위대한 것을 생각할 수 없는 존재"는 생각과 현실 모두에 존재해야 한다고 주장하였다.[26]

안셀름은 존재론적 증명에서 하나님의 존재와 하나님에 대한 관념을 동일시하였고, 생각 속에 존재하는 하나님과 실제로 존재하는 하나님을 동일시하였다. 그는 하나님을 그의 관념 속에 가두고, "자신의 관념 속의 하나님"을 "하나님"과 동일시하였다. 이러한 그의 논쟁적인 주장은 비판을 받았다. 대표적으로 수도사 가우닐로Gaunilo of Marmoutiers는 우리가 생각하는 모든 것이 반드시 존재하는 것은 아니며, 어리석고 믿음 없는 인간의 하나님에 대한 관념으로부터 하나님의 존재를 추론한다는 것은 불가능하며, 또한 하나님에 대한 인간의 관념이 하나님과 동일시될 수 없다고 강조하였다. 안셀름은 가우닐로의 비판에 충분한 답을 하지는 못했다. 다만 그는 생각하는 모든 것이 존재하지 않을 수도 있지만 절대적으로 완전한 존재가 실제로 존재하지 않는다면 그것은 불완전한 완전이기 때문에 불가능하므로 반드시 존재해야 한다는 기존의 주장을 다시 반복하였다. 이러한 안셀름의 설명은 하나님에 대한 절대적인 믿음을 전제해야만 성립하는 환원론적인 주장이었다. 이러한 점에서 그의 학문적 방법론은 하나님의 은총

---

26 위의 책, 100-102.

과 믿음을 전제하고 그것으로부터 신앙의 내용을 변증하는 이해의 추구였다.27 기존의 방식과 구별된다면, 성서와 교부들의 텍스트들에 대한 주석에 의존하지 않고도 이성적인 논증(연역법적 추론)을 통해 신앙의 내용을 논증하려는 것이었다.

안셀름이 끼친 가장 커다란 신학적 기여는 그리스도의 성육신과 속죄론에 대한 논증이었다. 그는 『왜 하나님이 인간이 되셨는가』에서 마귀에게 사로잡힌 인간을 구속하기 위해 그리스도가 사람이 되시고 죽으심으로 마귀에게 속전을 지불하였다는 전통적인 속죄론을 배격하였다. 그는 죄로 인해 하나님의 영예가 상실되었고, 인간은 마귀가 아니라 하나님께 그 빚을 갚음으로써 하나님의 영예를 회복시켜야 죄의 용서를 받을 수 있지만, 하나님을 만족시킬 적절한 보속이 이루어지지 않는 한 죄를 벌하시는 것이 하나님의 공의라고 보았다. 그러나 하나님은 인간을 창조하신 자비로 인간을 용서하기 원하셨고, 따라서 스스로 보속의 방법을 결정하셨다. 죄를 범한 인간 스스로 하나님께 만족을 드려야 하지만, 모든 인간이 죄에 물들어 있기 때문에 하나님의 무한한 명예를 훼손한 것을 만회할 만한 무한한 보속을 치를 능력이 없고, 하나님 외에 그 누구도 하나님이 원하시는 만족을 드릴 수 없기 때문에, 하나님이 친히 인간이 되셔서 하나님의 영예를 회복시켜야 했고, 그러므로 하나님이신 그리스도가 사람이 되셨다고 주장하였다.28 안셀름의 속죄론은 이후 기독교에 그리스도의 성육신과 속죄론 이해에 커다란 영향을 끼쳤다.

---

27 곤잘레스, 『기독교사상사 2: 중세편』, 204-205.
28 위의 책, 208-210.

### 3) 피에르 아벨라르

아벨라르(Peter Abelard, 1079~1142)는 신앙보다 이성을 강조하지는 않았지만, 전통과 신앙의 권위에 무조건 따르기보다 문제를 제기함으로써 더 분명하고 명료한 신앙에 대한 인식을 추구하려고 하였던 신학자였다. 그의 신학적 방법론은 신앙에 대한 권위적인 가르침 속에서 나타나는 모순되고 충돌하는 내용들을 비판적으로 검토하고 이들을 조화하고 화해시키는 방식을 찾아 내적인 통일성을 추구하려는 것이었고, 이러한 그의 방법(문제제기-상호반박-대답제시)은 이후 스콜라주의 신학 발전에 커다란 영향을 끼쳤다. 보편자와 개별자에 대한 이해에 있어서 아벨라르는 안셀름과 샹포의 윌리엄$^{William\ of\ Champeaux}$이 대변하는 극단적 실재론(ante rem: 보편자 > 개별자)을 비판하고, 이와 동시에 로스켈린$^{Roscelin}$이 주장하는 유명론(post rem: 개별자 > 보편자)을 비판하면서, 두 극단적 주장의 맹점을 보완하는 온건한 유명론(in re: 개별자 = 보편자)을 대변하였다.29 로스켈린은 보편자는 단지 소리$^{vox}$에 불과하고, 개별자가 진정한 실재$^{res}$라고 주장하였다. 반면 생-빅토$^{Saint\ Victor}$ 학파를 창시한 샹포의 윌리엄은 보편자는 개별자 앞서 존재하는 실재이며, 개별자는 보편자를 이루고 있는 부분들로서 그 본질은 서로 같다고 주장함으로써 개별자 사이에 존재하는 차이를 간과

---

29 여기서 보편자와 개별자에 대한 입장을 부등호(>)와 등호(=)로 표시한 것은 복잡한 주장을 단순화한 도식이다. 유명론(개별자 > 보편자)은 개별자를 실재로 인식하면서 보편자보다 강조하였다는 것이고, 실재론(보편자 > 개별자)은 보편자를 실재로 인식하면서 개별자를 종속적인 것으로 보았다는 뜻이고, 아벨라르의 입장(보편자 = 개별자)은 보편자는 개별자를 수식하는 개념으로서 이 둘은 불가분의 관계이며, 개별자로부터만 보편자의 개념을 추론할 수 있다는 입장을 가졌다는 것을 뜻한다.

하였다. 아벨라르는 이들의 문하에서 배웠으나 스승을 능가하였고 곧 이들의 주장을 날카롭게 비판하였다. 아벨라르는 보편자는 실재가 아니라고 주장한 점에서는 실재론을 배격하면서 오히려 유명론에 가까운 입장이었으나 로스켈린이 말한 것처럼 보편자가 단지 의미 없는 "소리"는 아니라고 주장함으로써 구별되었다. 그는 보편자가 개별자라는 실재를 서술하는 개념으로서 개별자와 분리되어서 생각할 수 없고, 보편자는 오직 개별자로부터 추론될 수 있다고 주장하였다.30

아벨라르는 1079년 프랑스 낭트 인근의 르팔레<sup>Le Pallet</sup>에서 브레통 기사의 아들로 태어났으며 로스켈린과 샹포의 윌리엄과 랑의 안셀름<sup>Anselm of Laon</sup> 문하에서 공부한 후, 탁월한 실력으로 스승을 능가하며 이후 파리에서 변증학과 신학을 가르치며 명성을 떨쳤다. 그곳에서 노트르담 성당 참사회 일원이었던 풀베르<sup>Fulbert</sup>의 조카 엘로이제<sup>Heloise</sup>를 가르치다가 두 사람은 뜨거운 사랑에 빠지게 되었고, 이로 인하여 풀베르의 잔인한 보복으로 거세를 당한 후 1117년경에 생드니<sup>Saint Denis</sup>의 수도원으로 쫓겨나 수도사가 되었다. 그는 로스켈린의 삼신론적 삼위일체론을 비판하면서 "하나님의 일체성"을 강조하였다가 반대로 사벨리우스주의적 경향에 흘렀다는 비판자들의 역공을 받았고, 이로 인하여 스와송공의회<sup>Council of Soisson</sup>(1121)에서 그의 견해가 정죄되었다. 이후 그는 생드니의 수도원에서 쫓겨나 은둔생활을 하였지만 그를 따르는 사람들이 모여들어 파라클레테<sup>the Paraclete</sup>라 부르는 작은 수도회를 설립하였고, 엘로이제 역시 그의 도움으로 인근에 수녀원을 세웠다. 아벨라르는 1127년경에 생길다<sup>Saint Gildas</sup>의 수도원장이 되었

---

30 Leff, *Medieval Thought*, 106-111.

으나, 이후 1136년에는 파리로 돌아와 가르치는 일을 하였다. 1140년경에 당시 커다란 영적 지도력으로 교회 안팎에서 영향력이 있었던 클레르보의 베르나르는 아벨라르를 강력히 비판하였고, 아벨라르는 교황 이노센트 2세에게 호소하였으나 베르나르의 영향력 아래 있었던 교황은 그를 정죄하였다. 베르나르가 아벨라르를 비판했던 이유는 변증법을 무리하게 적용하여 신앙의 전통과 권위를 위협하고, 그리스도가 인간을 죄로부터 자유롭게 하시려고 성육신하셨다는 가르침을 부인하고, 아담으로부터 원죄가 유전된다는 가르침을 부인하는 등의 신학적 잘못 때문이었다. 베르나르는 아벨라르가 "삼위일체에 대하여 말할 때는 아리우스 같고, 은총에 대하여 말할 때는 펠라기우스 같고, 그리스도의 인성에 대하여 말할 때는 네스토리우스 같다"고 비판하였다.31 그러나 이후 아벨라르는 클루니수도원장이었던 가경자 베드로 Peter the Venerable의 중재로 베르나르와 화해하였고, 그의 보호아래 있다가 1142년에 생마르셀Saint Marcel의 클루니수도원에서 죽었다.

아벨라르가 교회로부터 공격을 받은 것은 그의 신학에 대한 오해로 인한 것이었다. 그의 주저인『예와 아니오』(Sic et Non)는 성서와 교부들의 가르침에 나타난 서로 상반되는 부분들을 발췌하여 대립되는 주장들을 병행시켜 놓은 모음집으로서 교회가 받아들이는 권위 있는 가르침에 나타난 모순과 대립을 부각시키고 이들을 조화시키는 방법을 찾게 하려는 의도가 있었다. 그는 교회의 권위를 부인하거나 성서와 교부들의 가르침의 오류를 주장하려는 의도가 없었고, 상충되는 부분들을 조화시킴으로써 이들 가운데 존재하는 내적 일치를 찾고자

---

31 곤잘레스,『기독교사상사 2: 중세편』, 210-17; Leff, *Medieval Thought*, 113 참조.

하였다. 그는 권위 있는 가르침을 무조건 받아들이기보다는 그것에 질문을 제기함으로써 보다 분명하고 명확한 신앙에 대한 인식을 얻을 수 있다고 믿었다. "의심함으로써 질문하게 되고, 질문함으로써 진리를 얻는다"는 그의 "방법론적 회의$^{methodological\ doubt}$"는 그의 의도를 오해한 사람들에게는 변증법으로 신앙을 허무는 것으로 인식되었다. 그러나 그에게 변증법은 무신론자에게는 신앙을 설득하고 신앙인에게는 신앙을 명확하게 설명하는 필수적인 도구였다. "무신론적 철학자들이 기독교를 공격한다면 그들의 철학으로 설득해야 한다"고 믿었다.[32]

원죄와 선행에 대하여 아벨라르는 『너 자신을 알라』(*Scito te ipsum*)라는 윤리학 저술에서 아우구스티누스와 전통적인 교회의 가르침과는 달리 원죄를 타락으로 보기보다는 처벌로 인식하였다. 그는 죄에 대한 경향성인 악과 하나님을 거역하는 행동인 죄를 구분하였다. 아담이 물려준 것은 죄가 아니라 죄에 대한 처벌이며, 이 결과로 인간은 악(죄에 대한 경향성)에 이끌리게 되었다고 보았다. 그는 행동은 개인의 의도(경향성)에 따른 결과이며 그 의도가 계시된 진리에 비추어 선한가 악한가에 따라서 판단되어야 한다고 주장하였다. 따라서 행동 자체가 죄가 아니라 그 의도에 따라 죄의 여부가 결정되는 것이었다. 죄의 문제는 결국 개인의 의도의 문제가 되었다. 이러한 그의 주장은 죄의 사면에 있어서도 인간이 선행을 하도록 돕는 초자연적인 도움, 곧 하나님의 은총의 필요를 부인하는 것으로 이어졌다. 죄에 대한 판단과 죄의 사면과 선행은 객관적인 기준이나 법칙이 아니라 하나님과

---

32 Leff, *Medieval Thought*, 111-12.

인간 사이에서 개인의 주관적인 의도와 태도에 달린 것이 되었고, 이러한 주장은 전통적인 원죄론이나 속죄론, 특히 성례의 필요성에 커다란 문제를 야기할 수 있었다.33

아벨라르는 인간의 죄를 용서하기 위한 그리스도의 속죄사역에 있어서 인간의 구원을 위한 "객관주의적 원칙"을 강조하는 안셀름과 대비되었다. 아벨라르는 인간이 죄로 인해 손상시킨 하나님의 영예를 인간을 대신하여 회복시키기 위해 그리스도가 인간으로 오셨다는 안셀름의 주장을 거부하였다. 아벨라르는 그리스도의 속죄사역은 하나님의 사랑을 가르치기 위한 모범을 보여주기 위함이었고, 이러한 모범이 인간의 마음속에 하나님과 이웃을 향한 사랑을 깨우치고 인간을 하나님께로 이끌어, 하나님은 이에 대한 응답으로 그리스도의 중보를 통해 인간을 용서하신다고 주장하였다. 아벨라르는 죄의 용서와 구원에 대한 객관적인 원칙보다는 그리스도의 모범을 통해 하나님의 사랑에 감화되는 인간의 내면의 주관적인 변화를 강조하였고, 이것은 속죄론에 대한 "주관주의적, 도덕적 접근"이라고 볼 수 있다.34

### 4) 피터 롬바르드

피터 롬바르드(Peter Lombard, 1100~1160)는 이태리 롬바르디의 노바라Novara에서 태어났다. 그는 랭Reims에서 공부하고 이후 파리로 와서 노트르담 대성당 학교에서 가르쳤다. 이후 그는 파리의 대주교로 지명을 받았으나 직을 수행하지 못하고 다음해에 죽었다. 무엇보다도

---

33 위의 책, 113-14.
34 곤잘레스, 『기독교사상사 2: 중세편』, 215.

그가 남긴 업적은 1155년에서 1158년 사이에 저술한 『4권의 명제집』 (*Sententiarum libri quatuor*), 간략하게 『명제집』(*Sentences*)이었다. 이 책은 12세기 스콜라신학의 정수라고 할 수 있으며, 이후 스콜라신학의 주요한 매개가 되었고, 중세 기독교의 신학의 표준을 설정하는 데 크게 기여하였다. 중세의 대학에서 그의 『명제집』은 널리 공인된 신학교재였으며, 일반적으로 신학박사의 자격은 『명제집』에 대한 주석을 할 수 있는 능력과 동일시되었다.

『명제집』은 아벨라르의 『예와 아니오』(*Sic et Non*)와 유사하게 성서와 교부들의 가르침에서 뽑아낸 질문들을 체계적으로 정리한 모음집이다. 교부들의 가르침 가운데는 아우구스티누스와 힐러리Hilary of Poitiers와 같은 라틴 교부들이 주를 이루었고, 다마스쿠스의 존과 같은 그리스 교부들도 포함되어 있었다. 『명제집』에서 다루는 내용이나 구조는 독창적인 것이 아니었고, 12세기에 받아들여지던 일반적인 이론들을 체계적으로 총망라한 것이었으며, 그가 인용하는 내용의 90% 가량은 아우구스티누스로부터 가져온 것이었다.35 피터 롬바르드는 『명제집』에서 각각의 질문에 대하여 권위 있는 가르침 가운데 나타난 상충하는 대답들을 다루고, 변증법을 통해 문제의 해결을 제시하였다. 아벨라르가 상호 대립하는 질문들을 모아놓고 해결책은 제시하지 않은 채로 읽는 이로 하여금 그 답을 스스로 찾아가도록 유도하였던 것과 달리 피터 롬바르드는 서로 모순되는 대답들에 대한 종합을 시도하고, 자신의 대답을 제시하였다는 점에서 양자의 신학방법론은 유사하지만 구별된다고 할 수 있다. 피터 롬바르드의 대답은 당시에 널

---

35 Leff, *Medieval Thought*, 129.

리 받아들여지고 있던 교리를 표명하기도 하였고, 기존의 견해를 벗어나는 부분도 있었고, 까다롭고 모호한 주제들에 대하여는 논증을 기피한 부분도 있었다.36 피터 롬바르드의 스콜라주의 신학방법론은 주제에 대한 질문quaestio이 주를 이루었고, 기존의 권위 있는 가르침에 기초한 긍정pro과 비판contra의 토론disputatio 과정을 통해 결론을 도출하였다.37 피터 롬바르드의 『명제집』은 다루는 내용과 방법론에 의해 당대의 사람들과 중세의 신학적 지성들에게 열렬한 환영을 받았다.

『명제집』은 4권으로 구성되어 있는데, 제1권은 하나님과 삼위일체를 다루었고, 제2권은 창조론과 천사론과 인간론과 은총과 죄에 대한 문제를 다루었고, 제3권은 기독론, 구속론, 성령론, 계명들을 다루었고, 제4권은 성례전과 종말론을 다루었다. 특히 피터 롬바르드는 여기서 가톨릭의 7성례를 확립하는 데 크게 기여하였다.38 무엇보다도 피터 롬바르드의 『명제집』은 기존의 가르침들을 체계적으로 종합하는 신학전통을 세움으로써 그의 방식이 이후 13세기를 지배하였다는 의의가 있었다. 그러나 조직적 체계화systemization의 전통은 그가 시작한 것이 아니었고, 사실 뿌리를 찾아 올라가면 교부시대와 이후 7세기에 스페인의 공의회의 법령을 집대성한 세비야의 이시도르(Isidore of Seville, 560~636)까지 이를 수 있지만, 보다 직접적인 영향은 고대로부터 존재한 다양한 교회법과 세속법을 체계적으로 종합하려고 했던 흐름이었다. 9세기에 교황권을 강화하기 위해 프랑크왕국의 성직자들에 의해 850년경에 편찬된 『위-이시도르 교령집』(*False Decretals*)이

---

36 곤잘레스, 『기독교사상사 2: 중세편』, 224.
37 Leff, *Medieval Thought*, 128-29.
38 곤잘레스, 『기독교사상사 2: 중세편』, 224-25.

있었지만, 그것이 포함한 내용들의 진위眞僞에 대하여 의문이 제기되고 있었다. 보다 체계적인 교회법의 집대성은 11세기와 12세기에 교황권과 세속권(신성로마제국 황제)이 성직서임권을 놓고 대립하는 상황에서 교황권을 강화하여 교회개혁을 추진하기 위한 교회법적 근거를 확보하기 위한 필요에 의해 이루어졌고, 이것이 피터 롬바르드에게 직접적인 영향을 미쳤다. 샤르트르의 이보(Ivo of Chartres, 1040~1115)는 지적인 교회법 학자로서 왕권에 대항하며 여러 권의 교회법 전집(*Collectio Tripartia, Decretum, Parnomia*)을 내었고, 이후 교회법 발전에 결정적인 영향을 끼쳤다. 아벨라르는 이러한 교회법 연구자들에 의해 자극을 받아 그들의 방식을 신학의 분야에 적용하여 『예와 아니오』를 저술하였고, 그라티아누스(Gratian, d.1160)는 그 이전의 교회법 편찬의 전통과 아벨라르에 영향을 받아 로마가톨릭 교회법의 모체가 된 『그라티아누스 교령집』(*Concordantia Discordantium Canonum/ Decretum Gratiani*)을 편찬하였다. 그는 ,4000개에 가까운 교부들의 저술과 공의회의 법령과 교황의 선언들을 망라하여 그 안에 있는 불일치와 모순들을 조화시켜 체계화하였다. 그라티우스의 교회법 집대성에 자극을 받아 신학분야에서도 조직적 체계화가 이루어졌고, 랑의 안셀름과 샹포의 윌리엄과 그들의 학파가 교리들을 체계화하고 신학적 질문에 주석을 다는 중요한 역할을 하였다. 신학적 주제에 대한 명제들을 집대성하고 성서에 표준 주석을 다는 작업이 랑[Laon]에서 이루어졌고, 종합과 체계화의 신학적 흐름은 프랑스 파리의 생-빅토학파로 이어져서 대표적인 인물인 생빅토의 위그(Hugh of St. Victor, d.1142)는 『명제집총론』(*Summa Sententiarum*)과 『기독교 신앙의 신비에 관하여』(*De Sacramentis Christianae Fidei*)라는 저술을 남겼다. 그는 중세 신비주의 발전에도 기여하였는데 인간은 연구lectio를 통해 묵상meditatio에 이르고 이로써 영혼이 성서와 자연 안에 감춰진 거룩한 섭리를 발견하여 자신의 삶을 정화하고 관상contemplatio을 추구하게 된다고 가르쳤다. 아벨라르의 『예와 아니오』와 생빅토의 위그의 대표적인 두 작품은 『그라티아누스 교령집』과 함께 피터 롬바르드의 『명제집』에 직접적인 영향을 끼쳤다. 피터 롬바르드는 그라티아누스가 교회법에서 시도한 작업을 신학방면에서 시도하였고, 아벨라르와 생빅토의 위그가 그의 모델이 되었다. 이러한 흐름 속에서 프랑스 파리는 종합과 체계화의 숨마Summa의 신학전통의 중심지가 되었고, 파리대학은 스콜라주의 신학의 본산으로 자리 잡았다.[39]

### 5) 아리스토텔레스 철학의 재발견

스콜라주의 신학의 발전은 십자군 전쟁과 아랍문명과의 접촉을 통해 12세기 초반에 유입되기 시작한 아리스토텔레스의 철학이 중반 이후 대거 유입되면서 학문에 새로운 활력을 제공함으로써 본격적으로 이루어졌고, 특히 대학의 성장과 발전은 중요한 근거와 매개가 되었다. 당시 아리스토텔레스 철학은 이슬람 세계에서 그리스의 철학과 과학이 활발하게 보전되고 번역되면서 왕성하게 연구되고 있었다. 이슬람은 지중해 세계의 패권을 장악하면서, 비잔틴제국의 지배 아래

---

[39] Leff, *Medieval Thought*, 130-31; "Gratian", in *The Oxford Dictionary of the Christian Church*, ed. Cross and Livingstone, 700-701; Edward Myers, "Hugh of St. Victor", *The Catholic Encyclopedia*, vol. 7 (New York: Robert Appleton Company, 1910); http://www.newadvent.org/cathen/07521c.htm.

이교도사상으로 치부되어 약화되고 있었던 헬라 철학과 과학을 적극적으로 수집하고 수용하였고, 주로 헬라어로 된 저술들을 8세기 이후부터 아랍어로 번역하기 시작하여 10세기 말에 번역을 실질적으로 완료하였다. 비잔틴제국으로부터 받아들인 헬라 철학은 이슬람제국의 철학과 과학 발전에 결정적인 역할을 하였고, 이슬람은 이를 적극적으로 활용하였다. 이슬람이 "고대인들과 외국인들"의 철학과 과학을 적극적으로 수용하고 번역하여 보전한 이유는 진리의 원천은 어떤 것이든 부끄러움 없이 수용하여 자신들의 언어와 관습에 맞춰서 완성하기 위함이었다. 헬라 철학을 통해 이슬람의 신학과 율법을 발전시키고, 헬라 과학을 통해 자신들의 과학지식을 발전시키려는 통치자들과 학자들과 대중들의 열망은 이러한 과정을 이끌었다. 물론 이슬람 내부에서도 아리스토텔레스 사상을 비롯한 외국의 사조들이 이슬람의 전통과 사고방식에 해롭다고 주장하는 보수주의자들의 반대와 비판이 있었지만, 이들의 격렬한 반대에도 불구하고 진보적인 사상가들과 과학자들은 헬라 철학과 과학을 중심으로 자신들의 학문을 발전시키는 노력에 힘을 기울였다. 비잔틴제국에서 헬레니즘 문명이 약화되면서 이 지역의 패권을 장악한 이슬람이 적극적으로 그리스 문명을 아랍어로 번역하며 계승하였고, 이슬람에 의해 보전되고 되살려진 그리스 철학과 과학을 서방의 라틴 세계가 받아들여 중세기독교와 스콜라주의, 그리고 이후의 르네상스를 꽃피우는 과정은 지중해 세계를 기반으로 헬라-비잔틴-이슬람-라틴-기독교 문명의 갈등과 통섭의 역설적 상호관계를 보여준다.[40]

---

[40] 버나드 루이스/김호동 역, 『이슬람 1400년』(서울: 까치, 2001), 267-75.

12세기 초반에 아리스토텔레스의 저술은 아랍 세계로부터 유입되었기 때문에 아랍의 세계관과 신플라톤주의적 요소가 가미된 아랍어 저술이 대부분이었고, 이들을 라틴어로 번역하며 알려졌다. 그러나 중반 이후에는 신플라톤주의적 요소가 제거되고 헬라어로부터 직접 번역되었다. 1150년경에 스페인의 톨레도$^{Toledo}$에 아리스토텔레스의 저술을 번역하는 학파가 설립되었고, 아리스토텔레스 사상 확산의 중요한 계기가 되었다. 이곳에서 아리스토텔레스의 저작과 함께 아비센나(아랍이름은 이븐 시나)와 아베로이스(아랍이름은 이븐 러쉬트)와 같은 아랍 철학자들의 아리스토텔레스 연구들이 라틴어로 번역되어 소개되었다. 이태리 남부의 시실리는 톨레도와 함께 아리스토텔레스 저술 번역의 중요한 중심지였고, 톨레도와는 달리 헬라어로부터 직접 라틴어로 번역하였다. 이러한 작업을 통해 13세기 초반에 헬라어와 아랍어로부터 아리스토텔레스 저술의 대부분이 라틴어로 번역되었고, 이와 관련된 중요한 아랍 철학자들의 저술도 번역되었다. 대표적인 아리스토텔레스 저술의 번역자는 그리스에서 활동하며 코린트$^{Corinth}$의 대주교가 된 플란더즈 출신의 도미니크회 수도사인 모어벡의 윌리엄(William of Moerbeke, d.1286)이었고, 아리스토텔레스의 『정치학』과 『경제학』을 처음 번역하였을 뿐만 아니라 기존의 아리스토텔레스 저술 번역을 재번역하고 수정하였다. 그는 또한 토마스 아퀴나스와 협력하며 그에게 아리스토텔레스 저술을 제공함으로써 신학발전에 크게 기여하였고, 13세기 아리스토텔레스에 대한 지식은 그의 공로로 말미암은 바가 컸다. 아리스토텔레스의 철학은 서방세계에 커다란 충격과 위협을 제시하였고, 동시에 신학은 물론 모든 분야의 학문과 사상의 발전을 자극하는 새로운 철학적 동력이 되었다.[41]

아리스토텔레스 철학은 초기에 교회에 매우 위험하고 급진적인 사상으로 취급되었다. 초반에 아리스토텔레스의 사상은 이슬람 철학자 아비센나(Avicenna/Ibn Sina, 980~1037)의 사상과 함께 유입되었는데, 그는 신플라톤주의의 세계관과 아랍 철학의 인식론과 존재와 운동에 대한 아리스토텔레스의 사상을 혼합하였다. 그는 신플라톤주의에 기초하여 만물이 신으로부터 발출되어 위계질서를 이루고 있고, 신과 인간은 신으로부터 발출한 능동지성the active intellect에 의해 매개되며, 인간의 지성은 수동지성the passive intellect으로서 신적인 능동지성에 접촉함으로써만 현상의 본질을 파악할 수 있다고 보았다. 신은 필연적이며 만물은 우연적이고, 신을 필연적인 최초의 동자로 이해하며 만물의 존재와 운동을 최초의 원인(신)에 의한 결과로 이해하였다. 이와 함께 아베로이스(Averroes/Ibn Rushd, 1126~1198)의 사상은 아리스토텔레스 철학을 기독교 신앙에 위협이 되는 급진적인 사상으로 이해하는 직접적인 원인이 되었다. 아베로이스는 13세기에 아리스토텔레스의 철학의 주석가로 서방세계에 이름을 떨쳤는데, 그의 아리스토텔레스 사상은 아비센나와 마찬가지로 이슬람의 신플라톤주의적 세계관과 혼합되어 있었다. 그는 신을 최초의 동자Prime Mover로 인식하였고, 신과 세상은 완전히 분리되어 있으며, 신으로부터 발출된 천상의 영역은 여러 층위로 나뉘어져 있어서 인간과 연결된다고 보았다. 그는 물질의 영원성과 잠재성을 주장하였고, 모든 인간에게는 신으로부터 말미암은 단 하나의 지성만이 존재함으로써 통일성을 이루고 있으며 인간의 불멸성을 주장하였다.42

---

41 Leff, *Medieval Thought*, 171-76.
42 "Avicenna", "Averroism", in *The Oxford Dictionary of the Christian Church*, ed.

아리스토텔레스의 철학과 함께 유입된 이들 이슬람 철학자들의 사상은 교회에 커다란 문제를 야기하였다. 비기독교적 이슬람적인 세계관으로 우주와 자연을 설명하는 것은 하나님을 인간과 우주만물의 창조자로 보는 기독교의 가르침과 어긋났다. 하나님을 최초의 동자로 인정하면서 그로 말미암은 세계와 모든 개별적 실체들의 영원성을 주장하는 가르침은 기독교의 가르침과 조화될 수 없었다. 또한 능동지성에 따라 수동적으로 움직이는 인간과 운명결정론은 기독교의 자유의지의 사상과 모순되었다. 또한 모든 인간의 지성이 능동지성으로 인하여 결국 하나라는 주장은 영혼의 개체성과 고유한 인간성을 부인하는 문제를 야기하였다. 이러한 급진적인 아베로이스주의와 그로 말미암은 "급진적 아리스토텔레스주의", 곧 "라틴 아베로이스주의Latin Averroism"를 수용한 자들을 기독교는 이단으로 정죄하고, 아리스토텔레스의 사상을 금지하는 조치를 취하였다.43

교회에 의한 최초의 금지는 1210년 파리에서 대주교의 주재 아래 열린 상스의 교회회의Synod of Sens에 의해 아리스토텔레스의 자연철학을 금지시킨 것이었고, 5년 후에 파리대학에서 동일한 금지가 재천명되었다. 비록 학문의 방법론으로서 아리스토텔레스의 논리학은 허용되었지만, 형이상학과 자연철학과 관련한 다른 저술들은 사적으로나 공적으로 읽거나 가르치거나 주석하는 것을 금하였다. 교회 당국은 아리스토텔레스의 사상을 이단사상의 온상으로 여겼고, 철저히 배격하고자 하였다. 그러나 사상의 확산과 활용을 막기에는 역부족이었

---

Cross and Livingstone, 137-38 참조.
43 아베로이스주의적 급진적 아리스토텔레스 사상에 대하여, 곤잘레스, 『기독교사상사 2: 중세편』, 351-57.

다. 교황 그레고리 9세는 1228년에 파리대학에 보낸 편지에서 신학 교수들이 철학을 잘못 적용하는 것을 경계하였고, 1231년에 파리대학에 대하여 아리스토텔레스 사상에 대한 금지령을 내렸다. 교황의 금지령도 아리스토텔레스 사상을 차단하지 못했고, 대표적으로 토마스 아퀴나스의 신학에도 깊이 스며들어 이미 그 영향력의 정점에 달하였다. 급기야 1277년에 아리스토텔레스의 사상은 물론 아베로이스의 주석과 그를 따르는 추종자들에 대한 전면적인 금지령이 내려지게 되었고, 이를 주도한 이들은 아우구스티누스의 신학전통을 따르는 프란체스코회를 중심으로 한 보수적인 신학자들이었다. 토마스 아퀴나스 역시 급진적인 아리스토텔레스주의자들을 공박했음에도 불구하고 이미 죽고 난 뒤였지만 아리스토텔레스주의자라는 정죄를 피할 수 없었다. 13세기 기독교에서 아리스토텔레스주의에 대한 입장은 크게 세 가지로 구별될 수 있다. 보수적인 입장은 신앙의 우위를 강조하며 아리스토텔레스의 철학의 위험요소를 제거하려고 하였고, 토마스 아퀴나스와 같은 중도적인 입장은 신앙과 철학의 조화를 추구하며 철학으로 신앙을 지지하려고 하였고, 라틴 아베로이스주의자와 같은 급진파는 신앙과 철학을 구별하고, 교회의 권위에 맞서 철학의 본연의 가치를 추구하려고 하였다. 이러한 모든 노력에도 불구하고 아리스토텔레스주의를 대학과 신학에서 제거하는 것은 사실상 불가능하였다. 그 이유는 아리스토텔레스주의를 반대하기 위해서라도 그 사상의 가르침을 이해해야 했고, 이에 따라 그의 저작에 대한 연구와 확산이 이루어질 수밖에 없었다. 오히려 금지령을 통한 "공격이 궁극적으로 소멸보다는 열광을 일으켰다"는 지적은 설득력이 있다. 또한 급진적인 사상을 피하면서도 그의 철학을 활용하여 학문과 철학에 적용하려고 하는 지적인 욕구가 컸고 이를 교회의 권위로 억압할 수 없었다. 특히 교회의 압력으로부터 상대적으로 자유로운 대학은 아리스토텔레스의 철학이 활발하게 소통되면서 학문의 새로운 바람을 일으키는 장이 되었다.44 이에 따라 온건하고 중도적인 형태의 아리스토텔레스주의는 가톨릭신학을 체계화하고 종합하는 신학적, 철학적 도구로 그 역할을 수행하며 스콜라주의 신학의 전성기를 만들었다.

### 6) 대학의 발전

아리스토텔레스의 철학의 재발견과 더불어 스콜라주의 신학발전을 견인한 요인은 대학의 발전이었다. 대학universitas은 이전의 학문 전통을 계승하여 정통적 권위를 확립하고 동시에 새로운 학문을 추구하며, 학문을 통한 세속적 탐구와 교회가 세상을 지도하기 위한 신학연구를 수행하는 이중적인 역할을 수행하였다. 대학은 교회와 세상 사이에서, 전통과 혁신 사이에서, 신학과 다양한 학문연구를 통해 서방의 기독교 세계를 이끌어나갈 학자와 지도자를 길러내는 "보편적 학문studium generale"의 장이었다. 대학은 광범위한 학문추구를 위해 특화된 자율적 공동체로서 학자들과 학생들이 중심이 되어 대학을 운영해 나갔고, 교회와 세속 권세의 후원과 통제를 받기도 하였지만, 대체로 이들의 간섭으로부터 벗어나 자유롭게 학문을 연구하는 독립적 위치에 있었다. 대학은 중세의 직능 "길드Guild"에서 비롯되었다고 보는 것이 일반적인 견해이다. 길드와 같이 "학문의 기술과 기능"의 전문성으

---

44 Leff, *Medieval Thought*, 172-73; 226-27.

로 조직된 학자와 학생들의 동업조합universitas scholarium으로서, 숙련된 석사와 박사가 스승master으로서 도제apprentice인 학생을 지도하는 구조를 가지고 있었다. 길드의 방식으로 학생은 스승의 지도로 공부하여 시험을 치러 학사bachelor가 되고, 연구를 지속하여 그 분야의 전문가 master가 되었다. 12세기에 대학은 그 당시까지 주요한 교육기관이었던 성당학교cathedral school와 구별되면서 독립적인 위치를 차지하였고, 13세기 이후에는 기존의 7개의 교양학예liberal arts를 연마하고, 네 개 분과(신학, 법학, 의학, 인문학)의 고등학문을 연구하는 전문 교육기관이 되었다. 대학universitas은 이름 그대로 보편적으로 그 권위를 인정받았고 교육과정을 수료한 사람에게 "어디에서나 가르칠 수 있는 권리"를 주었다. 대학은 외부의 간섭으로부터 면제되어 자율적으로 운영할 수 있는 특권이 부여되었고, 대학에 따라 차이는 있었지만 교황이나 세속군주들은 대학의 자유와 권리를 인정하였다. 따라서 교권과 세속권세의 간섭과 통제로부터 벗어나 자유롭게 학문을 추구하는 교육기관의 시스템과 운영방식은 대학이 중세 기독교 세계에 가져온 새로운 변화였다.[45] 이러한 점에서 대학은 12세기 중세 기독교문명의 구성체였고, 동시에 서구 문명을 발전시킨 주요한 기관이었다.

최초의 세 개의 대학은 살레르노Salerno, 볼로냐Bologna, 파리Paris의 대학이었다. 살레르노와 볼로냐 대학은 그 기원과 성격에 있어서 교회가 세운 기관이 아니었다. 살레르노는 가장 오래된 대학으로서 이미 12세기에 전성기를 맞고 있었고, 1234년에 시실리의 왕이었던 신성로마제국 황제 프레데릭 2세에 의해 공인을 받았다. 헬라, 이슬람,

---

[45] 위의 책, 176-77.

유대인, 라틴 문명이 접합하는 곳에 위치하였고, 고대의 의학이론과 실제를 계승하여 의학으로 명성을 떨쳤다. 볼로냐는 11세기 말에 노르만인들의 침공을 피해 이주한 로마의 법학자들이 설립한 대학으로서 12세기와 13세기에 걸쳐 법학의 중심지였다. 특히 여러 민족들nations로 구성된 학생들이 학장rector을 선임하여 칼리지college 시스템으로 운영되면서 이들 학장이 대학운영을 관장하였고, 이러한 점에서 학생들에 의해 대학운영이 이루어지는 중세 대학의 전형이었다. 이들 두 대학과 달리 파리대학은 교회와 깊은 연관을 가지고 있었다. 파리대학은 세느강the Seine 유역의 학교들과 노트르담의 성당학교를 기반으로 1200년에 프랑스 왕 필리프 2세에 의해 설립되었고, 1215년에 교황 이노센트 3세에 의해 승인을 얻었다. 파리대학은 논리학, 형이상학, 물리학, 신학이 특화되어 있었고, 특히 13세기와 14세기의 신학의 중심지로서 위대한 신학자들을 배출하였다. 파리대학은 볼로냐와는 달리 석사와 박사들이 대학 운영을 주도하는 전형적인 학자중심 대학이었다. 대학에서 신학교육은 최종적으로 마칠 때까지 일반적으로 총 14년이 소요되었다. 처음 6년은 인문학부 교수들의 지도를 받는 학사과정으로서 4년간은 7개의 교양학예liberal arts를 공부하고, 2년간은 석사과정을 준비하였다. 이후 8년은 신학을 전문적으로 연구하였다. 첫 2년은 피터 롬바르드의 『명제집』을 공부하며 주석하고, 다음 2년은 성서를 연구하며 주석하고, 다음 4년간은 강의와 토론에 집중하였다. 강의는 주어진 본문을 읽고 주석하고, 이후 토론하는 방식으로 진행되었다. 토론은 서로 대립하는 주장들에 대하여 기존의 권위 있는 가르침을 가져와 논증한 후에 결론을 도출하는 방식으로 진행되었다. 따라서 13세기의 대학교육에서 대체로 주어진 본문에 대한 질

문과 주석이 중요한 부분을 차지하였다.46

　대학의 네 분과 중에서도 특히 인문학arts과 신학theology은 불가분의 관계를 맺고 있었다. 학사과정은 문법, 수사학, 변증학의 삼학Trivium과 산술, 음악, 기하학, 천문학의 사학Quadrivium으로 구성된 전통적인 7개의 교양학문liberal arts을 이수하는 것으로 구성되어 있었다. 대개 학사과정은 인문학과 교수들의 지도 아래 이루어졌고, 이를 마치고 신학과로 승급하여 전문적으로 신학을 연구하였기 때문에, 인문학은 예과의 성격을, 신학은 본과의 성격을 가지고 긴밀히 연결되어 있었다. 그러나 파리대학에서 아리스토텔레스 저술이 교양학문의 근간으로 자리 잡으면서 철학은 독립적인 학문영역으로 인식되기 시작하였다. 아리스토텔레스의 사상을 주로 변증학에 국한시켰던 12세기와 달리 13세기에 인문학과는 그의 사상을 형이상학, 물리학, 윤리학의 학문으로 폭넓게 다루면서 방법론적으로 변증학을 활용하여 신앙에 의한 대답을 추구하였던 기존의 입장에서 벗어나, 아리스토텔레스의 사상체계에 기반한 대안적 대답을 추구하였고, 신학을 부적절하게 인식하거나 새로운 철학적 대안을 가로막는 방해물로 여기는 경향을 보였다. 이러한 급진적인 "라틴 아베로이스주의자들"에 의한 철학의 분리적, 대립적 경향에 대하여 교황과 보수적인 신학자들은 아리스토텔레스를 금지하거나 동화시키려고 하였다. 급진적인 아리스토텔레스 사상을 대변하는 13세기 파리대학의 인문학부 교수들이 아리스토텔레스의 사상을 지지하며 신앙(신학)과 이성(철학)을 분리하고 전통적인 신학의 문제를 해결하려고 하였다면, 철학과 신학 사이에서 중도적인

---

46 위의 책, 178-81.

입장을 대변하는 토마스 아퀴나스는 아리스토텔레스 사상을 신학에 활용하여 이들을 조화시키고자 했다.47

### 7) 신앙의 우위: 아우구스티누스주의Augustinianism와 프란체스코회 학파

앞에서도 언급한 바와 같이, 13세기에 아리스토텔레스 사상에 대한 입장은 크게 세 가지로 정리할 수 있다: 아우구스티누스 신학 전통과 조화될 수 있는 아리스토텔레스의 사상을 부분적으로 수용하면서도 대체로 이를 경계하는 보수적 입장(아우구스티누스주의); 아리스토텔레스의 형이상학을 기독교로 수렴하여 기독교화하려는 중도적 입장(토마스주의); 전통적인 신앙의 가르침에 도전하며 아리스토텔레스 사상을 전적으로 수용하는 급진적 입장(라틴 아베로이스주의). 이 중에서 프란체스코회 학자들은 신플라톤주의적 경향과 아우구스티누스 전통에 입각하여 아리스토텔레스 사상을 경계하고, 신학과 이성에 대하여 신앙과 전통의 우위를 지키려고 하였던 보수적 입장을 대변하였다.48

이들이 표방한 아우구스티누스주의는 전통적인 신앙적 가르침에 우위를 두고, 신앙의 진리를 논리적으로 설명하려는 입장으로서, 이러한 신학적 경향은 이미 11세기에 캔터베리의 안셀름이 대변하였다. 12세기와 13세기에도 이러한 입장은 유지되어서, 아우구스티누스주의자들은 논리학과 변증학의 새로운 철학을 충분히 활용하면서 다양

---

47 위의 책, 179, 224-31; Gonzalez, *The Story of Christianity*, vol. 1, 374.
48 곤잘레스, 『기독교사상사 2: 중세편』, 297-98.

한 문제들을 연구하였다. 그들은 신앙을 추론함에 있어서 어떠한 제한도 두지 않았고, 반면 신앙에 대한 감각적인 지식과 이성의 한계를 두려는 특징이 있다. 특히 "신앙을 통한 이해" 혹은 "이해를 추구하는 신앙"에 있어서 아우구스티누스학파의 특징은 "신의 조명divine illumination"을 강조하였다. 그들은 진리와 실체를 초자연적인 것으로 인정하면서 하나님의 도움을 통해서만 그것을 깨달을 수 있다고 주장하였다는 공통점이 있다.49 아우구스티누스주의는 옥스퍼드대학과 파리대학에서 프란체스코 수도회의 전통 안에서 표명되었다. 이는 토마스주의가 13세기 후반 이후 도미니크수도회의 전통에서 주로 받아들여졌던 것과 대비를 이룬다.

파리대학에서 프란체스코회는 도미니크회와 함께 신학 교수 석좌를 유지하고 있었다. 대중들 사이에서 청빈을 실천하며 구제와 가르침과 설교에 전념하였던 이들 탁발수도회가 도시와 대학의 발전과 함께 대학에 근거지를 두고 신학적 중심지의 역할을 함으로써 스콜라주의의 발전과 대학의 발전에 기여한 부분은 중요하게 고려되어야 한다. 파리대학에서 프란체스코회 신학석좌를 처음으로 설립한 이는 헤일즈의 알렉산더(Alexander of Hales, d.1245)였다. 그는 영국에서 태어나 파리대학에서 신학을 공부하여 박사가 되었고, 1236년에 프란체스코회에 가입한 후 파리대학의 프란체스코회 신학석좌를 차지하였다. 그는 프란체스코학파의 창시자로 인정받았는데, 그에 의해 시작되어 이후 완성된 『신학총론』(Summa Theologica)은 이들의 신학방법론을 잘 드러냈다. 헤일즈의 알렉산더는 아벨라르와 피터 롬바르드의

---

49 Leff, *Medieval Thought*, 191-92.

방법론을 받아들여서 질문을 제기하고, 찬반의 논증을 하고, 결론을 도출하여 해답을 제시하였다. 또한 아리스토텔레스 저작을 망라하면서 아우구스티누스 전통과 신플라톤주의적 신비주의(위-디오니시우스와 클레르보의 베르나르를 포함)에 따라 해석하였다. 이에 따라 신적인 이데아를 모든 존재의 근거로 보았고, 이를 사물의 형상으로 이해하였다. 아비센나와 아베로이스와는 달리 신적인 이데아는 하나님과 분리된 지성에서 나오는 것이 아니라 하나님 자신으로부터 직접 나오는 것이라는 점에서 아우구스티누스적인 신플라톤주의를 반영하였고, 지식은 인간 영혼 안에 존재하는 능동지성의 활동으로 하나님의 조명을 받아 나오는 것으로 가르쳤다. 지식에 있어서 능동지성과 추론의 활동이라는 아리스토텔레스주의 개념을 아우구스티누스적인 하나님의 조명과 결합시켰다는 측면에서 새로운 철학을 기독교적으로 변용하였다. 이로써 지식을 위한 이성의 추론과정을 인간 영혼이 하나님의 조명과 감화를 받아 깨달음을 얻는 신비주의적 인식과정과 동일시하였다.[50]

헤일즈의 알렉산더의 제자인 보나벤투라(Bonaventure, 1217~1274)는 프란체스코학파의 신학전통과 토대를 확립함으로써 프란체스코학파의 진정한 창시자로 인정받는 인물이다. 본명은 지오반니Giovanni로서 이태리 피단자Fidanza에서 태어나 파리대학 인문학부에서 학사과정을 마친 후, 1248년에 프란체스코회에 가입하였고, 헤일즈의 알렉산더 문하에서 신학을 공부하여 1253년에 박사가 되었다. 그는 파리대학에서 프란체스코회 신학석좌교수로 가르쳤고, 1257년에는 프란

---

50 위의 책, 195-96.

체스코회 총장으로 선임되어 죽을 때까지 직을 유지하며 분열된 교단을 화합시키고 교단 안정과 발전의 제도를 마련하는 역할을 하였다. 1273년에 교황 그레고리 10세에 의해 추기경으로 임명되었다. 그는 프란체스코회의 창립자인 아시시의 프란체스코의 전기를 썼고, 유일하고 공식적인 프란체스코의 전기로 교단의 공인을 받았다. 그는 피터 롬바르드의 『명제집』에 대한 탁월한 주석서와 『하나님께 이르는 영혼의 여정』(Itinerarium Mentis in Deum)이라는 신비주의 저서로 신학적인 명성을 떨쳤다.[51] 그는 도미니크회의 토마스 아퀴나스와 신학적으로 쌍벽을 이루면서 헤일즈의 알렉산더를 계승하여 아우구스티누스 신학전통을 대변하였고, 아우구스티누스주의 안에서 생빅토학파와 베르나르와 안셀름의 신학을 포괄하였다.

보나벤투라는 헤일즈의 알렉산더와 마찬가지로 이성에 대한 신앙의 우위를 강조하였고, 모든 지식은 하나님의 은총의 선물로부터 말미암는 계시된 진리에 의존한다고 가르쳤다. 보나벤투라는 신앙은 하나님에 대한 지식에 이르는 "삼중적 과정"의 출발점이라고 보았다. 즉, 하나님에 대한 지식은 "신앙으로부터 출발하여 이성을 통해 관상에 이르는 과정"이었다. 따라서 신앙에 의해 조명되지 못한 자연적 지식의 이성과 철학으로는 진리에 도달할 수 없다고 주장하였다. 그는 "신앙을 가진 자들에게 열려있고 빛나는 계시된 진리는 철학자들의 지혜로부터는 달아난다"고 하였다. 믿음 없음이 플라톤과 아리스토텔레스를 비롯한 철학자들의 오류의 뿌리라고 보았다. 아담의 죄로 인해 상실한, 하나님을 직접적으로 관상하는 능력은 하나님의 은총의

---

51 곤잘레스, 『기독교사상사 2: 중세편』, 307-308.

도움으로만 회복될 수 있다고 주장하였다. 그는 모든 지식을 하나님을 향한 사랑 아래 두었고, 진리는 하나님의 은총으로 회복되는 사랑과 동일시되었다. 참과 거짓, 선과 악을 구별하고, 진리와 선을 추구하는 것은 타락한 인간의 본성으로는 불가능하고, 하나님의 은총의 도움으로만 가능하다고 보았다. 이러한 점에서 진리의 출발점이 되는 신앙은 이성의 행위가 아니라 하나님의 은총에 의해 도움을 받는 의지의 작용이었다. 보나벤투라는 자연은 하나님의 존재와 행위를 드러내는 증거이지만, 오직 신앙의 눈에 의해서만 하나님의 영광을 드러내는 자연의 아름다움과 질서를 발견할 수 있다고 강조하였다. 그는 모든 진리는 하나님 안에 있는 거룩한 이데아의 표현이며 거룩한 이데아는 우리가 알고 있는 모든 것들의 형상과 모범example으로서, 이것이 우주와 개인에 대한 지식을 추구하는 활동의 직접적인 원인이 된다고 보았다. 따라서 진리를 추구하는 지식은 실체에 대한 감각적 지식에 달려 있는 것이 아니라 영혼 안에 발견되는 실체의 근원인 이데아를 추구하는 지혜를 얻음으로써 가능하다고 보았다. 따라서 영혼이 외적인 감각들의 도움 없이도 하나님의 이데아에 의해서 진리를 발견하고 이를 통해 하나님을 알 수 있다고 주장하였다. 결론적으로 하나님에 대한 지식의 궁극적인 단계인 관상은 감각의 세계로부터 피하여 영혼이 하나님과 연합함으로써 얻어진다고 강조하였다. 그는 신앙의 이성에 대한 우위를 주장하는 이원론을 견지하면서도 아리스토텔레스의 형이상학을 활용하여 아우구스티누스주의 전통을 확립하였고, 이러한 점에서 철학을 신학에 종속시켰다.[52]

---

52 위의 책, 308-313; Leff, *Medieval Thought*, 197-206.

## 8) 신앙과 이성의 조화: 토마스주의Thomism

프란체스코학파가 아우구스티누스주의 전통 아래에서 신앙의 우위를 강조하고, 철학을 신학에 종속시키려는 입장이 강하였다면, 토마스 아퀴나스로 대변되는 토마스주의는 신앙과 철학의 대립과 이분법적 구별보다는 이들의 조화와 일치를 추구하였다. 이들이 속한 도미니크회는 초기에 아리스토텔레스 사상을 적극적으로 수용하지 않았고, 프란체스코학파와 마찬가지로 이를 경계하는 입장이 강했다. 사실 프란체스코학파의 경향은 13세기 중반까지 신학자들의 전반적인 입장을 대변하였다. 그러나 대알버트(Albert the Great, 1206~1280)로부터 도미니크회가 아리스토텔레스의 사상을 적극적으로 수용하는 변화가 시작되었다. 대알버트는 스와비아의 귀족 가문에서 태어나 파두아Padua와 쾰른Cologne에서 공부하였고, 1229년경에 도미니크 수도회에 가입하였다. 그는 독일 서부의 라인란트Rheinland 여러 지역에서 가르치다가 1240년에 파리대학에 부임하였고, 1245년에 파리대학의 도미니크회 석좌교수가 되어 1248년까지 직을 담당하였다. 이후 그는 쾰른 지역으로 돌아와 새로 설립된 도미니크회 신학연구소를 이끌어나갔으며, 학생들의 요구에 의해 "아리스토텔레스의 모든 작품을 라틴 세계에 알리려는" 노력의 일환으로 아리스토텔레스 전집에 대한 주석 작업을 하였다. 그는 자연과학 이외에도 천문학, 동물학, 식물학에 대한 다양한 학문연구를 통해 지적 자극을 주었으며, 피터 롬바르드의 『명제집』에 대한 주석과 『피조물 총론』(Summa de Creaturis)과 『신학대전』(Summa Theologiae)으로 명성을 떨쳤고, 그가 파리대학에서 가르친 바 있는 토마스 아퀴나스에게도 커다란 영향을 끼쳤다.53

대알버트가 끼친 결정적인 공헌은 자연현상을 관찰과 실험의 방법을 통해 합리적으로 탐구하는 자세와 더불어 신앙과 이성을 명확히 구별하려는 태도에 있었다. 그는 아리스토텔레스의 물리학과 형이상학과 과학에 대한 연구를 통해 자연을 설명하기 위하여, 신앙으로부터가 아니라 이성으로부터 탐구하는 방법을 취하였다. 그는 신학과 철학이 서로 명백히 다른 추구를 한다고 보았다. 신학은 계시를 다룬다면 철학은 자연의 경험을 다루기 때문에, 서로 변호할 필요가 없다고 보았다. 이는 신학을 철학의 우위에 두고 철학을 신학에 종속시키려는 아우구스티누스주의 전통과는 달랐다. 그는 "인간의 영혼은 그 안에 포함되어 있는 원리 이외의 것에 대한 지식을 가지고 있지 않다"고 믿었기 때문에 신앙의 진리를 그에 대한 직접적인 경험을 가지고 있지 않은 인간의 이성으로는 설명할 수 없다고 보았다. 따라서 "자연의 빛으로는 그 누구도 삼위일체, 성육신, 부활의 지식을 얻을 수 없다"고 주장하였다. 이러한 입장은 이성에게 구별된 공간을 제공하고 동시에 신앙을 철학적 사변으로부터 보호하려는 것이었다. 따라서 각자의 영역을 존중함으로써 신앙과 이성의 고유한 자리를 인정하고자 했다. 그럼에도 불구하고, 대알버트는 기존의 아우구스티누스주의적 신학전통과 완전히 결별하지는 못했다. 그는 아리스토텔레스주의에 대하여 아비센나의 영향을 받아 신플라톤주의적 이해를 가지고 있었고, 철학이 이성의 영역 안에서 신학의 지도 없이 자유롭게 질문의 추구를 할 수 있다고 보면서도, 동시에 계시된 신앙의 진리가 이성의 진리보다 더 확실하다고 주장하였다. 이러한 면에서 아우구스티누스주

---

53 Leff, *Medieval Thought*, 206-207.

의의 영향이 그에게 여전히 남아 있었다.54

대알버트가 시도한 신학전통을 완성한 신학자는 토마스 아퀴나스 (Thomas Aquinas, 1225~1274)였다. 대알버트와 마찬가지로 그는 신앙과 이성을 구별하였고, 자연적 감각을 인간의 지식의 근거로 삼았다는 점에서 새로운 신학적 태토를 취하였다. 당시에 아리스토텔레스 철학은 감각적 세계와 자연에 대한 설명으로 각광받았지만, 그것을 뛰어넘는 초월적 영역에 대하여 신학적으로 수용하기 어려운 부분이 많았다. 따라서 보수적 신학자들에게 아리스토텔레스의 사상은 창조주 없는 세계와 영혼 없는 인간에 대한 철학으로 경계의 대상이 되었다. 그러나 토마스 아퀴나스는 이성의 고유한 영역을 인정하고, 신앙적 진리를 추구하는 데 있어서 이성의 역할과 필요성을 받아들였다. 그에게 이성은 신앙을 보충하는 것이었고, 신앙을 부정하는 것이 아니었다. 대알버트와 마찬가지로 토마스 아퀴나스는 철학은 이성을 통해 얻을 수 있는 지식을 다루며, 신학은 계시된 진리를 다룬다고 보면서 양자를 구별하였다. 또한 인간의 이성을 통한 철학적 추구는 인간의 연약함으로 인하여 한계가 있지만, 신학은 이성의 한계를 넘어 인간의 구원을 위해 하나님이 계시한 확실한 진리를 다룬다는 점에서 진리를 추구하는 점에 있어서 이성과 철학의 한계를 인정하였다. 그럼에도 불구하고 철학은 이성의 영역 안에 속한 진리를 탐구하는 데 유용할 뿐만 아니라 신앙의 진리는 이성이 추구하는 진리와 배치되지 않기 때문에 철학의 도움 없이 교회의 가르침과 신앙으로 받아들이는 신앙의 조항을 입증하여 더 잘 이해할 수 있도록 돕는 데 유용하다고

---

54 위의 책, 208-211; 곤잘레스,『기독교사상사 2: 중세편』, 320-21.

보았다. 이러한 점에서 계시된 진리는 신학의 영역일 뿐 아니라 보편적인 진리로서 철학의 영역이 될 수도 있다고 보았다. 이러한 점에서 토마스 아퀴나스는 신학과 철학을 구별하면서도 동시에 이 둘의 조화와 협력을 강조함으로써, 신앙과 이성을 종합하려고 하였다.

토마스 아퀴나스는 1226년경에 나폴리 인근의 아퀴노<sup>Aquino</sup>에서 귀족 가문의 아들로 태어났다. 그는 5세 때 몬테카시노의 베네딕트수도원으로 보내져 교육을 받았고, 이후 1239년경에 나폴리대학에서 공부하면서 아리스토텔레스 사상과 접하였다. 그곳에서 그는 도미니크수도회의 영향을 받았고 1244년에 부모의 반대를 무릅쓰고 도미니크회에 가입하였고, 이후 파리대학으로 옮겨와서 대알버트 아래에서 신학을 공부하였고, 대알버트가 쾰른으로 옮기자 그곳으로 따라가 그의 지도 아래 1251년까지 신학연구를 계속하였다. 이후 파리대학으로 돌아와서 강의하였고, 1259년에는 이태리에서 아리스토텔레스의 저작을 번역한 그의 동료 윌리엄 모어베크의 도움을 받아 철학연구에 주력하였다. 그는 1268년에 파리대학에 복귀하여 1272년까지 도미니크회 석좌교수직을 수행하였고, 이 시기에 아리스토텔레스 사상을 수용하는 것에 대하여 중도적 입장을 견지하면서 보수주의자들은 물론 급진주의자들과도 논쟁하였다. 그는 이태리 나폴리로 돌아가서 이 지역에서 도미니크회 학교를 설립하고 연구활동을 하던 가운데 1274년에 생을 마감하였다. 그가 남긴 대표적 신학저작으로는 도미니크회 수도사들이 선교활동을 하면서 비기독교인과의 관계에서 가톨릭신앙을 변증하는 것을 도우려는 의도로 1259년에 집필하여 1264년에 완성한 『이교도총론』(*Summa Contra Gentiles*)과 1265년경부터 집필을 시작하여 미완성으로 남겨진 『신학대전』(*Summa Theologiae*)이 있다. 그는 1273년 12월 6일에 미사 중에 신비체험을 하면서 집필활동을 중단하였는데, 그는 "지금까지 내가 쓴 모든 것은 내가 보고 나에게 계시된 것과 비교해 볼 때 지푸라기 같다"고 고백하였다.55

　토마스 아퀴나스는 기존의 신학자들의 신학방법과는 달리 연역법적으로 초월적인 의미에서 하나님을 설명하기보다는 귀납법적으로 창조세계로부터 하나님에 대한 지식에 접근하였다. 즉 원인으로부터 결과에 이르는 위로부터의 방식이 아니라 결과로부터 원인에 이르는 아래로부터의 신학방법이었다. 전자는 캔터베리의 안셀름의 방식이었다면, 토마스 아퀴나스는 후자의 방식을 따랐다. 그는 감각적 세계를 그림자나 비현실로 치부하기보다는 우리가 파악할 수 있는 실체에 대한 가장 확실한 증거로 인정하였다. 그리하여 그는 전통적인 아우구스티누스주의와는 정반대로, 개별자로부터 시작하여 보편자에 이르는 경로를 택하였다. 그는 신학과 이성을 구별하면서도 동시에 이 둘의 상관관계를 강조하였는데, 이성의 영역을 감각적 실체에 두면서도 이성을 창조주 하나님에 대한 계시에 종속되어 있고 동시에 계시와 조화하는 것으로 보았다. 따라서 신앙과 이성은 근본적으로는 다르지만 창조주 하나님과 그의 피조물 사이의 일치 안에서 그 관계성이 이해되었다. 토마스 아퀴나스는 전통적인 아우구스티누스주의와 마찬가지로 계시된 진리의 확실성을 인정하면서도 이성을 활용하여 계시를 뒷받침할 수 있다고 보았다. 이러한 차원에서 그는 신앙은 계시로부터 나오고 이성으로는 도달할 수 없는 신적인 진리를 다루지만, 경험과 증명으로 알 수 있는 것으로부터 출발해야 한다고 보았다.56

---

55 "Thomas Aquinas", in *The Oxford Dictionary of the Christian Church*, ed. Cross and Livingstone, 1614-15 참조.

토마스 아퀴나스의 인식론적 사고를 지배한 것은 존재에 대한 강조였고, 감각적 실제가 모든 지식의 출발점이 되어야 한다고 이해한 부분이었다. 그는 지식을 존재의 기반 위에 두었고, 실제에 대한 경험으로부터 이성의 원리와 법칙을 도출하였다. 토마스 아퀴나스는 이러한 인식론에 따라 존재의 본질을 규명하고자 하였다. 그는 보편자가 그 자체로 존재한다고 보지 않았고, 개별적 사물 안에 존재한다고 보는 "온건한 실재론자"였다. 그는 신적인 이데아를 실체로 인식하는 전통적인 신플라톤주의적, 아우구스티누스주의의 입장과는 달리 존재를 가능태potency와 현실태act로 이해하는 아리스토텔레스의 입장을 따랐다. 가능태는 아직 결정되지 않는 존재로서 그 형상을 갖지 못한, 실체가 없는, 되어가는 존재였다. 존재는 형상form의 현실태로서, 형상은 잠재적인 존재를 현실적인 존재로 변화시키는 것으로서, 존재로 하여금 사물이 되게 하는 것이었다. 이러한 측면에서 토마스 아퀴나스는 아리스토텔레스의 개념에 따라 존재를 형상과 질료의 결합으로 이해하였다. 질료matter는 그것이 담고 있는 형상을 규정하고 제한하면서, 형상은 동일하나 물질적으로는 구별되는 수많은 개별자들을 나누는 것이었다. 따라서 질료는 동일한 형상을 공유하는 같은 종species이라 할지라도 그 개별자에서는 차이가 나타나는 다양성의 원리가 되었다. 따라서 형상은 존재를 현실태가 되게 하고, 질료는 다양한 개별자를 이루는 원리였다. 이에 따라 질료 없이 존재할 수 없는 개별자는 그 자체로 구별된 실체라는 토마스 아퀴나스의 인식론은 개별자를 보편자의 반영과 그림자에 지나지 않는다고 보았던 신플라톤주의적, 아

---

56 Leff, *Medieval Thought*, 214-15.

우구스티누스적 실재론의 입장과는 커다란 차이가 있었다. 그는 개별자의 인식에 있어서 실존existence을 본질essence과 불가분의 관계로 이해하였다. 그는 실존을 본질의 현실적인 형태라고 보았고, 개별자는 본질을 실존으로 현실화하는 형상과 질료의 결합으로 인식하였다. 따라서 존재는 본질적인 실체substance가 현실화한 우연한 속성accident이라고 보았고, 무엇이든 그것이 존재하려면 반드시 원인을 가지고 있어야 한다고 보았다. 따라서 모든 피조물은 그것으로부터 실존을 부여받는 외적인 원인이 있어야 하며 그것으로 인하여 가능태가 현실태가 된다고 보았다. 그러나 피조물과 달리 창조주는 최초의 원인으로서 실존이 그의 본질 안에 포함되어 있어서 다른 어떤 원인에 종속되지 않는다고 보았다.57

이러한 입장에서 그는 창조주와 피조물의 관계를 유비analogy와 인과관계casuality의 방법으로 추론할 수 있었다. 그는 인과관계에 기초하여 하나님의 존재증명을 다섯 가지 차원에서 시도하였는데, 존재하는 실체로부터 그 원인을 거슬러 올라가는 아래로부터의 방식으로 하나님에게로 접근하였다. 먼저 "움직이는 모든 것은 다른 것에 의해 움직인다"는 명제로부터 모든 운동의 최초의 근원이 되는 "최초의 동자the first mover"를 하나님이라고 보았다. 두 번째로, "원인으로부터 결과가 초래한다"는 명제에 따라 모든 인과관계를 필연적으로 작동시키는 근원적인 원인이 존재해야 하며 모든 인과관계의 "궁극적인 원인"을 하나님으로 이해하였다. 세 번째는 필연적 존재와 우연적 존재를 구별하여, 전자는 그 자체 외에는 그 어떤 원인이 있을 수 없고, 후자는 다

---

57 위의 책, 216-19; 곤잘레스, 『기독교사상사 2: 중세편』, 324-27 참조.

른 외적인 원인에 의존해야 한다고 보면서, "궁극적인 필연적 존재"를 하나님으로 보았다. 네 번째로, 존재하는 사물들 사이에 존재하는 질적인 정도의 차이가 있으며 이러한 차이는 완전하고 궁극적인 기준이 존재한다는 것을 의미한다는 전제 아래 우리가 추구하는 진선미의 "궁극적인 근원"을 하나님이라고 보았다. 다섯 번째로, 모든 만물이 그 지어진 목적을 지향하고 있는데, 이 "궁극적 목적"을 만물의 창조자인 하나님으로 보았다. 토마스 아퀴나스의 피조물과 창조주 사이의 인과관계에 의한 하나님 존재증명은 결국 창조주와 피조물 사이의 유비관계로 연결되었다. 창조주는 피조물에 그 흔적과 형상을 남기고, 피조물은 하나님의 존재에 참여함으로써 둘 사이에는 유비관계가 존재하게 된다. 따라서 인간은 피조물 안에서 하나님의 속성, 곧 하나님의 의지와 완전하심과 선하심과 전능하심을 유추할 수 있고, 이것은 자연신학의 토대가 되었다. 이러한 점에서 토마스 아퀴나스는 아리스토텔레스주의와 신플라톤주의를 혼합하였다. 그는 신적인 이데아가 만물의 원형이라는 신플라톤주의와 아비센나의 아리스토텔레스주의를 수용하면서, 신적인 이데아가 하나님의 본질과 불가분의 관계에 있다는 점에서는 아우구스티누스의 입장을 따르고 있다.[58]

    토마스 아퀴나스가 아리스토텔레스의 철학을 적극적으로 수용하면서 이성과 신앙을 조화시키며 감각적 현실세계로부터 출발하여 하나님에 대한 지식을 추구하였다고 하더라도, 전통적인 아우구스티누스주의의 영향으로부터 완전히 벗어나지 않았고, 철학과 이성의 유용함과 고유한 역할을 인정하면서도 신학과 신앙의 틀 안에서 포용하려

---

58 Leff, *Medieval Thought*, 219-21; 곤잘레스, 『기독교사상사 2: 중세편』, 328-35.

고 하였다는 측면에서 그가 아리스토텔레스주의를 신학에 적용시켰다기보다는 아리스토텔레스주의를 기독교화하였다는 설명이 더 타당할 것이다.

# 찾아보기

가우닐로(Gaunilo of Marmoutiers) 380
가이사랴의 바질(Basil of Caesarea) 175, 199
가이사랴의 암브로스(Ambrose) 139
가현설 95, 97
갈레리우스 황제 143
게르마누스(Germanus) 271
고딕 양식 349
고백자 막시무스(Maximus the Confessor) 268, 269, 302, 304, 306
고트샬크(Gottschalk) 298, 299, 301
과부 펠리시타스 137
교직(교직제도) 109, 111, 112, 113, 114, 115, 117, 120, 122, 123, 369
교황지상주의(Ultramontanism) 246, 350, 357
구호기사단(Knights Hospitaller) 338, 344
군사수도회(military orders) 337, 338, 343
그라티아누스(Gratian, d.) 164, 389, 390
그레고리 10세 403
그레고리 1세((Gregory the Great) 242, 248, 249, 250, 251, 255, 256, 257, 258
그레고리 2세 252
그레고리 6세(Gregory Ⅵ) 321
그레고리 7세(Gregory Ⅶ) 개혁 교황 힐데브란트 247, 317, 318, 319, 320, 321, 322, 323, 324, 325, 326, 327, 334, 335
그레고리 9세(Gregory Ⅸ) 교황 342, 343, 368, 395
나지안주스의 그레고리 177, 199, 200

네로 60, 61
스토리우스(Nestorius) 204, 205, 206, 210, 211, 212, 262, 267, 277, 384
네스토리우스주의 209
네스토리우스파 212, 280
노르망디의 윌리엄 377
노바티안 117
노에투스(Noetus) 2
니그렌(Anders Nigren) 133, 222, 224, 225
니싸의 그레고리(Grogory of Nyssa) 199, 200, 201, 307
니케아-콘스탄티노플신조 210, 307
니케아공의회 165, 169, 181, 184, 187, 188, 189, 191, 192, 193, 199, 221, 274
니케아신조 122, 161, 165, 166, 189, 190, 191, 193, 194, 195, 196, 198, 200
니케포로스(Nicephorus) 274
니콜라스 1세(교황) 309, 310, 311
니콜라스 2세(교황) 320, 321, 322
다마수스 2세(Damasus Ⅱ) (교황) 318
다마스쿠스의 요한(John of Damascus) 271, 273
다마스쿠스의 존 274, 387
단단구왕 피핀(Pepin the Short) 286
단성론 208, 211, 212, 262, 263, 266, 267, 268, 269, 277, 279
단의론(Monotheletism) 266, 268, 269
단행론(Monoenergism) 268
대-알버트(Albert the Great) 372, 405, 408
대머리왕 찰스(Charles the Bald) 293, 296, 301, 302

찾아보기 | 415

대박해 60, 61, 143, 145, 147, 173, 225
대분열(1054) 308, 310, 372
데메트리우스 126, 127
데살로니가 칙령(Edict of Thessalonica) 165, 198
데오필루스(Theophilus) 165
데키우스(Decius) 황제 59, 117, 128, 139, 140, 141, 142, 146, 157
도나투스주의(Donatism) 157, 221, 222, 223, 225, 226, 228
도나투스파 226, 227, 228, 240
도로테우스 146
도미니크수도회 401, 408
도미니크회 356, 362, 366, 370, 371, 372, 373, 392, 401, 403, 405, 408
도미티아누스 61
독일인 루이(Lois the German) 293
디다케 44, 48, 49, 52, 109, 125
디에고(Diego of Acebes) 370, 371
디오그네투스 39
디오도루스(Diodore of Tasus) 202, 203
디오스코로스 208, 209
디오클레티아누스 59, 143, 144, 145, 146, 147, 148, 150, 157, 161, 173, 225, 238
디오클레티안 황제 143
라드버투스(Paschasius Radbertus) 295, 296, 298, 376
라바누스(Rabanus Maurus) 298, 299, 300
라테란공의회(1179) 3차 363
라테란공의회(1215) 342, 347
라테란공의회(4차) 298, 341, 347, 356
라테란교회회의(1059) 320
라트람누스(Ratramnus) 296, 297, 298, 299, 301, 308, 376
락탄티우스 150
란프랑(Lanfranc) 376, 377, 378

랑의 안셀름(Anselm of Laon) 383, 389
랭스(Rheims)공의회 299, 319,
레오 1세(Leo the Great) 208, 255, 258
레오 3세(Leo Ⅲ) 황제 243, 271, 273, 285
레오 3세(교황) 308
레오 4세(Leo Ⅳ) 273
레오 5세 274, 275
레오 9세(Leo Ⅸ) (교황) 부르노(Bruno) 개혁 교황 318, 319, 320, 321, 322
레오니다스 126, 138
레오폴드 6세(Leopold Ⅵ) 오스트리아 왕 342
로고스 75, 80, 126, 130, 183, 198, 202,
로마의 성자 362
로마교회회의(1076) 324
로마회의(863) 309
로물루스(Romulus) 238
로스켈린(Roscelin) 382, 383
로타르(Lothair) 293
루이 7세(Louis Ⅶ) 339
루이 9세(Louis Ⅸ) 343, 344
루터 46, 224, 225
리미니의 그레고리 301
리시니우스 148, 153, 154, 155, 156, 158
리카레드(Recared) 왕 240
마니(Mani) 214
마니교(Manichaeism) 214
마르셀루스(Marcellus of Ancyra, d.) 194, 195, 197
마르시온 32, 96, 97, 106, 123, 124
마르쿠스 아우렐리우스 황제 72, 136, 137
마르키아누스(Marcian) 황제 211
마메아(Mamaea) 127, 138
마인츠(Mainz)공의회 299, 319
마케도니우스(Macedonius) 199
마크리나 114, 175
막센티우스 148, 150

막시미누스 다이아 147, 148, 153, 155, 174
막시미누스(Maximinus Thrax) 황제 138
메나스(Menas) 263
멜리티우스 193
면죄부(Indulgence) 330
모니카(Monica) 214
모어벡의 윌리엄(William of Moerbeke, d.) 392
몬타누스 97, 98, 113
몹수에스티아의 테오도르(Thodore of Mopsuestia) 203, 204, 262, 263
무신론 57, 66, 71, 73, 74, 75, 76, 86, 87, 385
무함마드(Muhammad) 277, 278, 281
미카엘 3세 (황제) 309
미카엘 7세(Michael VII) 황제 334, 335
미카엘 세룰라리우스(Michael Cerularius) 319
미트라스 35
바나바 30, 44, 48, 125
바르 코크바 38
바실리데스 79, 94, 95
바질(Basil of Ancyra) 197
반-변증론자들(anti-dialectic) 377
반-아우구스티누스주의 (Semi-Augustianism) 234
반영지주의 96, 98, 99, 108, 114
반-칼케돈 212
반-펠라기우스주의(Semi-Pelagianism) 225, 233, 234
발레리아누스 황제 142, 146
발레리우스(Valerius) 220, 221
발렌스공의회(855) 301
발렌티누스 94, 95, 106
베른(The Count Bern) 백작 298
베네딕트(Benedict) 250

베네딕트 10세(교황) 320, 321
베네닉트 1세(교황) 256
베로나(Verona)공의회(1184) 312 363
베르타(Bertha) 공주 242
변증학(변증신학) 70, 71, 73, 126
보고밀파(Bogomils) 361
보나벤투라(Bonaventure) / 지오반니 (Giovanni) 402, 403, 404
보나파스(Boniface of Montferrat) 340
보니파키우스(Boniface) 245, 252
보니파키우스 8세(Boniface VIII) 교황 357, 358, 359
보름스(Worms)공의회(1076)
보름스협약(Concordat of Worms) 327
보에티우스(Boethius) 243, 374
보헤미아의 후스 364
볼드위(Baldwin) 337
부르노(Bruno) 318
부용의 고드프리(Godfrey of Buillon) 336
부정의 신학 303
부활절교회회의(Easter Synod) 319
분파주의 117, 226, 363
브릭센공의회(1080) 326
비질리우스(Vigilius) 교황 262, 263
빅토리누스(Victorinus) 218
사모사타의 바울(Paul of Samosata) 183, 204, 208
사벨리우스(Sabellius) 182, 184, 189, 194, 195, 197, 200, 383
사벨리우스주의(Sabellianism) / 양태론적 군주론 182
사변적 신학 302, 303
사순절교회회의(Lenten Synod)(1074) 322, 324
사이러스의 테오도렛(Theodoret of Cyrus) 209, 262
사자왕 리처드 1세(Richard the Lionheart)

339
살라딘(Saladin) 술탄 339
상스교회회의(Synod of Sens) 1210
상징론 297, 298
생빅토의 위고(Hugh of St. Victor, d.) 403
생빅토학파 403
샤루(Charroux)교회회의(989) 333
샤르트르의 이보(Ivo of Chartres)389
샤를 마르텔(Charles Martel)282
샤를마뉴(Charlemagne) 241, 243, 285, 286, 287, 288, 289, 290, 291, 292, 295, 308, 310, 352, 374
샹포의 윌리엄(William of Champeaux) 382, 383, 389
서임권 논쟁(Investiture Controversy) 246, 317, 322, 327, 328, 335, 389
설컴셀리온(Circumcellion) 226
성전기사단(Knights Templar) 337, 338, 344
성직매매(Simony) 12, 312, 313, 316, 317, 318, 319, 322, 324
성직임명권 12, 316
세르기우스(Sergius) 252, 268
세베루스 알렉산더 127, 147, 148
세베루스 Septimus 59
세비야의 이시도르(Isidore of Seville) 388
셀레스티우스(Celestius) 230, 232
셀레스틴 3세(Celestine Ⅲ)351
셉티무스 세베루스 78, 126, 137, 138
소프로니우스(Sophronius) 268
수도원 운동 114, 167, 170, 171, 172, 174, 175, 176, 178, 179, 180, 199, 200, 234, 250, 314, 331, 356, 359, 361, 366
순교 27, 46, 47, 60, 63, 64, 65, 66, 67, 68, 70, 72, 73, 88, 99, 113, 115, 118, 126, 128, 137, 139, 142, 145, 146, 151, 159, 170, 197
순교자 유스티누스 32, 50, 71, 78, 82, 136, 183
술피시우스 세베루스(Sulpicius Severus) 179
스와송(Soisson)공의회(1121) 383
스콜라신학 387
스콜라주의 224, 330, 347, 348, 349, 373, 374, 375, 376, 382, 388, 390, 391, 396, 401
스테판 6세(교황) 312
스테판 랭튼(Stephen Langton) 355
스토아학파 84, 171
스튜디오스의 테오도르(Theodore of Stusios) 274, 275
시리아의 시므온(Symeon the Sylites) 176
시릴(Cyril of Alexandria, d.) 204, 205, 206, 207, 208, 209, 210, 268
시에나의 캐더린(Catherine of Siena) 372
시토수도회(Cistercian) 317
신-아우구스티누스학파 301
신비주의 92, 176, 177, 180, 216, 224, 295, 302, 303, 304, 305, 389, 402, 403
신인협동설(Synergism) 178, 225, 233
신플라톤주의 128, 129, 215, 218, 302, 306, 379, 392, 402, 410
실재론 296, 297, 298, 375, 376, 379, 382, 383, 410, 411
심플리키아누스(Simplicianus) 218
아데마(Adhemar of Lepuy) 336
아데오타투스 220
아리스토텔레스 83, 348, 349, 374, 375, 390, 391, 392, 393, 394, 395, 396, 399, 400, 402, 403, 405, 406, 407, 408, 410, 412, 413
아리스토텔레스주의 394, 395, 413
아리우스(Arius, d.) 122, 157, 161, 162,

165, 166, 174, 184, 185, 186, 187,
188, 189, 190, 191, 192, 193, 194,
195, 196, 197, 198, 199, 200, 217,
240, 244, 384
아리우스논쟁 157, 161, 166, 184, 185,
186, 188, 191
아리우스주의(자) 122, 161, 187, 192,
193, 196, 197, 243
아베로이스(Averroes) / 러쉬트(Rushd)
392, 393, 394, 395, 399, 402
아부 바크르(Abu Bakr) 칼리프 278, 281
아비센나(Avicenna) / 이븐 시나(Ibn Sina)
392, 393, 402, 406, 412
아시시의 클라라(Clare of Assisi) 368
아시시의 프란체스코 / 지오반니
(Giovanni) / 작은 프랑스인
(Francesco) 367
아우구스투스 34, 35
아우구스티누스(Augustine) 125, 132,
172, 180, 212, 220, 230, 234, 242,
243, 250, 251, 295, 300, 301, 302,
306, 371, 378, 379, 385, 387, 395,
400, 405, 406, 409, 410, 412
아이단(Aidan) 251
아타나시우스 48, 123, 125, 157, 161, 172,
174, 175, 178, 188, 189, 192, 193,
194, 195, 196, 198, 253
아폴리나리우스(Apollinarius) 198, 199,
202, 203, 204, 208
아헨 교회회의(809)
안디옥의 루시안(Lucian of antioch, d.)
184, 187
안디옥의 존(John of Antioch) 206
안디옥학파 126, 131, 133, 184, 186, 202,
204, 205, 206, 207, 208, 209, 210,
211, 262, 267
안토니우스(Anthony, d.) 172, 173, 174,
178, 218, 219
알라릭(Alaric) 238
알렉산더 2세 321, 322, 324
알렉산더 세베루스 138, 139
알렉산더(Alexander, d.) 184, 186, 192, 401
알렉산드리아의 디오스코로스
알렉산드리아의 오리겐 141, 183
알렉산드리아의 클레멘트 48, 78, 183
알렉산드리아학파 126, 130, 132, 133,
186, 202, 203, 204, 205, 207, 209,
210, 255, 267
알렉시우스 1세(Alexius Ⅰ) 335
알렉시우스 3세(Alexius Ⅲ) 340
알렉시우스 왕자(Alexius Angelos) 340,
341
알렉시우스(Alexius) 로마의 성자
알리(Ali) 칼리프 280, 281
알리피우스 220
알비파(Albigensians) 342, 356, 361, 362,
370, 372, 373
암모니우스 사카스 128
암브로시우스(Ambrose) 164, 169, 216,
217, 220, 299
앤드류 2세(Andrew Ⅱ) 헝가리 왕 342
얌니아회의 23
양자론(Adoptionism) 183, 184, 186, 204,
288, 289
양태론적 군주신론 182, 186, 194
에데사의 이바스 262
에델베르트(Ethelbert) 왕 242
에드워드 1세 344
에리게나 295, 302, 303, 304, 305, 306
에바그리우스 폰티쿠스(Evagrius
Ponticus) 177
에베소공의회(431) 3차 206, 230
에베소공의회(449) / 도둑회의 209, 255
에베소의 멤논(Memnon of Ephesus) 206

에비온파 32
에이레네(Empress Irene) 황후 273
에큐메니칼공의회(787) (7차) 273, 289
엘느Elne의 공의회(1027) 333
엘로이제(Heloise) 383
엘리판투스(Elipandus) 288
영지주의 26, 32, 46, 79, 81, 83, 92, 93, 94, 96, 97, 98, 100, 101, 103, 104, 106, 120, 130, 133, 165, 171, 181, 214, 223, 273, 361
예루살렘 회의 30
예정론 222, 232, 233, 234, 295, 298, 299, 300, 301
예지예정론 300
오도아케르(Odoacer) 238
오렌지회의(529) 234
오리겐 48, 270, 306, 307
오토(Otto of Brunswick) 313, 324
오토 4세 독일 왕 353, 355
오토(Otto of Brunswick 352
오토 대제(Otto Ⅰ) (황제) 312
와네프리드(Warnefrid) 290
왈도파(Waldensians) 356, 362
요크의 알퀸(Alcuin of York) 290, 374
요한 12세(John ? 교황)312, 313
요한 8세(John Ⅷ) 311
우골리노(Ugolino) / 그레고리 9세 교황 368, 369
우르반2세(Urban Ⅱ) 교황 327, 334, 335
우마르(Umar) 칼리프 278, 281
우스만(Uthman) 칼리프 278, 281
위-디오니시우스 302, 303, 304, 402
윌리브로드(Willibrord) 252
윌리엄(William, Duke of Aquitaine) 공작 315
유대전쟁 24, 37, 38
유대전쟁(2차) 25

유세비우스(Eusebius of Caesarea) 158
유세비우스(Eusebius of Nicomedia) 157
유스티누스(순교자) 51
유스티니아누스(Justinian) 황제 243, 256, 261, 262, 263, 264, 266
유티케스(Eutyches) 208, 209, 210, 211
율리아누스(Julian) 162, 163, 164, 165, 179
은둔수도사 피터(Peter the Hermit) 335
은사주의 98
이교도주의 154, 163, 165, 248
이그나티우스 26, 32, 44, 46, 47, 63, 64, 66, 115, 309
이노센트 2세 384
이노센트 3세(Innocent Ⅲ) 교황 340, 341, 342, 347, 351, 352, 354, 355, 356, 357, 358, 364, 368, 371, 398
이단 11, 24, 26, 32, 46, 83, 84, 91, 92, 97, 99, 100, 106, 108, 111, 114, 120, 124, 127, 131, 162, 167, 181, 192, 198, 206, 210, 212, 221, 230, 269, 273, 288, 299, 338, 342, 356, 359, 364, 370
이레니우스 26, 32, 48, 96, 98, 99, 100, 101, 103
이시도르 메르카토(Isidore Mercator) 311
이시스 35
이원론 81, 92, 100, 129, 214, 361, 404
이중예정 299
이집트의 멜레티우스(Meletius) 184
잉게보르그(Ingeborg of Denmark) 354
자유주의 93
작은 프랑스인 367
점성술 121, 215
제롬(Jerome) 43, 172
조로아스터교 92
존 스코투스 에리게나(John Scotus

Erigena) 295, 302
존 카시안(John Cassian) 175
존 크리소스톰(John Chrysostom) 177
존(John Lackland) 영국 왕 355
종속론(Subordinationism) 184
지기스문트왕(Sigismund) 240
지오반니 367, 402
찰스 대제(Charles the Great) 285
츠빙글리 46
카롤링거 르네상스 289, 291, 293, 295, 302, 374, 375
카르타고의 페르투아 138
카르타고회의(411) 230
카타리파(Cathars) 342, 361, 373
카타리파(Cathars) 알비파
칼리쿨라 37
칼리스투스 2세(Calixtus Ⅱ) 교황 327
칼뱅 13, 225, 300, 364
칼케돈공의회 26, 47, 202, 208, 209, 211, 255, 261
칼케돈신조 210, 211, 212, 262, 268
칼케돈회의(452) 255
캔터베리의 안셀름(Anselm of Canterbury) 377, 378, 400, 409
코르넬리우스 117
콘라드 3세(Conrad Ⅲ) 339
콘스탄스 161, 195, 251
콘스탄스 2세(황제)269
콘스탄티노플공의회 191, 197, 198, 203, 267
콘스탄티노플회의 309
콘스탄티누스 40, 55, 58, 59, 144, 147, 148, 150, 151, 154, 157, 159, 160, 161, 164, 166, 167, 170, 187, 191, 194, 226, 245, 260, 263, 273, 289, 311, 332, 361
콘스탄티누스 2세 161

콘스탄티아 153, 156
콘스탄티우스 144, 147, 150, 159, 161, 191
콘스탄티우스 2세 61, 162, 193
콘스탄티우스 갈루스(Constantius Gallus) 162
콜룸바(Columba) 242, 251
콜룸바누스(Columbanus)251
퀴에르지교회회의(Synod of Quiercy, 853) 301
클레르몽(Clermont)공의회(1095) 335
클레르보의 베르나르(Bernard of Clairvaux)338, 384, 402
클레멘트 79, 81, 108
클레멘트(로마) 44, 45
클레멘트(알렉산드리아) 48, 78, 82, 126
클레멘트 3세 대립교황 326
클로비스(Clovis) 왕 241, 245
클로틸다(Clotilda) 공주 241
키케로 214, 218
키프리아누스 116, 117, 118, 119, 132, 142, 253
타란토의 보헤몽(Bohemond of Taranto) 336
타키투스 60, 61
탁발수도회 356, 366, 367, 370, 373, 401
탕크레드(Tancred) 336
터툴리아누스 48, 82, 83, 84, 85, 86, 96, 106, 116, 132, 152, 182
테오도라(Theodara) 황후 266, 275
테오도시우스 1세(Theodosius Ⅰ) 164, 169, 198, 217, 265, 289
테오도시우스 2세(Theodosius Ⅱ) 166, 206, 208, 209
테오도시우스 황제 201
테오도투스(Theodotus) 183
테오둘프(Theodulf) 290

토로이에스(Toryes) 301
토마스 아퀴나스(Thomas Aquinas) 349, 350, 372, 392, 395, 400, 403, 405, 407, 408, 409, 410, 412
토마스주의 400, 401, 405
톨레도공의회(589) 308
투르의 마틴(Martin of Tours, d.) 180, 249
투르의 베렝가르(Berengar of Tours, d) 376
투르의 생마틴(St. Martin of Tours) 290
투스쿨라니(Tusculani) 320
투지교회회의(Synod of Toucy, 860) 301
툴루즈의 레이몽(Raymond of Toulouse) 336
트라디토레(Traditore)
트라야누스 황제 46, 50, 59, 61, 62, 66, 135
파비아(Pavia) 공의회 319
파스칼 2세 교황 327
파에르 아벨라르(Peter Abelard) 382
파엥의 위그(Hugh of Payen) 338
파코미우스(Pachomius) 174
파트리시우스(Patricius) 214
판테누스(Pantaenus) 78
팔레몬(Palaemon) 174
패트릭(Patrick) 241
페드로 2세 355
펠라기우스(주의) 178, 221, 222, 223, 225, 230, 231, 256, 300, 384
펠라기우스주의(Pelagianism) 178, 222
펠리시타스 113, 138
펠릭스(Felix) 288
포르피리 374
포티우스(Photius) 308
폰티키아누스(Ponticianus) 218
폴리캅 44, 46, 47, 66, 99, 108, 125
푸아티에의 힐러리(Hilary of Poitiers) 179, 387
풀베르(Fulbert) 383

풀케리아(Pulcheria) 황후 209, 211, 255
프란체스코학파 401, 402, 405
프란체스코회 368, 369, 373, 395, 400
프란체스코회(Franciscans) / 작은형제회 (Order of Friars MinorI) 367
프란치스코회 356
프레데릭 1세 339
프레데릭 2세 342, 343, 353, 397
프로테스탄트(개신교) 365
프루덴티우스(Prudentius) 301
프리스가 97, 146
프락세아스(Praxeas) 182
플라비아누스(Flavian of Constantinople, d.) 208, 209
플라톤 84, 92, 94, 128, 163, 171, 183, 213, 221, 223, 295, 302, 375, 392, 400, 406, 410
플라톤주의 129, 171
플로티누스 128
플리니우스 50, 61, 66, 135
피아센자(Piacenza) 공의회(1095) 335
피우스(Pius) 47
피터 다미안(Peter Damian) 318, 377
피터 롬바르드(Peter Lombard) 386, 387, 390, 401, 405
피핀(Pepin) 252, 286, 288
필로(Philo) 78, 130
필리오케(Filioque) 논쟁 295, 307, 310, 319
필리프 2세(Philip II) 프랑스 왕 339, 398
필리프 4세 프랑스 왕 358, 359
필리프 오거스터스(Philip Augustus) / 필리프 2세 프랑스 왕 354, 355
필립(Philip of Swabia) 352
하드리아누스 38
하인리히 3세(황제) 318
하인리히 4세(황제) 319, 323, 335

하인리히 5세(황제) 326, 327
하인리히 6세(황제) 351, 352
헤라클리우스(Heraclius) 황제 267, 268, 269
헤르마스 44, 47, 125
헨리 3세 영국 344
헬라주의(헬레니즘) 33, 270
헬라철학 70, 76, 78, 82, 92, 126, 132, 183
호노리우스 3세(Honorius Ⅲ) 교황 368, 371
호노리우스(Honorius) 교황 268
호시우스(Hosius of Cordoba) 151, 187
화상논쟁(Iconoclastic controversy) 246, 270, 274, 288
화체설(Transubstantiation) 298, 347, 356, 362, 376
황제교황주의(Caesaropapism) 169, 246, 270
훔베르트(Humbert) 318
휘트비(Whitby)회의(663) 242
히포회의 125
히폴리투스 117, 138
힐데브란트 318, 321
힝크마(Hincmar of Reims) 299
헬라철학
호노리우스(Honorius) 교황
호노리우스 3세(Honorius Ⅲ) 교황
호시우스(Hosius of Cordoba)
화상논쟁(Iconoclastic controversy)
화체설(Transubstantiation)
황제교황주의(Caesaropapism)
훔베르트(Humbert)
휘트비회의(663)
히포회의
히폴리투스
힐데브란트
힝크마(Hincmar of Reims)